W0046328

Gianni Palagonia

IL SILENZIO –
DAS GROSSE SCHWEIGEN

Ein Anti-Mafia-Polizist erzählt

Aus dem Italienischen von Bruno Genzler

WILHELM HEYNE VERLAG
MÜNCHEN

Die Originalausgabe erschien 2007 unter dem Titel
Il silenzio. Racconto di uno sbirro antimafia bei
Edizioni Piemme S.p.A., Casale Monferrato (AL).

FSC
Mix
Produktgruppe aus vorbildlich
bewirtschafteten Wäldern und
anderen kontrollierten Herkünften

Zert.-Nr. SGS-COC-1940
www.fsc.org
© 1996 Forest Stewardship Council

Verlagsgruppe Random House FSC-DEU-0100
Das für dieses Buch verwendete FSC-zertifizierte Papier
Holmen Book Cream
liefert Holmen Paper, Hallstavik, Schweden.

Deutsche Erstausgabe 08/2009

Copyright © 2007 Gianni Palagonia
First published in Italy by Edizioni Piemme S.p.A., in 2007
Copyright © 2009 der deutschsprachigen Ausgabe beim
Wilhelm Heyne Verlag, München,
in der Verlagsgruppe Random House GmbH
Redaktion: Ulrike Schimming
Umschlaggestaltung: Hauptmann und Kompanie, München–Zürich
Satz: Buch-Werkstatt GmbH, Bad Aibling
Druck und Bindung: GGP Media GmbH
Printed in Germany 2009
ISBN: 978-3-453-60113-0
www.heyne.de

Für alle, die etwas verändern wollten.
Für alle, die es noch versuchen werden.

Und auch für diejenigen,
die weiterhin gegen den Strom schwimmen.
Sie sind es, die uns die Kraft zum Kämpfen geben,
gegen jene Leute, die versuchen werden,
uns zum Schweigen zu bringen,
im Kugelhagel,
oder mit Dynamit, aus dem Hinterhalt, zu feige,
uns dabei ins Gesicht zu schauen, ihr Wichte!
Was auch geschehen mag,
ihr sollt wissen, dass es immer Menschen geben wird,
die sich euch in den Weg stellen,
die jeden Morgen aufstehen,
um euch das Leben zur Hölle zu machen,
eine Hölle wie sie jene Familien erleben,
denen ihr einen geliebten Menschen entrissen,
die ihr zerstört habt,
oder die ihr in Zukunft zu zerstören versucht.
Was auch geschehen mag,
ihr Mörder, man wird euch nicht in Ruhe lassen. Niemals.

Senza soddi non si canta missa
(Ohne Geld wird keine Messe gelesen)
das heißt,
Nehmt ihnen ihr Geld, und sie stürzen ins Nichts.

Inhalt

Prolog

Auf Sizilien wird nicht mehr gemordet, und das ist sehr bedenklich, zeigt es doch, dass es der Mafia gutgeht. Es wird nicht mehr gemordet, und nach einigen aufsehenerregenden Verhaftungen denkt alle Welt, die Mafia sei besiegt. Aber hier weiß jedes Kind: Wenn es zu ruhig zugeht, dann nur, weil die Geschäfte wie geschmiert laufen.

Mittlerweile haben auch die Mafiabanden dazugelernt. Dort weiß man nun, dass dein engster Freund im Handumdrehen zu deinem Peiniger werden kann, der dich ans Messer liefert. Und darauf hat man sich eingerichtet. Heute agieren die Banden in gegeneinander abgeschotteten Bereichen, das heißt, sagt ein Mafioso bei den Ermittlern aus, kann er damit vielleicht noch fünf Leute hinter Gitter bringen, aber nicht mehr 100 wie früher einmal. Es ist ein netzartiges, dezentrales Modell.

In den zurückliegenden zehn Jahren haben wir Ermittler unser Vorgehen fast nur noch danach ausgerichtet, was die Mafia-Kronzeugen, die sogenannten *Pentiti* (Reuigen) uns nahelegten. Mit der Folge, dass wir mehr und mehr den Kontakt zum Umfeld verloren, zu den Informanten, zur »Straße«. Und nun tappen wir wieder im Dunkeln. Jahre werden noch vergehen, bis wir dahinterkommen, was zum Teufel da eigentlich gespielt wird, wie die neue Mafia arbeitet. Auf ihrer Tagesordnung stehen heute: Geldwäsche, Kapitalbeteiligungen, Tarnung durch kleine Geschäfte, Hotels … Sie engagiert sich an der Börse, in der Bauwirtschaft, ist präsent bei den großen staatlichen Aufträgen und vor allem in der Politik. Strohmänner, Marionetten – Tatsache ist, dass wir tagtäglich mit der Mafia und den Mafiosi leben. Es kann der drahtige junge Bursche sein, der einem die Pistole direkt vor die Nase hält, aber häufiger ist es ein Typ mit Bauch, Glatze und Krawatte, und im Jackett steckt nur der Füller, mit dem er Schecks und Akten unterschreibt.

Von diesen Dingen will ich hier erzählen. Ich bin fast vierzig Jahre alt und Polizist, aber die vorliegende Geschichte ist keine Autobiografie, sondern ein Teil Siziliens, von mir und von uns allen. Ich bin ein Polizist. Nicht irgendeiner: ein unbequemer, sagt man mir nach.

Hier heiße ich Gianni Palagonia.

ERSTER TEIL

Kindheit eines Polizisten

Kindheit in Catania

»Gianni, Gianni, komm jetzt rauf, du musst Hausaufgaben machen!«

»Ach Mama, nur noch fünf Minuten, ich bin gerade bei Franco.«

Franco war der Wachmann vom Sicherheitsdienst vor der *Banca Popolare* in der Via Manzoni im Viertel Nuove Palme. Dort arbeitete er von morgens früh bis spätabends, wenn die Bank schloss.

Jeden Morgen, wenn ich aufstand, schaute ich als Erstes aus dem Fenster: Franco stand schon auf seinem Posten, wie immer mit der MP im Arm. Er war mein Held. Vom Esszimmer unserer Wohnung aus konnte ich ihn am besten beobachten: Nachmittags machte ich zwar meine Hausaufgaben, hatte aber gleichzeitig die Gardine ein wenig zurückgeschoben und schaute mal ins Buch, mal zu Franco auf der Straße hinunter. Kam meine Mutter ins Zimmer und merkte, dass ich nicht bei der Sache war, setzte es was hinter die Ohren: »Steck endlich die Nase ins Buch, sonst bleibst du sitzen.«

Wer weiß, wie mein Lebensweg ohne Franco ausgesehen hätte. Bordeauxrot-grüne Uniform, weiße Pistolentasche mit der Waffe darin, die MP fast länger als er selbst, das war Franco, ein sympathischer Kerl, der jedermann grüßte, aber mit ernster Miene, die Achtung gebot. Er war erst 25, sah aber älter aus, hatte einen enormen Bauch, krauses Haar, so dicht, dass kein Tröpfchen Wasser hindurch kam, und vorne fehlte ihm ein Schneidezahn. Mein Vater war Kunde der Bank und nahm mich manchmal dorthin mit. Franco begrüßte ihn, schaute dann mich an mit dieser respektgebietenden Miene und grüßte mich ebenfalls. Mit gesenktem Kopf erwiderte ich den Gruß, und war schon im nächsten Augenblick in der Bank verschwunden. Während mein Vater am Schalter seine Geschäfte erledigte, betrachtete ich so manches Mal von drinnen Francos mächtige, schwielige Hände und träumte davon, seinen Platz einzunehmen, eine Pistole und eine MP zu tragen, um die Schwachen vor den Schurken zu beschützen.

Damals wusste ich längst, dass freundliche Worte und gute Manieren nicht genügten, um sich selbst und anderen zu helfen. Begriffen hatte ich das schon in der Grundschule, im Viertel Limonaia, wo wir gewohnt hatten, bevor mein Vater beschloss, in jene bessere Wohngegend zu ziehen, damit wir unbeschwerter leben konnten. Damals in Limonaia wusste man nie, ob man seinen nächsten Geburtstag noch erlebte – selbst wenn man, so wie ich, erst acht Jahre alt war. In Limonaia hatte ich es tatsächlich mit einem der gefürchtetsten Kriminellen der Gegend zu tun bekommen.

»Pippuzzu« hieß er und sollte viele Jahre später im MP-Hagel der Mafia sterben. Damals war er erst 14, galt aber schon als ein gefährlicher Einbrecher. Seines kleineren Bruders wegen kam er zu mir. Von dem hatte ich ganz ehrlich im Kartenspiel einen Stapel Fußballbildchen gewonnen. Als dieser den Schatz zurückhaben wollte, hatte ich mich nicht einschüchtern lassen und ihm die passende Antwort gegeben. Deswegen schickte er mir nun seinen großen Bruder vorbei.

Ich stand in einem Lebensmittelgeschäft in der Via Alfieri.

»Was hast du mit meinem Bruder gemacht?«, herrschte er mich an. »Tickst du nicht richtig, ihm seine Bildchen zu klauen?«

Ich brachte keinen Ton heraus, sah die Ladeninhaberin wie erstarrt dastehen und dachte, dass er mich umbringen würde.

»He, ich red mit dir, du Stück Scheiße, du Hurensohn. Antworte, was hast du mit meinem Bruder gemacht!? Warum hast du seine Bildchen geklaut?«

Der Schlag ins Gesicht war so brutal, dass ich gegen ein Regal geschleudert wurde. Einige Sekunden vollkommene Finsternis, dann fand ich den Mut, ihm mit aller Kraft meiner acht Jahre einen Stoß zu versetzen. Das war ein echter Affront. Mit einem Sprung schwang sich Pippuzzu über die Theke, griff sich ein langes Messer und richtete es auf mich.

»Ich stech dich ab! Ich zerschneid dir die Fresse, verfluchter Bastard!«

Wirklich deutlich erinnern kann ich mich nur an die Schreie der Frau: »Lauf! Lauf! Der bringt dich um!« Und dann an das Auto, das mich fast über den Haufen gefahren hätte, als ich über die Straße rannte, das Gehupe, den fluchenden Autofahrer: »He, pass doch auf, verdammt!«

Danach ließen mich meine Eltern eine ganze Weile nicht mehr draußen spielen.

Der Vorfall hatte sie alarmiert. Sie wussten ja, mit wem wir es hier zu tun hatten. Jeden Abend beobachtete ich, wie mein Vater das Licht ausschaltete und auf die Straße spähte. Ich hatte eine Wahnsinnsangst, weinte, dachte wirklich, dass wir alle umgebracht würden. Mein Vater telefonierte mit Bekannten, ließ sich beraten, hörte sich um, ob es ratsam wäre, die Familie der Brüder aufzusuchen und um Verzeihung zu bitten. Irgendwann versandete die Angelegenheit, aber einige Tage lang lebten wir in Angst und Schrecken.

So begann ich zu verstehen, dass sich nicht alles auf eine friedliche Art und Weise lösen lässt.

Nach einem Banküberfall wurde Franco versetzt, und ein anderer Wachmann nahm seine schlecht bezahlte Stelle ein. Kaum einen Monat später wurde die Bank erneut überfallen, und diesmal lief tatsächlich alles ab wie im Film. Ich war zu Hause, hörte plötzlich Schüsse und meine Mutter aufgeregt schreien.

Polizeiwagen fuhren quietschend vor, auf den Stufen vor dem Bankgebäude lag einer der Täter und brüllte vor Schmerz. Der neue Wachmann hatte ihn mit einem Schuss ins Bein erwischt. Lustig war nur, dass in dem ganzen Chaos die Plastiktüte aufgegangen war, in der einer der Bankräuber das erbeutete Geld wegtragen wollte, und die Scheine überall auf der Straße herumflogen. Wie viele andere rannte ich herbei, um ein paar davon einzusammeln, doch dann fehlte mir der Mut dazu. Ich fühlte den strengen Blick der Ordnungshüter auf mir, die die Situation unter Kontrolle zu bringen versuchten.

So stand ich schließlich nur an unserer Haustür und beobachtete die Polizisten bei der Arbeit. Einige redeten über Funk, gaben die Beschreibung der entwischten Banditen durch, andere machten Aufnahmen vom Tatort, wieder andere befragten Zeugen. Deren Antwort war immer gleich: Sie hätten nichts gesehen, erklärten sie. Wieso taten sie das? Viele mussten alles aus nächster Nähe erlebt haben. Nach einigen Stunden war alles vorüber, aber ich und meine Freunde sprachen noch tagelang über den Vorfall.

Einige Zeit später kam es wieder zu einem Überfall, wieder nachmittags, während ich, wie so häufig, auf unserem Balkon spielte und hin und wieder zu dem Wachmann unten vor der Bank hinunterschaute. Von einem Lärm, den ich gar nicht beschreiben kann, wurde ich aufgeschreckt. Ich blickte hinunter und sah zwei Männer, die zu einem Fiat 128 rannten. Einen Teil des Nummernschilds konnte ich erkennen, sagte meiner Mutter aber kein Wort davon. Als die Polizei eintraf, mischte ich mich unter die Schaulustigen. Den Zettel, auf dem die Autonummer stand, hatte ich in meiner Unterhose versteckt. Ich war unentschlossen und hatte große Angst. Wenn ich mich einmischte, würde man mich aufs Polizeipräsidium mitnehmen und mir einen Haufen Fragen stellen. Halb so wild, aber ich würde Prügel beziehen, von meinem Vater, der mir immer wieder einschärfte, mich nur um meine eigenen Angelegenheiten zu kümmern. Und dann erst die Bankräuber: Was, wenn sie erfuhren, wer sie verpfiffen hatte? Mit Sicherheit würden sie sich an mir und meiner Familie rächen.

So blieb der Zettel schließlich in der Unterhose und landete später im Klo.

Eines Tages saßen wir am Abendbrottisch und warteten auf meinen Vater, der nicht von der Arbeit heimkehrte. Immer besorgter schauten wir uns an. Als er dann endlich eintraf, erzählte er uns, die Polizei habe ihn nicht durchgelassen, denn in der Nähe sei ein Lebensmittelgeschäft überfallen und der Inhaber erschossen worden. Ich bestürmte ihn mit Fragen, zur Arbeit der Polizisten und ob er die Leiche gesehen habe. Die Beamten hätten Fotos gemacht, berichtete er, und vor dem Geschäft habe unter einem weißen Leintuch ein lebloser Körper gelegen. Am nächsten Tag ging ich zu dem Laden. Er war geschlossen, doch eine Reihe von Leuten hatte sich davor versammelt, und die Vorüberkommenden blieben stehen und kommentierten, was geschehen war. Ich fand eine Lücke und huschte durch bis zum Rollgitter.

Auf dem Boden sah ich immer noch eine Blutlache, sehr viel größer als vor der Bank, wo der Bankräuber angeschossen worden war.

»Der arme Mann, er hatte doch keinem was getan«, sagte eine Frau.

»Seine Ware war immer sehr frisch«, eine andere.

»Ich hab gehört, seine Familie war nicht ganz sauber«, eine dritte.

Während ich mich vom Tatort entfernte, rekonstruierte ich in Gedanken den genauen Ablauf des Verbrechens. Das ist mein Weg, dachte ich. Ich war noch ein Junge und wusste schon genau, was ich später einmal tun wollte: Menschen helfen, denen Leid zugefügt wurde, aber auch dafür sorgen, dass erlittenes Unrecht gesühnt wird.

Der Diebstahl

Eines Tages hatte mein Vater etwas bei unserer Großmutter zu erledigen und fragte mich, ob ich mitfahren wolle.

Es war Sonntag, ein herrlicher Tag. Meine Mutter und meine Geschwister, ein Bruder und eine Schwester, blieben zu Hause.

Diese Großmutter wohnte in der Via Fontane, nicht weit vom Viertel Limonaia, wo wir früher auch gelebt hatten. Papa stieg aus dem Wagen und sagte, ich solle mich nicht vom Fleck rühren, er sei gleich wieder zurück. So saß ich da und wartete.

In einiger Entfernung sah ich eine Gruppe von vielleicht zehn Jungen auf dem Gehweg näher kommen. Sie sprangen herum, machten Witze und lachten, beschimpften sich und stießen sich gegenseitig gegen die parkenden Wagen. Ich sah auf den ersten Blick, dass es sich um Gauner handelte, auch wenn der kleinste vielleicht gerade mal elf und der größte 15 war. Für mich jedenfalls wirkten sie alle groß und älter, als sie wohl eigentlich waren. Ich beobachtete sie und dachte noch, dass sie sicher mal kein gutes Ende nehmen würden, da wurde mir plötzlich klar, dass sie geradewegs auf mich zuhielten, und das gewiss nicht, um Freundschaft mit mir zu schließen.

Ich hupte ein paar Mal, um meinen Vater auf mich aufmerksam zu machen, während sich die Jungen jetzt um unser Auto verteilten. Eilig drückte ich die Knöpfchen an den zwei Wagentüren hinunter. Damit glaubte ich, die Situation unter Kontrolle zu haben, denn um an mich heranzukommen, hätten sie nun die Scheibe einschlagen müssen, was nicht unbeobachtet geblieben wäre.

Der größte der Jungen, wahrscheinlich ihr Anführer, sprach mich an: »Warum hast du zugemacht, Kleiner? Ich will doch nur wissen, wie viel Uhr es ist …«

»Halb elf.« Ich befürchtete, sie wollten mir die Armbanduhr stehlen.

»Sprich lauter, ich kann dich nicht verstehen.«

Vielleicht zwei Fingerbreit kurbelte ich das Seitenfenster hinunter. »Es ist halb elf.«

Wieder hupte ich. Da plötzlich rannten die Jungen Richtung Viale Vittorio Veneto davon. Erleichtert atmete ich auf, und kurz darauf war auch schon mein Vater wieder da.

So machten wir uns auf den Heimweg. Im Viertel San Giovanni hielt mein Vater bei einem fliegenden Händler, um noch etwas Obst zu kaufen. Als er ihm das Geld durchs Fenster reichen wollte, platzte die Bombe.

»Wo ist meine Tasche?«, rief er.

»Was für eine Tasche?«

»Du weißt schon, meine kleine Handtasche. Die lag hier auf dem Rücksitz.«

Da wurde mir schlagartig klar, wieso die Jungen so Hals über Kopf davongerannt waren: Sie hatten sich die kleine Herrenhandtasche von meinem Vater gegriffen. Wie sie das angestellt hatten, konnte ich mir nicht erklären, aber ich wäre am liebsten gestorben.

»Dann bist du also doch ausgestiegen, als ich bei Großmutter war?«

»Nein, ich war die ganze Zeit im Auto. Aber ich hab immer wieder nach dir gehupt, weil ich Angst hatte. Da waren ein paar Jungs bei unserem Auto, und einer wollte wissen, wie spät es ist, und da hab ich mich hier eingeschlossen.«

Mein Vater schaute sich die Sache genauer an. Die Heckklappe stand einen Spalt offen.

»Du Nichtsnutz, hast dir meine Handtasche klauen lassen!«, schimpfte mein Vater los.

Jetzt wurde mir alles klar. Während mich ein paar der Jungen ablenkten, hatten andere die Heckklappe geöffnet und die Handtasche vom Rücksitz genommen. Das war eine schlimme Sache, denn in dem Täschchen war nicht nur Geld, sondern auch Papiere, Schlüssel und so weiter.

Ich brach in Tränen aus, während der fliegende Händler uns beide zu trösten versuchte. Als wir zu Hause waren, zählte mein Vater auf: »Führerschein, Hausschlüssel, Pistole, Papiere, Geld ...«

200 000 Lire waren in dem Täschchen, vor 20 Jahren eine Menge Geld, und dann noch die Waffe, eine Schreckschusspistole, die mein Vater einige Monate zuvor gekauft hatte. Die würde nun mit Sicherheit bei irgendeiner Bande landen.

Mein Vater nahm mich mit zur Polizei, um den Diebstahl anzuzeigen, und zum ersten Mal betrat ich ein Polizeirevier. Das hatte ich mir ganz anders vorgestellt. Es war irgendwie bedrückend: Der Beamte war keineswegs freundlich und hilfsbereit und machte nicht den Eindruck, als würde ihn die Sache sonderlich interessieren. Ich hatte geglaubt, er werde sofort alle möglichen Befehle erteilen, und die Polizei würde ausschwirren, innerhalb kürzester Zeit die Diebe festnehmen und uns die Tasche zurückbringen. Aber was bekamen wir zu hören? »Kennen Sie nicht jemanden in diesen Kreisen, Sie wissen schon, der Ihnen vielleicht helfen könnte?«

Ein seltsamer Satz aus dem Munde eines Polizeibeamten, dachte ich damals. Aber da wusste ich eben noch nicht, was ich heute weiß.

Jedenfalls gab mein Vater so schnell nicht auf, beherzigte den

Rat des Wachtmeisters und beschloss, sich mit einem alten Bekannten in Verbindung zu setzen, der, wie er wusste, Kontakte zu zwielichtigen Kreisen unterhielt, um auf diese Weise wenigstens die Pistole und die Papiere zurückzubekommen.

Wir suchten den Mann bei ihm zu Hause auf, und er war gern bereit uns zu helfen. Gemeinsam fuhren wir ins Viertel Limonaia, ließen den Wagen stehen und machten uns zu Fuß auf die Suche nach den jungen Dieben. Als wir an einem Polizeiauto vorüberkamen, erkundigte sich mein Vater bei den darin sitzenden Beamten, ob sie vielleicht schon etwas herausgefunden hätten. Doch die Männer schauten uns nur fragend an: Noch nicht einmal eine Meldung über den Diebstahl hatten sie erhalten.

Wir setzten unseren Rundgang fort. Während wir so durchs Viertel spazierten, erkannte ich plötzlich einen der Jungen wieder, und zwar den Anführer.

»Das ist er, das ist er«, rief ich aufgeregt. Der Junge bemerkte uns und nahm die Beine in die Hand. Mein Vater hinter ihm her, stellte ihn und schleuderte ihn gegen eine Hauswand.

»Wo ist meine Tasche?!«, schrie er. »So, jetzt kommst du mit zum Revier!«

»Lass mich los, lass mich los!«, brüllte der Junge zurück. »Was willst du denn? Ich hab doch nichts Böses getan.«

Schon blieben die Leute stehen, und der Bekannte meines Vaters hielt es für angebracht, sich einzuschalten. Aber anders als erwartet. Er war besorgt. »Lass uns abhauen, das ist besser für uns«, sagte er zu meinem Vater. »Mit diesen Leuten rede ich nicht. Die sind mir auch zu gefährlich.«

Mein Vater ließ den Jungen tatsächlich los, und der rannte davon. Er war der Sohn eines bekannten Kriminellen.

In diesem Moment wurde mir klar, wie die Dinge in meiner Heimatstadt Catania liefen. Ich sah, dass meinem Vater Tränen in den Augen standen, und hatte das Gefühl, dass wir allein waren und niemand uns beschützte, noch nicht einmal die Polizei. Und ich beschloss, dass ich niemals so werden würde wie dieser Wachtmeister mit seinen »guten« Ratschlägen. Aber dass ich Polizist werden wollte, dieser Berufswunsch stand, je älter ich wurde, immer klarer für mich fest.

Der neue Freund

In der vierten Klasse bekamen wir einen neuen Mitschüler, einen Jungen, der in einem der verrufensten Viertel der Stadt wohnte. Cirino Cavallaro hieß er und war anders als alle anderen: mit allen Wassern gewaschen, aber kein schlechter Kerl, der niemandem von uns etwa zuleide tat. Ich war fasziniert von ihm, von den Dingen, die er erzählte, von seiner unerschrockenen Art, wie er sich bewegte und mit der Lehrerin redete, und vor allem auch von der Tatsache, dass er nie für die Schule lernte, gerade so, wie ich es auch gern getan hätte. Mit ihm zusammen fühlte ich mich stärker, vielleicht weil er als Einziger in der Schule immer ein Messer dabei hatte, oder vielleicht auch nur, weil ich wusste, dass alle, so wie ich, einen Heidenrespekt vor ihm hatten. Als die Lehrerin eines Tages, verärgert über die Tatsache, dass Cavallaro wieder einmal die Hausaufgaben nicht gemacht hatte, die zigste Benachrichtigung an dessen Eltern schrieb und sie zu einem Gespräch in die Schule bat, fragte sie anschließend: »Sag mal, Cirino, wieso machst du denn bloß nie deine Hausaufgaben? Erklär mir das doch mal.«

Cirino setzte seine typische freche Unschuldsmiene auf und antwortete in breitem Sizilianisch: »Ich weiß nix und will auch nix wissen. Zum Lernen hab ich keine Zeit.«

Die ganze Klasse brach in schallendes Gelächter aus, sehr zum Leidwesen unserer Lehrerin.

Jeden Tag stellte Cirino irgendetwas an. Einmal waren wir zusammen draußen bei den Feldern nicht weit von der Schule, und

Cirino zeigte mir, wie man Eidechsen fängt. Plötzlich holte er ein Messer aus der Tasche und reichte es mir: »Hier, das ist ein Geschenk von mir. Wenn dir jemand blöd kommt, kannst du dich verteidigen.«

Das Messer war ganz ähnlich wie sein eigenes, mit einem Griff aus Perlmuttimitat und einer sechs, sieben Zentimeter langen Klinge. Ich war glücklich, erschrak aber auch bei dem Gedanken, es mit mir zu führen.

»Und was ist, wenn die Polizei mich anhält und das Messer bei mir findet?«

»Wen interessiert denn die Polizei? Nee, mach dir nicht so viele Gedanken, du bist doch ein Mann, oder?«

»Und wenn mein Vater oder meine Mutter dahinterkommen?«

»Kein Problem, denen sagst du einfach, du hast es gefunden.«

Ich hatte mir immer ein Taschenmesser gewünscht, und das wusste er, weil ich seines oft voller Neid betrachtet hatte. Zu Hause versteckte ich es dann unter der Matratze. Ein paar Tage lang nahm ich es auch zur Schule mit und zeigte es voller Stolz meinen Klassenkameraden, die sich darum rissen, es mal anzufassen. Anfangs hatte ich meinen Spaß daran, fühlte mich stark und geachtet und ließ mich manchmal sogar dazu hinreißen, großspurig zu drohen: »Sei still, Kleiner, sonst schlitz ich dich auf.«

Ein paar Tage später fand meine Mutter zufällig das Messer unter der Matratze und stellte mich zur Rede. Von meinem Vater bekam ich was hinter die Ohren.

»Nur Mafiosi tragen Messer«, sagte er und warf es fort.

Von wem ich das Messer hatte, erzählte ich ihm nicht. Natürlich wollte ich nicht, dass er sich an die Schule wandte und unsere Lehrerin informierte. Vor allem aber wollte ich kein Verräter sein.

Ich traf mich weiter mit Cirino, auch nachmittags, wenn meine Mutter dachte, dass ich im Kommunionunterricht sei. Wir schlichen uns in die Gärten bei der Schule, klauten Mandarinen und versteckten uns im Gebüsch, um vorüberfahrende Autos damit zu bewerfen: Wie oft sind wir von wütenden Autofahrern verfolgt worden! Häufig waren wir auch in seinem Wohnviertel, wo er mir unzählige interessante Dinge beibrachte, zum Beispiel wie man die Tür eines verschlossenen Autos aufbekommt, wie man den Motor anlässt, indem man die Zündkabel löst, wie man bei einem Mofa das Lenkradschloss aufbricht und dergleichen mehr. Während der Lektionen schärfte er mir immer wieder ein: Um respektiert zu werden, brauche man nur seine Hände und ein Messer.

Mir gefiel, was er da erzählte, aber ich spürte auch, dass seine Welt zwar faszinierend, aber auch falsch war, und so erwies sich letztlich die meiner Eltern für mich als die stärkere.

Eines Nachmittags spielte ich mit ein paar Freunden vor dem Haus Fußball, als eine Bande zwölf-, 13-jähriger Jungen aus Cavallaros Viertel auftauchte. Einer von ihnen schnappte sich den Ball und rannte davon. Dieser Ball war ein sogenannter *San Siro*, damals etwas ganz Besonderes. Wir kamen uns alle ein bisschen belämmert vor, denn eigentlich waren wir in der Überzahl und hätten es mit denen aufnehmen können. Aber die Befürchtung, dass sie wahrscheinlich Messer trugen, hielt uns davon ab. Am Tag darauf erzählte ich Cirino von dem Vorfall. »Diese Arschlöcher«, polterte er los, »aber pass auf, jetzt sind sie reif.«

Zwei Stunden später war er mit dem Fußball wieder da. Ich war überglücklich, und als ich damit bei meinen Freunden auftauchte, war ich einen Tag lang für alle der Held.

Diese Erfahrung machte mir erneut klar, dass es in manchen Fällen ratsamer war, sich an jemanden aus dem »Umkreis«, wie man damals sagte, anstatt an die Polizei zu wenden.

Eine Haltung, die auch viele Erwachsenen einnahmen, die ich aber damals noch nicht richtig einordnen konnte. Mir kam es manchmal fast so vor, als würden es sich Gesetzesbrecher und Polizei, jeder auf seine Weise, zur Aufgabe machen, den Schwachen zu helfen. Häufig hörte ich die Erwachsenen von einem gewissen Baron reden, einem bekannten Mafioso, der als ein echter Wohltäter betrachtet wurde, weil er vielen, vor allem im Bauwesen, Brot und Arbeit gab. Hinter vorgehaltener Hand hieß es zwar auch, dass er ein Verbrecher sei, doch in der Not wandten sich alle an ihn.

Das Problem sei das Fehlen von Arbeitsplätzen und staatlicher Unterstützung, sagte man.

Häufig kam Cirino gar nicht zur Schule, weil er arbeiten musste, und wenn er dann mal wieder auftauchte, tat er so, als wenn dies die normalste Sache der Welt sei. Da nützte es auch nichts, dass die Lehrerin ein ärztliches Attest von ihm verlangte und seine Eltern sprechen wollte …

»Mein Vater arbeitet und kann nicht kommen«, bekam sie zu hören, »und meine Mutter ist krank. Aber ich bin ja da. Reicht Ihnen das nicht …? Sind Sie nicht froh, dass ich wieder da bin? Nur fragen Sie mich bloß nicht nach den Hausaufgaben, die hab ich nämlich nicht gemacht. Ich bin halt ein Esel, und ein Esel will ich bleiben.«

Wenn die Lehrerin gar nicht mehr wusste, wie sie mit ihm fertigwerden sollte, schaltete sie das Jugendamt ein. Cirino erzählte mir, dass manchmal hässliche, fette, streng dreinblickende Damen bei ihnen zu Hause vorbeikämen, um mit seinen Eltern zu reden. Wenn er sie anrücken sehe, klettere er aus dem Badzimmerfenster und komme erst wieder heim, wenn sie wieder abgezogen seien.

An manchen Nachmittagen und sonntagmorgens verkaufte

Cirino Brot und geschmuggelte Zigaretten an den Straßenecken: MS, Marlboro, Super ohne Filter. Manchmal setzte ich mich aufs Rad und fuhr zu ihm, um ihm Gesellschaft zu leisten. Einmal fragte er mich: »Lässt du mich mal 'ne Runde drehen?«

»Ja, klar, aber wer kümmert sich in der Zeit um dein Geschäft?«

»Du.«

»Ich? Bist du verrückt? Ich weiß doch gar nicht, was ich zu den Leuten sagen soll.«

»Ganz einfach, Zigaretten 150 Lire, Brot 100 Lire das Kilo. Du packst die Sachen in das Papier dort ein. Und denk dran, immer erst das Geld, dann die Ware.«

Zehn Minuten war er fort, eine Ewigkeit, und zum Glück blieb niemand bei mir stehen. Was, wenn mich jemand aus meiner Familie oder irgendein Mitschüler gesehen hätte? Wie hätte ich denen erklären sollen, was ich dort tue? Erst als Cirino zurückkam, fiel die Anspannung von mir ab.

»Hast du was verkauft?«

»Nein, es war niemand da.«

»Na ja, dann essen wir heute Abend mal wieder trockenes Brot mit 'ner Zigarette drauf. Aber jetzt zisch ab, es ist schon spät für dich.«

»Das weiß ich besser, ob es spät für mich ist.«

Cirino blickte mich spöttisch an. »Donnerwetter, du bist ja ein harter Typ geworden. Pass auf, ich mach mir gleich in die Hose vor Angst.« Und dabei lachte er.

Ich fühlte mich verhöhnt und trollte mich mit den Worten: »Das nächste Mal komme ich nicht. Da kannst du lange auf mich warten.«

Doch während ich mich wütend entfernte, rief er mir nach: »War doch nur Spaß! Komm zurück, du weißt doch, dass ich dich mag, komm zurück!«

»Leck mich am Arsch, Cavallaro, ich will dich nicht mehr sehen.«

So war es häufig. Es krachte mächtig, und dann waren wir wieder Freunde, enger noch als zuvor.

Einmal war ich mit meiner Mutter auf Besuch bei Verwandten gewesen. Auf dem Heimweg hielt sie vor einem Lebensmittelgeschäft, um noch etwas einzukaufen. Weil es in Strömen regnete, blieb ich im Wagen sitzen. Da erblickte ich, ein gutes Stück entfernt, Cavallaro, der damit beschäftigt war, die Zigarettenstangen, die er auf der Straße verkaufte, unter das Vordach eines Hauses zu räumen. Ich stieg nicht aus, um zu ihm zu gehen, sonst hätte ich von meiner Mutter was zu hören bekommen, wischte nur die beschlagene Scheibe frei und beobachtete ihn.

Plötzlich sah ich ihn zu einer älteren Dame rennen, der eine Plastiktüte gerissen war, so dass sich ihre Einkäufe auf der Straße verteilt hatten. Cavallaro las alles auf, wobei er eine Zigarettenstange zum Zusammenschieben benutzte und ein paar Mal hin und her lief, während er der Frau, die sich untergestellt hatte, gestikulierend bedeutete, dort im Trockenen zu warten, er kümmere sich um alles. Es regnete sintflutartig, und er war klitschnass.

Am Tag darauf erzählte ich der Lehrerin vor der Klasse, was ich gesehen hatte.

Doch Cavallaro reagierte ganz anders, als ich erwartet hätte: »So ein Quatsch«, rief er, »der spinnt! So was mach ich nicht. Ich bin doch kein Pfadfinder, der alten Leutchen hilft. Sei nur still und red nicht so einen Scheiß.«

Ich war so gekränkt, dass ich nicht mehr mit ihm sprach.

Nach dem Unterricht machte ich mich gleich auf den Heimweg, ohne auf ihn zu warten. Er lief mir nach und ging dann schweigend neben mir her, aber ich blieb nicht stehen und schaute ihn auch nicht an.

»Ja, du hast Recht, das war ich«, begann er. »Aber du darfst so was nicht herumerzählen, sonst verarschen mich alle. Ich hab ein Messer und kann jedem die Fresse einschlagen. Was sollen die denn glauben, wenn du so was von mir erzählst? Dass ich ein Mädchen bin …?«

Eines Tages kam meine Mutter schweißgebadet und in Tränen aufgelöst heim. Es war Sommer, drückend heiß, und sie war mit dem Bus zu einem Markt gefahren, wo man günstig einkaufen konnte. Dort war sie bestohlen worden, 10 000 Lire, alles, was sie dabei hatte.

»Was wird nur dein Vater dazu sagen?«, weinte sie.

Ich fühlte mich machtlos und hatte eine Mordswut. Als ich Cavallaro davon erzählte, in der Hoffnung, er könne, wie bei dem Fußball, irgendwie dafür sorgen, dass wir das Geld wiederbekamen, schüttelte er den Kopf. Ausgeschlossen, meinte er, in diesem Stadtteil hätten Leute das Sagen, die mit seiner Familie verfeindet seien. Von denen könne er ja wohl schlecht das Geld zurückverlangen. Stattdessen schlug er mir aber vor, einen Abstecher dorthin zu machen, um als Vergeltung irgendjemandem aus dem Clan zu schädigen. Das kam mir sehr gewagt vor, doch er gab keine Ruhe, bis ich mich darauf einließ. Auf einem Moped, das, wie ich später erfuhr, gestohlen war, machten wir uns auf den Weg. Auf einer Runde durchs Viertel erkannte Cirino jemanden aus diesem Clan, von dem er gehört hatte, dass er im Auftrag anderer Autos klaute. Ich hatte eine Heidenangst, doch er ließ sich nicht beirren.

»Diese Drecksäcke haben was zu büßen …«, meinte er.

»Nein, lass, es ist schon spät, fahren wir lieber zurück«, flehte ich ihn an.

»Meinetwegen …«, gab er endlich nach. Doch als wir an dem Wagen dieses Autodiebs vorüberfuhren, verpasste er der Wagentür mit dem Messer einen tiefen Kratzer, bevor er Vollgas gab und wir davonbrausten.

Ich schaute zurück und spürte plötzlich, wie sich die Angst langsam in eine Art Glücksgefühl verwandelte: Die Leute, die meiner Mutter etwas angetan hatten, hatten dafür bezahlt.

Cirino erklärte mir, dass es in jedem Viertel einen Boss gebe und es vorteilhaft sei, den zu kennen, wenn man beklaut wurde. Denn nach einem Diebstahl werde die Beute nicht sofort weiterverkauft, sondern man warte ein paar Tage, um zu klären, ob der Bestohlene nicht vielleicht tabu ist, weil er Freunde hat, mit denen man sich lieber nicht anlegen will. Wenn sich dann aber niemand für die Sache interessiere, werde das Diebesgut nach ein paar Tagen verhökert.

Zugegebenermaßen flößte mir die Macht dieser Leute Respekt ein und verwirrte mich. Ich wusste nicht, auf wessen Seite ich mich schlagen sollte, denn wenn man so jung ist, setzt man noch Autorität mit Macht gleich, und so fragte ich mich, wer nun stärker sei, der Staat oder die Mafia. Doch ich hatte das Glück, dass eine anständige Familie hinter mir stand, und zudem leitete mich immer noch der Wunsch, einmal eine Uniform zu tragen. Andernfalls hätte ich auch durchaus auf der anderen Seite landen können, und die Geschichte, die ich hier niederschreibe, hätte anders geklungen.

Die Bekanntschaft mit Cirino hatte längst auf mich abgefärbt. Das begriff ich endgültig, als ich eines Tages etwas Entsetzliches tat.

Ein älterer Mann hatte mich um einen Gefallen gebeten. Ob ich so freundlich sein könnte, einer Frau in der Nachbarschaft eine Plastiktüte mit Einkäufen zu bringen, er selbst sei verhindert. Ich zögerte, willigte schließlich aber ein, als er mir 500 Lire dafür versprach.

34

Nach erledigtem Auftrag erschien ich wieder bei ihm, um meinen Lohn zu kassieren.

»Du hast sie wohl nicht mehr alle?!«, fuhr er mich an. »Verschwinde, sonst kriegst du ein paar hinter die Löffel!«

Ich beharrte auf meiner Forderung, doch der Mann packte mich am Arm und schob mich zur Tür hinaus.

Ich kochte vor Wut. Cavallaro hätte sich das nicht bieten lassen, dachte ich, der hätte es ihm gezeigt. Zwei Tage später sah ich den Mann, wie er seinen Fiat 500 vor dem Haus parkte. Als er im Hauseingang verschwunden war, öffnete ich die Motorhaube seines Wagens und riss den Benzinschlauch vom Vergaser ab. Jetzt muss er zu Fuß gehen, dachte ich nur. Doch dann passierte etwas, womit ich nicht gerechnet hatte: Als er wenig später den Anlasser betätigte, fing der Wagen Feuer. Verzweifelt bemühte er sich, die Flammen zu löschen, doch als die Feuerwehr endlich eintraf, war der Fiat 500 schon halb ausgebrannt. Das war auch für mich ein furchtbarer Schock. Ich stand hinter einer Ecke und beobachtete den Mann, der mir furchtbar leidtat, ich weinte und fühlte mich hundelend.

Am Tag drauf erzählte ich alles Cirino: »Jetzt bist du ein echter Mann«, meinte der. »Halte dich an mich, dann wirst du besser als alle anderen.«

Ungefähr zwei Monate später zog Cavallaro mit seiner Familie um, in eine Sozialwohnung in einem anderen berüchtigten Viertel. Zum Abschied umarmten wir uns, mit dem Versprechen, uns bald wiederzusehen. Zwei- oder dreimal kam er mich noch besuchen, immer auf verschiedenen Mopeds, die sicher gestohlen waren.

»Das gefällt dir, was?«, sagte er einmal zu mir. »Wenn du willst, schenk ich's dir.«

»Bist du wahnsinnig? Hast du keine Angst, dass sie dich in den Knast stecken?«

»Wen? Mich? Ach was, wenn du nicht volljährig bist, können sie dir gar nichts … Weißt du das nicht? Wir können uns alles erlauben, wozu wir Lust haben …«

Noch ein paar Mal ließ er sich sehen, dann verschwand er aus meinem Leben. Manchmal dachte ich noch an ihn, bekam aber nie Lust, ihn zu besuchen. Doch das Schicksal sollte uns wieder zusammenführen, auf eine Weise, die wir uns damals nicht hätten träumen lassen.

Ein Lebenstraum

Ich war 14, als ich begann, regelmäßig meinem Onkel Besuche abzustatten, der dem mobilen Einsatzkommando der Polizei in Catania angehörte. Für mich war es herrlich, all die Polizeifahrzeuge von nahem zu betrachten, auf dem Fahrersitz Platz zu nehmen, die Polizisten über Funk reden zu hören und vor allem, viele von ihnen persönlich kennenzulernen. Ich fühlte mich als etwas Besonderes, vom Glück begünstigt.

Mein Onkel machte mich mit befreundeten Kollegen bekannt und erklärte stolz: »Das ist mein Neffe. Der will auch mal Polizist werden.«

Einige nickten anerkennend.

Andere meinten auch. »Überleg dir das gut! Such dir lieber was anderes! Als Polizist verdienst du schlecht und nagst immer am Hungertuch.«

Ich antwortete, aufs Geld komme es mir nicht an und dass es mir darum gehe, den Schwachen zu helfen, die der Mafia und anderen Mächtigen schutzlos ausgeliefert sind.

Die älteren Kollegen lachten. »Hört, hört, hier haben wir einen neuen Robin Hood vor uns.«

Unterdessen war die Situation in meiner Heimatstadt immer dramatischer geworden: Morde, Raubüberfälle und Diebstähle erreichten in jenen Jahren einen historischen Höchststand, und in den Zeitungen gab es kein anderes Thema mehr. Mehr und mehr wurde mir bewusst, in welcher Welt ich da lebte: Ich begann eifrig Zeitung zu lesen, die Nachrichten im Fernsehen anzuschauen, mich betroffen zu fühlen. Im Grunde dachte ich schon wie ein Polizist. Häufig verfolgte ich auf meinem Moped junge Typen, die mir irgendwie verdächtig vorkamen, malte mir aus, was sie im Schilde führen könnten, und wandte mich an Kollegen meines Onkels, um ihnen von meinen Vermutungen zu erzählen.

Eines Tages berichtete die Presse groß über die Initiative von Polizeipräsident De Mario, der eine Spezialeinheit der Polizei, die sogenannten *Falchi* (Falken), ins Leben gerufen hatte.

Die besten Männer des mobilen Einsatzkommandos, der *Squadra Mobile,* gehörten ihm an. Auf PS-starken Motorrädern patrouillierten sie durch die Stadt, mit der Aufgabe, die Kriminalität einzudämmen, wozu man ihnen weitgehende Vollmachten eingeräumt hatte. Häufig beobachtete ich sie, wenn sie ihre Runden drehten. Sie trugen Zivil, sahen aus wie ganz normale junge Männer, allerdings mit Bärten und langen Haaren, wie es damals Mode war. Besonders drei von ihnen waren mir aufgefallen, die mir schon allein durch ihr Äußeres großen Respekt einflößten, und niemals hätte ich geglaubt, selbst eines Tages zu den Falken zu gehören und mit einigen von ihnen zusammenarbeiten zu können. Fantastische Geschichten waren im Umlauf über diese Gruppe, deren Arbeit anfangs die Zustimmung der Bevölkerung fand, weil durch sie das Leben in der Stadt wieder erträglich wurde. Die Mafia fürchtete diese Einheit, Diebstähle und Überfälle nahmen deutlich ab. Die Mordrate jedoch blieb konstant. Bei meinem Onkel im Büro bekam ich mit, dass zwar die meisten Kollegen stolz auf diese Spezialeinheit waren, manche aber auch große Bedenken hatten.

»Die Leute respektieren sie nicht, sie fürchten sie nur«, sagte einer. »Wenn das so weitergeht, kommen wir Polizisten auch bald überhaupt nicht mehr an sie heran und dürfen uns gar nicht mehr sehen lassen.«

Ich hielt den Mund, dachte aber bei mir, dass nur Drückeberger so reden konnten, die nicht den Mut hatten, rauszugehen und ihr Leben aufs Spiel zu setzen.

Es war das Jahr 1974, als auf den Falken Lorenzo Messina geschossen wurde. Nach einer Hinrichtung auf offener Straße verfolgte er den Killer, und es kam zum Schusswechsel. Der Mörder wurde erschossen, der Polizist schwer verletzt. Wie nie zuvor verschlang ich in jenen Tagen die Zeitungen, hörte ständig Nachrichten und besuchte häufiger noch als sonst meinen Onkel, um Neues zu erfahren und die Kommentare seiner Kollegen zu hören. Schließlich beschloss ich, beim Krankenhaus vorbeizufahren, wo der Verletzte lag. Unter den strengen Blicken einiger Polizisten in Uniform und verschiedener *Falchi* bockte ich mein Moped auf, kam aber ohne nennenswerte Schwierigkeiten in den ersten Stock hinauf. Ich war ziemlich aufgeregt. Leicht erkannte ich, in welchem Zimmer Messina lag, denn vor der Tür waren zwei weitere Polizisten postiert. Mit ihren grimmigen Mienen sahen sie aus, als warteten sie nur auf irgendjemanden, an dem sie ihre Wut wegen des verletzten Kollegen auslassen konnten. Ich nahm allen Mut zusammen, atmete tief durch und ging dann langsam, ihre Blicke auf mir spürend, auf sie zu. Dabei schaute ich hier und da in ein Zimmer, so als suche ich jemanden. Ein kurzer Weg, der mir wie eine Ewigkeit vorkam. Endlich war ich bei den beiden angelangt. Ich erklärte, dass ich ein Bekannter des Verletzten sei und ihm einen Besuch abstatten wolle.

Sie stellten mir einen Haufen Fragen, kamen zu dem Schluss, dass ich wohl kein Krimineller sei, und ließen mich eintreten. Im Zimmer war es düster und gespenstisch still, der intensive Geruch von Desinfektionsmitteln lag in der Luft. Die drei Zivilpolizisten, die um das Bett herumstanden, schauten mich misstrauisch an.

Einer von ihnen hatte einen dichten, buschigen Schnurrbart. »Wer bist du? Was willst du hier?«, fragte er.

Ich war wahnsinnig nervös. Was, wenn der Verletzte nun erklärte, dass er mich überhaupt nicht kannte? Lorenzo Messina drehte sich um und schaute mich an. Da beugte ich mich zu ihm hinab und flüsterte ihm zu, dass ich ein großer Bewunderer von ihm sei und ihm baldige Genesung wünsche: 30 ewig lange Sekunden blieb ich im Raum. Dann verabschiedete ich mich von allen mit leiser Stimme und huschte hinaus. Was für ein dramatisches, wunderschönes Erlebnis. Ich war einem meiner Helden ganz nahe gewesen.

Die Jahre vergingen, und ich sollte bald 18 werden, doch nicht alles lief so, wie ich es mir vorgestellt hatte. Meine Eltern waren überhaupt nicht damit einverstanden, dass ich zur Polizei gehen wollte. Polizisten waren in den 70er-Jahren das Hauptziel von Terroristen und gewöhnlichen Verbrechern, und zudem hatte mein Vater den Beruf, den er selbst ausübte, für mich vorgesehen. Gewiss, damit würde ich fünfmal mehr als bei der Polizei verdienen, doch ich wollte nun mal diese Uniform überstreifen, koste es, was es wolle. Heftige Auseinandersetzungen in der Familie prägten diese Zeit, und nicht selten ließ sich mein Vater dazu hinreißen, die Hand gegen mich zu erheben. Ganze Tage brachte ich eingeschlossen auf meinem Zimmer zu, doch die Haltung meiner Eltern bestärkte mich nur in meinem Wunsch, von zu Hause fortzuziehen, meinen eigenen Weg zu gehen, zum Mann zu werden. Mein 18. Geburtstag sollte die Schwelle sein, ab der ich meine Zukunft, im Guten oder Schlechten, selbst gestalten wollte.

Über lange Zeit sammelte ich Berge von Zeitungsartikeln zu schweren Straftaten, vor allem zu solchen, bei denen Angehörige der staatlichen Sicherheitskräfte ums Leben gekommen waren. Zwischen den Jahren 1975 und 1980 waren es vor allem Terroristen, die zur Schusswaffe griffen. Die linken Roten Brigaden und die sogenannten »bewaffneten revolutionären Zellen« der rechten NAR sorgten für zahlreiche Opfer. In meinem Tagebuch hielt ich nicht nur die vermasselte Klassenarbeit oder die Knutscherei mit einer Freundin fest, Erfolge beim Sport oder ein Streit mit meinen Eltern, sondern auch die Daten und Umstände zum »Toten des Tages«. Für mich war es, als würde ich diese Situationen selbst mit ansehen müssen, den Schusswechsel, den Sterbenden im Todeskampf, die Fassungslosigkeit der Angehörigen. Wäre ich das Opfer gewesen, wären meine Eltern beim Erhalt der Nachricht wohl selbst gestorben.

Was mir immer wieder auffiel und besonders zu denken gab, war die Gleichgültigkeit der Leute. Sprach ich mit meinen Eltern darüber, hörte ich immer wieder die gleiche Einschätzung: »Du siehst doch, wie sie die Polizisten abschießen. Und du willst auch noch diesen verdammten Beruf ergreifen. Als wenn wir nicht schon genug Sorgen hätten ...«

Im März 1979 reichte ich endlich meine Bewerbung für den Polizeidienst ein.

Vier Monate später fand in Catania die erste Musterung statt. Ich wurde ärztlich untersucht und musste mich einigen Tests unterziehen. Es lief alles glatt. Im Januar 1980 rief dann Maresciallo Andreini der *Polizia di Stato,* der italienischen Staatspolizei, bei uns zu Hause an: Am 4. Februar solle ich mich für eingehende medizinische Untersuchungen und den psychologischen Eignungstest in Rom einfinden.

Ich war im siebten Himmel und erlebte alles wie im Film: Es war meine erste Reise allein, meine erste Erfahrung als Mann. In der Hand hatte ich einen kleinen Koffer mit dem Notwendigsten für vier Tage Eignungsprüfung, im Kopf den traurigen

Blick meiner Mutter am Bahnhof, ihr schwaches Lächeln, als ich mich von ihr verabschiedete, und dann all ihre gut gemeinten Ermahnungen: »Pass gut auf dich auf … Treib dich nicht in zwielichtigen Vierteln herum … Erkälte dich nicht … Hast du denn auch deine Zahnbürste dabei …?«

Mein Vater schien weniger mürrisch als gewohnt, vielleicht begann er, meine Entscheidung zu akzeptieren. Im Grunde schmeichelte es ihm auch, im Freundeskreis erzählen zu können, dass sein Sohn bei der Polizei war.

Das Auswahlverfahren

Der Hauptbahnhof Termini in Rom war genau so, wie ich ihn mir vorgestellt hatte, laut und voller Menschen. Ein Mann bot mir ein Taxi an, ein anderer verkaufte geröstete Maronen, die herrlich dufteten, aber zu teuer waren. Ich fühlte mich wunderbar.

Stattfinden sollte diese zweite Musterung bei der Polizia di Stato in der Via Castro Pretorio, und um Punkt acht Uhr stand ich dort vor dem Tor. Zwei junge Polizisten verlangten meinen Ausweis, ich zeigte ihn vor, und sie erklärten mir den Weg. Während ich mir die Örtlichkeit genau ansah, begann ich nun doch nervös zu werden und fragte mich, ob ich die Prüfungen wohl schaffen würde. Aber durchzufallen und als Gescheiterter nach Hause zurückkehren zu müssen, wäre entsetzlich gewesen.

Die ersten beiden Tage waren den medizinischen Checks vorbehalten, Blut- und Harnuntersuchungen, Röntgenaufnahmen, Zahnkontrolle und dergleichen mehr, an den letzten beiden war eine Reihe psychologischer Tests vorgesehen. Ein Teilnehmer konnte nicht pinkeln und fürchtete, deswegen aussortiert zu werden, und so goss ich ein wenig von meinem Urin in sein Reagenzglas. Die anderen waren ebenfalls hypernervös, verglichen ständig ihre Antworten in den Tests, um sich Klarheit zu verschaffen, wie viel sie falsch angestrichen hatten.

Am dritten Tag ging ich mit zwei anderen Teilnehmern, einem Neapolitaner und zwei Mailändern, Pizza essen. In dem Restaurant waren zwei schräge Typen erfolglos dabei, zwei hübsche

Mädchen anzubaggern, wobei sie mit ihren Komplimenten derart übertrieben, dass die jungen Frauen irgendwann nur noch verächtlich das Gesicht verzogen. Als die Mädchen dann das Lokal verließen, hefteten sich die Typen an ihre Fersen. Nichts Gutes ahnend, folgten wir ihnen ebenfalls. Jedoch nur ein kurzes Stück, dann hatten die Mailänder Kameraden keine Lust mehr, und meine Versuche, sie umzustimmen, blieben erfolglos. Ich musste daran denken, was ich von Polizisten in Catania oft gehört hatte. »Viele suchen bei der Polizei nur einen sicheren Posten und kümmern sich sonst nur um ihren eigenen Scheiß.« Mir war klar: Diese beiden Norditaliener würden niemals richtige Polizisten werden, höchstens Beamte mit Dienstwaffe und Polizeimarke. Mit dem Neapolitaner verfolgte ich die vier noch eine Weile, bis sie irgendwann in eine Nebenstraße abbogen.

Die Bekanntgabe der Ergebnisse war dann eine echte Qual. Ein grimmiger Obergefreiter rief uns im Hof zusammen. »Von eurer Gruppe sind 39 geeignet, die anderen machen auf der Stelle ihre Unterkünfte frei und kommen dann zu mir, um ihre Papiere abzuholen.«

Es war keine schwierige Rechnung: Von den 60 Bewerbern waren also 21 ausgemustert worden. Der Obergefreite zeigte auf die Tür, hinter der sich die Glücklichen dann präsentieren sollten, um sich eine passende Uniform geben zu lassen. Schließlich begann er, deren Namen aufzurufen.

Die Spannung war kaum auszuhalten, schweigend wechselten wir vielsagende Blicke.

Name um Name rief der Obergefreite, ohne dass meiner darunter gewesen wäre, jetzt waren nur noch zehn übrig, und mittlerweile war ich der festen Überzeugung, zu den Ausgesiebten zu zählen. Aber dann endlich: »Palagonia, Gianni ... tauglich ... los, geh eine Uniform anprobieren.«

Meine Freude war grenzenlos: Ich hatte es tatsächlich geschafft. Derart aufgewühlt war ich, dass ich fast keinen Ton herausbekam. Am liebsten hätte ich alle umarmt, gesungen, getanzt. Doch die enttäuschten Gesichter der Ausgemusterten vertrieben mir dann doch das Lächeln von den Lippen.

Vor mir probierten noch zwei andere Glückliche ihre Uniformen an, und ich musste warten, bis ich an der Reihe war. Schließlich wurde zunächst mein Halsumfang gemessen, und ein Gefreiter rief: »Gib ihm 46.«

Die Hose war zu kurz, das Jackett zu weit.

»Das geht schon in Ordnung«, meinte er, »musst du eben noch etwas zunehmen. Außerdem ist eine größere Uniform gar nicht so schlecht. Wenn sie dich in eine Kaserne im Norden stecken, musst du nämlich drei Schichten Unterwäsche drunter tragen, damit du nicht frierst!«

Ich schaute mich im Spiegel an. Komisch sah ich aus in dieser Übergröße, aber worauf es ankam, war ja nur, endlich eine Polizeiuniform zu tragen. Ich, Gianni Palagonia.

Zurück in Catania, wurde ich von meinen Freunden gefeiert. Ich fühlte mich stolz und wichtig und begann bereits die Dinge in einem anderen Licht zu sehen. An einem Abend gingen wir einkaufen. In dem Bekleidungsgeschäft, in dem meine Eltern Stammkunden waren, bekam meine Mutter ein paar neue Sache und ich einen Pullover, der stolze 150 000 Lire kostete. Als wir an der Kasse standen, meinte der Ladeninhaber zu mir: »Pass auf, das ist das letzte teure Stück, das du dir leisten und in bar bezahlen kannst. Ab nun musst du dich mit billigen Klamotten auf Raten zufriedengeben.«

Zu jener Zeit verdiente ein Polizist rund 700 000 Lire im Monat. Mir war sehr wohl bewusst, dass ich damit keine großen Sprünge machen und mir die meisten Sachen nicht mehr leisten konnte, die ich bis dahin dank der gutgehenden Geschäfte meines Vaters bekommen hatte. Aber das war mir ziemlich gleich.

Ich weiß nicht mehr, was ich dem Mann zur Antwort gab, jedenfalls habe ich den Laden nie wieder betreten.

Endlich war der 9. April, der große Tag, gekommen.

Ich nahm den Zug nach Alessandria im norditalienischen Piemont, wo ich der *Scuola allievi guardie di P.S.*, der Schule der *Polizia di Stato*, zugeteilt worden war. Am Bahnhof verabschiedeten mich viele Freunde, und meiner Mutter standen die Tränen in den Augen.

Am Morgen darauf stellte ich mich in der Polizeischule vor, gab meine Papiere sowie das Aufnahmeschreiben ab und wartete dann hinter den anderen jungen Kerlen, die kurz vor mir eingetroffen waren. Schließlich führte uns eine Wache über den Hof zu den Unterkünften der 1. Kompanie, wo wir uns dann, in Erwartung weiterer Anweisungen, aufs Geratewohl auf unserer Stube einrichteten. Dort waren wir zu sechst. Schnell freundeten wir uns an, obwohl unsere Herkunft nicht unterschiedlicher hätte sein können. Die Polizeischüler kamen aus allen Teilen Italiens. Manche stammten aus vornehmen Familien, andere hatten richtige Gangstergesichter, und ich fragte mich etwas verwundert, wie sie nur bei der Polizei hatten landen können. So war es auch kein Unglück, dass mit der Zeit immer wieder Kandidaten entlassen wurden. Ja, manche waren sogar tatsächlich straffällig geworden.

Sechs Monate verbrachten wir in dieser Ausbildungskaserne, ohne auch nur einen einzigen Heimaturlaub. Obwohl die Tage schnell vergingen, war es bedrückend, so lange von der Familie getrennt zu sein. Telefongespräche und Briefe boten wenig Trost, stimmten eher noch trauriger, und die ständigen Klagen meiner Mutter machten mir das Herz schwer. Doch ich wollte mich nicht davon beeinflussen lassen und konzentrierte mich voller Leidenschaft auf meine Aufgabe. Es ging hier um meine

Zukunft, um das, was ich aus meinem Leben machen wollte. Und um sonst nichts.

Als ich dann endlich Urlaub bekam, stieg ich am Bahnhof in Catania vorschriftsmäßig in Uniform aus. Meine Eltern wussten nichts von meinem Kommen, nur meine Geschwister hatte ich informiert. Die Überraschung gelang, meine Eltern waren nicht zu Hause, und ich musste fast eine Stunde lang auf der Straße warten.

Als ich sie eintreffen sah, rief ich schon von weitem. »Ehepaar Palagonia?«

Mein Vater. »Ja, worum geht's?«

»Also so was! Erkennst du mich denn nicht?«

»Gianni! Gianni!«

Diese Umarmung veränderte alles. Mich so in Uniform zu sehen, machte meine Eltern nun doch mächtig stolz. Den ganzen Abend telefonierten sie mit der Verwandtschaft, um davon zu berichten. Meine Mutter erzählte einer ihrer Schwestern, dass ich wie ein General aussähe und die Nachbarn richtig eingeschüchtert seien.

In den letzten drei Ausbildungsmonaten kam ich zu meinem ersten Einsatz, und zwar in Rom anlässlich des Besuches der englischen Königin. Meine Aufgabe bestand darin, mit anderen Kollegen die Menge zurückzuhalten. Im Abstand von je 30 Metern voneinander bezogen wir Posten, und es war ein seltsames Gefühl, dass die Leute meinen Befehlen gehorchten: »Nicht gegen die Absperrung drücken!« – »Die Straße nicht überqueren!«

Man hatte uns die Aufgaben nicht in allen Einzelheiten erklärt, und so musste jeder selbst sehen, wie er der Situation angemessen seine Arbeit verrichtete.

Ich fühlte mich wohl dabei, und mir wurde klar, dass ich mit dem richtigen Fuß gestartet war.

ZWEITER TEIL

Rom: Im Rauschgiftdezernat

Im Kommissariat in Rom

Bald schon wurde ich endgültig nach Rom versetzt, in ein Kommissariat am Stadtrand, das unter den Kollegen ziemlich verschrien war, eine typische Dienstelle für eine Strafversetzung. Ich fuhr mit meinem vollgepackten Wagen vor und stieg aus. Vor mir hohe Mietshäuser, die ein baufälliges Gebäude umstanden. Das Kommissariat. Nach der Vorstellung bei meinem vorgesetzten Inspektor zeigte man mir meine Unterkunft. Das Zimmer war gar nicht so schlecht, ein Balkon bot einen Blick auf die umliegenden Häuser und die Hügellandschaft im Hintergrund.

Während ich noch mein Gepäck auslud, fuhr mit heulender Sirene ein Einsatzfahrzeug vor. Die Kollegen sprangen aus dem Wagen und nahmen einen Mann in Handschellen in die Mitte. Ich ließ alles stehen und liegen, um mir anzuschauen, was weiter geschah. Der Festgenommene saß nun vor einem Inspektor der Kriminalpolizei, der ihn nach seinen Komplizen fragte. Doch der Mann schüttelte nur den Kopf, nein, Komplizen habe er nicht. In der Tür stehend, beobachtete ich nun voller Neugier eine Szene, wie ich sie mir früher häufig vorgestellt hatte. Diesmal befand ich mich aber direkt hinter der Bühne, an jenem Ort, wo Festgenommene aus dem Blick der Öffentlichkeit verschwanden. Auf einem Polizeirevier.

Plötzlich ein seltsames Geräusch, ein heftiger Schlag. Der Mann in Handschellen lag jetzt am Boden, und der Inspektor drosch auf ihn ein …

»Willst du mich verarschen, du Drecksack? Seit zehn Tagen

beobachten wir schon, wie du alte Damen um ihre Ersparnisse erleichterst und die Leute terrorisierst. Du sagst mir jetzt, wie dein Komplize heißt, oder ich mach dich kalt!«

Der Festgenommene leugnete weiterhin, irgendwelche Komplizen zu haben. Ich hatte schon ein wenig Mitleid mit diesem Mann, vor allem gefielen mir die Methoden des Inspektors nicht, aber ich hütete mich, den Mund aufzumachen. Währenddessen hagelte es weiter Ohrfeigen und Schläge mit der Faust, und auch andere Beamte klinkten sich ein.

Irgendwann wurde einer dieser Kollegen auf mich aufmerksam: »He, du bist doch bestimmt der Neue?«

»Ja ...«

»Dann komm her, verpass ihm auch eine.«

Ich tat so, als hätte ich die Aufforderung nicht gehört, und ließ sie alleine weitermachen.

Irgendwann sagte der Inspektor zu mir: »Hast du schon gegessen?«

»Nein.«

»Dann geh dir ein Brötchen holen, und dann komm wieder her, ich hab Arbeit für dich.«

Ich sollte als Lockvogel eingesetzt werden und mich an den Orten umsehen, wo sich die Kumpel des Festgenommenen, wie man wusste, gerne aufhielten, um auf diese Weise den Komplizen ausfindig zu machen. Meine Kollegen waren in dieser Szene alle bekannt, und ein neues Gesicht wie meines galt es entsprechend zu nutzen.

Es funktionierte, und im Nachhinein musste ich dem Inspektor Recht geben. Ich hatte mitbekommen, wie dieser Mann wieder und wieder beteuert hatte, keinen Komplizen zu haben, und hatte es ihm abgenommen. Er hatte geweint und gefleht, hatte geschworen beim Leben seiner Eltern und seiner Kinder, dass er nichts von den Überfällen an den Vortagen wisse, dass er sich nur dieses eine Mal dazu habe hinreißen lassen, weil er in Not sei. Es war alles erstunken und erlogen. Die bestohlenen Personen erkannten ihn wieder, in seiner Wohnung fanden sich die Ausweise seiner Opfer mit abgelösten Passfotos, und zudem wusste er genau, wo dieser Komplize wohnte. Der Inspektor war ein zäher erfahrener Polizist, und hier hatte er Erfolg.

Danach wurde ich als Wachposten eingeteilt, bekam aber nur in groben Zügen erklärt, was ich zu tun hätte. »Vergiss alles, was sie dir in der Ausbildung beigebracht haben«, meinte der Inspektor zu mir, »die Wirklichkeit sieht ganz anders aus.«

Später in meiner Unterkunft streckte ich mich auf meinem Bett aus. Ich träumte mit offenen Augen und dachte zurück an meine feierliche Vereidigung, die Fanfarenstöße, die zur Ruhe gemahnten, die Reden der hohen Amtsträger, all die Menschen, die nur unseretwegen gekommen waren, und uns damit noch einmal aufforderten, unserem Land treu zu dienen, stolz darauf zu sein, die Polizeiuniform zu tragen. Wir standen stramm, mit einer Gänsehaut am ganzen Leib, ein Gefühl wie hohes Fieber, und dann diese aufwühlenden Worte: »Ich schwöre, der Republik Italien immer treu zu dienen, ihre Verfassung und ihre Gesetze zu achten und alle Pflichten meines Amtes ehrenvoll und diszipliniert zu erfüllen, zum Wohle meines Landes und zum Schutz unserer demokratischen Institutionen.«

Die Wirklichkeit sieht anders aus als auf der Polizeischule, hatte der Inspektor gesagt.

Ich war dabei, es festzustellen.

Zwei Tage später wurde ich für einen Einsatz vor der türkischen Botschaft eingeteilt.

»Wie komme ich denn dorthin?«, fragte ich den Inspektor.

»Das kannst du selbst entscheiden. Entweder nimmst du den Zug und dann den Bus mit einmal Umsteigen oder deinen Privatwagen. Das sind zehn Kilometer. Die Kollegen erklären dir, wie du hinkommst.«

Mit drei verschiedenen Kollegen redete ich, um den schnellsten Weg zur türkischen Botschaft zu erfahren, und bekam immer nur denselben Rat: Fahr anderthalb Stunden vor Dienstantritt los und versuch dich dann durchzufragen.

»Ja, wieso denn? Erklärt ihr mir doch den Weg.«

»Gut, wie du willst. Fahr gerade aus, bei der dritten Ampel links, dann kommt eine Überführung, da fährst du rüber, dann links, aber wenn die Straße gesperrt ist, weiter geradeaus, ungefähr drei Kilometer, dann stößt du auf einen Kreisel mit einem großen Triumphbogen, du fährst drum herum und nimmst dann die erste Straße rechts, dann kommst du an eine weitere Ampel …«

»Lasst mal, ich frag mich lieber durch. Aber was habe ich eigentlich zu tun? Worin besteht meine Aufgabe?«

»Der Kollege, den du ablöst, gibt dir seine MP, und dann passt du auf, dass nichts passiert.«

»Worauf soll ich denn aufpassen? Soll ich Personenkontrollen durchführen?«

»Nein, nein, du musst gar nichts machen, einfach nur dastehen, es geht ums Image, die Türken stellen Beamte ab, um unsere Botschaft in der Türkei zu bewachen, und wir bewachen hier ihre.«

Nach einigen Tagen meinte der Inspektor, der den Dienst einteilte, zu mir, ich müsse die Gegend besser kennenlernen, und steckte mich mit einem älteren Kollegen zusammen, um Erfahrungen zu sammeln. Ich war überglücklich, endlich würde ich draußen auf der Straße meinen Dienst tun, wie die Polizisten, die ich früher so oft bewundert hatte. Ich nahm meine Maschinenpistole, die M12, fest in die Hand und bemühte mich, meine

Aufregung zu verbergen. Diese MP war wie eine Frage, auf die ich noch keine sichere Antwort hatte. In der Ausbildung hatte ich nur wenige Male damit geschossen und wusste nicht, ob ich im Notfall so mit ihr treffen würde, wie ich wollte.

Als der Kollege eintraf, begrüßte ich ihn mit: »Guten Morgen, Appuntato.«

Er schaute mich schief an.

»Was heißt ›Appuntato‹? Ich bin Assistente, Assistente Napolitano. Hast du noch nie was von der Polizeireform gehört? Alle Amtsbezeichnungen sind jetzt geändert worden. Ich bin Assistente!«

Ich entschuldigte mich. Diese Reform, mit der die *Appuntati* (Gefreiten) der *Polizia di Stato* zu *Assistenti* (Hauptwachtmeistern) wurden, war erst ein paar Monate in Kraft, und man musste sich noch daran gewöhnen.

»Mach das Funkgerät an, stell den Sender ein und erledige die Abmeldung.«

»Das hab ich noch nie gemacht«, antwortete ich. »Ich weiß nicht, was ich sagen soll, wem ich was sagen soll und wie ich es sagen soll.«

»Herr Gott, du bist aber wirklich ein verdammter Grünschnabel.«

»Ja, ich fange ja auch erst an. Wahrscheinlich wussten Sie anfangs auch nicht, wie das alles läuft. Erklären Sie es mir, und beim nächsten Mal kann ich es dann alleine.«

»Ach, empfindlich bist du auch noch. Das kann ja heiter werden.«

Es dauerte nur einige Stunden, bis ich merkte, dass er eigentlich ganz in Ordnung war. Wie einen Sohn behandelte er mich und brachte mir einen Haufen Neues bei: Er informierte mich über Leute mit einem Vorstrafenregister, zeigte mir die Mietshäuser, wo die gefährlichsten Typen wohnten, erklärte mir, wie man bei einem Einsatz am geschicktesten vorging, worauf man achten musste, kurzum, ein wenig von allem.

»Du musst die Augen immer offen halten und dir unbedingt die Namen der Straßen merken, durch die wir fahren. Sonst kann man uns unmöglich finden, wenn wir Verstärkung brauchen. Nicht zu wissen, in welcher Straße wir uns gerade befinden, kann uns das Leben kosten!«

Nun erfuhr ich auch, wieso es ihn so störte, dass ich ihn als *Appuntato* angesprochen hatte. In vorderster Front hatte er für diese Polizeireform gekämpft und war, wie er mir erzählte, einer der Ersten, der das Wort »Gewerkschaft« offen auszusprechen gewagt hatte, zu einer Zeit, als Gewerkschafter bei der Polizei praktisch noch als Staatsfeinde galten.

»Die Kollegen haben mich für verrückt erklärt, als ich dafür eintrat, gemeinsam für freie Tage in der Woche und die Anerkennung von Überstunden zu kämpfen. Zu der Zeit hat man uns noch wie Vieh behandelt. Bis zu 15 Stunden am Stück waren wir im Einsatz, und wenn man sich darüber beschwerte, bekam man von den Vorgesetzten mächtig was auf den Deckel. Manchmal hatten wir erst nach zehn Stunden Dienst die erste Pause, in der wir was essen konnten, und dann setzte man uns einen kalten Fraß vor, den noch nicht mal ein Hund angerührt hätte. Die politische Abteilung bespitzelte uns und hielt fest, mit wem wir Umgang hatten. So mussten wir uns heimlich in der Wohnung irgendeines Kollegen treffen, und dann trat einer immer wieder ans Fenster und schaute raus, ob was von der ›Politischen‹ zu sehen war. Du hast ja keine Ahnung, was wir Alten durchgemacht haben, damit ihr Jungen es heute besser habt. Viele wurden vom Dienst suspendiert, verleumdet, strafversetzt. Man hat uns fertiggemacht, nur weil wir uns für die grundlegendsten Rechte eingesetzt haben. Doch letztendlich haben wir es geschafft. Zur Strafe muss ich in meinem Alter noch Streife fahren, während diese Scheißoffiziere … Dabei müssten sie uns eigentlich dankbar sein, weil sie jetzt auch besser dran sind, auch wenn sie es natürlich nicht zugeben wollen.«

Napolitano starb sechs Monate nach seiner Pensionierung. Von diesem Zeitpunkt an wussten auch die höhern Dienstränge nur noch Gutes über ihn zu berichten. Plötzlich war er der vorbildlichste Polizist – als Toter.

Die bleierne Zeit

Eines Tages ging auf unserem Kommissariat ein anonymer Anruf ein: Im Hof eines Mietshauses stehe ein Fahrzeug, in dem sich ein paar hübsche Dinge finden ließen.

Der Wagen war ein Fiat 127, und die Kollegen, die ihn durchsuchten, fanden unter der Motorhaube eine Tüte mit 12 Millionen Lire in bar, eine Pistole mit Schalldämpfer, eine Handgranate und eine Wollmütze mit Sehschlitzen. Das Fahrzeug war als gestohlen gemeldet. Sie ließen alles, wie es war, nahmen Rücksprache mit dem Kommissariat, und man beschloss, sich in den Hinterhalt zu legen und abzuwarten, ob jemand die Sachen abholen würde. Es wurde eine Rund-um-die-Uhr-Observierung organisiert, in die alle Kollegen einbezogen waren. Dazu standen uns zwei Lieferwagen zur Verfügung, die wir in einem Autohaus in der Gegend geliehen hatten. Die Ablösung erfolgte, indem ein Lieferwagen wegfuhr und ein PKW mit nur einem Mann darin eine Parklücke besetzte. Kurz darauf traf dann der zweite Lieferwagen ein, für den der PKW dann seinen Platz frei machte, ein Manöver, um zu vermeiden, dass die ganze Zeit ein Lieferwagen, wenn auch von einer anderen Farbe und Automarke, an derselben Stelle stand. Endlich, nach zwei Tagen, fuhr ein Alfa Romeo vor. Ein Mann im Trainingsanzug stieg aus, trat auf das überwachte Fahrzeug zu, öffnete die Motorhaube und nahm die Tüte an sich. Im selben Augenblick waren die Kollegen in Zivil schon bei ihm und versperrten ihm den Weg, während wir aus dem Lieferwagen sprangen und ihn festnahmen.

Als wir zum Kommissariat zurückkamen, erwartete uns der Chef, vor Ungeduld fast platzend, bereits vor der Tür. Wir schafften den Mann in sein Büro, und die älteren Kollegen begannen, ihm Fragen zu stellen. Doch der Festgenommene, der ein langes Vorstrafenregister hatte, das vom Raubüberfall bis zu versuchtem Mord reichte, schwieg. Er musste sich ausziehen, damit er nach Drogen durchsucht werden konnte. Sein Körper war über und über tätowiert. Dann bekam er Prügel.

»Also, wo hast du die Handgranate und das Geld her?«

Schweigen, Schläge.

»Woher hast du das Geld?«

Schweigen, Schläge.

»Wie lautet dein Auftrag?«

Schweigen, Schläge.

»Für wen ist das Geld bestimmt?«

Schweigen, Schläge.

Nachdem man ihn eine halbe Stunde auf diese Weise weichgeklopft hatte, machte er endlich den Mund auf: »Ich gehöre zu euch … Ich bin praktisch einer von euch …«

»Was redest du da für einen Scheiß, Mann?!«

Wieder Prügel.

»Willst du uns verarschen? Du bist einer von uns? Willst du damit sagen, dass wir auch Verbrecher sind?«

Schläge.

»Nein, das sag ich ja nicht … Aber jetzt hört auf, ihr bringt mich noch um. Bei jeder Schießerei mit der Polizei habe ich immer nur auf die Beine gezielt oder in die Luft geschossen … absichtlich, damit ich niemanden treffe, ich bin auf eurer Seite …«

»Hört euch den an! Gibt zu, dass er auf uns schießt, und behauptet dann, unser Freund zu sein …«

Prügel.

Da bat er plötzlich, mit seinem Vorgesetzten sprechen zu dürfen, flehte uns an, eine bestimmte Nummer anzurufen und seine Festnahme mitzuteilen.

»Wen sollen wir anrufen? Wozu? Wir rufen hier niemanden an ...«, erwiderte der Chef.

Unterdessen ließ dieser überprüfen, was das für eine Nummer war, und es stellte sich heraus, dass es sich um eine Geheimnummer handelte.

»Wer soll unter dieser Nummer rangehen?«

»Verlangen Sie Dottore ***.«

Skeptisch, aber entschlossen herauszufinden, was dieses merkwürdige Verhalten sollte, wählte der Chef die Nummer. Eine Frau meldete sich: »Pronto?«

»Könnte ich bitte mit Dottore *** sprechen?«

»Wen darf ich melden?«

»Ich bin der Leiter des Kommissariats *** in Rom.«

»Warten Sie bitte.«

Es dauerte eine Weile, bis sich am anderen Ende der Leitung wieder jemand meldete, und plötzlich sahen wir, wie unser Chef ganz blass wurde. »Verzeihen Sie, Herr Staatssekretär, ich konnte ja nicht wissen ...«

Mit einer Handbewegung scheuchte er uns aus dem Büro.

Eine Stunde später fuhren drei blaue Limousinen vor. Aus einer stieg ein Typ, der wie ein hohes Tier aussah, aus der zweiten ein General des Heeres in Uniform, aus der dritten einige Personenschützer. Wir hatten Befehl, uns in unseren Räumen im ersten Stock aufzuhalten, und durften uns auf den Fluren nicht blicken lassen. Aus dem einzigen Fenster schauten wir auf die Straße runter. Was ging da eigentlich vor?

20 Minuten später fuhren die Männer in den Limousinen wieder davon. Der Chef rief drei der älteren Inspektoren zu sich. Bevor sie sich in sein Büro zurückzogen, gaben sie noch Anweisung, dem Festgenommenen in der Arrestzelle kein Haar mehr

zu krümmen. Bald darauf wurden dem Mann auch die Handschellen abgenommen, und sie brachten ihn fort. Der Inspektor, der ihn zum Wagen begleitete, hatte eine große Tasche in der Hand. Ohne Hast und ohne Sirene fuhren sie davon.

Keiner von uns hatte den Mut, irgendwelche Fragen zu stellen.

Als eines Abends im Jahr 1982 in Rom zwei Polizisten von Terroristen erschossen wurden, saßen wir tagelang wie gebannt vor dem Fernsehapparat. Jedes Detail wollten wir wissen, wollten verstehen, was da vor sich ging. Wenn man neu dabei ist, lassen einen solche Ereignisse lange Zeit nicht mehr los, und ganz vergessen kann man sie nie. Man weiß, das Gleiche kann einem jeden Tag auch selbst zustoßen.

Zehn Tage später fuhr ich Streife mit Mario, der am Steuer saß, und Giuseppe, einem Kollegen aus dem einfachen Dienst, als uns die Einsatzzentrale in die Via Prenestina Vecchia beorderte, ein Todesfall durch Herzinfarkt. Es war zwar nicht unser Abschnitt, doch der zuständige Wagen wurde bei einem anderen Einsatz gebraucht. Eine Hausnummer gab man uns nicht, sagte uns nur, der Sohn des Toten warte unten vor dem Haus auf uns. Es war 23.00 Uhr, stockdunkel, um uns herum ein paar frei stehende Häuser und dahinter offenes Feld. Auf dem Weg zum Einsatzort bogen wir in eine kleine Schotterstraße ein, in der Annahme, dort müsse das gesuchte Haus liegen. Langsam rumpelte der Wagen durch die Schlaglöcher, wir hatten die Waffen in der Hand, aber es war nichts zu sehen. Keiner von uns dreien sprach es aus, doch jeder fürchtete, dass es sich um einen Hinterhalt handeln könnte. Vielleicht hatten wir noch die ermordeten Kollegen im Kopf, vielleicht war es auch nur dieser düstere, abgelegene Ort, der das Schlimmste befürchten ließ.

Irgendwann endete der Weg in einer Freifläche, die ringsum von mit schütterem Gras bewachsenen Erdhügeln gesäumt war.

Hier würden wir das gesuchte Haus nicht finden. Ich wollte gerade über Funk bei der Einsatzzentrale nachfragen, ob sich der Anrufer mit dem toten Vater nochmal gemeldet habe, da schrie Giuseppe plötzlich los: »Scheiße, das ist 'ne Falle! Die wollen uns erschießen! Die schießen auf uns!«

Nun verloren auch Mario und ich die Nerven, und so riefen und schrien wir bald wild durcheinander:

»Wo sind sie?!«

»Weg hier! Nur weg!«

»Dort hinten!«

Wir waren überzeugt, hinter den Erdwällen seien Leute versteckt, und wie von Sinnen fuhr ich herum, drehte mich nach links und rechts und versuchte, irgendetwas zu erkennen. Mario am Steuer wendete hektisch, so dass ich gegen das Seitenfenster geschleudert wurde, und gab Vollgas, während Giuseppe in Panik blind auf irgendetwas feuerte. Noch fester nahm ich die Pistole in die Hand und begann ebenfalls, in diese Richtung zu ballern.

»Fahr! Fahr!«

Endlich erreichten wir die Hauptstraße, bogen, weiter mit Vollgas, darauf ein. Der Wagen geriet ins Schlingern, und wäre in diesem Augenblick ein anderes Auto gekommen, hätten wir dabei draufgehen können. Noch ein paar hundert Meter fuhren wir, ich hatte das Mikro schon in der Hand, um Hilfe zu anzufordern. Aber Hilfe bei was? Unter einer Straßenlaterne in einer kleinen Parkbucht hielten wir an. So saßen wir da in der Stille des Wagens und schauten uns nur entgeistert an, mit großen Augen und trockenen Lippen. Wir lebten.

»Was war da eigentlich los?«

Unsere Reaktion war übertrieben, unangemessen, ausgelöst durch den düsteren Schauplatz und unsere Ängste. Mit dem Aufschrei des Kollegen hatte alles begonnen …

»Was hast du genau gesehen?«

»Wie viele waren es?«

»Waren sie bewaffnet?«

Er habe den Eindruck gehabt, etwas glitzern zu sehen, antwortete Giuseppe zögernd, wie sich etwas bewegt habe, vielleicht eine Person, und da weit und breit niemand an der Straße auf uns wartete, sei er eben von einem Hinterhalt ausgegangen. Wir wüssten ja noch nicht einmal, ob wir in der richtigen Straße gewesen seien, entgegnete ich, vielleicht habe der Sohn des Toten irgendwo anders auf uns gewartet.

Kurzum, da war nichts, nichts und niemand, nichts außer unserer Panik.

»Jetzt fehlen uns aber Patronen.«

»Ja, wie sollen wir das erklären? Was sollen wir erzählen?«

»Keine Sorge«, beruhigte uns Mario, »ich habe bestimmt 100 Patronen in der Schublade. Wenn ich am Schießstand übe, behalte ich die Hälfte immer für mich.«

Zum Glück hatte ich mich noch nicht bei der Einsatzzentrale gemeldet. Hätten wir falschen Alarm gegeben und Verstärkung angefordert, wären wir ein Leben lang damit verarscht worden.

Ein Stück weiter sahen wir einen Mann an der Straße stehen, der uns mit der Hand ein Zeichen gab. Der Sohn des Toten, sein Vater hatte tatsächlich einen Infarkt. Und wir beinahe auch.

Nachdem wir ganze Abende lang über das Thema debattiert hatten, beschloss Giuseppe nicht lange darauf, den Dienst zu quittieren. Sein Vater hatte eine gutgehende Bäckerei, mit der die Familie anständig verdiente. »Das hier ist keine Arbeit für mich«, meinte er. »An dem Abend damals war ich wirklich in Panik, am liebsten hätte ich geheult. Ich möchte noch nicht sterben. Und zudem weiß ich noch nicht mal, ob ich fähig bin, auf einen Menschen zu schießen. Ich bin 20, ich will auch mal meinen Spaß haben, diese Uniform ist mir nur eine Last. Ich werf die Brocken hin.«

An dem Morgen, als er uns verließ, schenkte er uns noch eine besondere Erinnerung. Es war sechs Uhr dreißig, und er drehte die Anlage in seinem Wagen voll auf, ließ einen Discohit laufen, der mit Hahnengeschrei begann. Ein ohrenbetäubendes Kikiriki weckte die ganze Nachbarschaft, wir standen am Fenster und lachten, ein Wagen fuhr davon, und eine Hand winkte uns nochmal aus dem Seitenfenster zu.

Wir im Kommissariat wuchsen mit der Zeit zu einer kameradschaftlichen, gut aufeinander eingespielten Truppe zusammen. Häufig kam es vor, dass Kollegen, die Nachtschicht hatten, morgens nach der Ablösung nicht schlafen gingen, sondern mit den anderen weiterarbeiteten, um zusammen zu sein und gemeinsam Erfahrungen zu machen. Abends gingen wir zusammen in ein preiswertes Restaurant essen, die Köchin bewirtete uns wie eine Mama, bereitete uns so manch köstlichen Teller Pasta zu …

Wir drehten unsere Runden durch das Viertel, um vielleicht ein paar Mädchen aufzureißen, unterhielten uns aber fast ausschließlich über die Arbeit, notierten uns Kfz-Kennzeichen, ließen feststellen, ob die Wagen geklaut waren, verfolgten Leute, selbst wenn uns nur ihre Gesichter verdächtig vorkamen. Wir waren immer auf Streife, auch im Privatleben, auf eigene Kosten. Wir veränderten uns.

Dealer und Abhängige

Häufig griffen wir Personen auf, die im Besitz von Heroin oder Kokain waren, schafften sie auf das Revier, um eine Anzeige zu schreiben oder sie zum Reden zu bringen, in der Hoffnung, auch an die Lieferanten heranzukommen. Als Gegenleistung für einen kleinen Tipp nicht angezeigt zu werden, war allen recht, den unverbesserlichsten Drogenkonsumenten ebenso wie den Jugendlichen aus gutem Haus, die Angst vor ihren Eltern hatten. Innerhalb von zwei Monaten waren uns alle Junkies der Gegend ganz gut bekannt. Ich führte lange Gespräche mit Leuten, die auf Heroin oder Kokain waren, versuchte zu verstehen, wie sie dort hinein geraten waren, wollte alles wissen über ihre Gefühle, was sie empfanden, bevor, während und nachdem sie sich einen Schuss setzten.

Mein Ziel war es, die Wirkungen genau zu verstehen, denn ich plante, mich in die Szene einzuschmuggeln und mich wie ein Abhängiger zu verhalten, ohne selbst Drogen zu nehmen. Nach acht Monaten kannte ich ihren Jargon, ihre Mentalität, ihre Wahnideen und ihre Treffpunkte.

Wenn ich in unseren Gemeinschaftsräumen die Gesten und den Slang der Drogenkonsumenten übte, lachten sich die Kameraden krumm und schief. In den Schubladen unserer Schränke lag jede Menge Heroin, Kokain und Gras. Wir hüteten die Rationen wie eine Ware, die sich gegen Informationen eintauschen ließ.

Die Begleitumstände einer Straftat verrieten uns, wer von un-

seren vorbestraften Kandidaten vielleicht etwas Genaueres wusste. Dann schafften wir ihn aufs Revier und quetschten ihn aus.
Die abgebrühtesten Dealer schwiegen immer, doch die Rausch-
giftsüchtigen waren aus ganz anderem Holz. Denen brauchte
man nur ein Tütchen unter die Nase zu halten, und die Sache
war geritzt. Anfangs, als wir noch nicht so viel Erfahrung hatten, ließen wir sie wieder laufen, wenn sie einen Namen ausge-
plaudert hatten, in der Annahme, dass sie schon die Wahrheit
gesagt hatten. Aber wie oft sind wir für nichts und wieder nichts
ausgerückt. Wir waren wirklich Anfänger.

Nach unzähligen Blamagen hatten wir endlich begriffen, dass
man einem Junkie nicht trauen kann. Der beschwört alles, was
man hören will, würde noch seine eigenen Eltern verraten, nur
um an den nächsten Schuss zu kommen. Deshalb hielten wir sie
später auf dem Revier fest, bis sich einer von uns vor Ort von
der Richtigkeit ihrer Aussage überzeugt hatte.

Ich hasste die Dealer, aber oft war es nicht leicht, sie auseinan-
derzuhalten, denn fast alle waren ihrerseits selbst drogenabhängig und zum Dealen gezwungen, um an die benötigte Dosis zu
kommen. Diese Abgestürzten wollte ich verstehen, und warum
sie sich ihr Leben ruiniert hatten. Ich redete und redete, fragte nach ihren Familien, ob sie mit jemandem zusammen waren
und warum sie angefangen hatten, und versprach, ihnen zu helfen, damit aufzuhören. Aber das war nicht so leicht.

Sie nickten zu allem und wussten dabei, dass sie logen.

Ich hätte nie geglaubt, dass ich mal so weit gehen würde, aber
eines Tages geschah es. Manchmal stimmt es, dass der Zweck die
Mittel heiligt, und das Leid einer Familie ein wenig zu lindern,
schien mir solch ein Zweck zu sein.

In unserem Revier war bei einem Raubüberfall ein Handels-
vertreter getötet worden. Unser Chef schickte alle Mann los,

um die Fahndung in Gang zu bringen. »Schafft mir bis heute Abend diesen Abschaum her, der sich dort draußen rumtreibt. Wir müssen was herausfinden, koste es, was es wolle. Ich will Klarheit, bevor die von der Kripo anrücken. Das ist unser Revier, und wenn es was aufzudecken gibt, haben wir das zu erledigen.«

Die ganze Nacht waren wir auf den Beinen. Tags darauf teilte uns ein Kollege mit, ein Informant habe ihm gesteckt, dass zwei Drogenabhängige als Täter in Betracht kämen. Nach mehreren Versuchen konnte einer von ihnen festgenommen und zum Kommissariat gebracht werden. Die älteren Kollegen nahmen ihn kräftig in die Mangel, wollten wissen, wo er sich zum Zeitpunkt des Überfalls aufgehalten habe und wer sein Alibi bestätigen könne. Was er erzählte, passte nicht zusammen, immer wieder schwieg er, immer wieder hatte er »keine Ahnung«.

»Der Kerl geht mir auf den Sack …«, brummte der erste Kollege, und ließ es ordentlich krachen.

Der junge Süchtige stöhnte und jammerte. Seit sechs Stunden war er bei uns auf dem Revier und brauchte seinen Schuss. Allerdings war es beabsichtigt, Entzugserscheinungen zu provozieren, um so seinen Widerstand zu brechen. Einer unserer Inspektoren vergaß sich vollkommen, schleifte den Mann ins Bad und drückte ihm den Kopf in die Kloschüssel. »Mach endlich den Mund auf, du Bastard. Du hast einen Mann getötet, einen anständigen jungen Kerl, hast seine Familie zerstört. Wäre das mein Sohn, würde ich dir den Kopf abschneiden und Fußball damit spielen!«

»Ich war es nicht …«

»Dann sag mir, wer es war … Wer war es?!«

Wir jüngeren Polizisten wussten nicht, was wir denken sollten. Wusste er wirklich nichts oder log er wie alle Süchtigen? Sicher waren wir nicht begeistert von diesen Methoden, hüteten uns aber, uns irgendwie einzumischen. Unser Chef war ein mit allen Wassern gewaschener Polizist. Er rief uns zusammen und erklärte, wir würden den Mann bei uns behalten, aber nicht offiziell, weil wir nichts gegen ihn in der Hand hätten und uns nur auf vertrauliche Informationen stützen könnten. Er selbst war aber überzeugt, dass wir auf der richtigen Spur waren, weil der Freund des Junkies, mit dem er immer zusammensteckte, wie vom Erdboden verschwunden war. Den Festgenommen aber noch länger dazubehalten, sei schon etwas gewagt, meinte er, wenn man es genau nähme, ein Fall von Freiheitsberaubung. Wenn also jemand Einwände dagegen hätte, solle er es offen sagen. Alle schwiegen zustimmend.

Der junge Junkie wurde in die Arrestzelle gebracht, wo man ihm Schnürsenkel und Gürtel abnahm, weil man befürchtete, dass er sich erhängen würde. Zum Abendessen bekam er zwei belegte Brötchen und ein Glas Wasser.

In regelmäßigen Abständen schaute jemand nach ihm, um zu verhindern, dass er sich irgendetwas antat. Sobald die Klappe in der Tür geöffnet wurde, flehte er uns mit jammernder Stimme an, ihn laufen zu lassen.

»Erzähl uns, was du weißt, dann kannst du gehen.«

»Ich weiß aber nichts, gar nichts … Wenn ich hier raus bin, zeig ich euch an!«

Wir starteten einen neuen Versuch. Durch die Klappe zeigte ich ihm ein Tütchen und eine Spritze und erklärte, wenn er sich kooperativ verhalte, warte das auf ihn. Beim Anblick des Heroins geriet er vollkommen aus dem Häuschen, fluchte und flehte, bat und bettelte.

»Hilf mir, mir geht's wirklich dreckig …«

Es berührte mich, diesen jungen Mann, der in meinem Alter war, in solch einem erbärmlichen Zustand zu sehen. Doch wenn er jemanden umgebracht hatte oder etwas über den Überfall wusste, hatten wir keine andere Möglichkeit, es heraus-zubekommen. Hätten wir uns an die Vorschriften gehalten, wäre kein Untersuchungsrichter bereit gewesen, uns ohne einen echten Beweis, nur aufgrund des Hinweises eines Informanten, einen Haftbefehl auszustellen. Wer als Polizist auf der Straße seinen Dienst tut, weiß, dass es letztlich nur darauf ankommt, eine Straftat aufzudecken und damit zu verhindern, dass noch mehr Leute zu Schaden kommen oder gar umgebracht werden. Sollte dabei mal ein Verdächtiger falsch eingeschätzt werden, halb so wild. Im Krieg kann man auch nicht immer sicher sein, den Richtigen zu treffen.

Gegen Abend gerieten wir doch etwas in Sorge, der Drogen-abhängige lag ausgestreckt auf dem Zellenboden und rührte sich nicht.

»Ich flehe dich an, hilf mir … mir geht's dreckig«, stöhnte er.

»Komm, steh auf, ich versprech dir, wenn du redest, kriegst du deinen Stoff.«

»Okay, okay … ich sag aus …«

Der Chef kam in die Zelle runter, und der Junkie packte aus. Den Überfall hatte er mit seinem Kumpel verübt, der jetzt bei Verwandten auf Sardinien untergetaucht war.

Nach dem Geständnis reichte ich ihm, in Absprache mit dem Chef, das Heroin, die Spritze, einen Löffel und ein Feuerzeug. Ich staunte, wie er sich das Zeug spritzte: Dazu kauerte er sich so zusammen, dass er einen Arm unter dem angewinkelten Bein hindurchführen konnte, das ihm auf diese Weise als Abschnür-band diente.

Jetzt ging es darum, seine Aussage zu überprüfen. Um sechs Uhr am nächsten Morgen machten sich drei Kollegen mit dem Flugzeug auf den Weg nach Sardinien und um eins waren sie schon wieder mit dem Flüchtigen zurück. Unterwegs war der Kerl irgendwann zusammengebrochen, hatte rumgeheult und schließlich verraten, wo das Gewehr versteckt war, mit dem er den Vertreter erschossen hatte. Der Fall war gelöst.

Kaum etwas verabscheute ich mehr als Drogen, aber sie waren Teil unseres Alltags, und daran konnte ich nichts ändern. Indem wir einen Verdächtigen mit Entzug unter Druck setzten, war es uns gelungen, einen Mörder zu fassen. Ein entsetzlicher Widerspruch, doch der Ausgang der Ermittlungen sprach für sich.

Paola

Eines Nachts wurden wir gerufen, um einen Familienstreit zu schlichten, der in der Hausmeisterwohnung eines Mietshauses ausgetragen wurde. Schon vor der Tür hörte man das Geschrei. Ich war allein, mein Kollege war im Wagen geblieben. Langsam trat ich näher, im Kopf die Ratschläge der älteren Kollegen für solche Fälle: »Tritt bei Schlägereien immer betont gelassen auf und lass dir ruhig Zeit. Du kannst ohnehin nichts mehr verhindern. Leute, die ausrasten, stören sich nicht am Eintreffen der Ordnungskräfte, ganz im Gegenteil. Wenn möglich, gehen sie auch noch auf die Polizei los.« Das schien hier nicht zu befürchten zu sein. Doch man weiß ja nie, was einen hinter einer geschlossenen Tür erwartet. Ich läutete.

Einen Moment lang ebbte das Geschrei ab. Eine Frau mit Kratzern im Gesicht und auf dem Arm öffnete. Hinter ihr der Ehemann.

Sie waren beide so um die 50.

Ich trat ein, mit lässig strenger Miene, wie ein Polizist eben, der schon alles erlebt hat und dem man nichts mehr vormachen kann.

Wie wichtig in solchen Situationen das richtige Gespür ist, hatte ich schon gelernt. Man muss sofort einschätzen können, ob es angebracht ist, autoritär, als unerbittlicher Vertreter der Staatsgewalt aufzutreten, oder verständnisvoll, um auf diese Weise die Situation soweit zu beruhigen, dass sich die Gemüter abkühlen können. Nachdem ich den Mann, der wieder herumbrüllte, dazu aufgefordert hatte, seine Stimme zu senken, fragte ich die Frau, ob sie ins Krankenhaus gebracht werden wollte, um sich dort behandeln zu lassen.

»Nein, danke«, antwortete sie, »es ist nicht so tragisch.«

»Gut, dann gehen Sie jetzt ins Bad und desinfizieren Sie die Wunden. Wir warten hier.«

Als sie wieder da war, fragte ich die beiden, was vorgefallen sei. Während der Mann berichtete, fiel ihm die Frau immer wieder ins Wort, es hörte sich alles verworren an, doch schließlich begriff ich, dass es um ihre 17-jährige Tochter ging, die wohl mit zwielichtigen Leuten verkehrte und wahrscheinlich Drogen nahm. Die Mutter hatte davon gewusst, es dem Vater aber verschwiegen, der jetzt wohl dahintergekommen war und einen Tobsuchtsanfall bekommen hatte.

Die Frau brach in Tränen aus: »Seit sieben Monaten tue ich, was ich kann. Ich gehe ihr nach, um zu sehen, mit wem sie sich trifft, verbiete ihr, das Haus zu verlassen, sogar geschlagen habe ich sie, was ich vorher noch nie getan hatte. Und ich habe versucht, alles vor meinem Mann zu verheimlichen, um ihm die Sorgen zu ersparen.«

»Ja, Signora, aber manche Dinge sollte man wirklich gemeinsam besprechen«, sagte ich. »Zu zweit findet man vielleicht eher eine Lösung.« Dann fiel mein Blick auf ihr Hochzeitsbild, das gut sichtbar auf einer Kommode im Wohnzimmer stand. Ich zeigte darauf. »Haben Sie diesen vielleicht schönsten Tag Ihres Lebens ganz vergessen? Nein, nicht wahr? Zerstören Sie nicht alles, was Sie sich gemeinsam aufgebaut haben. Für alles findet sich eine Lösung, vor allem, wenn man sich liebt und zusammenhält.«

Meine Worte berührten sie, so wie ich es erhofft hatte. Sie nahmen sich in den Arm, und er sagte ihr leise, dass er sie liebe, und wie leid es ihm tue, dass er die Hand gegen sie erhoben habe. Das sei unverzeihlich, aber er habe einfach den Kopf verloren. Auch sie drückte ihn fest an sich und sagte weinend: »Es war aber auch falsch von mir, ich hätte es dir nicht verheimlichen dürfen ...«

Die Sache schien einen guten Verlauf zu nehmen. Die beiden baten mich, mit ihrer Tochter zu sprechen, in der Hoffnung, das Mädchen würde, wenn sie einen Polizisten vor sich sähe, selbst erschrecken vor dem, was sie da alles angerichtet hatte. Ich erklärte mich bereit, ihr den Kopf zu waschen, nicht zuletzt auch, um mehr über ihre Freunde herauszubekommen.

In Begleitung der Mutter betrat ich das Zimmer des Mädchens, ein typisches Teenagerzimmer mit Postern an den Wänden, Kissen, Stofftieren, Stereoanlage und Tagebuch.

Auch ich hatte in diesem Alter ein ähnliches Zimmer mit Postern und dem ganzen Rest, aber das kam mir jetzt schon unendlich lang her vor. Ich fühlte mich erwachsen und traurig.

Sie lag auf dem Bett, hatte das Gesicht im Kopfkissen vergraben und weinte.

»Ich will mit niemandem reden! Schick ihn fort! Schick ihn fort!«

Ich fragte die Mutter nach dem Namen des Mädchens: Paola.

»Paola«, sagte ich ganz ruhig, »deine Eltern sind in großer Sorge. Ihr seid doch eine wunderbare Familie, wieso willst du das alles zerstören? Willst du im Ernst, dass deine Eltern sich weiter schlagen? Willst du, dass es so weit kommt, dass sie sich scheiden lassen? Ich war auch nicht immer brav in deinem Alter, habe mich aufgelehnt, aber nie hätte ich es mir verziehen, wenn sich meine Eltern durch meine Schuld gehasst hätten. Und ich weiß, dass du das auch nicht willst.«

Ich redete betont ruhig, machte immer wieder Pausen zwischen den Sätzen. Bei Verhören hatte ich gelernt, dass solche Pausen sehr sinnvoll sein können: Sie geben dem Gegenüber Zeit, über das nachzudenken, was man gerade gesagt hat.

Sie lag weiterhin nur da, das Gesicht immer noch tief im Kopfkissen verborgen.

»Gut, wie ich sehe, hast du im Augenblick keine Lust, mit mir zu reden. Dann geh ich jetzt. Wenn dir aber danach ist, dich ein wenig mit mir zu unterhalten, dann besuch mich auf dem Kommissariat. Und denk dran, das Schicksal deiner Familie liegt in deinen Händen, und dein eigenes auch.«

Die Mutter flehte die Tochter an, doch endlich dieses beharrliche Schweigen aufzugeben.

Da streckte das Mädchen eine Hand zum Nachtschränkchen aus, griff zu einem Taschentuch, um sich die Tränen zu trocknen, warf dann mit einer grazilen Geste ihr langes schwarzes Haar zurück, setzte sich auf und wandte uns das Gesicht zu. Mir verschlug es den Atem.

Sie war wunderschön, mit ihren blauen Augen, den harmonischen Gesichtszügen und ihrem ebenmäßigen Körper. Auch wirkte sie älter, als sie mit 17 Jahren eigentlich war. »Ciao.« Selbst ihre Stimme war die einer erwachsenen Frau.

Ich wollte jetzt nicht fort, wollte mich mit ihr unterhalten, unbedingt. Doch der Kollege, der im Auto wartete, rief mich über Funk. Wir mussten zu einem anderen Einsatz.

»Wenn Sie möchten, komme ich morgen nochmal vorbei, Signora. Und jetzt versuchen Sie am besten alle, ein wenig zur Ruhe zu kommen.«

Am folgenden Nachmittag stand ich wieder vor der Tür und wurde wie ein König empfangen. Das Mädchen war angezogen und geschminkt und sah noch schöner aus als am Vorabend, war von einer Schönheit, die Drogen und Kriminalität trotzte. Sie gab sich unbefangen, war im Grunde aber verschlossen. Vermied alle Details, antwortete ausweichend, und was sie sagte, blieb nur an der Oberfläche.

»Ich verrate meine Freunde nicht. Ich bin kein Spitzel.«

Doch ich ließ nicht locker, und Paola begann ungeduldig zu werden, sich zu ereifern, die Stimme zu erheben. Plötzlich war sie ganz anders. Solche Gefühlsschwankungen kannte ich nur zu gut. »Ich muss hier raus«, schrie sie irgendwann, »ich brauche was, ich will nichts mehr hören, nichts von denen und nichts von dir und deinem Scheiß. Ihr könnt mich alle mal!«

In den Minuten bis zum Eintreffen des Notarztwagens ging ein Schwall von Beleidigungen auf mich herab: »Arschloch! Für wen zur Hölle hältst du dich? Gib mir Geld, ich brauch was, jetzt sofort. Verstehst du nicht, wie dreckig es mir geht?! Wenn du mir helfen willst, dann lass mich hier raus ...«

Man brachte sie ins Krankenhaus.

Ein paar Tage später rief mich ihre Mutter an. Sie hatte ihre Tochter dazu gebracht, den Namen des Dealers zu verraten, und bat mich, sie im Krankenhaus zu besuchen. Ich war hin und her gerissen zwischen der Faszination, die Paola auf mich ausübte, und der Befürchtung, am Ende noch etwas mit einer Drogen-abhängigen anzufangen. Es wäre besser gewesen, sich nicht allzu tief in die Sache hineinziehen zu lassen.

Ich fuhr also ins Krankenhaus. Es wurde ein förmlicher Besuch. Natürlich hätte ich ihr auch mit der einen oder anderen Bemerkung zu verstehen geben können, wie sehr sie mir gefiel, aber ich verkniff es mir. Paola drückte noch nicht lange, würde es also noch schaffen können, sich am eigenen Schopf aus dem Sumpf zu ziehen. Ich versuchte, etwas in ihr anzustoßen: »Warum willst du dich aufgeben? Eine Drogenkarriere überlebt man nicht. Du bist doch ein hübsches Mädchen, die ganze Welt könnte dir zu Füßen liegen, wenn du nur wolltest!«

Sie lächelte. Als ich ging, streichelte sie kurz meine Hand. Ich tat so, als hätte ich es nicht bemerkt und ging nicht darauf ein, doch unsere Blicken sprachen für uns.

Ein paar Tage später wurde der Drogenhändler, ein den Be-

hörden seit langem bekannter Wiederholungstäter, festgenommen. Er hatte seine Ware in einer Beinprothese versteckt. Zwei
Tütchen fanden wir in dem Plastikstumpf, mit dem er sich auf
den Beinen hielt, und die Kollegen bestätigten mir, dass sich hinter der Maske des harmlosen, bedauernswerten Amputierten einer der übelsten Dealer überhaupt verbarg, der den Stoff mit allem nur möglichen Dreck streckte, um ein paar Tütchen mehr
herauszubekommen. Sie hatten zwar keine Beweise, vermuteten
aber, dass einige der letzten Drogenopfer das Rauschgift bei ihm
gekauft hatten. Provozierend lächelnd schaute er mich an, und
selbstverständlich hatte er den Namen der Person, die uns zu
ihm geführt hatte, noch nie gehört. Ich konnte mich nicht beherrschen. Ein paar Backpfeifen mit dem Handrücken brachten
ihn sofort ins Wanken, denn seine Prothese lag auf dem Tisch.
Er verlor das Gleichgewicht, suchte nach einem Halt, fand keinen und stürzte zu Boden.

»Ihr Feiglinge. Nur weil ich behindert bin, vergreift ihr euch
an mir«, stöhnte er.

Ein Kollege beugte sich zu ihm herab und verpasste ihm noch
ein paar Ohrfeigen. »An wem vergreifen wir uns?«, schrie er. »An
solch einem Wurm wie dir, der den Tod auf Raten verkauft, an
einem Stück Scheiße? Nein, so was würden wir nie anfassen. Verdammter Schweinehund! Ich hoffe du verreckst, so schnell wie
möglich. Und ich komm dann zu deiner Beerdigung, aber nur
weil mir die Vorstellung gefällt, dass du dort im Sarg liegst, und
nicht eines dieser Kinder, denen du das Leben zerstörst. Hast du
verstanden, Arschloch?«

Am Nachmittag überstellten wir ihn in die Strafvollzugsan-
stalt. Doch nach wenigen Monaten war er wieder frei, frei wie
der Wind, frei, zu dealen und zu töten. Ja, zum Teufel, was ist
mit unseren Gesetzen los?, fragte ich mich. Diese Machtlosigkeit setzte mir zu. Wie viele Nächte hatte ich im Büro verbracht,

Berichte geschrieben, Einsätze geplant, mich von Brötchen ernährt und versucht, nicht an die Freiheiten zu denken, die andere in meinem Alter hatten. Und all das für nichts und wieder nichts. Diese Verbrecher waren gleich wieder auf freiem Fuß, wurden immer mächtiger, fuhren immer protzigere Wagen. Die konnten ihre Kohle verprassen, und ich musste mich nach der Decke strecken, um mit meinem Hungerlohn bis zum 15. des Monats auszukommen. Ich begann, jenes Rechtsbewusstsein zu verlieren, das mich zum Polizeiberuf geführt hatte, begann die Gerechtigkeit des Strafgesetzbuchs anzuzweifeln, die Ehrlichkeit der Politiker, kurz all das, was eigentlich die staatliche Ordnung ausmachte.

Irgendetwas stimmte nicht mehr.

Süchtige Liebe

Unterdessen war Paola aus dem Krankenhaus entlassen worden, und eines Morgens tauchte sie dann im Kommissariat auf. Ein gleichzeitig erfreulicher und unangenehmer Besuch für mich, denn die Kollegen wussten, dass sie Drogen nahm, und mit ihr näher bekannt zu sein, warf kein günstiges Licht auf mich. Ich erklärte, dass sie meine Informantin sei.

»Ich bin froh, dass ich dich kennengelernt habe, du hast mir sehr geholfen«, sagte sie. »Meine Mutter möchte sich auch bei dir bedanken und lädt dich zum Essen ein.«

Solch eine Einladung hatte ich wirklich nicht erwartet und wusste nicht, wie ich reagieren sollte. Ich hätte zurzeit viel um die Ohren, antwortete ich, doch sie ließ sich nicht beirren, und schließlich verabredeten wir uns für den Nachmittag.

Wir trafen uns auf einem Platz in der Nähe ihrer Wohnung. Sie trug einen sehr engen Minirock und eine kurze Bluse, die den Bauchnabel frei ließ. Make-up und Sonnenbrille rundeten das Bild ab.

Ich begrüßte sie, ohne aus dem Wagen zu steigen, und fuhr dann Richtung Stadtmitte, weil ich nicht Gefahr laufen wollte, von jemandem gesehen zu werden. Ein Eis, ein Spaziergang, sie war bester Laune, lachte bei jeder Kleinigkeit, erzählte mir von ihren Zukunftsplänen. Sie habe ein Fotoshooting gemacht, berichtete sie, und viele Werbeagenturen hätten sich schon interessiert gezeigt.

»Dir scheint's ja richtig gutzugehen. Offensichtlich bekommst du dein Problem jetzt in den Griff. Du verfügst über große Willensstärke, und Gott hat dir geholfen.«

»Gott hat damit nichts zu tun«, erwiderte sie, plötzlich ernst werdend. »Ich hab es geschafft, weil sich in meinem Leben etwas Wunderbares ereignet hat.«

»Ja? Was denn?«

»Ich hab mich verliebt und sehe jetzt alles in einem neuen Licht.«

»Das freut mich für dich«, sagte ich so unbeteiligt wie möglich.

»Ja, verstehst du denn nicht? In dich hab ich mich verliebt. Unablässig denke ich an dich, erzähle von dir …«

Sie kam ganz nahe an mich heran und küsste mich, mitten auf der Straße, ohne sich zu genieren.

Ich spürte, wie die Leute uns ansahen, und wurde rot: »Das ist keine gute Idee. Nicht hier.«

Sie lachte. Im Auto dann ließ sie mir noch nicht einmal die Zeit, den Schlüssel ins Zündschloss zu stecken, da umarmte und küsste sie mich wieder.

Vielleicht hätte ich uns irgendwo ein Zimmer nehmen und mit ihr schlafen können, aber ich wollte nicht. Ich hatte Angst, mich mit irgendwas anzustecken. Seit dem Tag rief sie mich aber ständig an. Anfangs ließ ich mich verleugnen, doch als mich dann eine Schwester des Krankenhauses, wo man Paola stationär behandelt hatte, hinsichtlich deren Gesundheitszustandes vollkommen beruhigte, gab ich meine Zurückhaltung auf. Und wir begannen uns zu treffen.

Ich war weniger mit dem Herzen dabei als sie. Gewiss, Paola war ein schönes Mädchen und ich ein junger Mann, doch mir war immer klar, dass ich nicht wirklich verliebt in sie war. Zudem gelang es mir nicht, alle Skepsis fahren zu lassen. Ich achtete auf jeden Stimmungsumschwung, um herauszubekommen, ob sie noch den Drang verspürte, Drogen zu nehmen. Mittlerweile wusste ich, dass Abhängige notorische Lügner sind, und das hinderte mich daran, mich vorbehaltlos auf sie einzulassen. Häufiger fuhr ich ihr nach, um zu sehen, mit wem sie sich traf, und einmal beobachtete ich sie dann tatsächlich, wie sie sich mit zwei Gleichaltrigen unterhielt, einem Jungen und einem Mädchen, die sie aus der Drogenszene kannte.

Drei Tage später rief sie mich an. Sie war rückfällig geworden, weinte und bat mich, ihr zu verzeihen. Langes Schweigen, dann weitere Schwüre, weitere Versprechungen.

Ich besuchte sie zu Hause. Sie hatte Fieber und drückte so fest meine Hand, dass sie mir fast wehtat.

»Du kannst das nicht verstehen. Aber man ist wie besessen davon, als stecke noch ein anderer Körper in einem drin, ein fremder Wille, der den eigenen ausschaltet und einen zwingt, es doch wieder zu tun. Du denkst an nichts anderes mehr, nur noch an diesen Moment und wie es sich anfühlt, wenn du dir den Stoff in die Adern spritzt. Dagegen kommt man nicht an. Man wehrt sich und kämpft gegen sich selbst, schwört sich dann, dass es nun aber das letzte Mal sein wird, aber dann macht man es doch wieder, und dieses eine letzte Mal wird zu vielen letzten Malen. Aber ich will es wirklich schaffen, und ich schaffe es auch, für dich, und für mich. Ja, du wirst sehen, ich schaff das!«

In den folgenden zwei Monaten schien sie wirklich verändert, ging wieder regelmäßig zur Schule, wo sie so häufig gefehlt hatte, und schien sich gut zu erholen. Doch immer noch kam es zu Rückschlägen, wechselten sich Phasen stürmischer Euphorie mit Depressionen und Gefühlen der Leere ab.

Eines Tages waren wir Pizza essen. Sie wirkte seltsam. Nach dem Essen machten wir noch einen kleinen Spaziergang, und da geschah es.

»Mir geht's dreckig«, sagte sie plötzlich.

Sie erbrach sich in einer Ecke, im Schutz eines Lieferwagens, und wollte nicht, dass ich näher kam.

»Bleib weg! Ich will nicht, dass du dich vor mir ekelst …«

Ich wartete in einiger Entfernung. Weinend kam sie mir entgegen, zeigte in Richtung eines kleinen Platzes mit einem Brunnen. Dort wusch sie sich dann das Gesicht, trank ein paar Schlucke Wasser, hob den Kopf und starrte mich mit giftigem Blick an. »Jetzt kannst du mir beweisen, dass du mich liebst.«

Sie kramte in ihrer Tasche und holte ein Tütchen und eine Spritze hervor.

»Jetzt wird sich zeigen, ob du mich liebst«, sagte sie noch einmal.

Ich packte ihr Handgelenk so fest, dass sie irgendwann den Griff lockern musste, nahm ihr das Zeug ab und steckte es mir in die Tasche. Dabei blickte ich mich verstohlen um, weil ich fürchtete, dass man uns beobachten könnte.

Sie folgte mir zum Wagen, und ich fuhr los zum Aussichtsberg Gianicolo, um uns dort irgendwo eine ruhige Ecke zu suchen.

Um uns herum fröhlicher Trubel, das Puppentheater, lachende Kinder, Eisverkäufer, der Mann mit den Luftballons, Liebespärchen Hand in Hand. Auch wir mochten vielleicht wie ein junges, glückliches Paar aussehen, doch in Wirklichkeit erlebte ich einen Alptraum.

Ich, Gianni Palagonia, Polizeibeamter, der junge Mann, der gegen alle Widerstände diesen Beruf ergriffen hatte, um das Verbrechen zu bekämpfen, fand mich mit meinen 20 Jahren in meinem Auto wieder, zusammen mit einer Spritze, einer Dosis Heroin und einem Problem, das mir über den Kopf gewachsen war. Was, wenn sie jetzt zusammenbricht?, dachte ich, wenn sie mir hier im Auto stirbt?

»Wohin fährst du?«

»Irgendwohin, wo wir ungestört sind. Dort kannst du dir den Schuss setzen.«

Plötzlich sah ich im Rückspiegel ein Fahrzeug der Carabinieri.

Mich traf fast der Schlag und mir brach der Schweiß aus. Vielleicht waren sie hinter Paola her, vielleicht hatte sie etwas angestellt, wovon ich nichts wusste. Ich verlangsamte und kontrollierte über den Rückspiegel, was hinter uns geschah, fuhr möglichst normal und unauffällig, um keinen Verdacht zu erregen. Währenddessen lächelte und redete ich weiter, doch ich redete allein, sie saß zusammengekauert auf ihrem Sitz, wirkte erschöpft und murmelte immer wieder: »Die wollen was von mir, ich weiß es, die wollen was von mir.«

»Reiß dich zusammen, und wenn sie uns anhalten, stellst du dich schlafend. Ich sage, dass dir schlecht ist und dass ich dich nach Hause fahre. Aber du hältst den Mund. Verstanden?«

Im Rückspiegel sah ich, dass die Carabinieri über Funk redeten, vielleicht gaben sie mein Kennzeichen durch.

Kurz darauf drückten sie plötzlich aufs Gas und überholten mich. Mein Herz schlug wie wild. Jetzt stellen sie sich quer, um uns zu stoppen, dachte ich.

Doch Gott sei Dank, sie bogen rechts ab und waren verschwunden. Ich hätte heulen können, derart angespannt war ich. Wie zum Teufel hatte ich in eine solche Situation geraten können?

Paola öffnete die Augen und schien zu begreifen, was in mir vorging. Sie nahm meine Hand. »Verzeih mir«, murmelte sie. Ich zog die Hand zurück, fühlte mich vollkommen am Ende, wäre am liebsten in den Erdboden versunken.

Schweigend fuhren wir weiter. Ich bog auf die Stadtautobahn ein, und bei der Ausfahrt Tuscolana fühlte ich mich schon sicherer. Das war fast unser Revier, dort kannten mich Carabinieri und Finanzpolizei, ein kurzer Gruß mit der Hand hätte genügt, um eine Kontrolle zu vermeiden. Wir waren auf dem Weg zu ihr nach Hause, doch plötzlich musste ich daran denken, wie schockiert ihre Eltern sein würden, wenn sie ihre Tochter in diesem erbärmlichen Zustand sähen.

So fuhr ich weiter zu einem abgelegenen Parkplatz außerhalb der Wohngebiete, der als Treffpunkt für Liebespaare bekannt war. Dort kontrollierten wir selten, weil wir uns dabei immer wie Spanner vorkamen.

Es war niemand zu sehen. Völlig zusammengesunken saß Paola neben mir, schweißgebadet, ihr Körper ein einziger Schmerz. Sie versuchte, sich zu erbrechen, spuckte jedoch nur einen schaumigen Schleim aus.

»Gib mir den Stoff und steig aus, wenn du nicht zusehen willst.«

»Nein, ich geb dir überhaupt nichts. Es war ein Fehler, überhaupt hierherzukommen. Ich fahre dich jetzt ins Krankenhaus.«

»Du fährst mich nirgendwohin!«, schrie sie nun wieder. »Gib mir endlich den Stoff!«

Sie öffnete die Wagentür und stieg aus: »Du willst mir nichts geben? Gut, dann such ich mir eben was.«

Ich hielt sie am Arm zurück.

»In Ordnung, steig wieder ein und spritz es dir.«

Das tat sie. Sie nahm ein Kaffeelöffelchen aus ihrer Handtasche und bat mich, es zu halten, ließ das verfluchte Pulver hineinrieseln und vermischte es mit destilliertem Wasser. Das Flämmchen des Feuerzeugs flackerte unter dem Löffel, die Hand zitterte, das Pulver löste sich auf, verschwamm, ebenso wie mein Blick. Hoffentlich ist der Stoff nicht gestreckt, dachte ich, Gott, lass sie hier nicht sterben, dachte ich, mach, dass alles gutgeht, ich flehe dich an.

»Ich bin zu schwach.«

Sie schaffte es nicht, das Zeug in die Spritze zu ziehen. Ich tat es für sie, doch meine Hand zitterte, und ich verschüttete ein wenig. »Pass doch auf!«, schrie sie. »Pass bitte auf!«

Während ich noch die Spritze aufzog, schüttelte sie mit beeindruckender Entschlossenheit ihren Arm aus, leckte ihn ab, um ihn zu desinfizieren, und suchte dann in ihrer Handtasche nach dem Tuch, das sie zum Abbinden des Armes benutzen wollte. Sie fand es nicht und forderte mich auf, mit beiden Händen ihren Arm auf der Höhe des Bizepses abzudrücken.

»Mach schon! Mach schon!«

Ich drückte so fest, dass die Adern hervortraten. Noch einmal schüttelte sie den Arm aus und stach dann die Nadel hinein. Ihr Blut floss in die Spritze, dann verschwand die Flüssigkeit in ihrem Körper, und ich war ihr Helfershelfer bei dem ganzen Vorgang. Ich, der ich Drogen so sehr hasste und die Welt besser machen wollte, indem ich so viele Dealer wie möglich zur Strecke brachte, hörte deutlich, wie all meine Träume in Scherben fielen. Die Dinge laufen anders, als man sich das denkt: Ich würde gar nichts verbessern, nichts verändern, das Einzige, was sich änderte, war ich selbst.

Ich riss mich los aus meiner Erstarrung. Meine Brust schmerzte, als hätte ich einen Schlag abbekommen. Kopfweh, trockner Mund und pelzige Zunge, ein Zustand diffuser Angst.

Sie hingegen lächelte nun und sah strahlend schön aus.

Sie ergriff meine Hand, wollte mir einen Kuss geben, doch ich entzog mich, indem ich ein wenig das Gesicht abwandte. Dennoch lächelte sie weiter. »Fahr mich nach Hause«, sagte sie.

An diesem Abend war die Rückkehr ins Kommissariat wie eine Art Heimkehr ins Leben. Die Kollegen, mein Zimmer, der Fernseher – all diese alltäglichen Dinge kamen mir nun schöner als sonst vor. Es hätte mir sicher gutgetan, mit jemandem über den

Vorfall zu reden. Unter den Kollegen hatte ich echte Freunde, doch glaubte ich, das Problem allein lösen zu müssen.

In der folgenden Woche versuchte Paola mehrmals, Kontakt zu mir aufzunehmen, konnte mich aber nicht erreichen. Es war die Woche, in der ich eine sehr wichtige Mitteilung erhielt: Ich würde ins Polizeipräsidium, die *Questura,* versetzt werden. Vielleicht war es die Hand Gottes, die da eingriff, um mich aus dem Drama um Paola herauszuführen, dachte ich. Denn offensichtlich reichten meine eigenen Kräfte nicht aus, alldem standzuhalten. Zu meinem Abschied gingen wir mit allen Kollegen in ein Restaurant und feierten. Und der Chef ließ sich nicht davon abbringen, die Rechnung zu übernehmen.

Die *Squadra Mobile*

An meinem neuen Arbeitsplatz ging es anders zu als im Kommissariat, weniger familiär. Die mobile Kriminalpolizei, *Squadra Mobile,* hatte den gesamten zweiten Stock des Polizeireviers für sich. Alles wirkte gedämpft und düster, auch durch die vielen geschlossenen und halb geschlossenen Türen, hinter denen sich wer weiß was für Geheimnisse verbergen mochten. In Erwartung, vom neuen Chef empfangen zu werden, durchquerte ich die Flure und sah mir die Abteilungen an. Einem dieser Dezernate würde ich nun zugeordnet werden, und damit fing alles noch einmal von vorne an. Neue Aufgaben, neue Kollegen.

Ich fühlte mich wie ein Fisch auf dem Trockenen, galten die Angehörigen der *Squadra Mobile* doch alle als hochangesehene, besonders fähige Superpolizisten. Einschüchternd, aber auch reizvoll. Zudem freute ich mich darauf, nun in Zivil zu arbeiten und, wenn meine Pläne aufgingen, mir die Haare wachsen zu lassen und einen Ohrring zu tragen.

Endlich wurde ich zum Chef gerufen. Er saß an seinem Schreibtisch, hinter ihm an der Wand Belobigungsurkunden und die Wappen von Präsidien halb Italiens.

»Setz dich. Also, was würdest du gern machen?«

Ich erzählte von meiner ersten Stelle in dem Revier am Stadtrand, von meinen Erfahrungen dort, und erklärte, dass ich gerne im Rauschgiftdezernat arbeiten würde. Er nahm den Hörer ab und teilte dem Leiter der entsprechenden Abteilung mit, dass er ihm einen neuen Mitarbeiter schicke. Er drückte mir die Hand, ich bedankte mich und verließ den Raum.

Um vierzehn Uhr begann der Dienst. Um dreizehn Uhr fünfundvierzig war ich da, klopfte an und bat, eintreten zu dürfen. In dem Büro flegelten sich fünf Typen herum, die auf harte Burschen machten und mich von oben bis unten musterten, mit einer Miene, als hätten sie eine Schmeißfliege vor sich. Auch ihnen erzählte ich, wo ich herkam, doch sie rümpften nur die Nase.

»Ich bin hier, um zu lernen. Alle haben mal klein angefangen, oder?«

Der älteste von ihnen verstand die Bemerkung und schaute mich mit fast bedrohlicher Miene an: »Denk dran, bei der Mobile stehst du immer mit einem Bein im Knast. Hier gilt die Regel: Immer alles abstreiten, selbst wenn du Handschellen trägst. Verstanden?«

Das war nicht einfach, denn der Satz war mehrdeutig. Vielleicht wollte er damit sagen, dass in dieser Abteilung alle Ermittlungen riskant waren und auch für uns selbst ein unschönes Ende nehmen konnten. Oder es war eine Drohung, eventuelle Übergriffe vonseiten der Kripobeamten nicht an die große Glocke zu hängen. Damals waren böse Gerüchte zu einigen Angehörigen der *Squadra Mobile* im Umlauf, auf die ich persönlich zwar nie etwas gegeben hatte, die sich aber im Umfeld der Polizei hartnäckig hielten.

Ausgerechnet die beiden, die mir den unsympathischsten Eindruck gemacht hatten, arbeiteten an diesem Abend ein wenig länger: »Dottò«, erklärte einer der beiden an den Chef gewandt, »den Neuen nehmen wir mit auf Streife. Da lernt er schon mal das Revier kennen.«

»In Ordnung«, stimmte der Chef zu, aber es hörte sich eher gezwungen an. Die Beamten hatten ihn nicht gefragt, sondern selbst entschieden, was darauf hinwies, dass sie eine gewisse Macht über den Abteilungsleiter hatten.

Zum ersten Mal war ich nun in der Innenstadt in einem Polizeiwagen unterwegs, und das gefiel mir. Zuvor war ich immer nur am Stadtrand in toten, heruntergekommenen Vierteln Streife gefahren. Ich kam mir selbst ziemlich wichtig vor. Die beiden grüßten alle und wurden von allen respektvoll gegrüßt. Hier und da lud uns auch ein Geschäftsinhaber, dem sie mich vorstellten, zu einem Espresso oder einem Aperitif in die nächste Bar ein.

»Nein, danke, wir zeigen dem Kollegen das Gebiet, der ist neu.«

Der Ladeninhaber blickte mich an und zwinkerte mir zu. »Wenn Sie was brauchen, kommen Sie zu mir. Ich mache Ihnen einen guten Preis.«

Ich mochte solche Situationen nicht. Auch im alten Revier hatten wir das Verhältnis zu den Geschäftsinhabern gepflegt, doch dort schien es herzlicher zuzugehen, aufrichtiger. Hier war mein Eindruck, dass die Leute nur nett waren, weil sie sich etwas davon versprachen.

Mehre Male hielten die Kollegen an, um mit Prostituierten zu reden. Ich beobachtete nur und hörte zu. Mit fast allen Damen gingen die beiden recht vertraulich um, einige fragten sie etwas zu laufenden Ermittlungen – Drogen, Waffen, Personen, die untergetaucht waren. Und dann zum Abschied einen Klaps auf den Hintern.

»Pass auf, diese Nutten sind eine 1-A-Informationsquelle, man muss sie nur zu nehmen wissen und immer den Daumen draufhaben, sonst verarschen sie dich. Mal ein netter Klaps, mal eine Backpfeife, damit sie nicht vergessen, dass du ihnen die Hölle heiß machst, wenn sie nicht spuren.«

Für den Dienstantritt war der Tag nicht schlecht gelaufen, dennoch fühlte ich mich mit diesen Typen nicht recht wohl.

Zum Glück wurde auch noch weiteres Personal in die Abteilung versetzt, und mit dreien dieser Kollegen entwickelte sich sofort ein gutes Verhältnis: zwei Polizisten und ein Inspektor, der viel Erfahrung aus anderen Rauschgiftdezernaten mitbrachte.

Nach einigen Wochen war es dann so weit: Von einem Tag auf den anderen verwandelte ich mich, trug jetzt einen Ohrring und die typische Aufmachung verwahrloster Jugendlicher. Als der Inspektor mich sah, meinte er sofort: »Wunderbar, heute schleusen wir dich in eine Gruppe ein, auf die ich schon länger ein Auge habe. Du wirst sehen, die legen wir aufs Kreuz.«

Meine Aufgabe sollte es sein, mich auf einem Platz herumzutreiben, wo bekanntermaßen mit Drogen gehandelt wurde, und die Junkies zu fragen, bei wem ich Stoff kaufen könne. Oft reicht es in solchen Fällen allerdings schon aus, einfach zu warten, dass man von jemandem angesprochen wird. Wir fuhren also in die Nähe der Cestius-Pyramide. Ich stieg ein Stück vorher aus und ging zu Fuß weiter zu diesem Platz, während mich der Inspektor und ein anderer Kollege von weitem beobachteten, um nicht von den Dealern bemerkt zu werden, die sie nur allzu gut kannten. Um ihm zu signalisieren, dass der Dealer angebissen hatte und das Geschäft zustande kam, hatten wir ein bestimmtes Zeichen vereinbart: Ich sollte mich am Kopf kratzen.

Wer dealt, ist äußerst misstrauisch, und wenn er den potenziellen Käufer nicht kennt, stellt er üblicherweise zunächst mal einen ganzen Haufen Fragen, um nicht Gefahr zu laufen, an einen Polizisten geraten zu sein. Für mich kam es also darauf an, mich als Szeneangehöriger zu präsentieren und ungezwungen zu geben, auch wenn man mich ausgiebig unter die Lupe nahm. In den meisten Fällen ist der Dealer selbst ein Junkie, der Drogen verkauft, um gratis an seine Tagesration zu kommen. Fast immer fordert er den Kunden zunächst auf, ihm zu folgen, und lässt ihn dann an einer bestimmten Stelle warten, während er den Stoff holen geht, der üblicherweise in einer Mauerlücke oder im Gebüsch versteckt ist. Ich wollte also versuchen, dem Dealer zu folgen, wenn er mich zu warten aufforderte. Leichter gesagt, als getan, denn diese Typen sind so misstrauisch, dass sie meistens erst einmal im Kreis laufen, um zu prüfen, ob sie verfolgt werden. Jede Beschattung ist äußerst schwierig und verlangt neben Geschick und Können auch eine Menge Glück.

In den ersten beiden Stunden plauderte ich die meiste Zeit mit Leuten, die mich gefragt hatten, ob ich Stoff hätte. Solch vertraulich wirkende Gespräche sind sehr hilfreich, zeigen sie dem Dealer doch, dass man Kontakt hat, wodurch man gleich weniger verdächtig ist: Der gehört zur Szene.

Mir gelang es wohl ganz gut, die fahrige Gier eines Abhängigen, der seinen Schuss braucht, zu simulieren, und auch was ich so von dem Jargon kannte, reichte leicht aus, um solch eine Unterhaltung zu führen. Als ich schon wieder gehen wollte, tauchte plötzlich der Dealer auf.

Zu dritt saßen wir nun zusammen, er fragte, ob wir Geld hätten und wie viel Stoff wir bräuchten, dann feilschten wir um den Preis, und ich sagte, ich hätte nicht genug: »Ich brauche es aber, ich bin auf Turkey, die Kohle kriegst du später.«

Im Jargon bedeutet »auf Turkey«, Entzugserscheinungen zu haben.

Er traute mir nicht. »Ohne Geld keine Ware.«

Der andere Fixer, der neben mir saß und mit dem ich sogar einen Joint geraucht hatte, legte die 10 000 Lire drauf, die mir noch fehlten. Der Dealer steckte das Geld ein und sagte, wir sollten einen Moment warten. Ich kratzte mich am Kopf: Jetzt mussten die Kollegen übernehmen.

Nach vielleicht zehn Minuten kam der Dealer zurück und forderte uns auf, ihm zu folgen, in Richtung Platzmitte, zu einer hinter Bäumen und Werbetafeln verborgenen Stelle. Während wir dort hinübergingen, meinte er, wir sollten ihm nun das restliche Geld geben, doch genau in diesem Moment schien er etwas zu bemerken und versuchte abzuhauen. Ich sah den Inspektor auf uns zu rennen und einen anderen Kollegen, der die Verfolgung des Flüchtigen aufnahm. Wie abgesprochen, machte auch ich, dass ich wegkam, während der Junkie vom Inspektor gestoppt wurde. Aus der Entfernung konnte ich erkennen, dass auch der Dealer geschnappt worden war.

Die Operation war gar nicht schlecht gelaufen: Der Mann hatte sieben Portionen Heroin dabei.

Ein Urlaub auf Sizilien

Zwei Tage später flog ich nach Catania, wo mich meine Eltern am Flughafen abholen sollten. Als ich ankam, war noch nichts von ihnen zu sehen, und so setzte ich mich in der Schalterhalle auf den Boden, um auf sie zu warten und in der Zwischenzeit eine Zigarette zu rauchen. Und zwar eine Selbstgedrehte, mit Tabak und Blättchen, Ablecken und Zukleben.

Schon von weiten sah ich meine Eltern eintreffen, blieb aber sitzen, wo ich war, um mir einen kleinen Spaß zu erlauben. Wie vorhergesehen, sahen sie mich zwar am Boden sitzen, erkannten mich aber nicht.

Als sie fast neben mir waren, sprach ich sie an: »Verzeihung, haben Sie vielleicht ein paar Lire für ein Brötchen übrig?«

Meine Mutter starrte mich an und wurde blass: »Mein Gott, Gianni! Was ist passiert? Wie siehst du denn aus?«

Lachend umarmte ich sie: »Ach, Mama, begrüßt man so seinen armen Sohn?«

Meiner Mutter standen die Tränen in den Augen: »Ja, bist du denn nicht mehr bei der Polizei?«

»Schau her: Mein Ausweis, die Pistole und die Handschellen. Nun beruhigt?«

»Ja darfst du denn so zur Arbeit kommen?

»Mama, ich bin Tag und Nacht auf Achse und jage Drogenhändler. Und dazu halte ich mich unter Süchtigen auf. Ich muss so tun, als würde ich zu ihnen gehören. Soll ich da etwa mit Anzug und Krawatte erscheinen?«

»Aber für uns hier zu Hause hättest du dich wirklich besser anziehen können. Was sollen denn die Verwandten von dir denken?«

»Das ist doch egal. Mach dir nicht so viele Gedanken, umarme mich lieber, oder noch besser, sag mir, was du Leckeres gekocht hast …«

»*La Parmigiana, la Caponata, la* …«

Und es folgte eine lange Liste von Köstlichkeiten, die ich schmerzlich vermisst hatte.

Am Nachmittag war ich mit einem Cousin in der Stadt unterwegs.

Dabei machte er mich mit einem Mädchen bekannt. Cinzia hieß sie. Ich war hingerissen von ihren sanften Gesichtszügen, ihrem reinen Blick, ihrer Schönheit. Länger als eine Stunde unterhielten wir uns, und sie erzählte mir, sie würde auch gerne Polizistin werden und ich sei der erste Polizist, den sie kennenlerne. Sehr reif kam sie mir vor, sie gefiel mir auf Anhieb, deswegen lud ich sie ein, später noch mit unserer Clique auszugehen.

Als sie mir ihr Alter sagte, traf mich fast der Schlag. »15? Ich hätte dich auf mindestens 18 geschätzt.«

»Verrat es aber nicht deinen Freunden, die ziehen mich sonst auf.«

Eine Woche später brachten mich alle zum Bahnhof, Cinzia eingeschlossen. Mit zwei Küssen links und rechts auf die Wangen verabschiedete ich mich von ihr, sah ihr dann tief in die Augen und streichelte ihr über das Gesicht. Alle verstanden, was los war, und sie auch.

In den folgenden Wochen telefonierten wir viel miteinander, wir waren verliebt und konnten es gar nicht erwarten, uns wiederzusehen. Drei Monate später hatte ich wieder Urlaub, und diesmal war es Cinzia, die mich am Flughafen abholte.

Ein paar Tage später dann ein Anruf, bei meinen Eltern zu Hause. Meine Mutter rief mich an den Apparat.

»Ein Mädchen möchte dich sprechen. Ich glaube, sie weint.«

»Paola. Was für eine Überraschung!«

»Mir geht's dreckig. Ich brauch deine Hilfe. Ich hab aufgehört, wirklich, schon vor Monaten, doch jetzt setzen mir meine Freunde zu und verfolgen mich mit dem Stoff. Ich finde ihn überall, in der Handtasche, zwischen Büchern … Besonders einer quält mich.«

»Nicht weinen, beruhig dich. Hast du was gespritzt, hast du Stoff zu Hause?«

»Nein, nein.«

Um mich herum war es still geworden, meine Eltern schauten sich verwundert an und tuschelten miteinander. Mein Vater gestikulierte, als wollte er sagen: »Was ist denn los?«

Ich beruhigte sie mit eindringlichen Handbewegungen.

Als ich aufgelegt hatte, verlangte meine Mutter eine Erklärung.

»Das war eine Informantin aus dem Drogenmilieu. Ich bin auf solche Kontakte angewiesen.«

Ich versuchte, das Thema zu wechseln, erzählte irgendetwas Lustiges, und bald darauf schien der Vorfall vergessen. Aber für mich sah das anders aus. Paolas Anruf hatte mich erschüttert. Ich hatte geglaubt, sie hätte mich längst vergessen, und jetzt wandte sie sich an mich, als sei ich ihr einziger Rettungsanker.

Am Nachmittag war ich mit Cinzia unterwegs, und irgendwann hielt ich bei einer Telefonzelle und sagte, ich müsse mal im Büro anrufen, meldete mich stattdessen aber bei Paola. Sie schien jetzt ein wenig gefasster. Durch die Scheibe sah ich Cinzia im Wagen sitzen, die mir vertrauensvoll zulächelte, und am anderen Ende der Leitung war Paola.

»Ich warte auf dich. Ich liebe dich immer noch.«

Doch ich konnte ihr nicht die Wahrheit sagen, konnte ihr nicht erzählen, dass ich mich in eine andere verliebt hatte, nicht jetzt, in ihrer Situation. Paola hätte ein gesundes, glückliches Mädchen sein können, so wie Cinzia, dieses verfluchte Pulver hatte ihr Leben zerstört. Aber ihren Hilferuf konnte ich nicht überhören.

»Was ist los?«, fragte Cinzia, als ich zurück war.

Ich lächelte gequält. »Nichts Besonderes, aber es gibt Probleme. Die Kollegen brauchen mich, ich werde wohl früher wieder fahren müssen.«

Zwei Tage später machte ich mich auf den Weg. Als ich Paola traf, weinte und lachte sie gleichzeitig, schien furchtbar aufgekratzt. Dann zeigte sie mir eine Dosis Heroin. »Schau her, ich hab's geschafft, ich hab's nicht angerührt.«

Das war wirklich ein großer Erfolg. Ich umarmte sie fest.

»Fantastisch. Jetzt siehst du ja, dass du gegen diesen Dreck ankommst. Fühlst du dich nicht auch besser?«

Sie schmiegte sich an mich. »Doch, du hast Recht, ich liebe dich.«

Sie verriet mir den Namen des Dealers und einige Details, anhand derer ich ihn würde erkennen können. Am Tag drauf wartete ich mit meinem Kollegen Gabriele vor ihrer Schule. Es galt einen Jungen mit schwarzem Hut und Pferdeschwanz herauszugreifen.

Wir trennten uns und bezogen, vielleicht 40 Meter voneinander entfernt, in Blickkontakt Stellung. Nach ein paar Minuten gab mir Gabriele ein Zeichen. Er hatte ihn erkannt, im Kreis anderer Jugendlicher, die vielleicht bei ihm kaufen wollten. Zwei oder drei von ihnen reichten ihm etwas, wahrscheinlich Geld, ich konnte es nicht genau erkennen. Jetzt schaute der Dealer auf die Uhr, sagte ihnen wohl gerade, wann er wieder zurück sein würde, schwang sich auf sein Moped und brauste davon. Wir hatten uns vorgenommen, ihn mit seinen Vorräten, an seinem »Bunker«, festzunehmen und ihn dann später windelweich zu prügeln, einen Hieb für jeden Jugendlichen, den dieses Schwein zugrundegerichtet hatte.

Aber es war nicht leicht, ihm auf den Fersen zu bleiben. Vor den Ampeln staute sich der Verkehr, wir verloren ihn immer wieder, und mehrere Male musste ich aussteigen und ein paar Schritte laufen, um zu sehen, welche Richtung er eingeschlagen hatte. Gabriele gab Vollgas, um mich wieder aufzugabeln, ließ die Autoschlange hinter sich, und wenn er mich erreicht hatte, musste ich in den fahrenden Wagen springen.

Irgendwann verloren wir ihn dann doch aus den Augen. »Verdammt, ich hab's doch gewusst«, fluchte ich, »wir hätten das Motorrad nehmen sollen.«

Wir kehrten zur Schule zurück und sahen ihn dort tatsächlich wieder auf seinem Moped vorbeifahren, nun jedoch mit einem anderen Jugendlichen hinten drauf. Wir folgten ihnen bis zu einem Park. Dort stellten sie das Moped am Eingang ab und traten zu Fuß ein.

Da wir hier völlig ungeschützt waren, konnten wir sie nur von weitem beobachten.

Es erfolgte wohl so etwas wie eine Übergabe, und dann machten sich die beiden wieder auf den Weg zur Schule.

Wir beschatteten den Typ noch eine Weile, bis die allerletzten Zweifel ausgeräumt waren, dass er ein Dealer war. Als er dann mit einem neuen Kunden in einer Sackgasse verschwand, beschlossen wir zuzugreifen. Mit dem Wagen blockierten wir die Einmündung der Gasse und stiegen mit gezogener Waffe aus.

»Auf den Boden!«, befahlen wir.

»Wer seid ihr, was wollt ihr?«, rief er.

Ich verpasste ihm einen Tritt ins Gesicht, und sofort schoss ihm das Blut aus dem Mund.

»Polizei, du Drecksack! Wo hast du den Stoff?! Wo ist er?«

»Was denn für'n Stoff? Ich hab nichts!«

Ich durchsuchte ihn, zunächst die Hosentaschen, dann die Socken und Schuhe. Nichts. Ich befahl ihm, die Hose auszuziehen, schaute in den Jackentaschen nach, nichts. Da endlich ertasteten meine Finger etwas: Im Jackenfutter war eine Naht, gleich neben einer Innentasche, ich steckte die Hand hinein und holte eine durchsichtige Plastiktüte hervor, darin acht Drogenpäckchen aus Alufolie und 350 000 Lire, alles Zehntausenderscheine.

Ich packte ihn an den Haaren und zog ihn dicht zu mir heran. »Du verdammtes Stück Scheiße! Den ganzen Dreck hier lass ich dich fressen, dann macht's Peng, und du hast zum letzten Mal junge Leute in den Tod getrieben.« Ich prügelte auf ihn ein, so brutal, wie ich es noch nie getan und noch nie bei anderen erlebt hatte, und hätte immer weitergemacht, wenn Gabriele ihn mir nicht irgendwann abgenommen hätte.

Bei der Überprüfung stellte sich heraus, dass der junge Dealer aus gutem Hause war. Sein Vater besaß eine kleine Ziegelfabrik, eine schöne Villa, sogar eine Yacht. Diesem Jungen fehlte es an nichts, er dealte nur, weil er Spaß daran hatte. Das waren die Schlimmsten.

Ein Vorgesetzter bestellte mich zu sich ins Büro. »Ist euch eigentlich klar, wie ihr den Burschen zugerichtet habt? Der sieht aus, wie durch den Wolf gedreht. Was ist passiert?«

»Dottore, er hat sich der Festnahme widersetzt.«

»Erzähl mir keinen Scheiß, ihr beide habt keinen Kratzer abbekommen, und kein Knöpfchen fehlt an euren Jacken. Ich habe ja nicht vor, euch zu bestrafen, aber wir müssen uns absprechen, was im Bericht stehen soll. Wenn man bedenkt, dass der Scheißkerl sicher bald wieder draußen ist, war es ja nicht falsch, was ihr getan habt.«

»Ja, der ist einer der Übelsten der ganzen Szene, Dottore. Wer weiß, wie viele Familien der schon in den Abgrund getrieben hat.«

»In Ordnung, dann weiß ich Bescheid. Einer von euch beiden lässt sich jetzt im Krankenhaus behandeln.

»Behandeln? Was denn? Wir haben doch gar nichts.«

Statt einer Antwort griff er zum Telefon, rief die Notaufnahme einer Klink an und ließ sich mit Doktor *** verbinden, den er freundschaftlich begrüßte. Dann: »Pass mal auf, ich schick dir einen meiner Männer vorbei, der bei einem Handgemenge mit einem Dealer verletzt wurde. Und den Festgenommenen musst du dir auch noch ansehen, bevor er in U-Haft geht.« Derlei Aufträge schienen für den Arzt nicht neu zu sein, denn unser Vorgesetzter antwortete nach einer Weile lachend. »Ja, richtig, genau wie der im letzten Monat. Du hast also verstanden, worum es geht. Ich hab dir ja immer gesagt, du hast den Beruf verfehlt, dich könnten wir hier bei uns brauchen!«

Dann ließ er einen Inspektor unserer Abteilung kommen. »Nehmen Sie in den Bericht auf: ›Beim Versuch, sich der Festnahme zu entziehen, verwickelte der Verdächtige die Beamten in Handgreiflichkeiten.‹ Schreiben Sie auch hinein, dass der Festgenommene nach ärztlicher Untersuchung, wenn Komplikationen ausbleiben, in zwei Tagen wiederhergestellt sein wird, während der Polizeibeamte diverse Prellungen, Hautabschürfungen und einen Rippenbruch davongetragen hat und mindestens zehn Tage krankgeschrieben werden muss.«

Als der Inspektor gegangen war, wandte er sich wieder an uns. »Es mag kein Ruhmesblatt sein, aber bei einer solchen Festnahme geht es nicht anders, sonst gibt's nur Scherereien. Wenn dieser Dealer im Untersuchungsgefängnis sofort zu Protokoll gibt, dass er geschlagen wurde, müssen wir vorgesorgt haben. Andernfalls kann euch niemand mehr ein Strafverfahren ersparen.

So aber haben wir alle Trümpfe in der Hand. Ja, ja, ihr habt euch keinen leichten Beruf ausgesucht. Es gibt einfach zu viele Leute, die euch ans Bein pinkeln wollen. Manche Untersuchungsrichter freuen sich geradezu, wenn sie einem Polizisten ein Verfahren anhängen können. Das sind die Typen, die als Studenten in subversiven Gruppen organisiert waren und von unserem Geheimdienst, der *D.I.G.O.S.*, beobachtet wurden. Zwielichtige Gestalten, die selbst den eigenen Kollegen verdächtig sind. Und mit der Verhaftung eines Polizisten können sie sich reinwaschen und als integre Staatsdiener präsentieren, die den Gleichheitsgrundsatz ernst nehmen. Nicht selten werden sie dabei auch noch von bestimmter politischer Seite unterstützt. Dennoch, denkt immer daran, dass die meisten Untersuchungsrichter anständige Leute sind, die es gut mit uns meinen. Daraus folgt für uns, dass wir aktiv werden müssen, wenn solche Richter dran sind.«

»Verzeihung, Dottore, was meinen Sie damit?«

»Nun ja, wenn wir zum Beispiel wissen, dass wir in einem bestimmten Fall nicht zimperlich sein dürfen, um an die verdächtigen Personen heranzukommen, werden wir erst dann losschlagen, wenn ein polizeifreundlicher Richter mit dem Fall befasst ist, das heißt unsere Probleme versteht und uns keine Knüppel zwischen die Beine wirft.«

»Warum ermitteln wir eigentlich nicht gegen solche scheinheiligen Untersuchungsrichter, Dottore?«

Er schaute uns an und brach in schallendes Gelächter aus. »Ach, ihr müsst noch viel lernen. Ihr wisst noch nicht, wie das System funktioniert. So einfach ist das nicht. Aber natürlich, so ganz machtlos sind wir diesen Leuten gegenüber auch nicht. Wir können eins tun: ihre ganze Biografie aufdecken, uns umhören, sie beschatten, herausfinden, wer ihre Freunde sind, in welchem Umfeld sie sich bewegen, welche Laster sie haben. Je mehr man über jemanden weiß, desto leichter kriegt man ihn am Arsch.«

Epilog einer Tragödie

Am Nachmittag fuhr ich zu Paola, um ihr die gute Nachricht zu überbringen. Das Mietshaus, in dem sie wohnte, war das letzte einer Reihe identischer Gebäude in einer abschüssigen Straße. Von oben betrachtet, schienen sie aufeinanderzufallen. Schon von weitem bemerkte ich die Menschenmenge und den Krankenwagen vor dem Haus.

Langsam fuhr ich näher heran, spähte durch die Windschutzscheibe, in der Hoffnung, Paola und ihre Eltern unter den Schaulustigen auszumachen, konnte sie aber nirgendwo entdecken. Immer langsamer rollte ich auf das Haus zu, so als wollte ich Zeit gewinnen. Endlich parkte ich, bahnte mir einen Weg durch die Menge und versuchte dabei vergeblich, den einen oder anderen Kommentar aufzuschnappen.

Während ich die Treppenstufen nahm – Paola wohnte im obersten Stock –, hoffte ich inständig, die Tragödie würde sich weiter unten abspielen, doch als ich dann den fünften Stock erreicht hatte, wusste ich bereits, was mich erwartete. Immer lauter war das Gemurmel im Treppenhaus geworden, und vor der Wohnungstür stand ein Mann.

Paolas Mutter kam mir entgegen und umarmte mich weinend, doch ich hastete weiter zu Paolas Zimmer, stürmte hinein und sah sie auf dem Bett liegen, mit der Nadel im linken Arm, ein Stück Zitrone und ein Löffelchen neben sich, um sie herum Männer in weißen Kitteln, die an ihr herumhantierten. Ich sprach einen von ihnen an.

»Was ist mit ihr?«

Er schaute auf. »Sie ist tot.«

Der Raum versank in einer unwirklichen Stille. Wie betäubt trat ich wieder zu der in Tränen aufgelösten Mutter.

Kurz darauf traf auch ihr Vater ein, Gepolter auf der Treppe, aufgeregte Stimmen.

»Paola … Paola … Wo ist meine Tochter? Wie geht's ihr?«

Er kam herein, sah uns an und wusste Bescheid.

Taumelnd näherte er sich dem Bett und warf sich über die Tochter.

»Mein Liebling, mein Liebling …«, schluchzte er. »Was hast du getan? Warum nur? Warum?«

Er brach völlig zusammen, und die Sanitäter mussten sich um ihn kümmern und trugen ihn hinaus. Währenddessen betrachtete ich Paola zum letzten Mal. Sie war nicht wiederzuerkennen. Ihre Haut war runzlig und ihre Gesichtszüge wirkten entstellt. Schon viele Rauschgifttote hatte ich gesehen, aber noch nie solch ein Gesicht. Was für einen Dreck mochte man ihr da verkauft haben? Man wickelte sie in ihr eigenes Bettlaken, legte sie auf eine Bahre und brachte sie zur Gerichtsmedizin. Über einem Stuhl hing das schwarze Kleid, das sie so häufig getragen hatte, wenn wir zusammen ausgegangen waren, der Stoff, der sich an ihren wunderschönen Körper geschmiegt hatte und jetzt noch ihren Duft verströmte.

Ich blieb bei den Eltern und bot ihnen an, sie im Auto mitzunehmen, und so folgten wir dem Krankenwagen.

Die Autopsie bestätigte, dass dem Heroin ein gewisser Anteil Steinmehl und ähnliches Zeug beigemischt war, gestreckter Stoff also, ein Werk gewissenloser Verbrecher.

Wie in Trance saß ich am Steuer meines Wagens, fuhr in Zeitlupe durch die Straßen, erstarrt, ein Roboter, der sich weigerte zu glauben, was da geschehen war. Dann endlich brach ich in

ein befreiendes Weinen aus. Ich fuhr irgendwo an den Straßenrand, wo wenig Verkehr war, saß einfach nur da und ließ den
Tränen freien Lauf.

Ich weinte um Paola, um dieses weggeworfene Leben und
noch um einiges mehr.

DRITTER TEIL

Auf Sizilien:
Die Schutzgeld-Mafia

Im Kommissariat in Catania

Im Juli 1984, fünf Monate nach Paolas Tod, erreichte ich meine Versetzung nach Catania, meine Heimatstadt. Meine Eltern freuten sich riesig, mich wieder im Haus zu haben, ich aber zog gleich mit Cinzia los, die am allerglücklichsten über die Veränderung war, und trommelte meine ganze Freundesclique zusammen, um meine Rückkehr zu feiern.

Am nächsten Morgen erschien ich vor dem Präsidium, um die nächste Order in Empfang zu nehmen. Ich war noch etwas früh dran, und so beschloss ich, vor dem Tor zu warten. Natürlich trug ich Zivil. Der Wachposten trat auf mich zu und raunzte mich an: »He, hau ab, hier kannst du nicht rumstehen.«

»Wieso?«

»Darüber bin ich dir keine Rechenschaft schuldig. Los, scher dich fort.«

Er versetzte mir einen kleinen Schubser, damit ich mich trollte.

Einige junge Leute waren auf der Straße unterwegs und kamen nun näher, um der Szene beizuwohnen.

»Das verstehe ich nicht. Ich störe doch niemanden. Warum sollte ich von hier verschwinden?«

»Weil wir hier keine Typen mit Ohrringen haben wollen«, brüllte der Polizist plötzlich los und lockte damit andere Kollegen an. »Aber gut, wenn du dich unbedingt so aufspielen musst, zeig mir mal deine Papiere. Los!«

Ich zeigte ihm meinen Polizeiausweis mit der Plakette für in

Zivil arbeitende Beamte vor, und beobachtete vergnügt, wie er entgeistert das Gesicht verzog.

»Scheiße, ein Kollege bist du? Aber wo haben sie dich bloß in dieser Aufmachung Dienst tun lassen?«

»Wieso? Ich hab doch keine Läuse. In einem Rauschgiftdezernat in Rom hab ich gearbeitet.«

»Scheiße, und da warst du ein echter Geheimagent?«

Ich betrat das Büro des Leiters der Personalabteilung, stellte mich vor und wurde einem normalen Kommissariat zugeteilt, zusammen mit einem weiteren Neuen, der von der Criminalpol in Neapel hierher versetzt worden war; Franco hieß er. Dass ich in Rom bei der *Squadra Mobile* gearbeitet hatte, schien hier, zumindest im Moment, niemanden zu interessieren.

»Wir sind hier nicht in Rom. Das heißt, bevor du hier deinen Dienst antreten kannst, mach erstmal wieder einen ordentlichen Menschen aus dir.«

Ich musste mir die Haare schneiden lassen und eine Uniform tragen.

Als der Friseur sein Werk vollendet hatte, betrachtete er mich und meinte lachend: »Mit der Wolle, die ich dir vom Kopf geholt habe, kann man ja ein ganzes Kissen füllen.«

Auch meine Mutter war begeistert, als ich nach Hause kam: »Gott sei Dank, endlich sieht man wieder, dass du ein Mensch bist«, rief sie.

Meinen Dienst begann ich als Wachposten im Eingangsbereich des Kommissariats, eine nervtötende Angelegenheit.

Ein paar Tage später stand plötzlich ein Typ vor mir, mit Goldkettchen gut sichtbar auf der behaarten Brust und einem Auftreten wie ein kleiner Gangsterboss.

»Sind Sie neu hier?«, fragte er.

»Entschuldigen Sie mal, was geht Sie das an? Was wünschen Sie?«

Mit einem halb spöttischen, halb strengem Blick musterte er mich von oben bis unten.

»Ich bin Sovrintendente Salvatori, und das hier ist mein Kommissariat!«

So als hätte er es sich gekauft, dieses Kommissariat! Höflich bat ich ihn, mir seinen Ausweis zu zeigen. Das tat er mit einem verächtlichen Grinsen.

»Was hättest du getan, wenn ich ihn dir nicht gezeigt hätte? Auf mich geschossen?«

Ich ahnte, dass ich es mit einem zwielichtigen Typ zu tun hatte, und entschuldigte mich, obwohl das eigentlich nicht nötig war.

Seit Salvatori zurück war, erlebten wir im Büro ein Kommen und Gehen höchst seltsamer Leute, undurchsichtiger Gestalten, die mit Sicherheit ein ordentliches Vorstrafenregister hatten. Andere Straftäter, die unter Polizeiaufsicht standen und bei uns ihr sogenanntes »Rotes Heft« abzeichnen lassen mussten, verlangten ganz offen, mit ihm zu sprechen. Zu vielen dieser Typen schien der Polizeiobermeister, Sovrintendente Salvatori, ein vertrautes Verhältnis zu pflegen, häufig brachte er sie bis zur Tür und verabschiedete sie ehrerbietig. Dieser Mann war mir mehr als unsympathisch.

Ich sprach Franco auf ihn an, der auch kein gutes Gefühl bei ihm hatte. Dann hörten wir uns bei anderen Kollegen um, und erhielten immer die gleiche Antwort: ein erfahrener Polizist, sehr umstritten, fragwürdiger Bekanntenkreis. Bei Ermittlungen im Auftrag der Staatsanwaltschaft, so erzählte man, nehme er gerne mit einseitig positiven Beurteilungen Einfluss auf die Verfahren bestimmter Beschuldigter.

»Aber wenn dieser Verdacht im Raum steht, wieso sieht man sich seine Berichte dann nicht mal genauer an?«

Wir wussten es nicht. Den Leiter unseres Kommissariats sprachen wir jedenfalls nicht auf die Vorfälle an, weil er sich mit Salvatori zu gut zu verstehen schien.

Eines Tages las ich im Büro in der Zeitung einen Artikel über die Ermordung zweier bekannter Straftäter. Im Aufmacher wurde einer der mächtigsten Mafiabosse der Stadt für die Tat verantwortlich gemacht. Da kam Salvatori vorüber, warf einen raschen Blick auf die Zeitung und zischte verächtlich: »Was diese Reporter nur immer für einen Scheiß schreiben!«

Ich gab zu bedenken, dass dieser Mann für die Polizei kein unbeschriebenes Blatt und wegen Mafia-Delikten schon mehrmals vorbestraft war.

»Zum Mafiaboss machen ihn nur die Polizisten, die einen Scheiß verstehen, die Richter, die einen Scheiß verstehen, und die Journalisten, die einen Scheiß verstehen! Und du hast doch dein Gepäck noch am Bahnhof. Was weißt du schon? Du weißt nur, was du so hörst, aber du kennst diesen Mann nicht. Du weißt nicht, wer er wirklich ist. Wie viel er getan hat, für Leute, die keine Arbeit haben. Das ist ein anständiger Mann, ein besserer Mensch als all die Feiglinge, die ihn verleumden, aber dann bei ihm vor der Tür stehen, wenn sie eine Empfehlung brauchen, oder sich Kleider aus seinen Läden geben lassen, ohne dafür bezahlen zu müssen. Nein, das ist ein feiner Mann, der immer hart arbeiten musste, seit seiner Kindheit!«

»Warum verklagen Sie die Kollegen denn nicht, die sich gratis in seinen Läden bedienen?«

Salvatori starrte mich mit bedrohlicher Miene an. »Kollegen verpfeifen, andere bespitzeln? Mach du es doch, wenn du dich so überlegen fühlst.«

Mein neues Umfeld begann mir Sorgen zu machen.

Eine echte Überraschung

Eines Tages erschien ein Mann im Kommissariat, ganz in Schwarz gekleidet, wie in Trauer. Er kam mir bekannt vor, doch ich wusste nicht, woher.

»Ja, was kann ich für Sie tun?«

»Ich wurde angerufen. Mein neuer Führerschein soll jetzt da sein.«

»Ihr Name?«

»Cavallaro, Cirino.«

»Cavallaro aus dem Viertel Nuove Palme? Sind Sie vielleicht in der Via *** zur Schule gegangen?«

Er blickte mich misstrauisch an. »Ja, und woher wissen Sie das?«

»Ich weiß das, weil wir beide uns kennen.«

»Ich kenne keine Bullen und will auch nichts mit ihnen zu tun haben.«

»Mensch, Cavallaro, hast du mich wirklich vergessen? Ich bin's, Palagonia.«

Mit einem Mal verzog sich sein Gesicht zu einem strahlenden Lächeln.

»Gianni!«, rief er. »Scheiße, Bulle wolltest du werden, und Bulle bist du geworden.«

Glücklich über das Wiedersehen, drückten wir uns lange die Hand und begannen bald schon, uns gemeinsamer Erlebnisse zu erinnern, die unsere Kindheit geprägt hatten.

»Weißt du noch, wie du mir das Messer geschenkt hast?«

»Scheiße, natürlich weiß ich das noch. Und ich weiß auch noch, dass dein Vater dich deswegen verprügelt hat!«

»Warum trägst du eigentlich Trauer?«

»Tja, vor sechs Monaten haben sie meinen Bruder Maurizio erschossen. Erinnerst du dich an ihn?«

»Maurizio? Natürlich erinnere ich mich an ihn, wir haben doch manchmal zusammen gespielt.«

»Dabei hatten sie es eigentlich auf einen andern abgesehen, auf einen Bäcker, und mein Bruder war nur zufällig im Laden, weil er Brot kaufen wollte.«

»Tut mir sehr leid. Diese verfluchte Stadt …«

»Da hast du Recht … Ich war ja auch schon mal weg, hab sechs Jahre in Deutschland gelebt, auf dem Bau geschuftet … Meine Frau ist hiergeblieben, mit unserer Tochter, und ich hab ihnen Geld geschickt, damit sie hier was zu essen haben. Aber dann hab ich's nicht mehr ausgehalten, dieses Leben, so allein, und dann bin ich zurück. Es war mir auch zu kalt da oben, ich war ständig krank …«

»Du hast eine Tochter? Wie alt ist sie denn?«

»Anderthalb.«

»Und wo arbeitest du jetzt?«

»Ich hab einen Ape-Roller und verkauf Obst in unserem Viertel, aber schwarz. Einen Gewerbeschein geben sie mir nicht, weil ich keinen Schulabschluss hab. Deshalb krieg ich auch immer einen Schreck, wenn ich die Bullen sehe … Wenn sie mir den Ape beschlagnahmen, bin ich geliefert … Der ist noch nicht abbezahlt …«

»Kommt ihr denn zurecht mit dem Geld, das du damit verdienst?«

»Na ja, wir schlagen uns eben so durch. Im Moment leben wir bei meiner Mutter, ein eigenes Zuhause müssen wir uns erst noch einrichten. Viele sagen ja, dass ich bekloppt bin, dass es doch genug Arbeit gibt … Aber ich weiß eben, was das für Arbeit ist: Überfälle, Schutzgelderpressung, Drogen, ne, das ist nichts für mich …«

»Ach Cavallaro, ich hab immer gewusst, dass du anders bist, dass du den harten Typen rauskehrst, aber im Grunde bist du ein anständiger Kerl, und das ehrt dich.«

»Schöne Worte, aber meine Ehre hab ich verloren. Wenn ein Mann nicht in der Lage ist, seine Familie anständig durchzubringen, dann ist sie zum Teufel, seine Ehre. Manchmal hab ich schon Freunde angepumpt, um Brot zu kaufen … Wie hätte ich meiner Frau noch in die Augen schauen können, wenn ich mit leeren Händen heimgekommen wäre?«

»Jeder macht mal schwere Zeiten durch.«

»Aber bei mir haben die schweren Zeiten nie aufgehört, seit meiner Geburt.«

Schließlich ging ich seinen Führerschein holen, ließ ihn das Formular unterschreiben, und wir versprachen einander, uns bald mal wiederzusehen.

In der nächsten Zeit hörte ich mich ein wenig bei Freunden nach einer besseren Arbeit für Cavallaro um, aber alle hatten sie selbst zu kämpfen. Viele Leute, die ich kannte, sahen sich sogar zur Auswanderung gezwungen.

Eine mutige Frau

Zusammen mit Franco wurde ich zur *Squadra Mobile,* der mobilen Kriminalpolizei, ins Betrugsdezernat versetzt. Dort freundeten wir uns mit Alfredo an, und zusammen bildeten wir rasch eine hervorragend eingespielte Truppe.

Es war ein seltsames Gefühl, in seiner Heimatstadt Streife zu fahren. Wie oft hatte ich als kleiner Junge davon geträumt, auf diesen Straßen einmal im Polizeiwagen im Einsatz zu sein.

An meinem ersten Arbeitstag stattete ich Signora Vitale einen Besuch ab, der Inhaberin einer Bar, wo mein Vater früher jeden Sonntag leckere *Crespelle di Riso* gekauft hatte. In der Zwischenzeit war diese Bar auch der Treffpunkt fürs allmorgendliche Frühstück meiner neuen Abteilung geworden. Die Dame schien sehr erfreut, mich zu sehen, und nachdem wir ein wenig geplaudert hatten, fragte ich sie, ob sie vielleicht eine Arbeit für einen arbeitslosen Bekannten von mir hätte. Natürlich dachte ich dabei an Cavallaro.

Die Signora machte mir Hoffnung. Sie sei im Begriff, eine weitere Bar aufzumachen, erklärte sie, und dafür fehle ihr noch Personal. Eigentlich hätte sie die Bar längst eröffnen sollen, erzählte sie weiter, doch leider gebe es da ein Problem, eins von denen mit Vor- und Zuname. Es ging um den Metzger von nebenan. Der hatte ebenfalls geplant, sein Geschäft zu erweitern – um die Räume, in denen auch die Bar entstehen sollte –, und aus diesem Grund die Eigentümerin der gesamten Immobilie, eine gewisse Signora Granata, massiv unter Druck gesetzt. Diese Signora

Granata habe sich nun, fuhr die Barbetreiberin fort, vertrauensvoll an sie gewandt und ihr von den Einschüchterungsversuchen des Metzgers berichtet. »Bevor Sie die Räume vermieten«, habe er zu ihr gesagt, »hätten Sie mich ansprechen und fragen müssen, ob ich Interesse habe. So aber haben Sie es an Respekt mir gegenüber fehlen lassen. Doch egal, jedenfalls kann ich dieser Dame mit ihrer Bar nur dringend davon abraten, dort ihren Laden aufzumachen. Denn 300 Meter weiter hat ein Freund von mir seine Bar, und der will keine Kunden verlieren.«

Ich zeigte mich bestürzt, versprach Signora Vitale, dass ich mir diesen Mann mal zur Brust nehmen würde, doch sie warnte mich, ihn nicht zu unterschätzen. Der sei gefährlich.

»Ich bin Polizist, Signora, und habe jeden Tag mit Gangstern zu tun. Wenn ich mich von denen nicht einschüchtern lasse, soll ich da vor einem Metzger zittern?«

»Sie haben Recht. Auch wenn mir nicht wohl dabei ist, ich werde die Bar trotzdem aufmachen.«

»Glückwunsch, so ist es richtig! Hätten nur alle Sizilianer diese Einstellung, wäre die Mafia schon am Ende.«

Einen Monat später waren die Räume fertig renoviert. Die Theke und die übrige Einrichtung wurde geliefert, ich schaute öfter vorbei, um zu sehen, wie die Arbeiten vorangingen, vor allem aber, um dem Metzger zu verstehen zu geben, dass dieses Lokal von der Polizei beschützt wurde und dass er gut beraten wäre, keinen Ärger zu machen.

Dann musste ich eine Woche dienstlich nach Rom. Nach meiner Rückkehr schaute ich sogleich wieder bei der Bar vorbei. Signora Vitale empfing mich mit einem traurigen Lächeln.

»Ach, guten Tag, gerade an Sie habe ich heute Morgen denken müssen.«

»Schön, das heißt, es geht vorwärts.«

»Eher nicht. Es gibt Probleme.«

112

»Wieso? Was ist passiert?«

»Jemand hat mir Superkleber ins Schloss gespritzt. Ich musste das Rollgitter aufbrechen lassen und muss es nun ersetzen. Jemand will verhindern, dass ich die Bar aufmache. Aber ich lass mich nicht abschrecken, ich mache weiter.«

Ich sprach meinen Vorgesetzten auf die Sache an, der sich an einen Freund vom Revier der *Vigili Urbani,* der Gemeindepolizei, wandte, die sofort ein paar Beamte losschickten, um die Metzgerei mal genauer unter die Lupe zu nehmen. Gleichzeitig schickten auch wir von der Kripo nochmal eine Streife los, damit dem Metzger klar war, dass wir ihn im Auge hatten. Ohne Beweise konnten wir weiter nichts unternehmen, aber immerhin bekam er von den Vigili ein saftiges Bußgeld wegen mangelnder Hygiene und unsachgemäßer Lebensmittellagerung aufgebrummt. Einer der Kollegen, der bei dem Einsatz dabei war, erzählte mir später, der Metzger habe die Welt nicht mehr verstanden und irgendwann vor sich hin gebrummt: »Vigili Urbani und Polizia di Stato einträchtig zusammen, das ist ja ganz neu. Ich kenne einen Kollegen von euch, dem das gar nicht passen wird.«

Ein Beamter, der seine Worte mitbekommen hatte, verpasste ihm eine Ohrfeige. »Du verdammtes Stück Scheiße, erlaub dir noch einmal, so zu reden, dann tret ich dir in den Arsch, und dann kannst du dein Fleisch im Knast verkloppen. Und jetzt sagst du uns, wen du mit dem Kollegen meinst, dem das nicht passen soll!«

Der Mann blickte giftig, war aber klug genug, nicht zu antworten. Er hatte begriffen, dass ihn der Polizist zu einer Beleidigung provozieren wollte, um ihn dann festnehmen zu können. Indem er den Mund hielt, kam er mit seinem Bußgeld davon.

Unterdessen hatte ich auch Cirino einen Besuch abgestattet. Ich erzählt ihm, dass ich möglicherweise eine Stelle für ihn gefunden hätte, ließ aber alles andere im Ungewissen, um ihm eine Enttäuschung zu ersparen, falls die neue Bar doch nicht eröffnet würde.

Nach mehrmaligem Drängen unsererseits (Franco, Alfredo und ich waren mittlerweile eine eingeschworene Gruppe) war Signora Vitale endlich auch dazu bereit, Anzeige gegen Unbekannt zu erstatten.

»Ich tue es Ihnen, nicht dem Staat zuliebe.«

»Aber Signora, wir vertreten den Staat.«

»Nein, das stimmt nicht. Sie drei stehen für sich selbst und Ihre Familien. Sie sind das, was Sie durch Ihre Familien werden konnten: anständige Menschen. Mit meinen 57 Jahren kenne ich das Leben besser als Sie jungen Leute. Sagen Sie mir doch mal, was Ihnen dieser Staat, außer der Pistole und dem Polizeiausweis, noch gegeben hat? Richtig, nichts. Aber dafür begeben Sie sich jeden Tag in Lebensgefahr, und wenn Sie einen Fehler machen, jagt man Sie mit Fußtritten davon oder bringt Sie hinter Gitter. Wenn Sie aber getötet werden, den Heldentod sterben, reisen all die hohen Tiere zu Ihrer Beerdigung an, um sich vor Ihrem Grab mit betrübter Miene fotografieren zu lassen. Dann versprechen sie wieder mal, mehr Männer und mehr Mittel zu bewilligen, spucken große Töne, die die Leute beeindrucken, und zum Mittagessen sind sie schon wieder daheim: Flug auf Staatskosten, Eskorte auf Staatskosten, 15 Millionen Lire Monatsgehalt, lebenslange Pension, verehrt und beweihräuchert von jedermann. Doch echte Tränen vergießen nur Ihre Angehörigen.«

Das waren Tatsachen, die allen Polizisten in diesem Land, im Norden wie im Süden, klar vor Augen standen. Dennoch fühlten wir uns verpflichtet, eine andere Haltung einzunehmen: »Warum haben Sie bloß so wenig Vertrauen, Signora?«

»Das kann ich Ihnen sagen. Mein Vater war Carabinieri-Gefreiter und kam bei einem Schusswechsel ums Leben. Nur eine Medaille ist uns von ihm geblieben. Mehr nicht. Wenn Sie sich die Zeitungen der vergangenen 50 Jahre anschauen, fällt Ihnen auf, dass immer, wenn Polizisten ums Leben kommen, der gleiche Text geschrieben wird. Jeder Artikel scheint die exakte Fotokopie des vorigen zu sein. Jedenfalls kamen wir an den Bettelstab: Meine Mutter war Hausfrau und versuchte, uns mit kleinen Schneiderarbeiten über Wasser zu halten, aber was sie verdiente, reichte nie, um die Miete zu bezahlen, den Strom, die Lebensmitteln. Fünf Monate nach der Beerdigung erhielten wir ein wenig Geld, weil mein Vater im Dienst gestorben war, und ein Capitano versprach, meiner Mutter eine Stelle zu besorgen. Noch heute warten wir darauf.«

Wir drei Polizisten schauten uns an, und keinem war danach, etwas zu entgegnen.

Am Nachmittag erschien Signora Vitale im Präsidium und erstattete die Strafanzeige. Unser Chef empfing sie überaus freundlich.

»Ich möchte Ihnen ausdrücklich danken für diesen Beweis Ihres Vertrauens in die Polizeiarbeit. Seien Sie versichert, dass wir Sie stets unterstützen und beschützen werden, ganz gleich wer versuchen mag, Sie zu bedrohen oder Ihnen etwas anzutun. Menschen wie Sie brauchen wir, damit sich Sizilien verändern kann, damit auch andere an Ihrem Beispiel erkennen, dass die Zeit, alles stillschweigend hinzunehmen, endgültig vorbei ist.«

Signora Vitale lächelte und ergriff seine Hand: »Dottore, Ihre Männer halten große Stücke auf Sie. An Ihrem Tonfall erkenne ich jedoch, dass Sie aus Norditalien stammen. Daher sind Ihnen die hiesigen Verhältnisse vielleicht nicht ganz vertraut. Sind Sie wirklich überzeugt von dem, was Sie da sagen? Glauben Sie wirklich die Menschen, die bedroht werden, beschützen zu können? Wie viele Tage, wie viele Nächte können Sie Beamten für meinen Schutz erübrigen? Zwei, zehn, einen Monat, und dann …? Ja, dann brennt es, mein lieber Dottore, so sieht die Wahrheit aus, und alle hier im Raum wissen das nur allzu gut. Wer wirklich ruhig schlafen will, muss Schutzgeld bezahlen. Das ist die einzige Versicherung, die beste Garantie. Aber ich zahle nicht, ich habe nie bezahlt und werde auch niemals bezahlen. 22-mal bin ich überfallen worden, drei Bomben, die zum Glück nicht explodiert sind, haben sie mir in der Bar versteckt. Aber zahlen? Nein, niemals! Meinen Vater haben sie mir genommen, auch mich können sie töten, aber nachgeben werde ich nicht. Keine zehn Lire von meinem sauer verdienten Geld werden die je zu sehen bekommen.«

»Signora, ich vertrete den …«

Signora Vitale fiel ihm gleich ins Wort: »Ja, ja, ich weiß, Dottore, den Staat. Aber ich bitte Sie, nehmen Sie dieses Wort nicht mehr in den Mund. Das habe ich mein ganzes Leben lang von meinem Vater gehört, der immer den Schein wahren und jedes Leck notdürftig stopfen musste. Wie gesagt, ich bin Ihretwegen hier und wegen dieser anständigen jungen Männer, vor denen ich Respekt habe und denen ich vertraue. Aber würde ich Sie als Repräsentanten dieses Staates betrachten, wäre ich überhaupt nicht gekommen. Auf Sizilien ist der Staat abwesend, hier zeigen sich die Politiker nur, um Wählerstimmen zu sammeln und wenn es Tote gegeben hat, aber in der übrigen Zeit betrügt man uns mit Steuern und falschen Versprechungen. Ich will Sie nicht beleidigen, denn ich weiß, würde man Ihnen freie Hand lassen, hätten Sie innerhalb von 24 Stunden das Lumpenpack eingesammelt. Aber freie Hand wird man Ihnen erstens niemals lassen, und zweitens wären Sie auch gar nicht in der Lage, 10 000 Geschäftsinhaber zu beschützen, von denen Schutzgeld erpresst wird. Wissen Sie eigentlich, Dottore, wie viele Jahre es dauert, ohne eigenes Kapital ein Geschäft aufzubauen, wie viele Sorgen und Opfer, wie viele Schulden und Wechsel dafür nötig sind? Und wissen Sie, wie lange es dauert, alles zu verlieren? Nur die Zeit, die man braucht, um ein Feuerzeug anzuzünden. Aber egal, ich gehe weiter meinen Weg. Diese Leute können mich nicht einschüchtern, dafür verachte ich sie zu sehr. Ich werde diese Bar aufmachen, wenn sie mich nicht vorher aus dem Weg räumen, und dann werden wir sehen, was passiert.«

Es war still, als die Frau geendet hatte. Keiner von uns, unser Chef eingeschlossen, fühlte sich noch in der Lage, etwas zu erwidern. Wir wussten, dass sie Recht hatte, und fühlten uns gedemütigt davon. Die Signora machte noch alle für die Anzeige nötigen Angaben, und kaum hatte sie den Raum verlassen, ließ der Chef die Faust krachend auf die Schreibtischplatte niederfahren. »Ich werde diesen Bastarden den Arsch aufreißen!«, rief er. »Das ist jetzt meine persönliche Angelegenheit.«

Ein älterer Kollege schüttelte den Kopf: »Dottore, lieber nichts persönlich nehmen. Auf diese Weise verlieren wir nur den Sinn für das rechte Maß, unser Stolz kommt ins Spiel, und wenn es uns dann nicht gelingt, jemanden zu verhaften, wollen wir auf eigene Faust Gerechtigkeit üben, mit allen, auch illegalen Mitteln. Nein, das hier ist ein Fall wie andere auch. Um Erfolg zu haben, brauchen wir Einsatzbereitschaft, Herz, Opfersinn, aber auch Distanz.«

Unser Chef nickte, notgedrungen: »Du hast Recht, doch die Worte dieser Frau haben mich so tief getroffen, wie es mir noch nie passiert ist.«

»Dottore, wir alle fühlen uns getroffen. Denn die Wahrheit tut weh.«

Der Barmann Cavallaro

Zwei Tage später schaute ich wieder in der Bar vorbei und sprach die Signora noch einmal auf Cavallaro an. Sie wollte ihn gern kennenlernen, sagte sie.

»Und Sie werden ihn wirklich einstellen?«, fragte ich.

»O ja«, antwortete sie klipp und klar, »Not kenne ich aus eigener Erfahrung. Und ich weiß, welche Freude es Ihnen bereitet, ihm die Nachricht zu überbringen, und was Ihr Freund dabei empfinden wird. Sie brauchen auch keine Angst zu haben, ihn zu enttäuschen. Für mich ist er bereits eingestellt, weil Sie die beste Garantie für ihn sind.«

In groben Zügen informierte ich Signora Vitale nun ein wenig über Cavallaros Herkunft und seine momentanen Lebensumstände.

»Schön, dann ist es ja wirklich fast wie ein Wunder für ihn«, sagte sie.

Noch am selben Tag machte ich mich auf die Suche nach Cavallaro, drehte eine Runde durch das Viertel, in dem er gewöhnlich unterwegs war, konnte ihn aber nicht finden. Kurz überlegte ich, bei ihm zu Hause vorbeizuschauen, unterließ es dann aber: Bekamen die Nachbarn mit, dass er mit einem Bullen bekannt war, würden sie ihn vielleicht fortan schneiden und ihm nicht mehr über den Weg trauen. Ich wollte schon wieder zurückfahren, als ich plötzlich etwas entfernt über Megafon eine laute Stimme hörte. Auch verzerrt erkannte ich sie sofort wieder. In seinem typischen rauen Ton pries Cirino Cavallaro seine Ware an: »Frische Gurken, Tomaten, Auberginen, Kartoffeln …« Doch für meine Ohren lag auch ein verzweifeltes Flehen darin: Bitte, Leute, kauft endlich, ich muss doch auch leben …

Er hatte sich verschuldet, um sich den kleinen dreirädrigen Ape-Transporter leisten zu können, und um an seine Ware vom Großmarkt zu kommen, war er auf einen Freund angewiesen, der dort immer ein paar Kisten Obst und Gemüse zusätzlich erstand und an ihn weiterverkaufte. Cirino hatte nur die fünfte Volksschulklasse geschafft, und das reichte nicht, um eine Steuernummer und einen Gewerbeschein zu erhalten, die er für den Großmarkt brauchte.

Langsam rollte ich der Stimme entgegen und begrüßte ihn hupend. Weit ausholend winkte er mir zu und kam mir dann entgegen, mit einem Lächeln und diesen großen dunklen Augen, in deren Blick ich die bange Hoffnung las, ich möge gute Neuigkeiten für ihn haben.

»Ciao, wie geht's?«

»Fantastisch. Zwei Kilo Kartoffeln, vier Bananen, ein Kilo Tomaten und ein Bund Artischocken – mehr habe ich den ganzen Morgen nicht verkauft. Jetzt ist es Mittag, aber für ein wenig Fleisch wird es wieder nicht reichen.«

Ich konnte mich nicht beherrschen und platzte sogleich mit der Nachricht heraus: »Pass auf, Cirino, diese Signora, von der ich dir erzählt habe, möchte dich gern kennenlernen. Morgen früh.«

Sein Gesicht erstrahlte in einem staunenden Kinderlächeln.

»Dann nimmt sie mich also?«

»Wird sich zeigen. Hast du denn was Ordentliches anzuziehen?«

»Ja, meinen Hochzeitsanzug.«

»Gut, und versuch auch, dein Sizilianisch ein wenig zu vergessen.«

»Wieso denn? Für einen Professor wird sie mich bestimmt nicht halten.«

»Nein, aber gib dir Mühe, dass man dich versteht. Und dieser Anzug passt noch?«

»Ja, wie angegossen. Nur die Krawatte hat einen Kaffeefleck.«

»Ich schenk dir eine neue – wenn du mir ein Einstandsgeschenk gestattest.«

»Nein, lieber nicht. So was bringt Unglück. Was, wenn mich die Signora dann doch nicht nimmt?«

»Blödmann, das Geschenk bekommst du, weil du tatsächlich schon angestellt bist. Ich wollt's dir nur noch nicht sagen …«

Ich hatte den Satz noch nicht zu Ende gesprochen, da drückte er mich schon ganz fest an sich, lachte und weinte gleichzeitig. »Schwör mir, dass du mich nicht auf den Arm nimmst, ich fleh dich an, schwör's mir.«

Ich legte ihm eine Hand auf die Schulter. »Was denkst du denn von mir? Bei so was würde ich dich nie auf den Arm nehmen.«

In aller Eile verabschiedete er sich, um es zu Hause seiner Frau zu erzählen.

Am nächsten Morgen trafen wir uns vor meinem Haus, und ich schenkte ihm eine wunderschöne Krawatte. Mit unglaublicher Behutsamkeit nahm er sie aus der Schachtel, betrachtete sie lange und meinte stirnrunzelnd. »Wahnsinn, die hat doch mehr gekostet als mein ganzer Anzug.«

Wir machten uns auf zur Bar, wo uns die Signora mit einem Lächeln empfing. Sie schüttelte uns die Hand, betrachtete dann Cavallaro und machte ihm ein Kompliment für sein elegantes Aussehen. Cirino war verlegen wie ein kleiner Junge.

»Sind Sie verheiratet?«, fragte Signora Vitale.

»Ja, und wir haben eine kleine süße Tochter.«

»Haben Sie schon mal in einer Bar oder in der Gastronomie gearbeitet?«

»Ich hab alles schon mal gemacht, immer wieder neue Stellen, sogar im Ausland war ich, in Deutschland. Nein, schwere Arbeit macht mir keine Angst.«

»Ausgezeichnet. Gut, dann will ich Sie nicht länger aufhalten. Hier ist der Schlüssel für die Bar, wir öffnen morgen um halb sechs, dann kommt der Koch, der die warmen Speisen zubereiten muss. Aber bitte, verlieren Sie den Schlüssel nicht.«

Cirino schaute mich an, so als wolle er sich vergewissern, dass man ihm tatsächlich keinen Streich spielte. So verdattert wirkte er, dass Signora Vitale irgendwann sagte: »Nun, was ist? Sind Sie einverstanden?«

»Ja, das heißt, ich kann morgen wirklich anfangen? Sie nehmen mich, und ich kann bei Ihnen arbeiten?«

»Ja, natürlich, warum sollte ich Ihnen sonst den Schlüssel geben.«

Er ergriff ihre Hand und schüttelte sie, mit Tränen in den Augen, heftig auf und ab.

»Sie müssen mir auch noch Ihre Papiere vorbeibringen«, fügte die Signora hinzu, »damit ich Sie anmelden kann.«

»Anmelden? Richtig anmelden, mit allem, was dazugehört, Versicherung und so …? Wie alle andern auch?«

»Ja, natürlich, wie alle ehrlichen Leute.«

»Ich war noch nie richtig angestellt. Und dabei hab ich immer gearbeitet, mit sieben schon, hab Brot und geschmuggelte Zigaretten auf der Straße verkauft. Nur in Deutschland hatte ich einen Vertrag. Mein Vater hat auch immer schwarz arbeiten müssen, 30 Jahre, ohne Beiträge, für mich ist das wie ein Traum …«

Signora Vitale drehte sich zu mir um: »Das ist genau der Mann, den ich gesucht habe«, sagte sie. »Kommen Sie, darauf müssen wir anstoßen.«

Das taten wir, und danach brachte ich Cirino zurück zu der

Ecke, wo er seinen Ape abgestellt hatte. Unterwegs meinte er: »Du bist ja wie ein Vater zu mir. Ich weiß gar nicht, wie ich dir danken soll. Ich bin sprachlos.«

In der jüngsten Zeit hatte es in der Stadt zahlreiche Morde gegeben, und eine Reihe von Geschäften war in die Luft geflogen. Wir hatten alle Hände voll zu tun und wussten gar nicht, womit wir anfangen sollten. So war es kein Wunder, dass die Beobachtung des Metzgers, wie vorhergesehen, ein wenig in den Hintergrund rückte.

Am 26. machte die neue Bar auf. Zur Einweihungsfeier, bei der viele Leute zusammenkamen, waren natürlich auch wir Kollegen, Franco, Alfredo und ich, geladen. Cavallaro trug seinen Hochzeitsanzug und die neue Krawatte und machte insgesamt eine gute Figur. Er stellte mir seine Frau vor, die wegen ihrer Schönheit allen bereits aufgefallen war. Die kleine Tochter auf dem Arm, reichte sie mir die Hand. Ob sie sich denn freue, fragte ich sie, und Claudia, so ihr Name, antwortete in perfektem Hochitalienisch, ohne den Hauch eines Dialekts, ja sehr, und sie sei noch nie bei solch einer Eröffnungsfeier gewesen und fast so aufgeregt wie bei ihrer Hochzeit. An ihrer Ausdrucksweise erkannte ich auf Anhieb, dass sie aus einem völlig anderen sozialen Umfeld als Cirino kam. Sie entstammte einer gutbürgerlichen Familie, doch als sie dann mit 18 schwanger wurde, kam es zu großen Spannungen mit ihren Eltern, die ihre Verbindung mit Cavallaro völlig inakzeptabel fanden und die Tochter schließlich ohne eine Lira auf die Straße setzten und nie mehr etwas von ihr wissen wollten.

Der Abend war ein großer Erfolg. Auch mit Cirino war die Signora sehr zufrieden, und der strahlte über das ganze Gesicht und bedankte sich so häufig bei mir, dass es mir fast schon peinlich wurde. Irgendwann fiel uns auf, dass die Metzgerei nebenan geschlossen war. Seltsam, denn um diese Zeit hatte sie gewöhnlich noch auf.

Unser Abteilungsleiter hatte den Funkstreifen Anweisung gegeben, regelmäßig in der Bar von Signora Vitale nach dem Rechten zu sehen. So ging das drei Monate, dann schlief die Sache ein, nicht zuletzt, weil es hinsichtlich des Einsatzes der Streifenwagen zu einer Auseinandersetzung zwischen unserem Chef und einem höheren Kollegen kam, der ihm vorhielt, die allgemeine Sicherheit zu vernachlässigen, um aus persönlichen Motiven eine einzelne Bar bewachen zu lassen. Die übliche Geschichte: Neid, Misstrauen und Missgunst zwischen Angehörigen der Sicherheitskräfte – Gegebenheiten, die den Kriminellen immer gelegen kommen.

Dann eines Tages wurde die neue Bar überfallen. Entschlossen stellte sich Cirino den Tätern entgegen, konnte sie vertreiben und verhindern, dass sie sich aus der Kasse bedienten. Nicht lange darauf wurden vor dem Rollgitter des Lokals zwei Sprengsätze gefunden. Niemand hatte Geld verlangt, niemand Schutzgeld gefordert.

Cirino war besorgt: Er hatte einen Kredit über 2,5 Millionen Lire aufgenommen, um sich einen Gebrauchtwagen zu kaufen und das Kinderzimmer seines Töchterchens einzurichten. »Wenn der Laden in die Luft fliegt, bleib ich auf meinen Schulden sitzen.«

»Keine Angst«, versuchte ich, ihn zu beruhigen, »wir werden die Bar jetzt ständig überwachen.«

Dann geschah es, noch nicht einmal einen Monat später: In der Bar, wo Cirino arbeitete, detonierte ein Sprengsatz, und auch das andere Lokal von Signora Vitale brannte völlig aus.

Alles in einer Nacht, dieselbe Handschrift, dieselben Täter.

Wir waren erschüttert, machtlos, streiften wie Roboter zwischen den Trümmern umher, gesenkten Blicks, wortkarg, gedemütigt, wie so oft. Wir waren uns sicher, dass die Anschläge auf das Konto des Mafiaclans gingen, der dieses Gebiet kontrollierte. Die Wohnungen bekannter Straftäter, die einmal in der Metzgerei gesehen worden waren, wurden durchsucht, und natürlich auch die Wohnung des Metzgers selbst. Wir fanden nichts, was die Ermittlungen vorangebracht hätte, und ebenso wenig kam bei den Überwachungen verschiedener Telefonanschlüsse in den folgenden Wochen heraus. Die Informanten wurden ausgequetscht, in die Mangel genommen, bedroht. Alles ohne Ergebnis.

Was dann geschah, veränderte das Leben einer Reihe von Menschen, mehr als man damals ahnen konnte: Signora Vitale erschien bei uns im Büro und erklärte unter Tränen an den Chef gewandt: »Sehen Sie, Dottore, dass ich Recht hatte? In Sizilien kann man nichts versprechen, weil man nichts halten kann. Selbst diese Würde haben uns die Mafiosi genommen. Diese Leute entscheiden, ob wir leben dürfen oder sterben müssen. Die sind schlimmer als ein Tumor. Den kann man wenigstens zu bekämpfen versuchen. Doch gegen diese Verbrecher gibt es kein Mittel. Die sind wie Metastasen, die sich im ganzen Körper ausgebreitet haben und von keinem Medikament der Welt mehr aufzuhalten sind.«

Ungefähr zwei Monate darauf zog Signora Vitale von Catania in die Region Lazio, wo die einzige ihr verbliebene Verwandte lebte. Wir haben sie niemals wiedergesehen.

Unser Chef hatte eine Auseinandersetzung mit dem Polizeipräsidenten, der ihm ungerechterweise vorwarf, die Ermittlungen im Fall Vitale schlecht geleitet zu haben. Einen Monat später erfolgte seine Versetzung nach Norditalien, wohin er eigentlich nie hatte zurückkehren wollen, weil er Sizilien liebte.

Immerhin schafften wir es, dass der Freund des Metzgers, der seine Bar in derselben Straße wie Signora Vitale betrieb, seinen

Laden aufgrund gravierender Verstöße gegen Hygienevorschriften schließen musste. Und der Metzger wurde von den Kollegen vom Rauschgiftdezernat wegen Drogenhandels festgenommen. 20 Gramm Kokain hatten sie bei ihm gefunden.

Auch für Cavallaro waren die Folgen dramatisch. Weil er seine Schulden nicht bezahlen konnte, stellte er einen ungedeckten Scheck aus, und zwar für einen Mann, der sich als Strohmann des Spampinatoclans entpuppte.

Ich suchte Cirino überall, konnte ihn aber nirgends finden.

Endlich, nach zehn Tagen, sah ich ihn wieder.

»Wo hast du denn gesteckt?«

»Ich war so in Panik, dass ich erstmal untergetaucht bin. Dann habe ich mich an ein paar Vermittler gewandt, um den Clan wissen zu lassen, dass es mir leidtut und dass ich um Verzeihung bitte. Du weißt ja, wie diese Leute gewisse Probleme lösen. Ich hatte Angst, die erschießen mich. Es ist zum Verzweifeln. Wovon sollen wir leben? Jetzt haben wir nur noch die kleine Rente meiner Mutter.«

»Was ist los? Weinst du? Nicht den Mut verlieren, irgendwie kriegen wir die Sache schon in den Griff.«

»Diese verfluchte Mafia! Diese verfluchten Verbrecher!«

»Kann denn deine Frau nicht ihre Eltern bitten, euch zu helfen. Vielleicht sollte sie nochmal einen Versuch machen, sich mit ihnen zu versöhnen?«

»Ach, sie schämt sich doch. Und einmal hat sie es auch versucht. Aber da hat ihr der Vater die Tür vor der Nase zugeschlagen. Im Moment arbeitet sie ein paar Stunden in der Woche als Bedienung, aber das Geld reicht hinten und vorne nicht.«

»Wie ist die Sache mit dem Scheck ausgegangen?«

»Die Freunde, die ich eingeschaltet hatte, haben mit den Leuten gesprochen. Die haben mir ausrichten lassen, dass sie mir diesmal noch verzeihen, dass ich aber meine Schulden sofort bezahlen muss. Und das Geld soll ich direkt zu dem Typen bringen, dem ich den falschen Scheck angedreht habe. Er will mich kennenlernen, haben sie gesagt, er will mir ins Gesicht schauen, wenn ich um Verzeihung bitte. Vielleicht wollen sie mich ja umlegen, vielleicht auch nicht. Auf alle Fälle muss ich dorthin. Wenn ich nicht aufkreuze, beleidige ich sie nur noch mehr.«

»Bist du wahnsinnig? Du gehst nirgendwohin, oder ich komme mit und pass auf, dass dir nichts passiert.«

Cirino schüttelte entschlossen den Kopf. »Solche Dinge muss ein Mann alleine regeln«, erklärte er, und es war unmöglich, ihn umzustimmen.

Cavallaro auf Abwegen

48 Stunden hörte ich nichts von ihm. Dann endlich trafen wir uns.

»Wie ist es gelaufen, was ist passiert?«

»Na ja, als ich los bin zu dem Treffen, dachte ich, dass das heute vielleicht der letzte Tag meines Lebens ist. Ich hab meine Frau umarmt, und meine Tochter, ganz lange, weil ich geglaubt hab, ich würde sie nicht mehr wiedersehen. Du kannst dir nicht vorstellen, was das für ein Gefühl ist, sich mit Leuten zu treffen, die einen vielleicht umlegen werden. Aber wie du siehst, ist noch alles an mir dran.«

»Und das Geld? Woher hattest du das Geld, um deine Schulden zu begleichen?«

»Ich war bei einem Geldverleiher, so einem Wucherer, der 30 Prozent Zinsen verlangt.«

»Und wie willst du das nun zurückzahlen?«

»Keine Ahnung. Überall hab ich mich nach Arbeit umgesehen, auf allen Baustellen war ich, als illegaler Parkwächter hab ich's versucht, aber das Revier war schon besetzt, und es endete mit 'ner Prügelei. Außerdem ist auch noch der Freund, der mir das Obst auf dem Großmarkt besorgt hatte, wegen Erpressung verhaftet worden. Jetzt bleibt mir nichts mehr anderes übrig, als Klauen zu gehen.«

»Nicht die Nerven verlieren, lass mir etwas Zeit, ich werd was für dich finden.«

»Ach, was willst du denn finden? Du glaubst wohl noch an den

Weihnachtsmann. Aber ich hab's satt, mich so durchzuschlagen. Ich weiß schon, was ich jetzt zu tun hab.«

»Was hast du zu tun? Hör auf, das ist nicht dein Ernst. Willst du vielleicht irgendeinem alten Mütterchen die Rente klauen, einer Hausfrau die Handtasche wegreißen, oder gleich eine Bank ausrauben? Nein, du darfst jetzt nicht aufgeben. Du willst doch nicht wie die anderen werden. Ein fauler, feiger Hund, der anständigen Leuten in zehn Sekunden das Geld abnimmt, für das sie einen Monat lang geschuftet haben. Nach dem Motto: Du arbeitest und ich ernte die Früchte. Was sagst du, wenn sie das mit deiner Mutter machen, oder mit deiner Frau, was sagst du dann?«

»Du hast gut reden. Du weißt, was du heute essen wirst. Aber ich kann meiner kleinen Tochter noch nicht mal ein Eis kaufen. Wie soll ich ihr in die Augen sehen, wenn ich mit leeren Händen heimkomme?«

Ich nahm einen Hunderttausend-Lire-Schein aus dem Portemonnaie. »Nimm es bitte an«, sagte ich, »und irgendwann gibst du es mir zurück … Heute Nachmittag schaue ich nochmal, ob ich nicht doch was finde … Du musst noch ein wenig Geduld haben, ich kenne da jemanden, der ein Restaurant betreibt, ich gehe heute noch hin und rede mit ihm …« Cavallaro schaute mich böse an. »Almosen kannst du deiner Schwester geben, mir nicht!«

»Aber das ist doch kein Almosen, so ein Unsinn …«

»Du kommst dir wohl ganz toll vor mit deinem Geld. Fühlst dich wichtig, der große Macker …«

Ich drehte mich um und ging davon, respektierte den Schmerz und den Zorn dieses so schwer geprüften Mannes.

Abends war ich mit Cinzia und den anderen Freunden unterwegs, zunächst essen, dann in der Diskothek. Ungefähr 100 000

Lire gab ich aus und dachte dabei an das Geld, das ich Cavallaro geben wollte, an ihn selbst, seine Familie.

Einige Zeit später fuhr ich bei der Kinderkrippe vorbei, wo Cirino regelmäßig seine Tochter abholte. Ich wollte ihn sehen, hören, wie es ihm ging. Ihn traf ich nicht, doch seine Frau kam mir entgegen. Sie begrüßte mich sehr herzlich, trotz ihrer traurigen Miene. Ihre schlichte Kleidung konnte ihre Schönheit nicht trüben.

»Freut mich, Sie zu sehen«, sagte ich. »Wie geht es Ihnen?«

»Ach, es ist schlimm. Cirino ist mit den Nerven am Ende, wir haben ziemlich heftig gestritten, und jetzt treibt er sich plötzlich mit Leuten rum, die mir überhaupt nicht geheuer sind.«

»Warum, was ist mit denen?«

»Ach, ich bin doch nicht dumm, und außerdem kenne ich die vom Sehen. Das sind Kriminelle. Cirino hat mich sogar geschlagen. Das hat er vorher nie getan. Ich kann einfach nicht mehr, seit Jahren schon dieses Leben von der Hand in den Mund. Außerdem habe ich erfahren, dass es meinem Vater sehr schlecht geht. Ich habe nochmal einen Versuch gemacht, nach ihm zu sehen, aber meine Eltern haben mir noch nicht einmal die Tür aufgemacht.«

Ich versuchte, sie irgendwie zu trösten, und versprach, dass ich mich bemühen würde, Cirino aus diesem Teufelskreis zu helfen. Sie solle ihm ausrichten, trug ich ihr auf, ich würde am nächsten Morgen um zehn Uhr vor der Kirche auf ihn warten.

»Vor welcher Kirche?«, fragte Claudia.

»Das weiß er schon.«

Die »Kirche« nannten wir immer noch diesen abgelegenen Ort außerhalb der Stadt, wo wir als Kinder gespielt hatten: zwei mächtige Mauern, die anstelle eines Daches nur noch verkohlte Balken trugen. Früher musste dies tatsächlich einmal eine kleine Kirche gewesen sein, die dann im Bombenhagel des Zweiten Weltkriegs zerstört worden war.

Cirino erschien zu der Verabredung.

»Wieso hast du meine Frau vorm Kindergarten abgefangen?«

»Ich hab sie nicht abgefangen, ich kam zufällig dort vorbei. Spiel doch nicht den eifersüchtigen Ehemann und sag mir lieber, wie es dir geht.«

»Gut, und dir?«

Auf Anhieb bemerkte ich, dass er sich verändert hatte, etwas Unerschrockenes, Hochmütiges strahlte er aus, und seine Stimme klang unangenehm spöttisch.

»He, was ist mit dir los? Ich hab dir doch nichts getan.«

»Was willst du?«

»Mit wem rede ich hier eigentlich? Bist du noch der Cirino, der sich so gefreut hat über unser Wiedersehen, der mich umarmt hat und sich gar nicht genug bedanken konnte, oder …«

»Was erwartest du denn?«, fiel er mir ins Wort. »Soll ich dir jetzt mein ganzes Leben lang dankbar sein? Oder willst du vielleicht Geld, für den Gefallen, den du mir getan hast. Gut …«

Er griff in die Hosentasche und holte ein zusammengerolltes Bündel Hunderttausender-Scheine hervor.

»Na, fühlst du dich männlicher, wenn du mich so beleidigst? Aber sag mir doch lieber mal, woher du das Geld hast? Was arbeitest du? Darf man das vielleicht erfahren?«

»Das geht dich einen Scheiß an.«

Ich packte ihn am Kragen, stieß ihn gegen meinen Wagen und brüllte. »Hör zu, Cavallaro, jetzt gehst du mir aber wirklich auf den Sack! Du hast also beschlossen, die Seiten zu wechseln. Gratuliere! Bist jetzt ein Mann, der Eier hat! Erzähl doch mal, was machst du so, Überfälle, Erpressungen, Drogenhandel … he? Nein, Scheiße, erst jetzt hast du deine Würde verloren. Die hattest du nämlich noch, auch wenn du nichts zu essen nach Hause gebracht hast ... Und deine Freiheit ist auch flöten. Denn du weißt ja, wie du enden wirst: entweder im Leichenschauhaus oder im Knast. Bei diesen Leuten kannst du dir keinen Fehler erlauben, das weißt du, die legen dich sofort um. Und auch auf uns musst du ständig aufpassen, denn wir warten nur darauf, dich hinter Schloss und Riegel zu bringen. Da kannst du noch so auf Zack sein, früher oder später bist du geliefert, auf die eine oder andere Weise.

Du bist ein Idiot, Cavallaro, du wirst alles verlieren. Denk doch nur an deine Frau. Die ist eine ehrliche Haut. Wenn die mitkriegt, dass das Geld, das du nach Hause bringst, voller Blut ist, tritt sie dir in den Arsch, und du bist sie los. Da kannst du sicher sein.«

Da verlor Cavallaro die Nerven, ging auf mich los und schlug mit beiden Fäusten, auf Brusthöhe, auf mich ein. Es hätte nicht viel gefehlt, und ich wäre zu Boden gegangen. »Du hast kein Recht, über meine Familie zu reden«, schrie er. »Du kennst meine Frau überhaupt nicht. Was bildest du dir nur ein?«

Ich kam ganz nahe an ihn heran und versetzte ihm einen heftigen Stoß. »Wag es nicht noch einmal, mich anzufassen, sonst schlag ich dir die Fresse ein, du verdammtes Stück Scheiße. Jetzt hast du auch noch einen Freund verloren. Komm nie mehr zu mir, verstanden? Hören werde ich ja von dir, aus der Zeitung, unter ›Verbrechen in Catania‹.«

»Pass nur auf, dass da nichts von dir zu lesen ist.«

»Ach, du willst mir drohen. Aber da bist du bei mir an den Falschen geraten, Arschloch«, rief ich und verpasste ihm eine Ohrfeige. Er warf sich auf mich und traf mich zweimal hart mit der Faust. Ich stürzte zu Boden, rappelte mich wieder hoch und rammte ihm meinen Schädel ins Gesicht. Das Blut schoss ihm aus der Nase. Ineinander verkrallt, rollten wir am Boden: »Bastard!« – »Ich bring dich um!« – »Hurensohn!«

Da rutschte mir im Handgemenge die Pistole aus dem Gürtel, ich ergriff sie, und er, der gerade wieder auf mich einschlagen wollte, erstarrte und schaute mich erschrocken an. Keuchend saß ich am Boden, mit zitternden Beinen, das Hemd blutbeschmiert, die Pistole in der Hand. Ich warf sie durch das geöffnete Seitenfenster in den Wagen. »Für so einen wie dich vergeude ich keine Kugel«, sagte ich.

Er machte sich daran, die Geldscheine einzusammeln, die verstreut am Boden lagen.

Und ich ließ ihn allein.

Die Kunst der Schutzgelderpressung

Einige Monate später kam ich in eine andere Abteilung und befasste mich jetzt mit Schutzgelderpressungen. Die Unterstützung der Geschäftsleute war gering, fast gleich null. Ich konnte sie verstehen und ihnen keinen Vorwurf daraus machen. Zu gut erinnerte ich mich noch an die Trümmer, die von Signora Vitales Bar übrig geblieben waren.

Einige Informanten klärten mich auf, wie die Banden bei den Erpressungen vorgingen, und über die Geheimcodes, mit denen sie sich untereinander verständigten.

Bei Schutzgelderpressung wird nach dem Prinzip vorgegangen: ein Maximum verlangen, um ein Minimum zu bekommen. Das heißt, die Gangster fordern von dem erpressten Ladeninhaber eine bestimmte Summe, über die dann verhandelt wird, und häufig einigt man sich dann darauf, den Betrag in monatliche Raten aufzuteilen, die dann pünktlich, wie ein Gehalt, zu zahlen sind. Neben den organisierten Banden gibt es noch die sogenannten *scassapagghiari*, Trittbrettfahrer also, die die Zugehörigkeit zu einer echten Bande vortäuschen und auf diese Weise die Ladeninhaber einschüchtern und zu Schutzgeldzahlungen bewegen.

Manchmal finden sie verängstigte Opfer, die darauf hereinfallen und bezahlen, ohne Fragen zu stellen.

Zur »Kunst« der Schutzgelderpressung gehört zunächst einmal, das richtige Opfer zu finden. Der erste Schritt, um zu erfahren, ob irgendein Geschäftsinhaber bereits an eine andere Bande zahlt, ist der anonyme Anruf.

»Pass mal auf, mein Freund, wir wissen, dass dein Geschäft gut läuft. Deshalb sieh mal zu, dass du 100 Millionen locker machen kannst, sonst nimmt es ein schlimmes Ende mit dir. Du weißt Bescheid, und komm ja nicht auf die Idee, die Bullen einzuschalten, sonst geht dein Laden in Flammen auf.«

Solche Drohanrufe enden immer mit dem Satz: »Nimm Kontakt zu einem gutem Freund auf, morgen um zehn rufen wir zurück.« Mit dieser Aufforderung stellen die Erpresser fest, ob sie »freies« Wild gesichtet haben oder in fremden Revieren wildern. Bezahlt der Geschäftsmann bereits Schutzgeld an eine andere Bande, nimmt er Verbindung zu ihr auf, um sie über die neue Forderung zu unterrichten, und am nächsten Morgen zur festgelegten Zeit antwortet dann eine andere Person am Telefon, dass der Mann bereits beschützt werde. Geht jedoch wieder der Geschäftsmann selbst an den Apparat, wissen die Erpresser, dass er schutzlos und daher noch nach Lust und Laune auszunehmen ist. In der Stadt agieren verschiedene Mafiabanden, die sich das Territorium untereinander aufgeteilt haben und sich über einen festgelegten Code aus scheinbar banalen Sätzen verständigen. Sagt der Beschützer am Telefon etwa: »Treffen wir uns auf einen Espresso auf der Piazza Europa«, heißt das, dass der Geschäftsmann unter dem Schutz des Spampinatoclans steht, während »Trinken wir einen Aperitif auf dem Corso Francia« die Zugehörigkeit zu einem anderen Clan bedeutet, und so weiter.

Die verschiedenen Banden kennen diese Geheimsprache und die Treffpunkte, falls einmal etwas unter vier Augen geklärt werden muss. Festgelegt werden solche Dinge bei regelmäßigen Versammlungen, bei denen sich die Clanbosse treffen, wenn sie nicht gerade damit beschäftigt sind, sich gegenseitig kaltzumachen.

Meistens gelingt es den Banden auch, sich über die effekti-

ve Zahlungsbereitschaft des Erpressungsopfers Klarheit zu verschaffen und sich so gegen mögliche, aber höchst selten vor-
kommende Strafanzeigen zu wappnen. Das funktioniert, indem
nach dem anonymen Anruf ein Komplize der Bande auf den
Plan tritt, der irgendwie mit dem Erpressten bekannt oder ein
Kunde von ihm ist. Nicht selten ist es sogar derjenige, auf den
der ganze Plan zurückgeht. Dieser spricht den armen Geschäftsinhaber nun ganz unverfänglich auf Probleme an und bohrt so
lange nach, bis sich das Opfer schließlich öffnet und ihm erzählt,
was ihm da gerade widerfährt.

Auf diese Weise lässt sich leicht feststellen, ob der Geschäftsmann klein beigeben wird oder vielleicht doch mit dem Gedanken spielt, sich an die Polizei zu wenden. Um dieses Vorgehen
klarer zu machen, hier ein hypothetisches (aber sehr gut mögli-
ches) Gespräch zwischen einem Ladeninhaber, den ich hier Romeo nennen will, und einem Mann, den dieser einfach nur für
einen treuen Kunden hält, Signor Tringale.

»Signor Romeo, wie geht's, alles in Ordnung?«

»Ja, schon, Signor Tringale, ich will mich nicht beklagen, aber
es könnte besser laufen.«

(*Der Kunde gibt sich besorgt*) »Ach, was haben Sie denn? Ge-
sundheitliche Probleme?«

»Nein, nein, danke der Nachfrage, aber es geht um andere
Dinge.«

Um keinen Verdacht zu erregen, nimmt sich der Kunde Zeit,
erzählt von seiner Arbeit, kauft etwas, doch bevor er dann den
Laden verlässt, schlägt er zum ersten Mal zu.

»Das tut mir wirklich sehr leid, ich habe Sie immer so unbeschwert erlebt, ja heiter. Sind Sie denn sicher, dass Sie gesund
sind? Sie sehen so blass aus.«

Jetzt beschließt das Opfer, seinem Herzen Luft zu machen und
die Fakten auf den Tisch zu legen.

(*Der Kunde reagiert entsetzt, breitet die Arme aus*) »Diese verfluchten Gangster. Aber warum wenden Sie sich denn nicht an die Polizei?«

»Daran habe ich auch schon gedacht. Aber ich bin mir unsicher, ich befürchte, dass dadurch alles nur noch schlimmer wird.«

»Verstehe, aber vielleicht kann ich Ihnen ja helfen, Signor Romeo. Unter meinen Kunden sind auch Leute, die sich in diesen Kreisen etwas auskennen. Eigentlich kenne ich sie kaum, aber ich will sie doch mal fragen, ob sie mir einen Rat geben oder irgendetwas für Sie tun können. Einverstanden?«

»Ja, natürlich. Das ist sehr nett. Ich weiß gar nicht, wie ich Ihnen danken soll.«

Ab nun werden die anonymen Anrufe noch bedrohlicher, die Aufforderung, sich »von einem guten Freund beschützen zu lassen« noch unmissverständlicher. Ein paar Tage später schaut Tringale wieder bei dem Ladeninhaber vorbei und erzählt ihm, was er herausgefunden hat, nämlich dass diese Leute sehr gefährlich sind. So gefährlich, dass er sich da nicht mehr einmischen will, weil er Angst hat. Damit schafft er es, Signor Romeo noch nervöser zu machen, der jetzt erkennt, wie tief er in der Tinte sitzt. Unterdessen gehen die Anrufe weiter. Tringale ist mittlerweile Romeos Ratgeber und Vertrauensmann und erkennt an dessen Worten und Aussagen, dass das Opfer weichgekocht ist, dass es nachgibt und, vor allem, dass es sich sicher nicht an die Polizei wenden wird. Und nun kommt der entscheidende Schlag: »Auch wenn es mir eigentlich gegen den Strich geht, habe ich beschlossen, mich an einen früheren Geschäftspartner zu wenden, der leider diese speziellen Verbindungen pflegt. Vielleicht kann der Ihnen helfen.«

»Sie sind ein echter Freund, danke, vielen Dank.«

Einige Tage später kehrt der besorgte Freund zu dem Händler zurück.

»Ich musste leider erfahren, dass diese Leute zum Spampinatoclan gehören und dass sie entschlossen sind, Ihren Laden
in Brand zu stecken, wenn Sie nicht bezahlen sollten. Aber immerhin hat dieser frühere Geschäftspartner ein gutes Wort für
Sie eingelegt und konnte erreichen, dass sich die Spampinato-
leute nun auch mit 20 anstelle der geforderten 100 Millionen
zufriedengeben.«

Der Händler dankt ihm von ganzem Herzen und umarmt
ihn freudig. 80 Millionen Lire gespart, da hab ich ja nochmal Glück gehabt, denkt er sich und beeilt sich, sogleich zu
zahlen, um diese Leute, die ihm so entgegengekommen sind,
nicht wieder zu verärgern. Die Schutzgelderpressung ist perfekt gelungen.

Die wenigen Opfer, die die Erpressung anzeigten, versuchten wir
zu beschützen, indem wir ihren Laden überwachten, und ebenso ihren Telefonanschluss, wobei dies nicht der einzige Kom-
munikationsweg der Mafiosi war. Manchmal schickten sie einen
Brief, andere Male eine Tonkassette mit der Zahlungsaufforde-
rung, wieder andere Male sogar einen Sprengsatz, bevor überhaupt eine Forderung erhoben wurde. In einigen Fällen besaßen
sie auch die Dreistigkeit, persönlich zu erscheinen, befürchteten
also nicht, erkannt oder angezeigt zu werden. Bei diesen Überwachungen durften wir uns nicht den kleinsten Fehler erlauben,
denn wären die Erpresser auf uns aufmerksam geworden, hätten
sie sogleich etwas gegen die Person unternommen, die wir eigentlich schützen sollten. Daher benutzten wir möglichst unauf-
fällige Fahrzeuge, Mopeds, Lieferwagen, Taxis und vermieden es,
zu zweit im Wagen zu sitzen, um keinen Verdacht zu erregen. In
der Zeit, als auch vermehrt Frauen in den Polizeidienst eintra-
ten, nutzten wir das, indem wir die Beamten als Liebespärchen
auftreten ließen. Doch nach einer Weile funktionierte diese Tak-

tik nicht mehr, die Verbrecher hatten Wind bekommen und fielen nicht mehr darauf herein.

Irgendwann erfuhren wir von einem Informanten, dass eine Apotheke im Stadtzentrum Schutzgeld an die Spampinatobande bezahlte. Wir überwachten daraufhin den Telefonanschluss des Geschäfts, hatten jedoch auch nach 20 Tagen nichts Verdächtiges mitschneiden können. Da wir befürchten mussten, dass der Richter den Überwachungsbeschluss nicht verlängern würde, versuchten wir in Absprache mit unserem Chef etwas ganz Neues. Und zwar planten wir, unsere Kenntnisse der Mafiamethoden und vor allem ihres Geheimcodes dazu zu nutzen, eine versuchte Erpressung des Apothekers vorzutäuschen. Auf diese Weise wollten wir erfahren, ob der Mann tatsächlich ein sogenanntes Pizzo zahlte. Wenn es so wäre, wollten wir ihn zwingen, sich hilfesuchend an die Bande zu wenden, die ihn »beschützte«.

Im Büro hatten wir bereits ein Foto des Apothekers und wussten, wo seine Frau als Ärztin arbeitete. Gegen sieben Uhr parkten wir einen Privatwagen vor der Apotheke mit ihren zwei großen Schaufenstern, die einen sehr guten Blick ins Ladeninnere gewährten. Am Nachtmittag wurde das Fahrzeug durch einen mit zwei Beamten besetzten Transporter abgelöst. Weitere zwei Kollegen hatten etwas abseits vor dem Laden Stellung bezogen und warteten auf weitere Anweisungen. Jetzt rief ein Kollege, der es blendend verstand, das grobe Sizilianisch der Cataneser Unterwelt nachzumachen, in der Apotheke an. Und die Abhörzentrale der *Procura della Repubblica,* der Staatsanwaltschaft, nahm alles auf.

Polizist: »'n Abend, ist da die Apotheke von Lanzafame?«
  Verkäuferin: »Ja.«
  Polizist: »Ist Lanzafame da?
  Verkäuferin: »Wen darf ich melden?

Polizist: »Sag ihm, ein Freund ist dran.«

Apotheker: »Ja, bitte, hier ist Dottore Lan …«

Polizist: »Pass auf, du Saftsack, wenn du nicht sofort 80 Millionen rausrückst, mach ich euch kalt, dich und deine Familie, verstanden?«

Apotheker: »Verzeihung, aber wer … ich verstehe nicht …«

Polizist: »Tu doch nicht so, natürlich verstehst du. Wenn nicht, gibt's 'ne nette Überraschung für deine Tochter Cettina. Oder sollen wir uns lieber an deine Frau halten, wenn sie zur Arbeit fährt, in die Praxis in der Via Bari 25?«

Apotheker: »Nein, aber, aber … woher wissen Sie …?«

Polizist: (*schreit*) »Quatsch nicht, kratz lieber das Geld zusammen, Arschloch!« (*legt auf*)

Jetzt konnten wir nur noch warten, ob der Apotheker Lanzafame anbiss.

Die im Transporter versteckten Beamten beobachten den Mann durchs Fernglas.

Fünf nicht enden wollende Minuten vergingen. Lanzafame griff nicht zum Telefon und verließ auch nicht die Apotheke, sondern bediente ganz normal seine Kunden, so als wenn nichts geschehen wäre.

Wir hielten gerade Rücksprache mit unserem Chef, als der Apotheker endlich eine Nummer wählte. Es war die einer Bar. Eine Männerstimme ging ran.

Barmann: »Pronto.«

Lanzafame: »Guten Abend, ich möchte gern mit Signor Turi sprechen.«

Barmann: »Der ist nicht da, kommt vielleicht später noch, wer sind Sie denn?«

Lanzafame: »Ein Freund. Danke, guten Abend.«

Das ließ sich gut an, denn diese Bar war auf einen gewissen Gattauro angemeldet, einen Vetter von Gianni Branciforti, den alle nur Turi nannten, ein bekannter Mafioso aus einem Zweig des Spampinatoclans. Unser Chef sprang vom Stuhl auf. »Diesmal kriegen wir sie am Arsch, diese Bastarde«, jubelte er.

Die Kollegen vor Ort wurden noch einmal angewiesen, den Apotheker nicht aus den Augen zu lassen und die Stellung zu halten, bis neue Anweisungen ergingen.

Ungefähr fünf Minuten später rief der Apotheker seinen Bruder an.

Lanzafame: »Kannst du sofort zu mir in Apotheke kommen?«

Bruder: »Was ist denn los? Warum bist du so aufgeregt. Was ist passiert?«

Lanzafame: »Ich werde erpresst.«

Bruder: »Wie? Das verstehe ich nicht.«

Lanzafame: »Ich kann dir nicht mehr dazu sagen. Bitte, komm sofort vorbei. Ich hab in der Bar angerufen, aber er ist nicht da.«

Bruder: »Bist du denn wahnsinnig? Du kannst doch nicht von deinem Telefon aus diese Nummer wählen. Man weiß doch nie, was Sache ist. Aber warte, ich komme zu dir.«

Unser Chef schickte zwei weitere Streifen zur Verstärkung der Kollegen vor der Apotheke los. Drei Besatzungen vor Ort: jeweils eine, um dem Apotheker und dem Bruder zu folgen, falls sie sich trennen sollten, und eine dritte, um sich gegebenenfalls bei der Verfolgung abzulösen. Die Kollegen im Transporter hielten die Stellung.

20 Minuten später verließ Lanzafame mit einem Mann die Apotheke, dem Bruder, der ihm ziemlich ähnlich sah. Sie stiegen in einen R5 und fuhren davon. Ein Kollege und ich im Auto, sowie zwei weitere Kollegen auf einem Motorrad nahmen die

Verfolgung auf. Irgendwann hielten die Lanzafame-Brüder vor einer Telefonzelle, der Bruder des Apothekers führte ein Gespräch, und dann fuhren sie weiter zu einem Platz, hielten dort und warteten.

Wenig später traf ein Auto ein und hielt neben dem der Lanzafames. Zwei Männer saßen darin.

Einer davon war Branciforti, eines der bekanntesten Gesichter des Spampinatoclans.

Er kurbelte das Fenster herunter, sagte etwas zu den Brüdern und fuhr weiter.

Die Lanzafames folgten ihm, und wir ebenfalls. Zum Glück war es bereits dunkel geworden, sonst wäre es schwierig geworden, nicht entdeckt zu werden.

An der Küstenstraße, in der Nähe des Schifffahrtsamtes, hielten die beiden Wagen wieder an. Branciforti stieg aus und setzte sich auf eine Bank, und sofort gesellte sich der Apotheker zu ihm. Angeregt unterhielten sie sich ein paar Minuten lang und kehrten dann wieder zu ihren Fahrzeugen zurück.

In verschiedene Richtungen fuhren sie davon, und je eine Streife folgte ihnen. Doch an einer Ampel verloren wir Branciforti aus den Augen. Was jetzt? Vielleicht war er zu dieser Bar gefahren. Wir schlugen diese Richtung ein, und tatsächlich stießen wir wieder auf seinen Wagen, in den mittlerweile noch ein dritter Mann eingestiegen war. Wir folgten ihnen, bis sie irgendwann rechts ranfuhren, passierten sie und hielten ein kurzes Stück weiter entfernt auf der gegenüberliegenden Straßenseite, von wo aus wir sie gut im Blick hatten. Schließlich stieg der dritte Mann wieder aus und ging zu Fuß davon. Mein Kollege folgte ihm, während ich die Beschattung des Wagens fortsetzte.

Ungefähr eine Stunde später sah die Lage folgendermaßen aus: Lanzafame war in seine Apotheke zurückgekehrt, Branciforti in der Bar und der dritte Mann in einen Alfa Giulietta gestiegen, dessen Kennzeichen ein Kollege aufgenommen hatte. Wunderbar, sagten wir uns, jetzt kommen wir an sie ran, so dicht, dass wir ihnen jedes Haar am Arsch einzeln zählen können.

Es war halb acht, als wir im Büro zusammenkamen, um die Lage zu besprechen und die Ergebnisse zu vergleichen. Aus der Abhörzentrale gab es keinerlei Neuigkeiten. Während wir noch so zusammensaßen, platzte plötzlich ein über das ganz Gesicht strahlender Kollege herein: »Ratet mal, auf wen der Giulietta zugelassen ist? Auf Vincenzo Mottura.«

»Und wer ist dieser Mottura«, fragte der Chef.

»Aber Dottore, wissen Sie nicht mehr? Diesen Namen hat doch Carmelo Petralia erwähnt, der Typ, der drei Pistolen in einer Waschmaschine in der Wohnung seiner Schwester versteckt hatte. Der hat uns doch erzählt, dass die Mafiabanden wieder Krieg führen, weil ein neuer Clan dem Spampinatoclan die Stirn bietet. Der Boss dieser Gruppe sei nicht vorbestraft und tarne sich als Schneidermeister, sei aber ein brutaler Gangster, der seinen Spaß daran habe, seine Opfer eigenhändig zu erwürgen. Das ist Mottura.«

»Und wenn der gegen Spampinato arbeitet, warum trifft er sich dann mit Branciforti, der doch zum Spampinatoclan gehört?«

»Wer weiß, vielleicht herrscht gerade Waffenstillstand, oder Branciforti verrät seine Leute. Das sind doch keine Ehrenmänner, Dottore, heute kämpfen sie für den einen, morgen für den anderen Clan. Die kennen keine Würde, keine Treue.«

»Und warum haben wir nie gegen diesen Mottura ermittelt?«

»Na ja, anfangs erschien uns Petralia nicht sehr glaubwürdig. Der ist immerhin drogenabhängig. Später sind wir der Sache dann doch nachgegangen, haben Mottura aber nie finden können. Wie wir jetzt wissen – durch das Nummernschild – wohnt der ja außerhalb von Catania, und wir hatten die Suche auf das Stadtgebiet beschränkt. Wahrscheinlich war das ein Fehler, Dottore, aber wir konnten ja nicht jede winzige Gemeinde der ganzen Provinz abklappern, nur weil uns so ein Fixer irgendwas erzählt. Wir haben das doch für den typischen Scheiß gehalten, den uns einer andrehen will, damit wir ihn in Ruhe lassen.«

»Gut, jetzt wissen wir, dass es kein Scheiß war. Jetzt schnappen wir uns diesen Mottura. Also an die Arbeit, Freunde. Morgen früh will ich drei Abhörbeschlüsse hier auf meinem Schreibtisch liegen haben, einen für die Bar, einen für Brancifortis Privatwohnung und einen für Motturas Anschluss.«

Damit begann eine lange Abhöraktion, die letztlich von Erfolg gekrönt sein sollte.

Der gute Freund

Kurze Zeit später kam der Inhaber einer kleinen Installationsfirma zu uns und erstattete Strafanzeige wegen versuchter Erpressung. Er hatte den üblichen Anruf (»Nimm Kontakt auf zu
einem guten Freund«) mit der üblichen Forderung und den üblichen Drohungen erhalten. Um Zeit zu gewinnen, hatte er sich
am Telefon als Angestellter des Betriebs ausgegeben und erklärte, dass sein Chef im Moment nicht im Haus sei.

Wir beglückwünschten den Kleinunternehmer zu seinem
Mut, die Sache anzuzeigen. Für uns war es wirklich ein Grund
zur Freude. Leute wie er machten uns Hoffnung, dass sich vielleicht doch langsam etwas veränderte, auch wenn sie noch so
selten wie weiße Fliegen waren.

Auch sein Telefon wurde fortan überwacht, es war viel Arbeit,
und wie immer waren wir personell zu dünn besetzt, um wirklich
optimal agieren zu können. Jedenfalls hatten wir dem Geschäftsmann erklärt, wie das System des »guten Freundes« funktionierte, und ihn gewarnt, dass jeder, der ihm in dieser Situation seine
Hilfe anbot, und sei es auch sein bester Freund, mit den Erpressern unter einer Decke stecken konnte. Gegebenenfalls müsse er
uns unverzüglich informieren. Aber es geschah nichts, niemand
drängte sich auf, um ihm zur Seite zu stehen. Wir hatten ihn ins-
truiert, wie die Verhandlungen zu führen seien. Mit viel Theatra-
lik sollte er seine Angst zeigen, die Leute anflehen, ihm doch bitte
nichts zu tun, und so weiter. Er war sehr verwirrt und unsicher,
ob er es schaffen würde, diese Rolle durchzuhalten.

Da kam mir eine Idee.

»Und wenn wir den guten Freund spielen?«, schlug ich vor.

Alle drehten sich zu mir um. »Wie meinst du das?«, fragte unser Chef, eher neugierig, als abwinkend.

»Wir kennen doch den Geheimjargon, den die Clans in diesen Fällen benutzen. Also gehen wir ans Telefon und spielen dem Erpresser vor, dass wir selbst einer Bande angehören.«

Dem Chef gefiel die Idee, und auch der zuständige Richter hatte nichts dagegen einzuwenden. Der Anruf kam pünktlich, und der Kollege, der sich als der Klempnermeister ausgab, erklärte, er habe Kontakt zu einem guten Freund aufgenommen, und dieser würde um neunzehn Uhr einen erneuten Anruf entgegennehmen. Um neunzehn Uhr vierzig riefen die Erpresser wieder an, ein anderer Beamter nahm ab, und nach einem kurzen Hin und Her fragte der Mann am anderen Ende der Leitung geradeheraus: »Zu wem gehörst du?«

»Das müssen wir nicht am Telefon besprechen, ›treffen wir uns auf einen Aperitif auf dem Corso Francia‹.«

»Verzeihung, ich bin wohl falsch verbunden.«

Niemand meldete sich mehr, und wir hatten eine Schutzgelderpressung auf unorthodoxe Weise vereitelt. Auch bei anderen Fällen wandten wir diese Methode an, und es funktionierte, sogar einige Festnahmen konnten wir verbuchen. Doch dann kam Sand ins Getriebe.

Maugeri war Inhaber einer großen Kaffeerösterei und erstattete ebenfalls Anzeige, nachdem ihn die Erpresser zum ersten Mal angerufen hatten. Wie immer ging beim zweiten Anruf unser Kollege ran.

Erpresser: »Pronto …«

Polizist: »Pronto, wer bist du?«

Erpresser: »Warum willst du das wissen. Gut, sagen wir, ich heiße Ianu, zufrieden?«

Polizist: »Wenn du meinst … Dann sagen wir, ich bin Melu …«

Erpresser: »Also, Melu, was ist jetzt mit deinem Freund?«

Polizist: »Wer mein Freund ist, geht dich nichts an, und er will auch nicht gestört werden.«

Erpresser: »Zu wem gehörst du?«

Polizist: »Treffen wir uns auf einen Espresso auf der Piazza Europa.«

Nun aber nahmen die Dinge einen unerwarteten Verlauf. Der Erpresser stimmte zu, ja, es sei wohl besser, sich zu treffen, vielleicht um neun Uhr am nächsten Morgen. Durch diese Antwort auf dem falschen Fuß erwischt, versuchte der Kollege, zunächst einmal Zeit zu gewinnen. Er dürfe sich nicht in der Öffentlichkeit sehen lassen, sagte er, er werde gesucht.

Der andere antwortete, er würde das überprüfen und am nächsten Tag wieder anrufen.

Im Büro beredeten wir die Situation. Diese Leute waren mit Sicherheit keine *scassapaghiari*, keine Trittbrettfahrer, vielleicht gehörten sie ja sogar ausgerechnet zum Clan von der Piazza Europa.

Zwei Beamte wurden nun auch über Nacht zur Überwachung von Maugeris Betrieb abgestellt. Sein Büro war mit einem Sofa eingerichtet, und der Chef servierte belegte Brötchen, Bier und Kaffee und ging dann später. Franco, weitere zwei Kollegen und ich waren für die externe Observierung eingeteilt. Seit acht Uhr waren wir im Dienst, relativ normal, solange man nicht zusammenbricht …

Ich rief zu Hause an, um Bescheid zu sagen, dass ich nicht heimkommen würde. Mittlerweile war Cinzia meine Frau geworden, und sie erinnerte mich daran, dass sie mich in der letzten Woche gerade viermal für insgesamt acht Stunden gesehen hatte. Ich schloss die Augen und stellte mir vor, mit ihr zusammen zu sein, sie in den Arm zu nehmen, zu duschen, am Tisch zu essen, mich an meinen Kindern zu erfreuen, mich mit ihnen auf dem Sofa herumzuräkeln und irgendeinen Hollywoodfilm anzuschauen. Ich antwortete, wie sie es von mir gewohnt war, und ihre Enttäuschung war überdeutlich.

Die Nacht wollte kein Ende nehmen. Obwohl auch das Überfallkommando und Streifenwagen der *Squadra Mobile* regelmäßig den Schauplatz kontrollierten, waren wir beunruhigt, weil die Firmengebäude an einen großen Garten grenzten. Würde sich jemand von dort aus nähern, um einen Sprengsatz zu legen, konnte er unbemerkt und ungestört agieren. Unsere Kollegen hätten wie die Maus in der Falle gesessen und dabei draufgehen können. Endlich war die Nacht vorbei, gegen acht Uhr erschien Maugeri und brachte für alle etwas zum Frühstücken mit.

Unsere Ablösung war bereits um sieben Uhr dreißig eingetroffen, aber niemand ging nach Hause, alle warteten gespannt, dass die Erpresser sich wieder melden würden. So machten wir ein Schläfchen auf den unbequemen Sesseln in unserem Büro, im Hintergrund das Geklapper der Schreibmaschinen und das Gejammer des ein oder anderen Festgenommenen, der aus der Arrestzelle rief: »Ich hab Hunger und Durst.«

»Klappe! Sonst schleif ich dich ins Bad, und du säufst aus dem Pissbecken!«

Gegen Mittag forderte der Chef uns auf, endlich nach Hause zu gehen und ein wenig zu schlafen.

Um siebzehn Uhr trommelte er uns alle wieder im Büro zusammen. Auch die beiden Kollegen, die in Maugeris Betrieb Wache gehalten hatten, verließen auf der Rückbank im Privatwagen des Firmeninhabers liegend, den Ort des Geschehens. Nichts hatte sich gerührt, und zehn Tage lang herrschte vollkommene

Ruhe. In unserer Abteilung begannen wir uns schon als Sieger zu fühlen. Der Erpresser hatte wohl geblufft und das Weite gesucht. Er würde wahrscheinlich nie wieder anrufen. Auch diesen Fall hatten wir gelöst.

Am elften Tag machte die Detonation einer schweren Bombe die Rösterei dem Erdboden gleich.

Maugeri weinte, auch seine Frau und sein Bruder standen wie betäubt in den Trümmern zwischen den zerstörten Maschinen, ein intensiver Kaffeegeruch vermengte sich mit dem Sprengstoffgestank.

Unser Direktor versprach Maugeri, sich bei der Präfektur dafür einzusetzen, dass ihm der Schaden ersetzt wurde: »Wir lassen Sie nicht im Stich, auf uns können Sie sich verlassen.«

Maugeri hörte ihm gar nicht zu, stapfte nur ratlos und weinend zwischen den Trümmern hin und her.

Diese Schlacht war verlorengegangen.

Eine Schlacht, aber nicht der ganze Krieg. Die Überwachung von Motturas Telefonanschluss brachte uns viele neue Erkenntnisse, so auch, dass die Bombe in der Kaffeerösterei auf sein Konto ging.

Und wieder stießen wir auf eine ganze Reihe scheinbar unbescholtener, über jeden Verdacht erhabener Bürger, die als Inhaber angesehener Unternehmen firmierten, in Wirklichkeit aber der Mafia angehörten.

In einigen Fällen nahmen wir auch überrascht zur Kenntnis, dass Morde, hinter denen wir Abrechnungen zwischen den Clans vermutet hatten, ganz banale, ja infantile Anlässe hatten. Da hatte jemand einem aufstrebendem Boss zu offen ins Gesicht geschaut, ein Mädchen auch nur angelächelt, das von einem Mächtigeren hofiert wurde, oder etwas zu lautstark mit seinen Taten geprahlt.

Auch wegen solcher Lappalien greift man schnell zum Messer oder zur Pistole, in dieser barbarischen Subkultur, die wir Mafia nennen.

Nach ungefähr drei Monaten Arbeit konnten wir der ganzen Erpresserclique voller Genugtuung einen schweren Schlag versetzen und rund ein Dutzend Mafiosi verhaften.

Aber was brachte es letztlich? Viele der beschlagnahmten Immobilien wurden wieder freigegeben, viele Verhaftete nur unter Hausarrest gestellt. Nach nicht einmal zwei Jahren war die Hälfte von ihnen schon wieder draußen. Und wir mussten mit ansehen, wie sie frei, reich und unbeschwert damit fortfuhren, andere um ihr Geld oder ihr Leben zu bringen, wohl wissend, dass wieder lange, lange Ermittlungen mit ungewissem Ausgang notwendig sein würden, um noch einmal an sie heranzukommen.

Halsabschneider

Corrado Lo Verde war ein Freund aus Kindertagen, den ich hin und wieder sah, wenn ich ihm in seinem Laden einen Besuch abstattete. Eines Tages nun suchte er mich ganz verzweifelt in meinem Büro auf. Er erzählte mir, seine wirtschaftlichen Schwierigkeiten hätten mit unbezahlten Rechnungen einiger Kunden und kleineren Betrügereien auf seine Kosten begonnen. Um seine Liquiditätsengpässe zu beheben, habe er sich bei verschiedenen Banken um ein Darlehen bemüht. Doch denen hätten seine Sicherheiten nicht ausgereicht. Nur wenn er eine Hypothek auf sein Haus aufnähme, ließe sich vielleicht etwas machen, erklärte man ihm. In dieser verzwickten Situation machte ihn ein Bekannter auf »zuverlässige Leute« aufmerksam, die ihm so viel Geld leihen würden, wie er nur wolle, zu 25 Prozent Zinsen. Naiv wie er immer schon gewesen war, erklärte sich Corrado mit diesen Bedingungen einverstanden, und war damit dem übelsten Abschaum auf Gottes Erde in die Hände gefallen: Wucherern, auch *cravattari*, Halsabschneider, genannt.

Bekanntermaßen besteht das Prinzip der Wucherei darin, Leuten Geld zu leihen, die ihre Schulden in dem vereinbarten Zeitraum garantiert niemals werden begleichen können, mit der Klausel, dass sich bei ausbleibender Zahlung die Zinsen automatisch verdoppeln oder verdreifachen. Und weil die Schulden auf diese Weise in atemberaubendem Tempo wachsen, sind sie nun erst recht nicht mehr tilgbar.

Corrado hatte sich anfangs 60 Millionen Lire geliehen. Da er die gesamte Summe zum festgelegten Zeitpunkt nicht zurückzahlen konnte, waren ihm die Zinsen verdoppelt worden. Immer noch zu gutgläubig, nahm er nun eine Hypothek auf sein Haus auf, um mit dem Kredit die *cravattari* zu bezahlen. Doch obwohl er nun 60 Millionen Lire zuzüglich der anfänglich vereinbarten Zinsen überwies, stand er immer noch mit 30 Millionen in der Kreide, weil diese Halsabschneider ihm weiterhin doppelte Zinsen auf die längst zurückgezahlte Summe berechneten.

Auf Corrados Proteste reagierten sie mit zunächst versteckten, dann mit unverhohlenen Drohungen, wobei sie noch hinzufügten: »Und komm ja nicht auf die Idee, deinen Freund, den Bullen, einzuschalten.«

Doch schließlich war ich der Einzige, an den er sich noch wenden konnte. Mit Tränen in den Augen saß er vor mir und wusste nicht, wie er die Sache seiner völlig ahnungslosen Frau beibringen sollte, fürchtete um das Wohl seiner Familie, seine Ehre, das Leben seiner Angehörigen. Aus Angst vor Repressalien wollte er dennoch keine Anzeige erstatten. Auch ich selbst war der Meinung, es sei wohl besser, noch abzuwarten. Ich hatte erlebt, wie schwierig es für die Sicherheitskräfte sein konnte, Opfer von Erpressungen oder Geldwucher, die sich zur Anzeige durchgerungen hatten, effektiv zu beschützen. Mit Rache- oder Einschüchterungsaktionen der organisierten Banden musste immer gerechnet werden. Das war die traurige Lage. Und der Fall Maugeri war mir noch in ganz frischer Erinnerung. Diesem Risiko wollte ich meinen Freund nicht aussetzen.

Corrados Gläubiger hieß Salvatore Murabito und war offiziell ein unbescholtener Geschäftsmann von relativ bescheidener Größenordnung. Eine Reihe von Recherchen auf inoffiziellem Wege erbrachte jedoch, dass er ein Strohmann Brancifortis war. Ich erklärte Corrado, dass er mich nur von einer öffentlichen Telefonzelle aus anrufen dürfe, denn die Gangster wüssten ja offenbar, dass er einen Freund bei der Polizei habe. Ungefähr vier Monate später gelang uns eine Operation mit der wir ein gutes Dutzend Gangster hinter Schloss und Riegel brachten.

Die Telefonüberwachungen hatten einige bis dahin unbekannte Details zu den Methoden der *cravattari* zutage gefördert. Zum Beispiel den Abschluss von Scheinverträgen über den Verkauf von Kraftfahrzeugen oder Betrieben, wenn das Opfer seine Schulden nicht begleichen konnte. De facto wurde aber persönlicher Besitz ohne Gegenleistung verschenkt, weil das Opfer damit häufig noch nicht einmal die Tilgung der Schuld erreichte. Von vielen Opfern erfuhren wir leider auch nach den Verhaftungen keinerlei Details zu den Machenschaften der Clans. Die Angst war immer noch zu groß. Sie hüteten sich, Anzeige zu erstatten, weil sie die Rache ihrer Peiniger selbst aus dem Gefängnis heraus fürchteten. Und diese Befürchtungen waren leider nicht unbegründet.

Corrado war glücklich, aber auch immer noch sehr besorgt. Drei Monate lang wurde er nicht mehr belästigt, und langsam schien alles wieder in Ordnung zu kommen. Eines Tages aber stellte sich ein vielleicht 30-jähriger Mann in seinem Laden vor und erklärte, »Don Turiddu« lasse ihm Grüße ausrichten. Er habe leider nicht persönlich kommen können, weil er sich zurzeit im Urlaub, das heißt im Gefängnis, befinde, lasse aber ferner ausrichten, er werde seine Freunde nicht vergessen und er, Corrado, solle daran denken, dass er noch Schulden offen habe: »Die Schuld einzutreiben, ist jetzt meine Aufgabe«, schloss der Mann.

Corrado antwortete, seine Schulden habe er längst, und das im Übermaß, beglichen. Außerdem stecke er immer noch in großen wirtschaftlichen Schwierigkeiten; aufgrund verspäteter Zahlungseingänge habe er Probleme mit einigen Firmen, die ihm keine Ware mehr lieferten.

»Auch Don Turiddu hat viele Probleme. Er muss für viele Familien sorgen, für Kinder ohne Vater und Mutter. Irgendwer muss die hungrigen Mäuler ja stopfen.«

Am nächsten Tag erzählte mir Corrado alles: »Ich bin am Ende, auch körperlich, ich hatte so ein Herzrasen, dass ich ins Krankenhaus musste. Du kannst dir nicht vorstellen, wie dieser Bastard aufgetreten ist: kalt, spöttisch, ohne einen Hauch von Mitleid in der Stimme.«

Ich musste an Corrados Laden denken, an die gerahmten Fotos an den Wänden: Wie er bei der Eröffnungsfeier das Band durchschneidet, sein strahlendes Gesicht, Frau und Kinder neben ihm. Die Regale voller Waren, die Beleuchtung … Alles nur noch einen Schritt vom Abgrund entfernt.

»In letzter Zeit hatte ich häufiger furchtbaren Streit mit meiner Frau, und du weißt, wie sehr ich sie liebe. Keine Ahnung, was mit mir los ist, wegen kleinster Kleinigkeiten werde ich nervös, und häufige sitze ich beim Essen stumm am Tisch und brüte vor mich hin. Wenn nicht alles so schrecklich wäre, könnte man fast lachen: Meine Frau ist nämlich überzeugt, dass ich eine Geliebte habe.«

»Wäre es denn nicht besser, du würdest ihr endlich reinen Wein einschenken?«

»Ach, du kennst Silvia nicht. Sie ist so ein ängstlicher Typ, daran würde sie zerbrechen.«

In der Woche darauf tauchte der Mann von Don Turiddu wieder im Laden auf. »Don Turiddu lässt ausrichten, dass ein guter Freund von ihm einen Elektrogroßhandel eröffnet hat, und da ihm noch Kunden fehlen, würde er sich sehr freuen, wenn Sie ihn unterstützen könnten, indem Sie in Zukunft bei ihm einkaufen. Da der Großhandel erst seit kurzem besteht, laufen die

Geschäfte noch nicht rund, und deswegen sollten Sie immer bar bezahlen.«

»Ich hab schon einen Großhändler, der mir entgegenkommt. Der räumt mir eine Zahlungsfrist von 150 Tagen ohne Zinsen ein. Wie soll ich denn bar bezahlen, wenn mir sogar das Geld für Lebensmittel fehlt?«

»Das müssen Sie schon selbst wissen. Das ist nicht unser Problem.«

Am nächsten Tag gab jemand drei Pistolenschüsse auf den Rollladen von Corrados Laden ab. Das war ich.

So konnten ihm die Geldverleiher nicht die Anwesenheit der Polizei zum Vorwurf machen, die wegen der Schüsse zu ermitteln hatte. Dieser Einfall, mochte er Corrado noch so erschrecken, verschaffte ihm immerhin eine Atempause. Noch nicht einmal meine engsten Kollegen, Franco und Alfredo, zog ich ins Vertrauen, denn ich wusste nicht, ob sie dahinterstehen würden.

Nach den Schüssen begannen die Ermittlungen. Telefonüberwachung und Observierung brachten zwar keine neuen Erkenntnisse, aber wie durch ein Wunder ließ sich auch über einen Monat niemand mehr bei Corrado blicken.

Dann bekamen wir einen neuen Chef, der aus Norditalien zu uns nach Catania versetzt worden war. Einige Tage nach seinem Dienstantritt bestellte er Corrado auf das Präsidium und fragte ihn, ob er seiner Aussage zu den mysteriösen Schüssen noch etwas hinzuzufügen habe. Ob zum Beispiel jemand bei ihm im Geschäft erschienen sei und Schutzgeld verlangt habe. Corrado verneinte und unser neuer Chef wurde ärgerlich.

»Sie verheimlichen uns etwas. Niemand schießt auf den Rollladen Ihres Geschäfts, wenn Sie nicht eine Geldforderung zurückgewiesen haben.«

Wir erklärten dem Abteilungsleiter, dass Erpressungen häufig auf eben diese Weise angebahnt würden. Man versetze die Opfer zunächst in Angst und Schrecken und verlange dann Geld für seinen Schutz: »Sie sind erste seit kurzem hier, Dottore, vertrauen Sie uns, wir haben seit Jahren mit solchen Fällen zu tun. Hören Sie sich nur im Präsidium um, das wird Ihnen jeder bestätigen.«

»Nein, dieser Lo Verde kommt mir nicht ganz sauber vor. Ich bin sicher, der hält den Mund und deckt sie. Nein, wir müssen ein Exempel statuieren. Damit erreichen wir, dass sich andere Geschäftsleute, aus Angst von uns belangt zu werden, zur Zusammenarbeit entschließen.«

Corrado erhielt eine Strafanzeige wegen Begünstigung krimineller Handlungen Unbekannter. Er verstand die Welt nicht mehr: »Jetzt schäm ich mich schon, nach Hause zu gehen, stell dir vor, die Nachbarn lesen meinen Namen in der Zeitung, wie den eines Kriminellen.«

Zehn Tage nach Einstellung der Ermittlungen, tauchte Don Turiddus Vertreter in Begleitung eines anderen jungen Mannes wieder in Corrados Laden auf. Er fragte ihn, ob jemand ein Pizzo, Schutzgeld, von ihm verlangt habe.

»Nein, außer euch niemand«, antwortete Corrado spitz.

»Das ist gut, du nimmst es mit Humor, Glückwunsch. Weißt du eigentlich, dass wir dich vermisst haben. Leider konnten wir in letzter Zeit nicht vorbeikommen, zu viel Bullengewimmel.« Bevor sie wieder gingen, nahm sich einer der beiden ein Bügeleisen aus dem Regal und ließ es sich einpacken: »Damit fangen wir schon mal an, die Schulden zu reduzieren.« Feixend verließen die beiden den Laden.

Sie hatten also von der Polizeipräsenz Wind bekommen, und ich fragte mich, wie das möglich war. Für die Observierungen vor Corrados Laden wurden immer private PKW und Transpor-

155

ter benutzt, und eigentlich konnte niemand von den Ermittlungen wissen. Außer der Polizei selbst.

Ich unterhielt mich mit Alfredo und Franco darüber, und alle drei kamen wir zu demselben Schluss: ein Maulwurf im Präsidium. Die Kriminellen hatten ein perfektes Timing gezeigt: Als die Ermittlungen aufgenommen wurden, waren sie abgetaucht, um gleich nach der Einstellung plötzlich wieder aufzutauchen.

Ich riet Corrado, den Erpressern, wenn sie sich wieder bei ihm meldeten, eine Anzahlung auf die geforderte Summe in Aussicht zu stellen und mir dann sofort Bescheid zu geben.

Eine Woche später rief mich Corrado an und erklärte atemlos. »Morgen, morgen wollen sie wiederkommen, ich hab getan, was du gesagt hast.«

»Sei unbesorgt, ich bin dann draußen vor dem Laden. Auch wenn du mich nicht siehst, bleib ganz ruhig und behalt die Nerven.«

Am Tag darauf legte ich mich mit Alfredo auf die Lauer, in einem guten Versteck.

Nach Ladenschluss tauchte der Mann auf einer von einem Begleiter gefahrenen Vespa auf. Ich wartete, bis sie den Roller abgestellt hatten, schlich mich dann zu dem Fahrzeug und schrieb mir das Kennzeichen auf. Kurz darauf verließen sie schon wieder den Laden. Hinter einer Reklametafel verborgen, hatte ich Gelegenheit, sie genauer zu betrachten. Die beiden hatte ich noch nie gesehen. Alfredo übernahm allein die Verfolgung, blieb aber bald schon im Verkehr stecken und verlor sie aus den Augen.

Gleichzeitig hatten wir damit begonnen, einige Kollegen genauer unter die Lupe zu nehmen, besonders einen, der uns immer schon unsympathisch war. Er arbeitete in einer anderen Abteilung, kam aber im Zuge gemeinsamer Ermittlungen häufiger zu uns ins Büro herüber. Es war eine unangenehme Sache. Kein schönes Gefühl, Kollegen verdächtigen zu müssen, mit denen man Tag für Tag das Leben teilt.

Die Überprüfung des Rollerkennzeichens ergab, dass die Vespa auf den Cousin eines bekannten Mafiosos zugelassen war, von dem man aber nicht wusste, zu welcher Bande er gehörte. In der Akte des Erkennungsdienstes betrachtete ich sein Foto: Es war der Mann, der die Vespa gefahren hatte. Nun ging es darum, die Identität des anderen, jüngeren festzustellen. Ich schrieb mir die Namen der Personen auf, die bei seiner letzten Festnahme mit ihm zusammen verhaftet worden waren, suchte mir ihre Akten raus und steckte ihre Fotos ein. Als ich sie Corrado vorlegte, erkannte er einen sofort wieder. Endlich hatte der Hurensohn ein Gesicht und einen Namen: Piero Grosso hieß er. Es handelte sich um einen Mann mit einem noch kurzen Vorstrafenregister, war aber mit interessanten Leuten zusammen festgenommen worden, die fast alle zur Brancifortibande gehörten.

Am Tag darauf rief mich Corrado von einer Telefonzelle aus an, um sich mit mir an unserem üblichen Treffpunkt zu verabreden. Er habe mir etwas Wichtiges mitzuteilen. Wir trafen uns bei einer Bank auf der Hafenmole. Mein Freund wurde von Tag zu Tag dünner, die Nervenanspannung rieb ihn auf. Als er mich umarmte, kamen ihm die Tränen: »Was ist passiert?«

»Dieser Bastard, dieser Hurensohn, ich bring ihn um, diesmal bring ich ihn um.«

Ich wartete, damit er sich ein wenig Luft machen konnte, umfasste dann aber seine Schultern und schüttelte ihn: »Beruhig dich doch! Du bist ja nicht allein. Ich helfe dir. Erzähl jetzt mal, was passiert ist.«

»Dieser Bastard, Piero, ist wieder aufgetaucht, zusammen mit dem anderen. Sie sagten, sie hätten Mitleid mit mir, weil ich meine Schulden nicht zahlen könne, und sähen jetzt eine Möglichkeit, mir entgegenzukommen.«

»Was meinten sie denn damit?«

»Halt dich fest. ›Mein Freund‹, sagte der eine, ›was du brauchst, ist ein Geschäftspartner. Und wir haben gute Freunde, die bereit wären, bei dir einzusteigen, natürlich ohne finanziellen Einsatz, aber damit würden sich deine Schulden verringern. Oder aber wir verzichten ganz auf das Geld, das du uns noch schuldest, und schenken dir sogar noch 30 Millionen, wenn du uns den ganzen Betrieb überlässt. Und weil du Erfahrung besitzt, lassen wir dich sogar weiter darin arbeiten. Als Angestellter, mit einem angemessenen Gehalt.‹ In dem Moment habe ich rot gesehen. Ich hätte sie wirklich umbringen können. Den einen hab ich am Kragen gepackt, zu Boden gerissen und ihn mit allem beworfen, was nur in Reichweite war. Doch im nächsten Moment hatte der andere schon seine Pistole auf mich gerichtet und schrie: ›Hör auf, du Arschloch! Eigentlich müsste ich dich abknallen, sind nur zu viele Leute hier. Aber glaub mir, du bist schon tot, verstehst du, du bist tot!‹ Der am Boden rappelte sich auf und schlug mir zweimal mit der Faust ins Gesicht, der andere stoppte ihn, es könnten Leute kommen, aber sie würden mich in aller Ruhe fertigmachen. Sie könnten mir keine Angst mehr machen, rief ich, sie täten mir nur einen Gefallen, wenn sie mich umbrächten, und ab sofort würden sie keine einzige Lira mehr von mir zu sehen bekommen, ich würde die Polizei einschalten oder sie umbringen.«

Corrado erzählte, ohne Luft zu holen, ohne Pause, so als befreie er sich von einem Alptraum. Er schwitzte, war mit seinen Kräften am Ende und stand kurz vor einem Nervenzusammenbruch.

»Pass auf, Corrado, jetzt wird es wirklich gefährlich für dich. Jetzt führt kein Weg mehr daran vorbei: Du musst Anzeige erstatten, damit ich aktiv werden kann. Dann können wir diesen Abschaum hochgehen lassen.«

»Ach, du mit deiner Anzeige. Der Einzige, der hier eine Anzeige am Hals hat, bin ich. Aber mittlerweile hab ich gelernt, wie man mit diesen Leuten umgehen muss, ich weiß, wie man sich schützt.« Plötzlich hatte er eine 38er Spezial in der Hand. Instinktiv nahm ich ihm die Pistole ab.

»Wo hast du die denn her? Willst du dich umbringen?«

»Keine Sorge, bevor ich mir eine Kugel in den Kopf jage, lege ich diese Bastarde um.«

»Wer hat dir die gegeben?«

»Ein Freund, auf einer Messe. 700 000 Lire hab ich dafür bezahlt.«

Ich schaute mich um, ob Polizei in der Nähe war. Es wäre nicht das erste Mal gewesen, dass ein Halunke jemandem eine Pistole verkauft und ihn dann verpfeift, um bei der Polizei Pluspunkte zu sammeln.

»Corrado, was hast du vor?«

»Was rätst du mir?«

»Keine Frage: Wir müssen sie festnehmen.«

»Dann legen sie mich um oder stecken mir den Laden in Brand. Verstehst du denn nicht, Gianni, dass ich diesen Kampf nicht gewinnen kann? Die anderen sind einfach stärker.«

Ich wusste nicht, was ich antworten sollte. Im Grunde hatte er ja Recht, in Kürze wären sie wieder auf freiem Fuß gewesen oder ein anderer hätte ihre Forderungen übernommen und Corrado weiter unter Druck gesetzt.

»Ich könnte den Chef der Squadra Mobile bitten, dich ins Zeugenschutzprogramm aufzunehmen. Wärest du denn bereit, die Stadt zu verlassen und nochmal ganz von vorne anzufangen?«

»Nein, ausgeschlossen. Hier bin ich geboren und hier will ich auch sterben. Was soll ich denn irgendwo in Norditalien, im ewigen Nebel, wo ich mich nur als Gast fühlen kann? Hier ist mein Leben, verstehst du, warum soll ich hier weg? Andere sind es doch, die stören, die Ärger machen. Diese Bastarde müssten ausgewiesen werden, ich doch nicht! Und jetzt muss ich los, meinen Laden aufmachen. Gib mir die Pistole!«

»Das kannst du vergessen!«

»Dann kauf ich mir eben eine andere.«

Noch einmal versuchte ich, ihn zur Vernunft zu bringen, doch mit einer Geste schickte er mich zum Teufel und ließ mich stehen.

Ich war in großer Sorge, blieb noch eine Weile dort auf der Bank sitzen und überlegte, was ich tun sollte. Eine halbe Stunde später machte ich einen Abstecher zu seinem Laden. Er war geschlossen, kein gutes Zeichen. Ich rief bei ihm zu Hause an, wo seine Frau Silvia abnahm, mit der ich schon lange nicht mehr gesprochen hatte.

»Ciao Gianni, das ist ja ein schöner Zufall, dass du anrufst, ich muss nämlich dringend mit dir reden.«

»Worüber?«

»Über Corrado.«

»Wo ist der eigentlich gerade?«

»Im Laden. Wo soll er sonst schon sein?«

Sie wusste also gar nicht, dass das Geschäft geschlossen war. Ich fuhr sofort zu ihr, und sie empfing mich mit niedergeschlagener, auch verlegener Miene.

»Vielleicht hat Corrado es dir erzählt? Unsere Ehe geht gerade in die Brüche. Mit Sicherheit hat er eine andere. Abends kommt er spät heim, ist ständig gereizt, wir schlafen nicht mehr miteinander und manchmal gibt er mir noch nicht mal mehr Haushaltsgeld. Ich verstehe ihn einfach nicht mehr.«

»Beruhig dich, es ist nicht so, wie du denkst. Du kannst mir glauben, Corrado liebt dich mehr als je zuvor. Er hat nur große Sorgen wegen des Ladens.«

»Wegen des Ladens? Wieso? Er hat mir immer gesagt, dass er nicht besser laufen könnte. Was ist denn los?«

»Nun, du weißt doch, wie das im Geschäftsleben ist. Mal geht's rauf, mal runter. Manche Entwicklungen lassen sich einfach nicht verhindern.«

»Aber das kann doch nicht sein. Nur weil der Umsatz zurückgeht … Nein, unmöglich … Da muss noch etwas anderes dahinterstecken.«

In diesem Augenblick ging die Wohnungstür auf. Es war Corrado, und er ging an die Decke, als er mich sah.

»Was hast du hier zu suchen? Du verdammter Scheißkerl hast ihr alles erzählt. Warum tust du das? Ich hatte dir doch gesagt, du sollst sie nicht beunruhigen. Verräter, verlass auf der Stelle mein Haus!«

»Jetzt reicht's aber! Komm zu dir! Du machst deiner Frau nur unnötig Angst, und oben schläft eure Tochter … Hör also auf, so herumzuschreien!«

Silvia brach in Tränen aus. »Was ist denn nur los in dieser Familie? Ich verlier noch den Verstand. Corrado, Liebster, ich erkenne dich nicht wieder … Erzähl mir doch, was geschehen ist.«

Jetzt gab Corrado endlich seinen Widerstand auf. Er ließ sich aufs Sofa sinken, verbarg das Gesicht in den Händen und begann zu schluchzen. Silvia schaute mich entgeistert an. Ich ergriff ihre Hand und führte sie zu ihrem Mann. Sie nahmen sich in den Arm.

Und er begann zu erzählen. Silvia wurde immer blasser, sagte aber nichts, bis er fertig war. Dann sprang sie auf und rief wutentbrannt, mit plötzlich veränderter Stimme und entschlossener Miene: »Die zeigen wir an! Dafür müssen sie büßen, diese Schweine! Von denen lassen wir uns doch nicht unser Leben zerstören. Wir erstatten Anzeige, selbst wenn wir danach alles verkaufen und von hier fortziehen müssen. Aber ich will diese

Leute hinter Gittern sehen. Ich will sehen, wie sie leiden, diese verfluchten Hunde.«

Corrado schaute Silvia staunend an. Seine sonst so zierliche und zerbrechlich wirkende Frau war zur Kriegerin geworden. Ich war weit weniger verwundert. Oft genug hatte ich erlebt, dass Frauen, auch Mafia-Ehefrauen, das Ruder übernahmen und genauso gut oder besser steuerten als ihre Männer, die vielleicht ermordet oder verhaftet worden waren.

Kaum mehr als eine halbe Stunde dauerte es, dann war die Sache entschieden. Ich rief Franco an, bat ihn, sich auch einzuschalten, und um zwanzig Uhr saßen wir dann alle zusammen im Präsidium in den Büros der *Squadra Mobile*. Auch ein Untersuchungsrichter gesellte sich hinzu.

Anhand der Fahndungsfotos identifizierte Corrado seine Peiniger und erzählte noch einmal seine ganze Leidensgeschichte. Schnell kam die Fahndungsmaschinerie auf Touren: Telefonüberwachungen, hinter den Waren versteckte Videokameras, Observierungen … Alle zur Verfügung stehenden Kräfte wurden für den Fall Lo Verde abgestellt.

Wir trugen Corrado auf, sich nun gegenüber den Erpressern, sobald sie wieder auftauchten, nachgiebig zu zeigen und zum Schein auf das Übernahmeangebot für sein Geschäft einzugehen, dabei aber, damit sie keinen Verdacht schöpften, über den Preis zu verhandeln. Eine Woche später fuhren die Gangster wieder bei Corrado vor, bedrohten ihn und erklärten, es gebe nichts zu verhandeln, sie würden sich den Laden nun mit Gewalt nehmen. Dann legten sie ihm einen Übergabevertrag vor, mit einer eingetragenen Kaufsumme von 250 Millionen Lire, die er natürlich niemals bekommen hätte. »Du hast zwei Tage Zeit, wenn du dann nicht unterschrieben hast, bist du ein toter Mann«, sagte der eine und spuckte ihm ins Gesicht, bevor er den Laden verließ.

Der ganze Auftritt wurde gefilmt und aufgezeichnet. Durch die Überwachungsmaßnahmen spürten wir Komplizen, bis dahin nicht auffällig gewordene Adressen, unverdächtige Leute und verschiedene Verbindungen zu anderen Mafiagruppierungen auf. Das gab uns die Handhabe für eine großangelegte Aktion mit zahlreichen Verhaftungen.

Corrado fand einen Käufer für seinen Betrieb. Polizisten begleiteten ihn zu allen Terminen: zu Notar, Handelskammer, Anwalt, Bank und so weiter. 290 Millionen Lire erhielt er für das ganze Geschäft, also für seine Konzession und alle Waren, sehr viel weniger als es tatsächlich wert war. Daher hoffte er auf eine Entschädigung vonseiten des Staates, doch das Gesetz über Hilfsleistungen für Opfer von Schutzgelderpressungen und Wucherei war im Parlament noch nicht verabschiedet worden. Da war nichts zu machen.

Corrado zog mit seiner Familie in eine Kleinstadt in Norditalien, wo Verwandte von ihm wohnten, und begann ein neues Leben. Wir telefonierten häufig, es ging ihnen ganz gut, weil sie als freie Menschen leben konnten, doch die Erlebnisse hatten sie zutiefst geprägt, wie eine Wunde, die sich niemals schließt.

Am Telefon stellte er dann die immergleichen Fragen: Wie ist das Wetter? Scheint bei euch die Sonne? Hier ist es nass, ich vermisse Catania! Läuft immer noch die Sendung mit den sizilianischen Liedern? Nimmst du das mal für mich auf und schickst mir die Kassette? So war Corrado geworden: Mit 50 lebte er von seinen Erinnerungen – wie ein alter Mann.

Nach zwei Jahren kamen alle Tatverdächtigen im Fall Lo Verde wieder auf freien Fuß, weil die zulässige Dauer der Untersuchungshaft überschritten war. Und alle nahmen ihre gewohnten Tätigkeiten wieder auf. Alle waren draußen, alle waren frei und glücklich, alle – bis auf Corrado und seine Familie.

Sizilianisches Klagelied

Corrados letzter Anruf hatte mich sehr nachdenklich gemacht.

Ich hatte Feierabend und fuhr ein wenig spazieren außerhalb der Stadt. Durch die Windschutzscheibe betrachtete ich die Landschaft, Catania, das in der Ferne glitzerte, der Vulkan, die Fischerboote … Doch der Traum hatte auch eine Kehrseite, heruntergekommene Stadtviertel, Straßen voller Müll, die harten, traurigen Blicke von Kindern, die keine echte Kindheit erlebten, dafür aber schon früh Blutlachen auf dem Asphalt gesehen hatten. Kinder, die eines Tages mit der Pistole in der Hand, meinen Weg kreuzen würden. Das war meine Stadt.

Ich dachte an die Worte, die Versprechungen. Vor jeder Wahl hörte man die schönsten Reden der Welt, denen niemals Taten folgten. So kannte ich es seit langem, seit damals, fast hätte ich die Geschichte vergessen:

Ich kam gerade vom Sport, und es war Zeit fürs Abendessen.

Als ich die Wohnungstür öffnete, hörte ich, dass sich meine Eltern angeregt unterhielten.

»Ciao, was ist los?«

»Gute Neuigkeiten«, sagte mein Vater, »ein Bekannter von mir hat einen Termin beim Abgeordneten *** vereinbart. Der kann uns sicher helfen, eine Stellung für dich zu finden. Morgen Nachmittag müssen wir zu ihm.«

»Aber morgen habe ich Training. Da kann ich unmöglich fehlen. Das geht nicht.«

»Du bist gut. Hier geht's um eine wichtige Sache, um eine Stellung für dich, und du redest vom Training.«

Meine Eltern hatten es so beschlossen, und ich konnte mich kaum dagegen wehren. Ohne etwas zu essen ging ich, vor Zorn kochend, zu Bett. Es war immer das Gleiche: Meine Eltern setzten alle Hebel in Bewegung, um eine Arbeitsstelle für mich zu finden und zu verhindern, dass ich zur Polizei ging. Ich war noch nicht 18, und so musste ich es schlucken.

Am Tag darauf um siebzehn Uhr drückte mein Vater den Klingelknopf einer eleganten goldglänzenden Sprechanlage an einem imposanten, reich verzierten Gebäude in der Stadtmitte.

An der Sprechanlage prangte der Name einer großen Partei.

Ohne sich zu melden, öffnete man uns. Innen machte das Gebäude einen weit weniger herrschaftlichen Eindruck: Der Eingang war düster, von den Wänden blätterte der Putz, und es roch nach Schimmel und Feuchtigkeit. Es gab zwei Treppenaufgänge, einer rechts, der andere in der Mitte, und wir wussten nicht, welchen wir nehmen sollten. Da rief eine Stimme: »Kommen Sie, kommen Sie hier lang, im Hochparterre.«

Wir betraten einen nicht sehr großen Raum mit einer Reihe von Sesseln und Stühlen, die bereits von verschiedenen Leuten besetzt waren, Männern und Frauen, alle recht ordentlich gekleidet. Wir aber – mein Vater, meine Mutter und ich – waren übertrieben elegant herausgeputzt. Mein Vater hatte mir sogar ausdrücklich verboten, Jeans anzuziehen. Neugierig betrachteten uns die Leute, und ich fühlte mich unwohl in meiner Haut.

Da trat schon ein Mann eilig auf uns zu.

»Guten Abend, Onorevole«, begrüßte ihn mein Vater.

»Nein, ich bin nicht der Abgeordnete. Ich bin der Sekretär. Wie ist Ihr Name?«

Er schlug ein Heft auf, wie es Kinder in der Grundschule benutzen, und ging mit einem Bleistift in der Hand eine seitenlange Liste von Namen durch. Viele davon waren durchgestrichen. Am Ende angekommen, schaute er uns ratlos an: »Ihren Namen kann ich hier nicht finden. Wer hat denn den Termin für sie gemacht?«

»Ein Freund von mir, Signor Marchese, der den Bus auf der Strecke von Catania nach Messina fährt«, antwortete mein Vater.

»Ach, Signor Marchese, ich verstehe, in Ordnung, nehmen Sie doch Platz, ich rufe Sie dann auf.«

Ungefähr zwei Stunden warteten wir. Hin und wieder schaute der Sekretär rein, um andere Wartende aufzurufen, und würdigte uns dabei keines Blickes. Meine Mutter war nervös, ich fühlte mich gedemütigt, wäre am liebsten tausend Kilometer weit fort gewesen. Dann sagte endlich die mittlerweile bekannte Stimme: »Palagonia!«

Ich sprang auf, und ebenso meine Mutter und mein Vater neben mir, ganz ähnlich wie in der Schule, wenn die Lehrerin ›Alle aufstehen, der Direktor!‹ rief.

Wir betraten einen von einer Neonlampe erhellten Raum. Zwei Stühle, eine gepolsterte Bank, ein wuchtiger Schreibtisch mit dem Abgeordneten dahinter, und in seinem Rücken das Foto des Staatspräsidenten und ein Plakat mit dem Symbol der Partei.

»Diese Herrschaften sind Freunde von Signor Marchese, dem Stadtverordneten von …«

»Ach ja, verstehe, bitte, treten Sie näher.«

Ohne aufzustehen reichte er uns die Hand.

»Was für eine nette Familie, was kann ich für Sie tun?«

Mein Vater räusperte sich. »Mein Sohn wird bald 18, und wir möchten ihn gerne irgendwo unterbringen, Herr Abgeordneter, ein fester Arbeitsplatz mit einem sicheren Gehalt.«

Der Abgeordnete legte die Hände unter das Kinn und schloss ein wenig die Augen, so als denke er angestrengt nach: »Wir leben in schwierigen Zeiten«, sagte er dann, »und eine feste Stellung wünscht sich jeder.« Endlich ließ er sich dazu herab, auch mich anzuschauen. »Und du, welche Schule hast du besucht?«

»Ich bin im letzten Jahr auf der Handelsschule.«

»Aha, gut, sehr gut.«

»Herr Abgeordneter, der Junge möchte Polizist werden, aber wir sind dagegen. Das ist kein erstrebenswerter Beruf, wenn Sie ihm das auch sagen könnten, und außerdem möchten wir, dass er bei uns in Catania bleibt.«

»Deine Eltern haben Recht. Du bekommst doch auch mit, dass tagtäglich Polizisten getötet werden. Wir können mal schauen, ob wir eine Stelle bei der Stadtverwaltung für dich finden, als Amtshelfer oder Fahrer, das würde dir doch sicher gefallen, nicht wahr?«

»Fahrer? Ich weiß nicht, ob …«

»Was gibt's da zu überlegen?«, fiel mir meine Mutter barsch ins Wort, »bedank dich lieber bei dem Herrn Abgeordneten, dass er dir so eine gute Stelle anbietet …«

»Moment, Moment, Signora, nichts überstürzen. Noch haben wir keine Stelle frei, aber in den nächsten Monaten könnte sich etwas ergeben, und außerdem stehen Wahlen vor der Tür, und da sieht es recht vielversprechend aus … Und auch Ihnen möchte ich ans Herz legen, sich für die richtige Partei zu entscheiden und auch Ihre Verwandten und Freude zu überzeugen, die beste Wahl zu treffen. Sprechen Sie sie an, machen Sie ihnen klar, dass es sich lohnt, unsere Partei zu wählen, weil wir dafür sorgen, dass alle Arbeit bekommen. Süditalien ist es leid, von Rom vernachlässigt zu werden …«

Der Abgeordnete redete wie ein gedrucktes Buch, monoton, ohne Emotionen. Plötzlich brach er ab, reichte uns die Hand, fragte noch nicht einmal, ob wir sonst noch etwas auf dem Herzen hätten, und verabschiedete uns.

»Seien Sie ganz beruhigt, Sie werden sehen, wir vergessen Sie nicht.«

Der Sekretär führte uns in einen anderen Raum, ließ sich unsere Adresse und Telefonnummer geben und erklärte uns dann, Catania sei für den Abgeordneten auch keine einfache Stadt, obwohl er Catanese und eine geachtete Persönlichkeit sei. Wie einen Heiland pries er uns den Abgeordneten an. »Er ist wie ein Vater, der sich aufopfert, um allen zu helfen. Aber leider gibt es auch Leute, die keine Skrupel haben und erst dann bereit sind, die eine oder andere Tür zu öffnen, wenn sie dafür bezahlt werden. Eine Stelle bei der Stadt wäre durchaus möglich, aber dafür müsste man schon eine gewisse Summe investieren. Wenn man diesen korrupten Personen keinen Umschlag in die Hand drückt, legen sie einem nur Steine in den Weg.«

»Und warum zeigen Sie diese Personen nicht an?«, fragte mein Vater naiv.

»Na, Sie sind gut. Diese Leute sind mit allen Wassern gewaschen und haben Verbindungen zur organisierten Kriminalität. Nein, damit würde man faktisch sein Leben aufs Spiel setzen. Deshalb ist es auch besser, wenn von den Dingen, die wir hier besprechen, nichts nach außen dringt.«

»Welche Summe müsste man da denn aufbringen?«, fragte meine Mutter leise.

Der Sekretär schien diese Frage erwartet zu haben und antwortete ohne lange zu überlegen: »Zwischen zehn und 15 Millionen Lire, kommt auf die Stellung an.«

»Wie bitte? Wer hat denn schon so viel Geld auf der hohen Kante?«, stöhnte mein Vater.

Der Sekretär setzte eine betrübte Miene auf, und es schien ihm wirklich leidzutun: »Mein Herr, ich verstehe Sie sehr gut. Das ist viel Geld. Aber da sehen Sie wieder, in was für einer Gesellschaft wir leben. Der Herr Abgeordnete und ich, wir fühlen uns selbst machtlos und ausgeliefert angesichts eines solch korrupten Systems. Aber wenn Sie interessiert sind, können wir Sie mit jemanden bekanntmachen, bei dem Sie gefahrlos Geld aufnehmen können, zu einem Zinssatz, der unter den üblichen Bankzinsen liegt. Es handelt sich um den Bruder des Abgeordneten«, fuhr er fort, seine Stimme nur noch ein Raunen, »ein hochanständiger Mann, der sein letztes Hemd hergibt, um den Menschen zu helfen.«

Das war zu viel für mich. »In Ordnung, danke, wir melden uns dann«, sagte ich und stürzte hinaus, meine Eltern, sich tausendmal entschuldigend, hinter mir her.

Der Sekretär versuchte es noch einmal: »Denken Sie drüber nach, wenn Sie Interesse haben, sprechen Sie mit Marchese, der gibt mir dann Bescheid.«

Im Auto machten mir meine Eltern heftige Vorwürfe.

»Habt ihr denn gar nichts gemerkt?«, rechtfertigte ich mich. »Diese beiden Typen sind die eigentlichen Mafiosi. Die gehören hinter Gitter.«

»So blöd bin ich nun auch wieder nicht«, antwortete mein Vater. »Natürlich habe ich gemerkt, worauf der hinauswollte. Natürlich weiß ich, dass sie das Geld selbst einstecken und nicht andere Leute schmieren müssen. Aber in ein paar Jahren hätten wir die Anleihe abbezahlt, und dann hast du dein ganzes Leben lang einen ruhigen Posten.«

»Aber Papa, ich will zu Polizei. Und wenn ich dann nach Catania versetzt werde, lass ich als Erstes diesen Abgeordneten und seinen Sekretär festnehmen.«

Glückliche Jugend, die noch glaubt, den Lauf der Welt ändern zu können.

Die Familie des Polizisten

Cinzia wünschte sich viele Kinder, mindestens sechs, wie sie immer sagte. Mir war es recht, obwohl ich viel außer Haus war, weil es mein Beruf nicht anders zuließ. Meine Frau hatte sich an die extremen Arbeitszeiten gewöhnt und zeigte anfangs sehr viel Verständnis. Unser erstes Kind, ein Junge, war sehr lebhaft und machte immer Theater, wenn er ins Bett sollte, was seine Mutter viele Nerven kostete, es mir aber ermöglichte, noch ein wenig mit ihm zu spielen, auch wenn ich spät von der Arbeit heimkehrte.

Eines Tages fragte ich Cinzia, ob sie Angst vor Waffen habe. Nein, antwortete sie, sie habe sich mittlerweile daran gewöhnt, Waffen im Haus zu haben.

»Warum fragst du?«

»Es wäre vielleicht besser, wenn du mit einer Pistole umgehen könntest. Sollte mich jemand bedrohen, wärest du in der Lage, mir zu helfen und dich selbst zu schützen.«

Natürlich mussten sie diese Worte erschrecken, und in der Tat fragte sie sofort, ob wir in akuter Gefahr seien. Nein, nein, log ich, das sei ein rein theoretischer, wenn auch ernst zu nehmender Gedanke: Die Frau eines Polizisten könne nun mal, in Begleitung ihres Mannes, plötzlich in eine brenzlige Lage geraten.

Wir fuhren ein Stück in die Berge, zu einem aufgegebenen Steinbruch, der unser Übungsplatz wurde. Ich erklärte Cinzia, wie eine Pistole funktionierte, und ließ sie die Waffe mehrmals auseinandernehmen und wieder zusammensetzen. Dann versuchte sie es. Der erste Schuss traf die Zielscheibe, der zweite auch, und ebenso alle weiteren. Sie schoss hervorragend.

Wir wiederholten das noch öfter, doch ihre Einstellung dazu, und auch allgemeiner meinem Beruf gegenüber, änderte sich, und ihr zunächst unbekümmertes Entgegenkommen wich wachsender Angst und Sorge. Dabei machte mir Cinzia nichts Spezielles zum Vorwurf. Sie wusste immer, dass ich auch deshalb viel arbeite und Überstunden mache, damit wir gut über die Runden kommen. Das Geld ist immer knapp, denn mittlerweile haben wir noch eine Tochter bekommen. Aber ich weiß auch, dass sich Cinzia oft allein fühlt und um mein Leben fürchtet, vielleicht auch um ihr eigenes. Das Heim eines Polizisten ähnelt heutzutage immer mehr einer belagerten Stadt.

Schon damals verbrachten wir, um Gangster hinter Gitter zu bringen, mehr Zeit im Dienst als zu Hause. Häufig verließ ich das Haus, während meine Kinder noch schliefen, und kam heim, wenn sie bereits wieder im Bett lagen. Manchmal war ich dann so müde, dass ich nicht mehr reden konnte und nur noch schlafen wollte, weil ich auch am nächsten Morgen um sechs Uhr wieder aufstehen musste.

Manchmal fiel mir auf, dass eins der Kinder etwas Neues gelernt hatte. Ich rief dann sofort nach meiner Frau und verkündete ihr begeistert: »Schau mal, was unser Kind schon kann.«

»Das kann es schon seit einem Monat. Aber woher sollst du das wissen, du bist ja immer fort.«

Was meine Kinder spielten, wusste ich nicht genau, kannte dafür aber umso besser die Gewohnheiten und Spiele der Kinder von Mafiagangstern, hörte ihre Gespräche mit Klassenkameraden und wusste so, welche Hausaufgaben sie zu machen hatten, war informiert, wie viele Puppen sie besaßen und welche ihre Lieblingspuppe war, wusste, was es für einen Kuchen zu ihrem

Geburtstag geben würde, und kannte die Namen der Kinder, die zum Fest eingeladen waren.

Meine Kinder hingegen, die schon fertig angezogen auf ihren Papa warteten, um irgendetwas mit ihm zu unternehmen, wurden mit einem Anruf abgespeist: »Ich kann leider nicht kommen. Wir sind noch hinter jemandem her.« Oder: »Schaltet den Fernseher an, dann versteht ihr, wo ich bin und warum es spät wird.«

Manchmal mussten sie sogar auf solche Anrufe verzichten.

Eine typische, viele Dutzende Male erlebte Situation: Eine Besprechung bei der Staatsanwaltschaft, das Handy, auf »stumm« geschaltet, leuchtet auf und die Nummer von Zuhause erscheint. Ich kann nicht rangehen, wir bereiten gerade alles für eine nächtliche Razzia vor. Wieder leuchtet die Nummer auf, ich bin in Versuchung und beobachte die anderen, doch niemand nimmt Handyanrufe entgegen, noch nicht einmal der Staatsanwalt. Ich kann nicht. Kurz darauf wieder ein Anruf, der dritte. Wie gerne würde ich mich melden und mit meiner Frau reden, vielleicht ist ja zu Hause etwas passiert, und währenddessen spüre ich, wie sich mein Magen verkrampft, vor Anspannung, Verärgerung und Bedauern. Ich schalte das Handy ganz aus.

Wenn ich im Streifenwagen durch die Stadt unterwegs war und junge Eltern mit ihren Kindern sah, fühlte ich mich leer. Ich musste daran denken, wie oft ich meine Frau enttäuscht, wie viele Geburtstagsfeiern ich mittendrin verlassen hatte. Kriminelle kommen in Haft und wieder auf freien Fuß, Polizisten und ihre Familien aber stehen immer unter Arrest.

Eine andere Familie

Trotz allem – es gab genug Leute, denen es schlechter ging.

Eines Tages machten wir, Franco, Alfredo und ich, uns bei Tagesanbruch auf den Weg in ein heruntergekommenes Viertel der Stadt, um einen Mann zu verhaften, der zu sechs Monaten verurteilt worden war.

Da niemand antwortete, brachen wir die Tür auf und standen in dem einzigen Zimmer der Wohnung, einem vielleicht 20 Quadratmeter großen Raum. Ein mahagonifarbenes Bett an der Wand, ein Kinderbett, ein kleiner Schrank und ein Madonnenbildnis aus Gips. Dazu ein kleiner klappriger Kühlschrank, der wahrscheinlich leer war, ein Tisch, drei Stühle, ein Spülbecken, ein Vorhang, hinter dem sich die Toilette verbarg, und Feuchtigkeit überall. Das matte Licht einer Glühbirne an der Decke machte alles noch trister.

Eine kaum noch akzeptable Behausung, wie wir viele schon gesehen hatten.

Der Mann war nicht da, und die Frau, die nicht geöffnet hatte, stand zutiefst erschrocken neben dem Kinderbett, in dem ein vielleicht dreijähriger Junge, trotz unseres gewaltsamen Eindringens, friedlich schlief.

»Wo ist dein Mann?«

»Der hat mich verlassen und lebt jetzt bei einer anderen. Seit einem Monat habe ich ihn nicht mehr gesehen.«

»Red keinen Unsinn. Wo ist er?«

»Das ist die Wahrheit. Ich schwör's Ihnen.«

Die Frau war nicht aggressiv oder unverschämt, wie wir die Ehefrauen von Kriminellen häufig erlebten. Sie sprach leise, in einem schlechten Italienisch. Wie wir später erfuhren, war sie 23, sah aber sehr viel älter aus.

»Und wie lebst du dann? Von wem kriegst du Geld?«

»Im Lebensmittelgeschäft kann ich anschreiben lassen, und hin und wieder kann ich auch Treppen putzen. Und mein Bruder schickt mir manchmal Geld. Der ist nach Belgien ausgewandert.«

Ich sah mir das Kind genauer an, das nicht vernachlässigt, weder unterernährt noch schmutzig, wirkte.

»Alles was ich habe, gebe ich dem Jungen. Ich selbst esse nicht viel, ich kann mich bescheiden.«

Das waren Lebensverhältnisse, da blutete einem das Herz.

»Weißt du, wo dein Mann zu finden ist?«

»Ich weiß, dass die Frau, mit der er jetzt zusammen ist, Rosanna heißt und in der Via Napoli wohnt. Verhaften Sie ihn nur, er hat es nicht besser verdient. Sie sehen ja selbst, in welcher Lage er mich zurückgelassen hat.«

»Es würde mich krank machen, wenn ich wüsste, dass mein Sohn in solchen Verhältnissen lebt«, murmelte Franco.

»Wem sagst du das.«

»Sollen wir ihr was dalassen?«

Wir legten zusammen, jeder 25 000 Lire.

»Hier, kauf dem Jungen was zu essen.«

»Nein, danke, ich hab zwar wenig, aber es reicht zum Leben, ich will keine Almosen.«

»Klar, wir wollen dich auch nicht kränken, es ist ja nur eine kleine Unterstützung, für ein paar Tage.«

»Danke, aber das ist nicht nötig.«

»Ist es, weil wir von der Polizei sind?«

»Nein, ich hab nichts gegen Sie, es ist ja Ihr Beruf.«

»Pass mal auf, wir haben selbst Kinder und jede Menge Spielsachen und Kleider zu Hause, die nicht mehr gebraucht werden. Würdest du die annehmen?«

Sie schwieg eine Weile, schaute uns dann an und sagte: »Sieht es hier so unmöglich aus?«

»Nein, woher denn, aber ich hab mir zum Beispiel auch von Freunden helfen lassen, als die Kinder noch kleiner waren und mein Gehalt nicht gereicht hat. Das ist doch ganz normal. Also, was ist?«

»Einverstanden, vielen Dank.«

»Wann können wir dich zu Hause antreffen? Morgens oder besser nachmittags?«

»Diese Woche bin ich immer da. Wenn Sie niemanden antreffen, bin ich nur kurz was einkaufen gegangen.«

»Hast du eigentlich keine Eltern, keine Verwandten?«

»Nur diesen Bruder, und den habe ich seit drei Jahren nicht mehr gesehen.«

Wieder zu Hause, erzählte ich alles meiner Frau, und ebenso machten es die Kollegen. Dann riefen wir einen befreundeten Handwerker an, der gerne zu helfen bereit war.

Drei Tage später machten wir auf Streife einen Abstecher zu der Frau und teilten ihr mit, dass am nächsten Tag ein Handwerker kommen würde, um das Bad in Ordnung zu bringen und das Zimmer zu streichen, natürlich gratis. Einen Lieferwagen, den ein Freund uns geliehen hatte, beluden wir mit kaum gebrauchten Küchenschränken, die Franco besorgt hatte, einem ordentlichen Kühlschrank, einem Ausziehtisch, vier Stühlen und einer Deckenlampe. Ich steuerte eine Matratze bei, einen ganzen Stapel Teller, Gläser und Kinderschuhe in verschiedenen Größen, Kleider für den Jungen und die Mutter, die über den Daumen gepeilt die gleiche Größe wie meine Frau haben musste, Poster, Spielsachen und ein Ausziehsofa. Alberto brachte einen

14-Zoll-Farbfernseher, zwei Ablagen und eine Lampe fürs Bad, und ein Bügelbrett. Aus den Vorratskammern unserer Haushalte verschwanden Nudeln, Dosentomaten, Mehl, Kekse, Windeln, Tischdecken, Betttücher, Waschmittel, kurzum alles, was so gebraucht wurde.

Zehn Tage später schauten wir wieder bei den beiden vorbei. Das Zimmer war nicht wiederzuerkennen, bunt und fröhlich sah alles aus, der Junge trug einen kleinen Jogginganzug meiner Tochter, die Poster sorgten für ein wenig Lebendigkeit an den weißen Wänden.

»Schön, dass Sie gekommen sind!«, begrüßte sie uns. »Ich wollte schon zu Ihnen, um mich nochmal zu bedanken. Ich glaube, so viel habe ich noch nie geschenkt bekommen, auch wenn ich alle Weihnachten meines Lebens zusammennehme!«

Vielleicht wollte sie noch mehr sagen, konnte es aber nicht aus Schüchternheit oder weil sie nicht wusste, wie sie sich ausdrücken sollte. Doch wie sie uns die Hand schüttelte, verriet mehr als tausend Worte.

»Danken Sie auch nochmal Ihren Familien.«

In den nächsten Wochen schauten wir hin und wieder nochmal bei ihr vorbei.

»Alles okay?«

»Ja, danke, ich arbeite jetzt in dem Lebensmittelladen. Meine Schulden habe ich bezahlt und kriege 100 000 Lire in der Woche. Damit komme ich aus. Dem Jungen geht's gut, und das ist für mich das Einzige, was wirklich zählt.«

Bauchweh

Man mag glauben, durch Hollywoodfilme oder heimische Krimiserien alles über die Polizeiarbeit zu wissen. Aber das täuscht, es gibt da so manches, was man in fiktiven Geschichten nicht zu sehen bekommt. Die folgende Episode zählt dazu.

Observierung mit dem Ziel, Filippo Macaluso zu fassen, einen flüchtigen Straftäter, der zu acht Jahren Haft verurteilt worden war. Die überwachte Person ist Paolo Scalia, einer aus seiner Bande. Unser Informant hat uns versichert: »Glauben Sie mir, der wird Sie zu ihm führen. Möglich, dass Macaluso ihn sogar zu Hause aufsucht.«

Der Abteilungsleiter hat Anweisung gegeben, die Kennzeichen aller Autos festzuhalten, die vor Scalias Villa vorfahren. Zwei weitere Einsatzteams liegen in der Nähe auf der Lauer und sollen eingreifen, falls Macaluso gesehen wird.

Am zweiten Tag sind Alfredo und ich mit der Observierung dran. In unserem unauffällig geparkten Lieferwagen verfügen wir über eine Pritsche, das Funkgerät, Kopfhörer für die Verbindung mit der Einsatzzentrale, einen kleinen Verbandskasten, zwei Ferngläser, einen Fotoapparat und ein paar Comichefte und Zeitschriften, die die Kollegen vor uns dagelassen haben.

Auf dem Dach des Lieferwagens wurde mit Seilen ein Holzkasten befestigt. Er ist leer und unten offen, so dass wir, wenn wir uns hinstellen und den Kopf durch das geöffnete Schiebedach stecken, durch ausreichend breite Schlitze bequem alles um uns herum beobachten können, ohne gesehen zu werden.

Wir haben uns zu essen und zu trinken mitgebracht: Von sieben Uhr bis vierzehn Uhr ist der Lieferwagen unser Zuhause.

Acht Uhr, noch ist nichts Auffälliges zu sehen, nur ein paar Autos fahren vorbei. Wir haben ausgemacht, dass wir uns alle halbe Stunde mit der Observierung ablösen werden.

Acht Uhr dreißig, ein verdächtiges Geräusch hinter mir, das ich nur allzu gut kenne. Mein Gott, stinkt das!

»Alfredo, du Schwein!«

»Was denn? Ich hab so Bauchweh, ich sterbe gleich, ich muss scheißen, verflucht, was soll ich machen? Ich kann ja nicht raus.«

»Unterdrück's einfach.«

»Das geht nicht, mir ist schlecht.«

»Dann brechen wir hier ab, ich ruf die Kollegen an und lass den Lieferwagen wegfahren.«

»Bist du verrückt?«

Alfredo hält sich die Seite, krümmt sich, sein Gesicht ist furchtbar blass. Ich mache mir Sorgen.

»Was sollen wir denn machen?«

Alfredo antwortet nicht, windet sich nur.

Schließlich sage ich: »Pass auf, du nimmst die Zeitung, breitest sie auf dem Boden aus und erledigst es so.«

»Du bist wohl übergeschnappt. Hier, direkt vor dir? Nein, das ist mir peinlich.«

»Dann ist es dir eben peinlich. Aber eine andere Lösung gibt's nicht. Komm, los, und lenk mich jetzt nicht mehr länger ab. Wenn jemand auftaucht, und wir kriegen es nicht mit, treten sie uns in den Arsch.«

»Red mir nicht vom Arsch«, stöhnt Alfredo.

»Leise, da geht jemand vorbei. So, der ist weg, jetzt mach dir meinetwegen keine Gedanken. Ich schau bestimmt nicht hin, ich schwör's dir, scheiß einfach und steck die Zeitung dann dort in die Plastiktüte, in der die Brötchen waren.«

»Ahhhhh.«

Ein Seufzer der Erleichterung, begleitet von bestialischem Gestank.

»Mann, jetzt fühl ich mich schon besser, ich bin schweißgebadet.«

Ich antworte nicht, stecke mit dem Kopf in dem Holzkasten. Durch die Ritzen erreicht mich die frische Morgenluft, von unten dieser Gestank. Wir beschließen, ganz vorsichtig die Tür einen Spalt zu öffnen und zu lüften.

Neun Uhr, Alfredo fühlt sich prächtig und löst mich ab.

Um elf Uhr pinkele ich in eine Plastikflasche. Die bringen wir uns von zu Hause mit, man pinkelt rein und dreht den Verschluss wieder drauf. Hin und wieder verfehlt man sein Ziel und versaut sich die Hände.

Um zwölf Uhr beschließe ich, mein Brötchen zu essen. Wir haben drei Kennzeichen notiert und über Funk an die Zentrale weitergegeben. Während ich esse, betrachte ich zerstreut unsere Einrichtung, das Funkgerät, die MP, die Deckenlampe … Da fällt mein Blick in eine Ecke des Lieferwagens, bleibt an der Plastiktüte mit dem stinkenden Inhalt hängen. Mir vergeht der Appetit.

»Alfredo, ich lös dich ab. Aber jetzt schaff endlich mal diese Scheiß-Tüte hier raus!«

Er reicht mir die Kamera, öffnet ein wenig die Tür.

»Wo soll ich sie denn hinschmeißen, unter den Wagen oder dort in den Garten?«

»Mir egal, Hauptsache, sie verschwindet.«

Wir brechen in Gelächter aus, denn in diesem Moment denken wir beide dasselbe.

»Wir sind auch zwei Idioten, vier Stunden haben wir die Kacke jetzt hier drinnen aufbewahrt. Warum haben wir eigentlich nicht mal früher daran gedacht, sie endlich wegzuschmeißen?«

Wir lachen und feixen noch eine ganze Weile, doch egal was passiert, einer von uns beiden schaut immer hinaus. Unsere Augen müssen wachsam sein, dürfen das Ziel nicht aus dem Blick verlieren, müssen Gefahren und Gelegenheiten rechtzeitig erkennen.

Der Dienst geht vor.

Der verwundete Freund

Es war Enzo, der mich benachrichtigte. Sein Anruf erreichte mich zu Hause. »Ich muss dir was sagen, aber reg dich nicht auf, es wird schon wieder.«

»Was ist passiert?«

»Franco. Er ist angeschossen worden.«

Ich erstarrte. »Und?«

»Na ja, es geht ihm den Umständen entsprechend. Er will dich sehen, wir sind im Garibaldi-Krankenhaus.«

Im nächsten Augenblick schon saß ich im Wagen und raste die Via Etnea auf der für Einsatzfahrzeuge reservierten Spur entlang.

Im Krankenhaus waren jede Menge Leute versammelt: der Polizeipräsident, höhere Beamte, Kollegen, Francos Frau. Ich betrat sein Zimmer, ohne dass mich jemand aufzuhalten versucht hätte, und umarmte ihn mit Tränen in den Augen.

»Franco, verflucht nochmal, den Schuss hätte ich eigentlich abbekommen sollen.«

Franco und ich fuhren zusammen Streife, er am Steuer und ich daneben, immer, 365 Tage im Jahre, nur heute nicht. Ich hatte mir einen Tag freigenommen, um meine Mutter zum Arzt zu bringen. So hatte ein anderer Kollege den Wagen gefahren, und Franco war ausgestiegen, um die Person zu überprüfen, die dann das Feuer auf ihn eröffnete. Er hatte also getan, was üblicherweise meine Aufgabe war. Ich fühlte mich schuldig.

»Wer war das? Sag's mir, ich kümmere mich um das Schwein«, flüsterte ich ihm ins Ohr.

»Nie gesehen«, antwortete er. Ich blieb lange bei ihm, ließ mir den Mann genau beschreiben, der auf ihn geschossen hatte. Franco machte sich Gedanken wegen seiner Pistole, die am Tatort zurückgeblieben war, als der Kollege ihn verletzt in den Wagen gezogen hatte.

Am nächsten Morgen suchte ich die Fotos aller Vorbestraften zusammen, auf die Francos Beschreibung zutreffen konnte, fuhr ins Krankenhaus und legte sie ihm vor.

Er erkannte niemanden wieder.

Ich war mit einem der älteren Kollegen gekommen, der damals den legendären Falchi angehört hatte. Plötzlich zeigte er auf das Foto eines als sehr gefährlich bekannten Straftäters und meinte: »Der war's. Gib den an!«

Franco und ich schauten ihn verdutzt an.

»Der war's aber nicht«, antwortete mein Freund, »der sieht ihm zwar ähnlich, aber das ist er nicht.«

»Das ist egal«, widersprach der Kollege, »der hat jede Menge Raubüberfälle und Morde auf seinem Konto. Das ist einer der neuen Bosse, ein eiskalter Killer, der zögert nicht, einen Polizisten über den Haufen zu schießen. Zeig auf dieses Foto, und wir können ihn eine ganze Weile aus dem Verkehr ziehen.«

Franco und ich schauten uns schweigend an. Auch wir hatten hin und wieder gegen Bestimmungen verstoßen, aber das ging zu weit.

»Nein«, sagte Franco, »das kann ich nicht. Ich bring keinen Unschuldigen ins Gefängnis.«

»Einen Unschuldigen? Das weißt du selbst besser. Ein echter Bastard ist das. Bei einem Schusswechsel mit Carabinieri hat er auch zwei Kollegen verletzt.«

»Und warum ist er nicht verhaftet worden?«

»Die Carabinieri haben ihn nicht identifizieren können. Wir sind durch einen Informanten auf ihn gekommen. Doch wir konnten ihn auch nicht einbuchten, weil ihm acht andere Scheißtypen ein Alibi geliefert haben. Nur deswegen ist er auf freiem Fuß.«

»Tut mir leid, aber da spiele ich nicht mit.«

»Ich sehe das genauso«, sagte ich.

Der Kollege schaute uns an und schüttelte den Kopf. »Man hat mir erzählt, dass ihr auf Zack seid, aber die haben sich wohl geirrt.« Enttäuscht verließ er das Krankenzimmer.

In mir tobten Gefühle, wie ich sie noch nie erlebt hatte. Wut und Rachelust, gleichzeitig aber auch Angst. Als Polizisten begleitete uns der Tod wie ein ständiger Schatten, doch mein Freund Franco und ich hatten ihn nie so richtig bemerkt. Bis zu diesem Zeitpunkt.

In solchen Fällen, wie einem Angriff auf einen Kollegen, besteht eine der gebräuchlichsten Methoden der Polizei darin, mit allen zur Verfügung stehenden Kräften das Gebiet um den Tatort herum regelrecht zu besetzen. Damit werden verschiedene Ziele verfolgt: zum einen, eventuelle Zeugen zu finden (was meistens sehr unwahrscheinlich ist), zum anderen, der kriminellen Szene dort die normale Abwicklung ihrer Geschäft unmöglich zu machen.

So gingen wir vor. Nun war es erst einmal vorbei mit Diebstählen, Drogenhandel oder Überfällen, das Risiko, geschnappt zu werden, war den Gangstern einfach zu groß. Zahlreiche Personen wurden überprüft, einige auch auf das Revier gebracht, ohne eigentliche Handhabe, nur um ihnen ein wenig auf die Nerven zu gehen. Für uns ging es darum, die Kontrolle über ein Gebiet zu demonstrieren, das die Kriminellen als ihr Terrain ansahen. Konzessionen für Bars und Gaststätten wurden überprüft, Genehmigungen für Clubs und Gesellschaften, die zwar bekanntermaßen illegal waren, für die wir uns aber nie interessiert hatten. Praktisch versuchten wir, das ganze Viertel zu militarisieren. Und jeder Gauner, den wir uns vornahmen, bekam den gleichen Satz von uns zu hören: »Sagt uns, wer auf unseren Kollegen geschossen hat, oder ihr kriegt hier kein Bein mehr auf den Boden.«

Auch die Szene wusste, dass wir die Belagerung des Viertels nicht bis in alle Ewigkeit würden aufrechterhalten können. Bekämen wir, was wir wollten, würde schnell wieder der übliche Alltag einkehren. Als sich leider schon nach ein paar Tagen der Griff zu lockern begann, hatten wir im Grunde noch nichts herausbekommen. Doch Alfredo, ich und einige andere unseres Büros blieben dran, patrouillierten dort ständig, von morgens bis abends. Und auch nach Dienstschluss fuhr ich immer noch mal auf meinem Moped durch das Viertel und hielt bekannte Gesichter an. Ich zeigte ihnen eine Pistole mit abgeschabter Seriennummer und eine Wollmütze mit Sehschlitzen und sagte: »Wenn ihr den Bastard, der auf meinen Kollegen geschossen hat, weiter deckt, könnte es hier bald eine Leiche geben. Für uns ist das dann nur eine Abrechnung zwischen Kriminellen. Du verstehst, was ich meine?!«

Einige bekamen einen Schreck, andere blieben gleichgültig und scherten sich nicht darum. »Ich weiß von nichts.«

Ein paar Tage später ließ mir Franco über seine Frau telefonisch ausrichten, dass er mich sprechen müsse. Ich fuhr sofort zu ihm, in der Hoffnung, dass ihm vielleicht irgendetwas Wichtiges eingefallen sei.

»Du willst wohl, dass ich richtig sauer werde«, empfing er mich schon auf der Schwelle.

»Wieso, was hab ich denn getan?«

»Ich hab gehört, dass du allein im Viertel unterwegs bist und das Gesindel kontrollierst. Bist du denn wahnsinnig? Das ist lebensgefährlich. Was willst du damit erreichen?«

»Ich bin doch kein Anfänger, ich pass schon auf.«

»Ich hab auch aufgepasst, und du siehst ja, wie sie mich zugerichtet haben, und da waren wir zu zweit. Lass es bitte sein. Es ist wirklich sehr nett, wie du dich bemühst, aber ich möchte keinen toten, sondern einen lebenden Freund.«

Noch einige weitere Male war ich allein in dem Viertel unterwegs, mit dem festen Vorsatz, es Ende der Woche aufzugeben. Es war der Freitag, als ich eine Gruppe von sechs jungen Kerlen anhielt, von denen ich einen bereits tagsüber zweimal kontrolliert hatte. Als ich sie aufforderte, die Hände an eine Hauswand zu legen, damit ich sie filzen konnte, trat dieser, keineswegs eingeschüchtert durch meine Pistole, an mich heran und maulte in arrogantem Ton: »He, meinst du nicht, dass du's übertreibst?«

Ich stieß ihn gegen die Wand. »Reiß hier nicht die Klappe auf. Das geht mir auf die Eier.«

Doch während ich sie durchsuchte, fragte ich mich, ob ich mich hätte verteidigen können, wenn zwei, drei von ihnen auf die Idee gekommen wären, Widerstand zu leisten.

Ein paar Tage später sah ich auf regulärer Streife diesen jungen Kerl wieder. Von unseren Informanten wussten wir, wie gefährlich er war. Er war erst kürzlich »aufgestiegen« und ein echter Killer geworden. Auch diesmal musterte er uns wieder mit verächtlicher Miene und einem spöttischen Lächeln um den Mund, so als gehöre ihm die Stadt.

Wie hielten ihn an, durchsuchten ihn und ließen ihn dann in den Wagen steigen.

»Was ist, sagst du uns nun, wer auf unseren Kollegen geschossen hat?«

»Gut, ihr habt's auf mich abgesehen. Aber ich weiß von nichts.«

»Pass mal auf, unser angeschossener Kollege könnte sich bei

der Täterbeschreibung auch geirrt haben. In so einem Moment, noch unter Schock, kann es vorkommen, dass man sich unklar ausdrückt.«

»Verstehe ich nicht. Was soll das heißen?«

»Das soll heißen, dass er, wenn er jetzt nochmal genauer darüber nachdenkt, vielleicht einen Mann identifiziert, der 1,70 Meter groß ist, schwarzes kurzes Haar hat und eine Narbe an der linken Hand. Mit anderen Worten, einen Mann, der dir verflucht ähnlich sieht.«

»Das lass ich mir nicht anhängen«, ereiferte sich der junge Mafioso. »Damit kommt ihr niemals durch, das wisst ihr ganz genau. Und außerdem, wenn ihr das wirklich durchzieht, wird die Sache für alle noch viel komplizierter.«

Der Kollege nahm eine Hand vom Lenkrad und knallte ihm eine. »Willst du uns etwa drohen, Bastard!?«

Auch ich hob die Hand und schlug zu: »Was willst du damit sagen? Dass du uns umbringen lässt? Oh, hilf mir, Mama, ich scheiß mir vor Angst in die Hose.«

»Schaffen wir ihn erstmal aufs Präsidium. Da bringen wir diesem Stück Scheiße schon Manieren bei.«

Ich lehnte mich zu dem Kollegen vor und flüsterte ihm etwas ins Ohr. Der nickte, ließ den Motor an und lenkte den Wagen in eine abgelegene Straße.

Der Kerl wurde misstrauisch. »Wo fahren wir denn hin? Das ist doch nicht der Weg zum Präsidium …«

Keine Antwort. Ich drehte mich zu ihm um und schaute ihn an: Die dreiste Miene war verflogen, jetzt stand in seinem Gesicht Sorge, ja Angst, und diese Tatsache bereitete mir eine immense Freude. Ich überlegte, wie viele Menschen er wohl schon hatte leiden lassen, wie oft er in Augen geschaut hatte, die vor Todesangst aufgerissen waren.

»Stell den Funk aus«, sagte der Kollege zu mir.

Ich tat es, zeigte mich aber zögerlich. »Warte, hier ist noch zu viel los.«

Wir improvisierten, waren aber gut aufeinander abgestimmt.

Die Straße, in die wir jetzt einbogen, lag abseits am Rande eines Wohngebiets in der Vorstadt.

»Hast du sie dabei?«, fragte ich den Kollegen.

Der nickte und hielt an. Ich drehte mich zu dem jungen Kriminellen um: »So, steig aus und hau ab.«

»Ich soll abhauen?«

»Ja, steig aus, du bist frei. Los.«

Der Kerl verstand, was er verstehen sollte, nämlich dass wir ihn laufen ließen, um ihn dann zu erschießen. Ein vereitelter Fluchtversuch. Er kauerte sich auf seinem Sitz zusammen und schrie los. »Scheiße, was habt ihr vor? Ich steig nicht aus, nein, ich steig nicht aus!«

Wir forderten ihn noch einmal auf, endlich abzuhauen, stellten gleichzeitig die Sirene an und rollten im Schritttempo durch diese leere Seitenstraße: Im Wagen war der Typ unterdessen in Panik geraten, ich machte Anstalten, die Tür auf seiner Seite zu öffnen, doch er packte meine Hand und löste sie vom Griff, woraufhin ich noch einmal zuschlug und ihn aus dem Wagen zu schieben begann. Er brüllte wie ein Schwein beim Schlachter.

»Nein, nein, ich will nicht raus ...«

Wir hielten wieder an. Er war schweißgebadet und blass. Ich packte ihn am Kragen: »So ... Verrätst du uns jetzt vielleicht, wer es war? Wer hat auf unseren Kollegen geschossen?«

Der Mann schwieg und schien zu überlegen.

Dann endlich: »Ich hab gehört, dass der Friseur was wissen soll.«

»Welcher Friseur?«

»Der an der Ecke, wo die Schießerei war.«

Wir brachten ihn zurück in die Innenstadt.

»Steig aus und verschwinde, heute hast du nochmal Glück gehabt.«

Er tat es, ohne ein Wort, und knallte die Wagentür zu.

Wir fuhren los und lachten uns ins Fäustchen. »Mensch, Schauspieler hätten wir werden sollen.«

»Hast du sein Gesicht gesehen? Der wäre fast gestorben vor Angst. Aber so sind sie alle, in der Gruppe fühlen sie sich stark, und allein sind sie Waschlappen.«

Es war achtzehn Uhr dreißig. Wir beschlossen, diesem Friseur gleich mal einen Besuch abzustatten. Über Funk benachrichtigten wir die anderen im Büro und verabredeten, mit allen Wagen gleichzeitig dort aufzukreuzen, um deutlich zu machen, dass wir keine Routineüberprüfung im Sinn hatten. Zwei von uns postierten sich am Eingang, wir sechs anderen betraten den Laden. Neben dem Friseur befanden sich dort drei Personen, alles bekannte Gesichter, natürlich vorbestraft, zwei lasen Zeitung, der dritte bekam den Kopf gewaschen.

»Guten Abend allerseits.«

»Guten Abend«, antwortete nur der Friseur.

Ein Kollege trat auf die beiden Wartenden zu. »Wollt ihr uns vielleicht nicht begrüßen? Ich habe gar nichts gehört?«

Widerwillig erwiderten sie den Gruß, und einer erhob sich. »Kann ich gehen?«

Wir filzten beide und schickten sie raus.

»Mit wem möchten Sie denn sprechen?«, fragte der Friseur, ohne sich beim Haarewaschen stören zu lassen.

»Mit Ihnen.«

»Wenn es Ihnen nichts ausmacht, arbeite ich dabei weiter. Vor meinen Kunden kann ich offen reden.«

»Aha, verstehe, Sie legen Wert auf Zeugen. He, Kollege, lass doch mal den Rollladen runter.«

Der Kunde sprang auf. »Was ist hier eigentlich los?«, rief er alarmiert. Hastig trocknete er sich die Haare mit dem Handtuch auf seinen Schultern. »Kann ich auch gehen?«

»Natürlich.«

Als wir mit dem Friseur allein waren, begannen wir, ihn ordentlich auszuquetschen.

»Signor Fisichella, sind Sie vorbestraft?«

»Nein. Ich habe mein Geld immer ehrlich verdient«, erklärte er, während er sich mit einem Tuch die Stirn trocknete. Der Schweiß lief ihm in Strömen, und sein Gesicht war blass geworden.

»Was haben Sie denn? Warum so nervös?«

»Weil Sie den Rollladen heruntergelassen haben.«

»Aber das muss Sie doch nicht beunruhigen. Wir sind doch keine Banditen, wir sind Polizisten im Dienst der Bürger, also auch in Ihrem Dienst. Das wissen Sie doch, oder?«

»Ja, ja, schon, ich habe die Arbeit der Polizei immer respektiert. Aber warum haben Sie den Rollladen runtergelassen?«

»Im Dunkeln spricht sich's besser. Wie lange haben Sie schon Ihre Konzession?«

»Sieben Jahre.«

»Sieben Jahre! Alle Achtung. Kollegen, habt ihr das gehört? Dann sind Sie ja wirklich fleißig. Gut, sehr gut. Hören Sie, Fisichella, heute müssen Sie eine Lebensentscheidung treffen, entweder für die eine oder für die andere Seite.«

»Was für eine Entscheidung? Wovon reden Sie?«

»Nun, wir wissen, dass Sie nicht wie diese Leute dort draußen sind. So was sehen wir. Wahrscheinlich sind Sie über viele Dinge auf dem Laufenden, die Sie so von diesen Leuten mitbekommen, haben aber sonst keinen Umgang mit ihnen, und wenn sie hier abends mit der Arbeit fertig sind, gehen Sie brav nach Hause.«

»Ja, ja, so ist es. Ich bin hier geboren, ich kenne sie, und sie kennen mich, aber ich hatte nie was mit ihnen zu tun. Ich kümmere mich nur um meine eigenen Angelegenheiten und stelle keine Fragen. Aber sie respektieren mich.«

»Aha, eine respektable Persönlichkeit, meinen Glückwunsch. Das heißt, Sie würden auch nie jemanden bestehlen, nicht wahr?«

»Ich? Nein. Ich wäre niemals fähig, einem anderen etwas anzutun.«

»Aber wenn wir jetzt Ihre Konzession einziehen und Sie nicht mehr arbeiten können, wie wollen Sie dann über die Runden kommen? Dann müssten Sie sich eine andere Arbeit suchen. Und würden Sie keine finden, müssten Sie stehlen, nicht wahr?«

»Aber wieso wollen Sie denn meine Konzession einziehen? Was hab ich bloß getan?«

»Wissen Sie, welche Strafe das Gesetzbuch für den Tatbestand der Begünstigung bei versuchtem Mord vorsieht? Mindestens sieben Jahre Haft, und das war's dann mit dem Haareschneiden.«

»Aber im Gefängnis kann er doch auch Haare schneiden«, meinte ein Kollege lachend.

»Klar, natürlich, aber bevor sie sich die Haare schneiden lassen, nehmen sie sich seinen Arsch. Du weißt ja, auf Neulinge wartet im Knast eine Spezialbehandlung.«

»Aber warum denn Knast?«, stieß der Friseur hervor. »Ich will mit einem Anwalt sprechen.«

Der Kollege legte den Unterarm auf die Theke und fegte alles herunter, was sich darauf befand: Shampoos, Bürsten, Scheren, Föhne, Spiegel …

»Jetzt werde ich doch langsam ärgerlich, mein lieber Signor Fisichella. Ich ruf Ihnen ja einen Anwalt, aber ohne Zähne wird es Ihnen schwerfallen, mit ihm zu sprechen.«

Dem Friseur standen die Tränen in den Augen. »Was habe ich denn nur getan? Sagen Sie es mir doch!«

Ein anderer Beamter ergriff einen Stuhl und schleuderte ihn gegen einen Spiegel, der klirrend zerbarst. »Siehst du? Nur zehn Minuten, und diese Räume hier werden nur noch sehr vage an deinen früheren Friseursalon erinnern, wenn du uns nicht sagst, was wir wissen wollen.«

»Ja was denn? *Was?*«

»Willst du uns verarschen? Du sollst uns sagen, wer auf unseren Kollegen geschossen hat. Verstehst du jetzt? Wo hat sich das Schwein verkrochen, und wo ist die Pistole?«

Plötzlich hob der Friseur die Stimme und schrie regelrecht: »Ich weiß gar *niiiiieeechts,* ich hab kein Ahnung, wovon ihr überhaupt redet!«

Der Kollege griff sich den nächsten Stuhl und schleuderte ihn gegen den zweiten Spiegel, der zu einem rissigen Spinnennetz zersprang, aber hartnäckig an der Wand hängen blieb.

»*Neeeinn!* Was macht ihr denn da? Der hat mich eine Stange Geld gekostet.«

Er bekam eine Ohrfeige.

»Ich weiß nichts!«, kreischte er immer lauter. Der Grund dafür war einfach: Er wollte den Leuten draußen zu verstehen geben, dass er nicht mit uns zusammenarbeitete. Die Situation wurde immer schwieriger. Trotz seines verschreckten Gehabes war aus dem Friseur nichts herauszubekommen.

Da holte ich eine Telefonmünze aus der Tasche und warf sie Fisichella vor die Füße.

»Wir geben dir zwei Tage Zeit, um uns anonym anzurufen und uns mitzuteilen, was wir wissen wollen. Wenn dann nichts passiert ist, solltest du besser ins Ausland verschwinden, denn wir werden dich nicht in Frieden lassen bis zum Ende deiner Tage. Hast du verstanden?«

Der Friseur war verstummt, und wir deuteten dieses Schweigen als Zustimmung. Als wir den Rollladen wieder hochzogen, standen draußen die beiden Kollegen mit ihren Pistolen in Händen, umringt von vielleicht einem Dutzend Leute, alles bekannte Kriminelle, die sich auf dem Gehweg vor dem Laden versammelt hatten.

»Los, geht nach Hause. Der Spaß ist vorbei.«

Ganz gemächlich trollten sie sich. Wir wussten, dass sie sofort beim Friseur reinschauen würden, wenn wir fort waren. Fisichella hatte zwar einen zertrümmerten Laden, dafür aber auch vor ihnen sein Gesicht gewahrt.

Am Tag darauf rief mich ein Kollege im Büro an. Über die Notrufnummer 113 hatte sich ein Mann anonym gemeldet und darüber informiert, dass Francos Pistole in einer Schachtel in einem Versteck außerhalb der Stadt, in der Nähe des Stadions, zu finden sei.

»Hat er nicht gesagt, wer geschossen hat?«

»Nein, es ging nur um die Pistole. Wir haben schon einen Einsatzwagen losgeschickt, um die Sache zu überprüfen.«

Nach einer halben Stunde erhielten wir die Bestätigung. Die Waffe war gefunden worden. Ich fuhr sofort ins Krankenhaus, Franco war sehr erleichtert.

Zwei Tage später konnte nach Hinweisen eines Informanten der Mann festgenommen werden, der auf ihn geschossen hatte. Ich war beim Zugriff nicht dabei. Der Chef der *Squadra Mobile* hatte angeordnet, mich erst dann zu unterrichten, wenn die Sache über die Bühne war. Ich kochte vor Wut, konnte ihn im Grunde aber auch verstehen: Mir fehlte die notwendige Distanz, und es wäre durchaus möglich gewesen, dass ich mich zu irgendetwas hätte hinreißen lassen. So sah ich den Täter dann zum ersten Mal auf dem Präsidium: Kaum älter als ein Teenager, das typische Halunkengesicht, einer der vielen Parasiten, die sich im Bauch einer unkontrollierbaren Stadt satt fressen.

Das »Komitee«

Häufig diskutierten wir unter uns Kollegen über Missstände bei der Verbrechensbekämpfung, über die Dinge, die zu verbessern wären, vor allem aber das, was regelmäßig versäumt wurde oder erst dann geschah, wenn es zu spät war und wieder Unschuldige den Tod gefunden hatten.

Wir waren frustriert, alle unsere Anstrengungen schienen vergeblich, unzählige legale Schlupflöcher ermöglichten es den Banditen, immer wieder ungestraft davonzukommen, und damit uns und unsere Arbeit zu verhöhnen.

Häufig fielen dabei Sätze wie: »Ließe man es mich auf meine Art machen, wäre die Stadt in 48 Stunden von diesem Abschaum frei.« – »Fände ich einen Richter, der mir den Rücken freihält ...« – »Vor dem Inkrafttreten des neuen Strafgesetzbuches hat uns die Mafia noch respektiert. Da brauchtest du einem nur zu drohen, den Artikel 1 anzuwenden, und ihm den Führerschein abzunehmen, da hat er sich schon in die Hose gemacht. Heute musste du wegen jedem Pups zum Richter und ihn dir absegnen lassen ...«

Es war wieder so ein Tag, als Claudio irgendwann sagte: »Immerhin haben wir hier einen Untersuchungsrichter, der die Dinge genauso sieht wie wir und eine unheimliche Wut im Bauch hat. Ihr wisst, von wem ich rede. Der hat seine Kollegen in Palermo angezeigt und wurde dort dann kaltgestellt. Aber der hat saubere Ermittlungen geführt: Der hat die Untersuchungen zu der Müllverbrennungsanlage in Gang gebracht, die schon Hunderte von Milliarden Lire verschlungen hatte und noch nie gelaufen war, und er legte offen, dass in der Betreibergesellschaft die Söhne von Mafiosi und Politikern einträchtig zusammensaßen.«

»Und was ist daraus geworden?«

»Was schon? Es wurde wieder alles vertuscht.«

»Okay, aber was sollen wir dem Richter sagen? ›Guten Tag, Dottore, was halten Sie davon, wenn wir ein paar faule Äpfel aussortieren, indem wir den Banditen selbst den Prozess machen und ihnen die Letzte Ölung spenden‹?«

»Das ist doch Unsinn. Wer sagt denn, dass man so direkt werden muss? Man redet um die Sache herum, lässt die eine oder andere Bemerkung fallen, und dann sieht man ja, wie er reagiert.«

»Und sobald wir sein Büro verlassen haben, lässt er uns dann überwachen … Nein, nein, das ist zu riskant.«

»Jedenfalls kann es so nicht mehr weitergehen. Die Banden teilen die Stadt ungestört unter sich auf, und wir sehen tatenlos zu. Nein, es müsste uns gelingen, sie gegeneinander aufzubringen, Unruhe zu stiften, damit sie sich gegenseitig umlegen.«

Das war ein Gedanke, der bei allen ankam.

Wir wussten, wer die rivalisierenden Clans waren und entwickelten eine, wie uns schien, gute Strategie, um gegensätzliche Interessen zu verschärfen. Wir beschlossen, die Akten einiger Straftäter, die einem der drei wichtigsten Clans zuzurechnen waren, noch einmal durchzugehen, uns anzuschauen, in welchen Geschäftszweigen sie tätig waren und, wenn sie als Firmeninhaber auftauchten, mit welchen Partnern sie zusammenarbeiteten. Es ging darum, alle Fakten noch einmal in einem anderen Licht zu betrachten: Diesmal nicht, um laufende Ermittlungen voranzubringen, sondern um diese Männer genauer kennenzulernen und herauszufinden, wie und an welcher Stelle sie verwundbar waren, mit anderen Worten, sie in ihren ökonomischen Interessen zu schädigen.

Anhand von Vernehmungsprotokollen fiel uns auf, dass einige von ihnen von einem zum anderen Clan gewechselt waren. Verdächtige, vielleicht im Dezember zusammen mit bekannten Mafiosi einer bestimmten Bande festgenommen, wurden vier Monate später wieder aufgegriffen, diesmal aber in Begleitung von Angehörigen eines gegnerischen Clans. Mit Sicherheit wurden hier häufiger die Seiten gewechselt, wurde der eigene Clan verlassen oder verraten, weil ein anderer mehr versprach. Unser Plan sah nun vor, gegen einen dieser Mafiosi vorzugehen und es wie eine Vergeltungsmaßnahme seiner früheren Kumpane aussehen zu lassen, um auf diese Weise einen Bandenkrieg zu entfesseln. Wir wussten, dass bestimmte Unternehmen, vor allem Reisebüros und Supermärkte, von Strohmännern verschiedener Clans geführt wurden und planten jetzt im Einzelnen, eine Schutzgelderpressung nach einem Brand vorzutäuschen und den Verdacht auf den gegnerischen Clan zu lenken. Der erste Schritt bestand darin, die Informanten auszuquetschen, diesmal nicht, um einen Fall zu lösen und Tatverdächtige festzunehmen, sondern um noch mehr Fakten zu sammeln, mit denen sich ein Mafiakrieg entfachen ließ.

Der Plan stand, die Gruppe auch. Das »Komitee« nannten wir fünf Kollegen uns.

Auch wenn wir verdeckt agieren würden, war es zunächst sinnvoll, bei dem Untersuchungsrichter vorzufühlen, von dem Claudio gesprochen hatte. Denn ohne ein Minimum an Unterstützung von seiner Seite schien ein Erfolg kaum denkbar.

Wir baten um eine Unterredung, und kurz darauf schon empfing er uns. Er schien ein jovialer, sehr umgänglicher Typ zu sein. Wir hatten vorgegeben, ihn über kürzlich erzielte Ermittlungsergebnisse informieren zu wollen, in Wirklichkeit ging es uns darum, ihm auf den Zahn zu fühlen und ein wenig besser kennenzulernen.

»Dottore, zunächst wollten wir Ihnen noch sagen, dass wir in der Presse verfolgt haben, welchen Angriffen Sie in Palermo im Kollegenkreis ausgesetzt waren. Vielleicht hilft es Ihnen zu wissen, wie sehr wir Ihren Mut bewundern. Sehr viele Kollegen im Präsidium schätzen Ihre Arbeit und hoffen, dass Sie bald in die DDA[1] zurückkehren können. Sie waren dort eine wichtige Anlaufstelle, und wie wir hören, finden Sie auch unter den Carabinieri breite Unterstützung. Um dieses Gesindel dort draußen zu besiegen, brauchen wir Leute Ihres Schlages.«

Der Richter schaute uns einige Augenblicke lang aufmerksam an, setzte sich dann an seinen Schreibtisch und begann:

»Sie können sich gar nicht vorstellen, wie sehr ich mich über Ihre Worte freue. Diese Angelegenheit in Palermo schmerzt mich immer noch sehr, aber zu hören, dass die Polizeikräfte auf meiner Seite stehen und Männer wie Sie meine Arbeit schätzen, schenkt mir neue Kraft und die Entschlossenheit weiterzumachen. Sie können beruhigt sein, bald schon werde ich mir das eine oder andere Steinchen aus dem Schuh holen, und einigen Kollegen, die sich von mir abgewandt haben, als wäre ich ein Verbrecher, werden die Augen aufgehen. Alle hatten sie ja Schwierigkeiten mit der Tatsache, dass sie mich keiner politischen Richtung zuordnen konnten. Aber Ihnen sag ich, zu welcher ich gehöre: zu keiner. Ich muss mich für keinen Gefallen erkenntlich zeigen, mir kann keiner sagen: Ich hab dir diese Position verschafft, jetzt arbeitest du auch so, wie es mir passt. Andererseits bedeutet das natürlich auch, dass im Konfliktfall nie-

---

1 Bei der DDA, Direzione Distrettuale Antimafia, handelt es sich um eine spezielle Antimafia-Staatsanwaltschaft (Anm. d. Übersetzers).

mand für mich eintritt. Nur das Gesetz habe ich auf meiner
Seite.«

»Aber auf uns können Sie zählen, Dottore. Wir werden Sie immer unterstützen. Wenden Sie sich an uns, wenn Sie zuverlässige Männer brauchen. Wir haben es nämlich ebenfalls gründlich satt, wie die Dinge hier laufen. Und aus eben diesem Grund
sind wir auch hier. Wir haben herausgefunden, dass der Delika-
tessenladen schräg gegenüber vom Gerichtsgebäude von einem
Strohmann des Spampinatoclans geführt wird. Das Problem ist,
dass viele hohe Tiere bei ihm einkaufen, und deswegen zögern
wir jetzt, den Bericht mit unseren Namen zu unterzeichnen. Sie
wissen ja, wie das läuft. Wir möchten verhindern, dass irgendjemand, eine undichte Stelle im Präsidium, mit den falschen
Leuten plaudert.«

»Ja, ich weiß, worauf Sie hinauswollen, und ich muss Ihnen
leider Recht geben. Aber haben Sie ein wenig Geduld, dann ziehe
ich die Ermittlungen selbst an mich. Machen Sie nur weiter wie
bisher und sammeln Sie Indizien. Ach übrigens, rufen Sie mich
bitte hier nicht an. Kommen Sie lieber gleich persönlich vorbei.
Wir haben herausgefunden, dass ein Angestellter in der Telefonzentrale mit einer Schwester von Spampinatos Frau verheiratet
ist und auffallend häufig bei seiner Schwägerin zu Besuch ist.«

»Zum Teufel nochmal, der Feind im eigenen Haus. Und wie
hat er das geschafft? Wie ist der hier hereingekommen?«

»Zunächst einmal hat er sich beworben, wie viele andere auch.
Wir haben aber herausgefunden, dass er sehr gut mit einem bestimmten Kommunalpolitiker befreundet war, und der hat wohl
alles Notwendige in die Wege geleitet.«

»Aber kann man denn solche Bewerbungsverfahren nicht
überprüfen? Da müsste man doch etwas finden, womit sich solche Leute entfernen lassen.«

»Sicher. Er hat wohl noch keinen Verdacht geschöpft, aber

wir überwachen seinen Telefonanschluss und den seines Gönners auch. Die Carabinieri sind da dran. Wir hoffen, über ihn an Spampinato heranzukommen. Deswegen lassen wir ihn ja auch, wo er ist.«

»Kein schlechter Schachzug, Dottore.«

Wir verabschiedeten uns mit dem Versprechen, uns bald wiederzusehen. Die erste Kontaktaufnahme war sehr positiv verlaufen. Der Richter war ein Mann nach unserem Geschmack, und auch wir schienen ihm einen zuverlässigen Eindruck gemacht zu haben, sonst hätte er uns wohl nicht von dem Maulwurf in der Telefonzentrale erzählt. Im Komitee überlegten wir schon, ihn abends mal zum Essen einzuladen, um die Sache zu vertiefen.

Währenddessen hatte die Beschäftigung mit den Akten neue interessante Details ans Tageslicht gebracht. So fanden wir zum Beispiel heraus, dass die Strohmänner durchweg unbescholten waren, manche sogar einen Universitätsabschluss besaßen. Alle nur möglichen Gewerbebetriebe führten sie: Bekleidungsgeschäfte, Restaurants, Bars, Billardsäle. Zudem stellten wir fest, dass die sündteuren Sportwagen, die sie vielfach fuhren, auf bereits verstorbene oder uralte Leute angemeldet waren. Wir hatten gute Vorarbeit geleistet, aber nun galt es, ins Spiel einzusteigen und hart zur Sache zu gehen. Würden wir den Mut finden, die Mafiosi gegeneinander aufzuhetzen, zur Schusswaffe zu greifen und absichtlich jemanden zu verletzen, Drohanrufe zu machen, Geschäfte in Brand zu stecken?

Jeder von uns wartete wohl, dass ein anderer des Komitees den ersten Schritt machte, und alle fanden wir Vorwände, um Zeit zu gewinnen. Zu viel Arbeit, familiäre Verpflichtungen, die Befürchtung, jemand könnte unsere Aktion mit den im Archiv besorgten Akten in Verbindung bringen.

Im Namen des Gesetzes

Bei dem Wort »Schicksal« habe ich immer an ein Spinnennetz denken müssen. Es umfängt einen zunächst sanft, wenn man hineingerät, doch mit jeder Bewegung verstrickt man sich nur aussichtsloser darin. Und ich habe mich gefragt, ob das Schicksal uns, nichts Böses ahnend, überfällt, oder ob wir es sind, die es in Gang setzen, indem wir es umkreisen und herausfordern.

Die Dinge, von denen ich nun berichten werde, drohten unser Leben zu verändern und konnten uns an einen Punkt bringen, von dem es kein Zurück mehr gab. Es war etwas sehr Gravierendes, nicht leicht zu Rechtfertigendes, was wir da in die Wege geleitet hatten, das war mir klar, aber ich sagte mir auch: Wären wir nicht in Süditalien, sondern irgendwo anders zur Welt gekommen, wären wir als Polizisten gar nicht in diese missliche Lage geraten. Hier aber hatten wir jede Menge Wut angestaut, weil wir zu oft erlebten, dass das Recht den Kürzeren zog, und ein System versagte, auf das wir unser ganzes Leben eingestellt hatten.

Es geschah an einem Abend, an dem ein sintflutartiger Regen niederging, einer dieser Wolkenbrüche, die in zehn Minuten den ganzen Verkehr lahmlegen und die Stadt überfluten können. In der Via Cesena sichteten wir Giuseppe Trapani, einen bekannten Mafioso und eine der Hauptfiguren der Akten, die wir wieder und wieder studiert hatten. Er war von einer Bande zur nächsten gewechselt und hatte sich zwei Jahre zuvor mit einigen Carabinieri eine wilde Schießerei geliefert. Jetzt saß er allein in seinem Wagen. Er bemerkte uns nicht, war zu eifrig damit beschäftigt, die Windschutzscheibe frei zu wischen. Wir beschlossen, ihm zu folgen.

Wir in unserem Dienstwagen begannen die Situation zu diskutieren.

»Gut, wir verfolgen ihn. Und dann?«

»Wir schießen auf ihn und bringen dann das Gerücht in Umlauf, dass sein früherer Clan dahintersteckt.«

»Du bist gut. Wir können doch nicht vom Polizeiwagen aus auf ihn schießen. Und unsere Dienstwaffen können wir auch nicht benutzen.«

»Kein Problem. Ich hab auch noch die hier«, sagte der Kollege und zeigte uns die Waffe eines Typs, der nicht von der Polizei verwendet wurde.

Die Gelegenheit war da, es lag alles bereit, und doch war keinem von uns danach, wirklich zur Tat zu schreiten. Es ist nun mal eine Sache, bei einem Feuergefecht zur Waffe greifen zu müssen, eine ganz andere aber, aus dem Hinterhalt zu schießen, um einen anderen zu überraschen und zu verletzen.

Wir blieben ihm auf den Fersen. Trapani bog jetzt auf eine Schotterstraße ein, die gern als Schleichweg genutzt wurde, um einen Stau zu umgehen. Sie war nicht sehr befahren, doch das eine oder andere Fahrzeug kam uns entgegen. Es war dunkel und regnete in Strömen.

»Also, was tun wir?«

»Hier ist die Pistole«, sagte der Kollege nochmal.

Plötzlich wurde es still im Wagen. Wir schauten uns an und dann schlug jeder die Augen nieder. Dieses eine Mal hätten wir wie Kriminelle handeln müssen, aber wir waren eben keine. Wir waren Polizisten, Menschen, die immer gegen Übergriffe und Ungerechtigkeiten gekämpft hatten und jetzt drauf und dran waren, sich selbst schuldig zu machen.

Mechanisch fuhren wir weiter hinter Trapani her, der jetzt wieder auf eine befahrene Straße einbog und dann nach zwei Kilometern in einem Wohnviertel am Stadtrand anhielt. Dort blieb er im Wagen sitzen, wartete vielleicht, dass der Regen nachließ. Wir standen etwa 100 Meter hinter ihm.

»Jetzt muss es geschehen. Wir müssen handeln. Monatelang haben wir die Sache nun diskutiert und vorbereitet. Und der Typ ist einer der übelsten Verbrecher in dieser verdammten Stadt. Los, lasst es uns tun, werfen wir einen Stein ins Wespennest.«

Tullio und ich stiegen aus, drückten die Antenne hinunter (häufig werden Zivilfahrzeuge der Polizei an den auffälligen Antennen auf dem Dach erkannt) und machten das Nummernschild mit Schlamm unkenntlich. Innerhalb weniger Sekunden hatte der Regen, der pausenlos niederging, uns völlig durchnässt.

Zu Fuß näherten wir uns dem Wagen. Bleib stehen, bleib stehen, forderte mich mein Gewissen auf, doch meine Beine gingen einfach weiter. Jetzt konnten wir ihn sehen, wie er reglos dort am Steuer des parkenden Wagens saß. Wir schauten uns um: keine Fußgänger, die Autos auf der Straße rasten vorbei.

Ein Blickwechsel. »Alles klar?«

»Ja, ja, beeilen wir uns.«

Tullio zog die Tür auf. Drei Schüsse in rascher Folge, und ein unmenschlicher Schrei.

Schon rannten wir zurück zu unserem Wagen, der mit laufendem Motor auf uns wartete.

»Fahr! Fahr!«

Wir bogen in eine dunkle Straße ab und nach 400 Metern wieder auf die Hauptstraße ein. Dort hielten wir an und zogen die Antenne wieder heraus, um die Nachrichten aus der Einsatzzentrale deutlich empfangen zu können. Wir waren nass bis auf die Haut, aber mehr vom Schweiß als vom Regen, in heller Aufregung, mein Herz pochte wie wild, weder ich noch die anderen bekamen einen Ton heraus. Plötzlich: »*Achtung, an alle Einsatzkräfte vor Ort, es wurde ein Schusswechsel gemeldet in der Via …*«

Im Wagen vollkommene Stille, wir waren erstarrt, wussten, wenn uns jemand gesehen hatte, war unser Leben keinen Pfifferling mehr wert. Ich griff zum Mikro: »Siena Monza 12, wir sind in der Nähe. Fahren zum Tatort. Ist das Fluchtfahrzeug bekannt?«

Einige Sekunden Schweigen, und drei Männer hielten den Atem an.

Dann: »*Achtung, an alle Wagen, Fluchtfahrzeug der Täter unbekannt. Streifenwagen 5 und 7, ebenfalls am Tatort einfinden.*«

Ich atmete tief durch. Dennoch war es nicht ausgeschlossen, dass es Zeugen gab.

Wir rasten zurück zu der Stelle und trafen vor den Kollegen vom Überfallkommando dort ein.

»Wartet hier, jetzt steig ich aus«, sagte der Kollege am Steuer.

Er näherte sich dem Fiat 127. Drei Einschüsse waren in der Windschutzscheibe auf der Beifahrerseite zu sehen, doch von dem Mann selbst keine Spur. Der Kollege trat wieder an unseren Wagen: »Das ist doch nicht möglich! Man sieht keinerlei Blutspuren. Bist du sicher, dass du ihn erwischt hast?«

»Nein. Aber ich bin sicher, dass ich ihn *nicht* erwischt habe«, antwortete Tullio.

»Im Ernst?« Ich blickte ihn aus großen Augen an. »Das habe ich gar nicht mitbekommen. Gott sei Dank.«

»Ach so, ja dann, wunderbar, gut gemacht«, sagte der andere Kollege. »Am liebsten hätte ich vorhin auf die verdammte Hupe gedrückt, um euch zurückzurufen, jetzt fühle ich mich besser.«

Wir waren alle erleichtert, doch Trapani war verschwunden.

Wir drehten eine Runde durch das Viertel und hielten nach ihm Ausschau, bis wir über Funk die Meldung erhielten, die betreffende Person sei aufgegriffen worden. Wir fuhren zu der genannten Stelle, und als wir hinkamen, sahen wir die Kollegen mit dem Mafioso vor ihrem Wagen stehen.

»Was zum Teufel stehen die denn bei dem Regen da draußen rum?« Wir traten zu ihnen. »Was ist denn los?«, rief ich. »Packt ihn doch in den Wagen und lasst uns fahren.«

»Nein, nein«, antwortete der Kollege in Uniform, »in mein Auto lass ich den nicht.«

»Wieso?«

»Weil er sich in die Hose geschissen hat. Der stinkt wie ein Schwein.«

Mein Kollege nutzte die Gelegenheit, unser Opfer auf die Schippe zu nehmen. »O Scheiße, Trapani, was bist du nur für ein Waschlappen. Hast dir ins Hemd gemacht. Warte, wenn man das in deiner Bande erfährt, wirst du schön verarscht, vielleicht sogar von den kleinen Hosenscheißern.«

Trapani hatte seine Attentäter nicht gesehen, aber dennoch machte ich in der Nacht kein Auge zu. Immer wieder dachte ich darüber nach, ob nicht vielleicht doch jemand unseren Wagen bemerkt hatte. Am nächsten Morgen erkundigte ich mich sogleich bei einem Kollegen von der Mordkommission, ob es was Neues gebe.

»Das kannst du aber laut sagen. Trapani hat sich nicht nur vollgeschissen vor Angst, sondern ist jetzt sogar bereit auszupacken. Er ist sicher, dass es die Mascalucia-Brüder waren, die auf ihn geschossen haben.«

»Und wie kommt er darauf?«

»Ich weiß es nicht, er wird immer noch vernommen. Sicher wissen wir aber schon, dass Trapani in der Mafiahierarchie ziemlich weit oben steht. Das geht aus seinen Aussagen klar hervor.«

Als Alfredo und Franco, die anderen beiden Mitglieder unseres Komitees eintrafen, erzählte ich ihnen sogleich, was sich zugetragen hatte. Sie waren fassungslos: Was redest du da? Das darf doch nicht wahr sein!

»Ja, das war auch verrückt. Wir waren wahnsinnig, allein schon darüber nachzudenken«, fuhr ich fort. »Und wir haben es sogar getan und großes Glück gehabt, denn hätten wir jemanden umgelegt, wären wir unser Leben lang nicht mehr froh geworden. Was hätte uns dann noch unterschieden von der Mafia? Nein, Leute, wir stehen einfach auf der anderen Seite. Okay, hin und wieder kann uns mal die Hand ausrutschen, mehr aber auch nicht. Ich bin froh, dass dieser Mann noch nicht mal einen Kratzer abbekommen hat. Wir müssen Schluss machen, jetzt sofort, und dieses ›Komitee‹ auflösen, sonst könnte es irgendwann zu spät sein.«

Wir waren uns alle einig, und diesmal gab es kein Zögern. Auch Tullio ergriff das Wort: »Es hat nichts mit Angst zu tun: Wir alle haben schon unzählige Male Gangster verfolgt, sind in Schießereien geraten, und Alfredo hat sogar jemanden erschossen, aber es ist eine Sache, es gezwungenermaßen im Einsatz zu tun, eine ganz andere aber, aus dem Hinterhalt kaltblütig das Feuer zu eröffnen.«

»Dann war aber doch die ganze Arbeit, das lange Aktenstudium, umsonst?«

»Nein, das geht uns ja nicht verloren. Wir haben doch genügend interessante Zusammenhänge aufgedeckt. Das alles werden wir noch brauchen können.«

So lösten wir das Komitee auf, begruben seine martialischen Zielsetzungen und machten an diesem Tag einfach nur unsere Arbeit, ohne die gewohnt lockere Stimmung. Jeder von uns dachte noch einmal über die Gefahren nach, die unser Beruf mit sich brachte. Der schlimmsten waren wir gerade entronnen.

Die Frau eines Bosses

Auf der Lokalseite der örtlichen Tageszeitung waren einige Fotos gefasster Straftäter abgedruckt. Die Finanzpolizei hatte zugegriffen: Verdacht auf Bildung einer kriminellen Vereinigung zum Zwecke von Schutzgelderpressungen und bewaffneten Raubüberfällen. Unter den Verhafteten auf den Fotos: Cavallaro.

Mich überkamen Wut und Hilflosigkeit: Ich hatte es gewusst, aber nichts dagegen unternehmen können.

Zwei Tage später fuhr ich, in Begleitung von Alfredo, zum Kindergarten von Cavallaros Tochter, um Claudia dort zu treffen.

Sie war am Boden zerstört, erzählte von dem Gefühl der Scham und der Demütigung bei der letzten Hausdurchsuchung, von der Verachtung in den Blicken der Beamten.

Ich erklärte ihr, das Verhalten unserer Kollegen sei nur zu verständlich, weil die Frauen vieler Mafiosi die Taten ihrer Männer guthießen, und diese Polizisten hätten ja nicht wissen können, dass sie eigentlich ganz anders war.

Wenn sie etwas brauche, sagte ich ihr, könne sie mich jederzeit im Büro anrufen, oder auch Alfredo oder Franco Bescheid sagen. Aber nie von zu Hause aus, immer von einer Telefonzelle. Sie verstand den Grund und bedankte sich.

Ich sah ihr nach, während sie sich entfernte, und bemerkte, dass sie, als sie im Wagen saß, in Tränen ausbrach. Dann fuhr sie davon.

In den folgenden Monaten rief Claudia einige Male im Büro an. Wenn ich nicht da war, hinterlegten mir die Kollegen eine Nachricht, und zweimal traf ich sie vor dem Kindergarten. Andere Male unterhielt sie sich auch mit Franco oder Alfredo.

Claudia wohnte mittlerweile in einer schönen Villa: Bei einem Besuch im Gefängnis hatte ihr Cirino aufgetragen, seinen Notar aufzusuchen und den Kaufvertrag zu unterschreiben. Die Villa stand in einer Wohngegend etwas außerhalb der Stadt. Claudia beklagte sich, Cirino habe sie noch nicht einmal gefragt, ob sie dort hinziehen und leben wolle, habe ihre Einwände überhört und nur gesagt: »Der Preis ist gut. Ich kriege das Haus von einem Freund.«

»Ich kann mir schon denken, was das für ein Freund ist«, bemerkte sie, während sie mir davon erzählte, »so wie ich mir auch denken kann, woher das Geld dafür stammt.«

»Auf welcher Bank hat er denn sein Geld liegen?«, fragte ich.

»Keine Ahnung. Ich weiß noch nicht einmal, ob er ein Girokonto hat, ich weiß überhaupt nichts von seinen Geschäften«, antwortete Claudia. »Er gibt mir einfach, was ich so brauche für Einkäufe, fürs Haus und unsere Tochter.«

»Verzeih mir, dass ich so direkt frage, Claudia, aber warum verlässt du ihn eigentlich nicht? Ihr seid doch so verschieden, ihr beide.«

»Das frage ich mich auch. Ich kann es dir nicht sagen. Es gibt viele Gründe, unsere Tochter, die Angst davor, wie er reagieren könnte …«

Hin und wieder sah ich mir heimlich Cavallaros Akte im Hauptarchiv des Präsidiums an, um mir ein klareres Bild von ihm zu machen. Seine Straftaten waren immer schwerwiegender, immer aufsehenerregender geworden. Das Einzige, was für mich im Dunkeln blieb, war, welchem Clan er nun eigentlich angehörte.

Einige Zeit später beschloss der Polizeipräsident, nach einer dramatischen Mordserie in der Stadt, im großen Stil alle Freigänger, alle Straftäter, die unter Hausarrest standen, zu kontrollieren sowie die Wohnungen jener Mafiosi und Vorbestraften zu durchsuchen, die als besonders gefährlich eingestuft wurden. Der Chef der *Squadra Mobile* überließ es seinen Abteilungsleitern, wie sie diese Aufgabe organisierten. Wie alle anderen erhielt auch meine Abteilung eine Liste mit Namen zu überprüfender Personen. Einer sprang mir sofort ins Auge: der von Cavallaro.

Auch unser Chef ließ uns entscheiden, welche Durchsuchungen wir übernehmen wollten. Alfredo kam mir zuvor und wählte drei Namen, darunter Cavallaro.

Gegen dreiundzwanzig Uhr fuhren wir vor seinem neuen Zuhause vor. Ich war noch nie dort gewesen. Es handelte sich um eine herrschaftliche Villa mit hohen Mauern und in den Büschen versteckten Überwachungskameras. Über die Sprechanlage antwortete die Stimme einer Frau, die uns nach einigem Zögern öffnete. Es war Claudias Mutter, die sich nach dem Tod ihres Mannes mit der Tochter versöhnt hatte.

Claudia kam uns entgegen und gab vor, uns nicht zu kennen. Sie war besorgt, fragte, was passiert sei, und ich antwortete, wir müssten eine Hausdurchsuchung vornehmen. Sie bat uns nur, keinen Lärm zu machen, weil ihre Tochter schlafe. Wir beschlossen, uns zu trennen, zwei würden sich, in Anwesenheit der Mutter, das untere Stockwerk vornehmen, und einer das obere, in Begleitung von Claudia. Ich machte schon Anstalten, mit ihr hinaufzugehen, um dort auch frei mit ihr sprechen zu können, als Alfredo mir auf der Treppe zuvorkam.

Ich stutzte. Eigentlich stand ich im Rang über ihm und entschied normalerweise, was wie zu tun war. Aber hier wollte ich ihn nicht bloßstellen und ließ ihm den Vortritt. Die luxuriöse Architektur der Villa passte wenig zu der kaum mehr als bescheidenen Einrichtung. Claudias Mutter begann zu weinen: »Nein, diese Erniedrigung! Meine Familie hatte noch nie mit der Polizei zu tun. An all dem ist nur mein Schwiegersohn schuld. Der bringt uns in Verruf, auch vor den Nachbarn. Diese Ehe hätte nie geschlossen werden dürfen. Sie hat meine Familie zerstört, mein armer Mann, den hat der Kummer ins Grab gebracht …«

Wir versuchten, sie zu trösten, doch sie schluchzte und klagte immer weiter. Nach zehn Minuten bat ich den Kollegen, alleine weiterzumachen, ich hätte Alfredo etwas zu sagen. Die Treppe zum oberen Stockwerk verfügte über einen hölzernen Handlauf und war mit einem blauen Läufer verkleidet, so dass ich fast geräuschlos die Stufen nahm. Oben angekommen, schaute ich mich um und sah Alfredo und Claudia zusammen in einem Zimmer stehen. Sie reichte ihm das Schulterholster mit seiner Dienstpistole, und er stand im Hemd da, legte jetzt rasch das Holster an und zog sofort das Jackett wieder darüber.

Es war seltsam, eine Szene, die ich überhaupt nicht einordnen konnte.

Ich beschloss, ganz leise wieder zurückzugehen, und rief auf halber Treppe nach Alfredo, der sogleich, neben Claudia, auf den Treppenabsatz trat: »Alles klar hier, oder gibt's Probleme?«

Beide schauten mich verwirrt an.

»Wie meinst du das?«, fragte Alfredo, sichtbar verlegen.

»Hast du die MP und die Handgranaten gefunden, die Claudia hier versteckt hat?«

Beide entspannten sich und lachten.

Dann wandte ich mich an sie: »Nun, erzähl doch mal ein wenig. Wie geht's euch?«

»Schlecht, ganz schlecht. Unsere Tochter vermisst ihren Vater. Der schickt immer mal wieder Leute vorbei, die uns Geld bringen, aber ich nehme nichts davon an.«

Kaum zu glauben, Claudia lebte zwar in einer Luxusvilla, aber nur von der Rente ihrer Mutter. »Ein schönes Haus habt ihr«, bemerkte ich.

»Ich habe es so vorgefunden, das Einzige, was davon mir gehört, sind die Möbel. Alles andere war schon da, auch die Überwachungskameras. Vorgestern war ich bei ihm im Gefängnis, und er hat mir Vorwürfe gemacht, einer so bescheidenen, ehrlichen Frau wie mir würde man nicht so recht trauen. Das könnte gefährlich werden, meinte er, und er hat nochmal verlangt, dass ich das Geld annehme, auch wenn ich es dann zur Seite lege.« Ihr kamen die Tränen: »Stell dir doch mal vor, wie soll man denn so leben? Was haben die vor, wollen sie mich oder ihn umbringen, weil ich zu ehrlich bin? Das halte ich nicht mehr aus. Ich hab ihm auch gesagt, dass ich mich von ihm scheiden lasse, weil ich so nicht mehr weitermachen kann. Er ist wahnsinnig wütend geworden und hat mich angeschrien, einer Scheidung würde er niemals zustimmen, in unserer Welt sei dieses Wort völlig unbekannt.«

Am nächsten Tag erzählte ich Franco, Tullio und Cosimo von der seltsamen Szene, die ich beobachtet hatte. Ob ihm in jüngster Zeit irgendetwas aufgefallen sei, fragte ich Franco, der oft mit Alfredo auf Streife war. Er verneinte, nur dass Alfredo eben wegen seiner kranken Mutter sehr besorgt sei; die rufe er häufig an, wenn sie zusammen unterwegs seien. Seltsam sei allerdings, dass er immer von einer Telefonzelle aus anrufe, auch wenn er sein Handy dabei habe.

Am Nachmittag des folgenden Tages legten wir uns vor Alfredos Haus auf die Lauer. Irgendwann verließ seine Mutter in Begleitung einer anderen älteren Dame das Haus und marschierte forsch, keineswegs kränklich wirkend, die Straße hinunter. Nach einer halben Stunde kehrte sie zurück, mit einer schweren Einkaufstüte beladen, ohne sich damit besonders abzumühen. Offensichtlich war die Dame kerngesund, und genauso offensichtlich war die Tatsache, dass Alfredo uns irgendetwas verheimlichte. Zum Abendessen, in unserem Versteck, gab es wieder mal nur Brötchen, und Franco stritt am Handy mit seiner Frau, die es leid war, ihn so selten zu sehen; das sei nicht die Ehe, die sie sich vorgestellt habe, sie komme sich wie eine Witwe vor. Franco redete leise: »Tut mir leid, ich kann dir alles erklären, lass uns zu Hause in Ruhe darüber reden, aber jetzt halt mich nicht so lange am Telefon fest, die Rechnung ist happig … Hallo? Hallooo …?« Kein Netz mehr, sagte Franco, wie so oft in solchen Situationen. Und wie so oft hatte seine Frau einfach aufgelegt. Wir ließen uns nichts anmerken, um ihn nicht zu kränken.

Gegen zweiundzwanzig Uhr trat Alfredo aus der Haustür, zwängte sich in die Telefonzelle in der Nähe, redete eine Viertelstunde und ging dann wieder hinein.

Wir brachen ab, waren aber am folgenden Abend wieder vor seinem Haus postiert. Kurz vor zweiundzwanzig Uhr trat unser Freund wieder aus der Haustür und nahm diesmal den Wagen. Wir folgten ihm bis auf die Umgehungsstraße, die er bei einer Abfahrt, die ich gut kannte, wieder verließ. Er bog in eine kleine Straße ein und parkte. Während er seinen Wagen abschloss, fuhren wir an ihm vorüber. 100 Meter weiter hielten wir ebenfalls und beobachteten, wie er die Umfassungsmauer von Cavallaros Villa überkletterte.

Ich war wie vom Donner gerührt. Was ich von Anfang an vermutet hatte, mir aber nicht eingestehen wollte, bewahrheitete sich nun: Alfredo und Claudia hatten ein Verhältnis. Jetzt verstand ich auch, was ich an dem Abend der Hausdurchsuchung gesehen hatte: Er hatte die Pistolentasche wieder an sich genommen, die er wohl bei einer Begegnung mit Claudia in der Villa vergessen hatte. Eine hochbrisante Angelegenheit: Die beiden spielten mit ihrem Leben. Von irgendeiner Affäre hätte uns Alfredo sicher erzählt, Claudia aber hatte er nie erwähnt, denn er wusste genau, dass ich ihn mit aller Macht von dieser Verbindung abzubringen versucht hätte.

»Der ist verrückt«, meinte Franco. »Stell dir nur mal vor, an unserer Stelle würde jetzt irgendein Freund von Cavallaro hier stehen. Das Gnädigste, was sie mit ihm machen würden, wäre, ihn in Stücke zu reißen und die Teile in Salzsäure aufzulösen.«

Zwei Tage später beschlossen wir fünf befreundeten Kollegen, abends zusammen essen zu gehen. Ziel war es, mit Alfredo zu reden, die Situation zu klären.

Bei Tisch ging Franco dann recht brutal vor. Er wartete, bis der Nachtisch serviert wurde, und fragte dann ganz gleichmütig. »Na, Alfredo, wie läuft's denn mit Cavallaros Frau?«

Alfredo lief knallrot an, und der Bissen blieb ihm im Halse stecken.

Dann senkte er den Kopf. »Seid wann wisst ihr es?«

»Das ist unwichtig«, antwortete Tullio, »wichtiger ist dein Leben. Ist dir denn nicht klar, was du da anrichtest? In welche Gefahr du dich begibst? Stell dir doch nur vor, nicht wir hätten dich erwischt, sondern Cavallaro oder ein Freund von ihm. Dann würdest du sicher nicht mehr hier bei uns am Tisch sitzen. Und an die Frau denkst du wohl gar nicht. Wenn sie dich umbringen, ist Claudias Leben auch keinen Pfifferling mehr wert.«

Es tue ihm leid, dass er uns was vorgemacht habe, erklärte Alfredo und versicherte uns, dass er unsere Befürchtungen verstehen könne. Aber in der Sache blieb er hart. »Ich habe mich in diese Frau wirklich verliebt. Und sie erwidert meine Gefühle. Nur wegen ihrer Tochter und aus Angst vor seiner Reaktion hat sie ihn noch nicht verlassen. Ich hab schon überlegt, mich nach Norditalien versetzen zu lassen und sie mitzunehmen, aber sie fürchtet, dass man dann hier ihrer Mutter etwas antun würde. Claudia ist furchtbar verwirrt, und ich bin mit meinen Nerven am Ende. Wir wissen nicht, was wir tun sollen.«

»Das können wir dir sagen: Du musst dich von dieser Frau trennen. Sofort!«

Alfredos Miene erstarrte: »Das könnt ihr vergessen!«, erklärte er kategorisch.

Es war klar, dass wir auf diese Weise, indem wir ihn unter Druck setzten, nichts erreichen würden.

»Du hättest uns wirklich davon erzählen können«, lenkte Tullio ein. »Wir sind doch wie Brüder, oder nicht? Wir hätten dir Tipps geben, dir helfen können.«

»Ich hatte keine Lust, mich von euch kritisieren zu lassen. Dazu bin ich zu verliebt. Ich ertrag es nicht, wenn man versucht, Claudia und mich auseinanderzubringen.«

Wir rieten ihm, sich eine Auszeit zu nehmen, um die Sache zu überdenken. Vor allen Dingen aber, sich nicht mehr in der Villa mit ihr zu treffen und sie nicht anzurufen, auch nicht von einer Telefonzelle aus. Das sei zu gefährlich.

»Wie stellt ihr euch das vor? Ich kann doch nicht einfach so von der Bildfläche verschwinden.«

»Wir versuchen morgen, sie vor dem Kindergarten zu treffen, und reden mit ihr. Wir sagen ihr, dass wir Bescheid wissen und dass du mit ihr sprechen musst, und machen ein Treffen für euch aus.«

Am nächsten Tag fuhr ich zum Kindergarten, wo ich Claudia schon von weitem in ihrem Wagen sah. Ich hielt neben ihr und bat sie, mir zu folgen. Wir fuhren in ein Parkhaus. Ich stieg aus und setzte mich neben sie in ihren Wagen. Ohne lange Vorrede kam ich gleich zur Sache.

Es war ihr natürlich furchtbar unangenehm: »Hat er es euch gesagt?«

»Nein, wir haben es selbst herausgefunden. Zum Glück niemand sonst.«

Sie brach in Tränen aus. »Was soll ich denn machen? Ich bin

so verzweifelt, in nicht mal mehr einem Monat wird Cirino entlassen. Aber er ist nicht mehr der Mann, den ich geheiratet habe. Manchmal ist er zärtlich, andere Male macht er mir auch Angst, ist hart, bedrohlich. Er ist jetzt Drogendealer, verstehst du? Alles habe ich versucht, um ihn davon abzubringen, aber er sagt, er kommt da nicht mehr raus. Sonst müssten wir uns das ganze Leben lang verstecken und in ständiger Angst leben. Bis sie uns doch finden. Denn die Mafia vergisst und verzeiht nicht. Und dann redet er immer vom Geld. Geld, Geld, dieses verfluchte Geld. Er will nicht mehr von der Hand in den Mund leben, sagt er immer, seit seiner Kindheit habe er immer am Hungertuch genagt, und diese Zeiten müssten vorbei sein. Ich weiß, was er so treibt. Das kann ich mir zusammenreimen aus allem, was ich so aufgeschnappt habe bei uns zu Hause, von seinen Gesprächen mit den immer gleichen Halunken, denen ich einen Kaffee machen musste. Ich frage mich, ob er auch schon Leute umgebracht hat.«

Ich rief Alfredo über das Handy an und zehn Minuten später traf er in dem Parkhaus ein. Ich verabschiedete mich von Claudia und legte beiden ans Herz, sich nicht zu Kurzschlusshandlungen hinreißen zu lassen.

Noch am selben Abend suchte Alfredo mich auf: »Wir haben hin und her überlegt, aber uns fällt kein Ausweg ein. Doch so verwirrt wir auch sein mögen, eins wissen wir ganz sicher: Wir bleiben zusammen.«

»Vielleicht weiß ich ja eine Lösung«, murmelte ich.

Cavallaro hatte seine Strafe abgebüßt, wurde aus der Haft entlassen und kehrte nach Hause zurück. Alfredo schien kaum noch zu halten, war gereizt, wie wahnsinnig vor Eifersucht. Denn er wusste, Claudia würde ihren Ehemann vielleicht eine Weile hinhalten können, irgendwann aber, dafür würde Cavallaro schon auf die sanfte oder brutale Art sorgen, mit ihrem Ehemann schlafen müssen. Diese Vorstellung brachte Alfredo fast um den Verstand, und seine Wut machte uns Sorgen. Jeden Morgen fuhr er beim Kindergarten vorbei, um Claudia zu sehen, mit ihr zu sprechen, doch sie kam nie allein, wurde immer von einem Mann begleitet, der uns als Mafia-Mitläufer bekannt war.

Vier Tage später rief er uns alle zusammen. »Ich halte das nicht mehr aus«, sagte er. »Bevor ich irgendeinen Blödsinn mache, lasst uns eine Hausdurchsuchung bei Cavallaro durchführen. Ich muss sie sehen, muss wissen, wie es ihr geht.«

Ich hätte ihm gerne gesagt, dass er sich falsch verhielt, dass er Ruhe bewahren und abwarten müsse, aber damit hätte ich seine Verzweiflung nur noch verstärkt. Tullio setzte einen Bericht auf: Aus vertraulicher Quelle sei bekannt geworden, dass im Haus des Vorbestraften Cavallaro zwei nicht registrierte Pistolen versteckt seien. Der Chef gab sofort Anweisung, eine Hausdurchsuchung durchzuführen. Tullio, Alfredo, Cosimo und Franco übernahmen die Sache. Ich war nicht dabei.

Gegen Mittag kehrten sie zurück, Franco setzte das Durchsuchungsprotokoll auf, Alfredo und die anderen beiden erstatteten mir Bericht. Beim Empfang hatte ihnen ein rätselhafter Satz aus Cavallaros Mund zu denken gegeben: »Sind Sie alle zusammen gekommen, oder fehlt da nicht einer?«

»Was wollen Sie damit sagen?«, hatte Franco nachgehakt.

»Nichts, gar nichts«, antwortete er, »kommen Sie nur herein, fühlen Sie sich ganz wie zu Hause.«

Während Franco und Tullio den Keller und das Erdgeschoss durchstöberten und Cavallaro damit ablenkten, waren Alfredo und Cosimo zu Claudia ins obere Stockwerk hinaufgestiegen.

»Du kannst dir nicht vorstellen, was sie durchmachen muss«, erzählte Alfredo. »Als sie mich sah, ist sie mir sofort um den Hals gefallen und wollte mich gar nicht mehr loslassen, während Cosimo an der Tür stand und aufpasste, ob Cavallaro die Treppe hinaufkam. Sie hat mir nochmal gesagt, dass sie mich liebt und dass wir einen Entschluss fassen müssen. Sie hat ja mit diesem Scheißkerl geredet und ihm gesagt, dass sie zu ihrer Mutter ziehen will. Aber das hat er ihr natürlich strikt verboten.«

Alfredo redete und redete, aber ich hörte ihm gar nicht mehr zu. Dieser Satz von Cavallaro: »Sind Sie alle zusammen gekommen, oder fehlt da nicht einer?«, ließ mich nicht mehr los. Das bezog sich auf mich.

Wahrscheinlich erinnerte er sich an Franco und Alfredo, die er, einige Jahre zuvor, flüchtig bei der Einweihung von Signora Vitales Bar gesehen hatte. Oder jemand hatte ihm zugetragen, dass sie meine engsten Kollegen waren. Aber wer?

Alfredo riss mich aus meinen Gedanken, indem er meinen Arm ergriff: »Du hast doch gesagt, dass du vielleicht eine Lösung weißt. Was ist damit?«

»Nichts, ich muss das noch überprüfen.«

Er bohrte weiter, doch ich ließ mir nichts entlocken. Als er gegangen war, drängten mich nun Franco und Cosimo, ihnen zu verraten, woran ich dächte. Wir setzten uns zusammen: »Ich fühle mich zwar schlecht dabei«, begann ich, »dennoch glaube ich, es könnte eine Lösung sein. Claudia müsste sich ins Zeugenschutzprogramm aufnehmen lassen. So könnte sie von der Bildfläche verschwinden, ohne dass irgendjemand erfährt, wohin sie gezogen ist.«

Franco schaute mich schief an. »Sie soll also ihren Mann verraten?«

Ich nickte.

»Okay, und später lässt sie Alfredo wissen, wo sie nun lebt, so dass er sich dorthin versetzen lassen kann«, fügte Cosimo hinzu.

Keinem von uns gefiel das. Wir schauten uns zweifelnd an, bis

Franco irgendwann herausplatzte: »He, dieser Cavallaro kann uns doch scheißegal sein. Das ist ein übler Verbrecher. Der hat sich doch alles selbst zuzuschreiben. Wir sorgen ja nur dafür, dass seine Frau und seine Tochter so leben können, wie sie es verdient haben. Natürlich«, fügte er dann nach einer Pause hinzu, »müssten wir vorher wissen, wie wichtig er in der Mafiahierarchie ist und welcher Bande er angehört. So ein Kronzeuge muss schon für aufsehenerregende Waffenfunde und Festnahmen garantieren, sonst machen die Richter keinen Finger krumm. Wer sagt uns denn, dass Claudia wirklich Aufschlussreiches über ihren Mann zu berichten weiß?«

Eine Rechnung mit zu vielen Unbekannten, zu viele Dinge, die noch zu klären waren. Ich trat auf den Balkon hinaus, der Duft von Zitronenblüten und frittierten Crespelle aus der Bar nebenan zog zu mir herauf.

Auf der Straße eine endlose Autoschlange und viele Spaziergänger. Familien, lärmende Jugendliche, Liebespaare Hand in Hand, Rentner. Ein Gewimmel sich hin und her bewegender Köpfe, Hände, Farben. Dahinter verbargen sich Geheimnisse, Persönlichkeiten, Gedanken.

Wie ein Verräter fühlte ich mich. Cavallaro hatte sich für dieses Leben entschieden und würde ohnehin früher oder später dafür bezahlen müssen. Aber musste ich es sein, der ihm die Schlinge um den Hals legte?

Ich fuhr nach Hause, die Läden hatten längst geschlossen, fast Mitternacht, es war wieder sehr spät geworden. Es wäre schön gewesen, mich mit meiner Frau beraten zu können, aber sie hat von meiner Arbeit nie etwas mitbekommen. Und das war auch besser so.

Wir aßen zusammen, wie immer hatte sie auf mich gewartet.

»Wie geht's dir?«, fragte sie.

»Gut, gut, ich bin nur ziemlich müde.«

Meine Kinder schliefen schon lange. Wenn ich ihre friedlichen Gesichter sah, war das Elend, von dem ich den ganzen Tag umgeben war, sofort vergessen. Cinzia und ich setzten uns aufs Sofa, und ich küsste sie. Sie erzählte mir von den Kindern und ihren Fortschritten, von ihren eigenen Sorgen. Noch zwölf Tage bis zum nächsten Gehalt, und das Geld war schon wieder knapp, wahrscheinlich würden wir wieder mal in die Miesen geraten. Ich hatte mehr als 100 Überstunden gemacht, die Entlohnung dafür hätten wir gut gebrauchen können, aber wann wir sie bekommen würden, stand in den Sternen.

Cavallaro stellt sich

Als ich eines Abends meine Vespa in der Garage abstellte, merkte ich plötzlich, dass ich nicht alleine war. Eine wahnsinnige Angst überkam mich, vielleicht war mein letztes Stündlein gekommen. Wie von selbst glitt meine Hand zum Gürtel, obwohl mein Verstand wusste, dass sie niemals rechtzeitig die Pistole erreichen würde. Ich fuhr herum. Es war Cavallaro.

Er war wieder untergetaucht, weitere fünf Monate Haft wegen einer früheren Straftat erwarteten ihn.

»Hab ich dich erschreckt?«

»Natürlich. Das kannst du dir wohl denken. Sollst du mich umlegen?«

»Leck mich, du bist immer noch so ein Idiot.«

»Ich hab gehört, du hast Karriere gemacht. Bist jetzt in den Kreis der Schutzgelderpresser aufgestiegen. Glückwunsch.«

»Ich bin nicht gekommen, um mir deine Scheißkommentare anzuhören. Du musst mir helfen.«

»Dann muss dir das Wasser aber wirklich bis zum Hals stehen. Dass du ausgerechnet zu mir kommst, nach allem was geschehen ist.«

»Du musst mich verhaften.«

»Schön. Das hat man selten, dass ein Gangster bei einem Bullen vorbeischaut, um sich verhaften zu lassen. Wo ist der Haken?«

»Die wollen mich kaltmachen.«

»Das war doch klar. Wenn ich mich richtig erinnere, hab ich dir das vor Jahren schon vorhergesagt. Und warum wollen sie dir jetzt an den Kragen?«

»Ich muss in den Knast, um mit Carretti zu reden. Es sind einige Dinge geschehen, die ich so nicht gewollt habe. Das muss ich mit ihm klären.«

»Ach, ein Arschkriecher und Hosenscheißer bist du auch noch geworden. Meinst du etwa, der vergibt dir, wenn du ihn brav um Entschuldigung bittest?«

»So eine Unterwerfungsgeste ist das Einzige, was mich noch retten kann. Mir bleibt nichts anderes übrig, ich muss es versuchen. In dieser Situation, bei dem Todesurteil, kann es mir egal sein, ob ich drin oder draußen bin.«

»Aber du bist doch ein Boss. Deine Leute müssten dich doch beschützen? Zu welcher Bande gehörst du?«

»Ach was, Boss, ich gehöre zu niemandem. Ich hab eine eigene Gruppe und ein paar Überfälle und Erpressungen verübt. Leider waren auch einige Geschäfte dabei, die unter Carrettis Schutz stehen. Und das hat seinem Ansehen sehr geschadet, bei seinen Männern und auch den Ladenbesitzern, die er beschützen sollte. Deshalb verlangt er jetzt meinen Kopf.«

»Diesen Kopf solltest du lieber mal einschalten. Was denkst du dir bloß? Hier draußen kannst du vielleicht noch eine Weile überleben, aber sobald du da reingehst, werden sie dich abschlachten wie ein Tier. Und wie kommst du überhaupt darauf, dass ich dir helfen würde? Unsere Freundschaft ist Schnee von gestern, heute bist du ein Verbrecher, und es gibt absolut nichts mehr, das uns verbindet.«

»Ich werde gesucht. Du bist verpflichtet, mich zu verhaften.«

»Verpflichtet? Aha. Gut, wenn du so erpicht darauf bist, in den Knast zu wandern, rufe ich eben einen Streifenwagen und lasse dich abholen.«

»Nein, du musst mich verhaften. Bei allen Banden stehen Polizisten und Carabinieri auf der Lohnliste. Wenn ich in die falschen Hände gerate, werde ich Carrettis Leuten ausgeliefert, und im Knast komme ich niemals an.«

»Namen, ich will Namen hören.«

»Ich weiß nichts. Aber ich kenne jemanden, der mehr wissen müsste. Der sitzt auch.«

»Gut, ich nehme dich fest und liefere dich persönlich in der Haftanstalt ab. Aber den Gefallen kriegst du nicht umsonst.«

»Was willst du?«

»Ich will wissen, worüber man sich so im Knast unterhält, alles, was mir nützen kann, um Waffen zu finden, an Flüchtige heranzukommen, Strohmänner. Ich will wissen, wie sich die Gruppen zusammensetzen, welche Bündnisse es gibt, aber vor allem will ich wissen, wer diese korrupten Kollegen sind – falls es sie geben sollte.«

»Scheiße, nein, ich kann doch nicht im Knast rumfragen wie so ein verdammter Spitzel … Aber ich versprech dir, wenn ich wieder rauskomme, erfährst du was von mir … Wenn sie mich bis dahin nicht kaltgemacht haben …«

»Cavallaro, ich halt nicht viel von dir, denn du stehst jetzt auf der anderen Seite, und außerdem hast du deine Familie zugrunde gerichtet. Aber ich brauche dein Wort.«

»Worauf?«

»Dass du mir Namen nennst, vor allem von den Beamten, die sich haben kaufen lassen.«

»Ehrenwort.«

»Wie bist du gekommen?«

»Mit einem Wagen.«

»Ist es deiner?«

»Nein, vor ’ner halben Stunde geklaut.«

»Park ihn da hinten auf dem Platz und komm dann wie-

der her, ich sorg dann dafür, dass der arme Kerl ihn zurückbekommt. Warum lachst du denn?«

»Ich lache, weil ich nervös bin, und weil der Wagen einem
Typ vom Spampinatoclan gehört. Der fühlt sich so unangreifbar,
dass er ihn ohne abzuschließen, mit dem Schlüssel im Zündschloss, vor einem Laden geparkt hat.«

»An Altersschwäche stirbst du mal nicht. Das steht fest.«

Ich ging hinauf in die Wohnung und setzte schon mal die passende Miene auf, um meiner Frau zu sagen, dass ich nochmal
fort musste.

»Entschuldigung, Schatz, ich hab noch was Dringendes im
Büro zu erledigen. Ein halbes Stündchen, dann bin ich wieder
da.«

Die Kinder kamen mir entgegengerannt. »Papa! Papa!«

»Ciao, ihr Süßen, Papa hat noch was im Büro vergessen, ich
bin gleich zurück und bring euch was zum Naschen mit.«

Cavallaro wartete schon in der Garage auf mich. Ich ließ ihn
in den Wagen steigen, forderte ihn auf, sich flach hinzulegen,
und fuhr dann mit ihm Richtung Innenstadt. Bei einer Telefonzelle hielt ich an und benachrichtigte die Kollegen, dass ich einen Flüchtigen gefasst hätte. Nicht lange, und ein Streifenwagen
traf ein. Cavallaro legte sich selbst die Handschellen an. Ich ließ
mein Auto stehen und fuhr mit ins Präsidium. In den Bericht
schrieb ich: Auf dem Nachhauseweg erkannte ich den gesuchten Straftäter Cirino Cavallaro und veranlasste alles Notwendige, um seine Verhaftung zu gewährleisten.

Dann begleitete ich Cavallaro noch zur Haftanstalt, kaufte Bonbons und fuhr wieder nach Hause. Die Kinder schliefen schon, und meine Frau wartete wie immer mit dem Essen
auf mich. »Du hättest eben keinen Polizisten heiraten dürfen.«

»Das ist keine gute Antwort und keine gute Entschuldigung«,

sagte sie. »Du bräuchtest nur eine andere Stelle. Oder einen anderen Kopf.«

Ich sagte nichts. Viel zu sehr ging ich in meiner Arbeit auf, um auch nur einen Gedanken daran zu verschwenden, mir eine andere Aufgabe zu suchen.

Cavallaros Bericht

Kaum war Cavallaro aus dem Gefängnis entlassen, meldete er sich bei mir. »Wir müssen uns treffen, aber nicht bei der Kirche, beim großen Baum.«

Dort hatten wir als Jungen, als wir zur Grundschule gingen, ebenfalls gespielt. Es war ein altes Gehöft, und obwohl in der Zwischenzeit ringsum Wohnhäuser aus dem Boden geschossen waren, hatte sich dort nichts verändert. Nur das Haus selbst war mehr und mehr verfallen, war kaum mehr als eine Ruine, auch die Tür fehlte, die wir so häufig aufzubrechen versucht hatten, um zu sehen, welche Geheimnisse sich dahinter verbergen mochten. Der Baum stand vielleicht 30 Meter vom Haus entfernt. Von seiner Krone aus hatte man einen fantastischen Blick, wie von einem Wachturm, auf die Stadt und die Straßen, die das Grundstück umschlossen.

Früher als verabredet traf ich dort ein. Ich vertraute ihm nicht hundertprozentig, hatte meine Pistole eingesteckt und ein Fernglas, mit dem ich das ganze Gelände überschaute. Da kam Cavallaro, er war allein.

Ich steckte das Fernglas in die Gürteltasche zurück und wartete.

»In der Zeitung stand nichts von deiner Ermordung. Also hat Carretti dir wohl verziehen.«

»Sonst wäre ich nicht hier.«

Er setzte sich auf einen Steinblock und genoss schweigend den Blick.

Der Himmel war glasklar, man sah die ganze Küste, das Meer, glatt wie eine Tafel, die nur noch gedeckt werden muss, in der Ferne zeichnete sich ein Schiff vor dem Horizont ab, und ein Flugzeug stieg in die Luft. Schweigend setzte ich mich zu ihm, kehrte mit ihm zurück in die Vergangenheit. Wir waren sorglos, glücklich, hatten unseren Spaß daran, vor Signor Turi, dem Bauern, abzuhauen, der es gar nicht gerne sah, wenn wir seine Mandarinen klauten.

Auf diesem Grundstück hatten wir unsere Verstecke, Hütten aus Ästen und Pappe, in denen wir uns verbargen, wenn wir unsere Schlachten mit dem Blasrohr austrugen und ganze Vormittage zubrachten, weil wir wieder mal die Schule geschwänzt hatten. Cavallaro hatte immer sein Schnappmesser dabei und zeigte uns, wie es geworfen wurde, wenn die Feinde von den Bäumen her anrückten.

Dies war auch der Ort, wo ich mich als Zwölfjähriger mit meiner ersten Freundin traf und meinen ersten Kuss erlebte.

Wir schauten uns an.

»Das waren noch Zeiten, was?«

»Ich würde viel dafür geben, um sie nochmal zu erleben«, antwortete er und schüttelte den Kopf.

»Wem sagst du das. Erinnerst du dich noch an Peppino? Wie der mit seiner Freundin hier war, und wir haben uns in den Büschen versteckt und ihn mit dem Blasrohr beschossen? Immer wieder ist er hochgeschreckt und hat sich ratlos umgeschaut und geflucht wie ein Berserker.«

Wir lachten, bis uns die Tränen kamen, über diese und andere Anekdoten. Dann verflog der Zauber und wir waren wieder der Polizist und der Gesetzesbrecher. Die Reise in die Vergangenheit war zu Ende, und in seinem Blick las ich das gleiche Misstrauen wie er in dem meinen, die gleiche Frage. Kann ich einem Bullen trauen? Kann ich einem Banditen trauen?

»Was hast du mir Schönes zu erzählen?«, begann ich.

»Ich habe nicht viel rausbekommen.«

»Was hast du über meine Kollegen erfahren?«

»Es müsste sich um sechs, sieben Leute handeln, die der Squadra Mobile angehören oder mal angehört haben. Die sind in verschiedenen Abteilungen, zwei sollen jetzt auch Rausschmeißer in Nachtbars sein.«

»Sechs oder sieben! Bist du sicher? Was ist denn ihre Aufgabe?«

»Die machen alles Mögliche. Sie warnen, wenn eine Razzia geplant ist, sorgen für sichere Verstecke für Waffen und Untergetauchte und transportieren Drogen. Und wenn sie auffallen, zeigen sie einfach ihren Polizeiausweis vor. Zudem liefern sie Informationen zu laufenden Ermittlungen, zu den Bullen, die daran arbeiten, zu den Kennzeichen der eingesetzten Fahrzeuge. Ich hab sogar erfahren, dass ihr für eure Beschattungen einen Lieferwagen mit einer Leiter auf dem Dach benutzt, und einmal ist sie vom Dach gerutscht, als ihr aus der Polizeigarage gefahren seid.«

Ja, verflucht, das stimmte, und wir hatten alle gelacht. Aber wie sollte man sich jetzt noch erinnern, wer alles dabei war? Wir waren zu einer Razzia aufgebrochen, mit Dutzenden von Beamten.

»Sonst nichts?«

»Einige von diesen falschen Bullen bemühen sich, möglichst viele Leute festzunehmen. Das steigert ihr Ansehen, auch in den Augen ihrer Chefs, die sie deshalb für ihre besten Männer halten.«

»Ja, Scheiße, wir alle nehme viele Leute fest. Wenn's danach ginge, wäre ich auch verdächtig.«

»Als ich einmal mit einem Kumpel in der Via Mare unterwegs war, meinte der zu mir: ›Dieses Viertel hier haben die Spampi-

225

natoleute gut unter Kontrolle. Hier wohnt ein Bulle, dem seine Kollegen vertrauen. Der nimmt viele fest, aber die Namen kriegt er vom Clan, alles Leute, die nicht mehr zuverlässig sind. Der Bulle freut sich und steht glänzend da vor seinen Chefs und den anderen Bullen, und dafür gibt er alles weiter, was den Clan betrifft. Der Mann lebt seit kurzem getrennt und spielt leidenschaftlich gern Karten.‹«

Wir sind so viele Beamte, dachte ich bei mir, wie soll man da wissen, wer sich gerade von seiner Partnerin getrennt hat? Ich hätte mich im Personalbüro umhören können, aber es war gar nicht so einfach, durch die Gegend zu laufen und solche Fragen zu stellen.

»Bist du wirklich sicher, dass sie die Namen der Beamten preisgeben, die bestimmte Ermittlungen leiten?«

»Das haben sie mir jedenfalls erzählt. Es kann natürlich auch Bockmist sein, sieh zu, was du damit anfangen kannst. Noch was, offenbar soll in nächster Zeit ein Anschlag auf einen Bullen vorgetäuscht werden, der mit Santonocito unter einer Decke steckt.«

»Aus welchem Grund?«

»Wenn ich richtig verstanden habe, geht's um einen jungen Polizisten, der nach dem Anschlag als Sicherheitsmaßnahme versetzt werden solle. Er wird sich dann nach Turin versetzen lassen, wo ein Bulle, der für den Clan gearbeitet hat, ausgeschieden ist. Den wollen sie ersetzen, um zu erfahren, was bei euch so vorgeht, vor allem aber, um eine Anlaufstelle für Flüchtige aus dem Süden zu haben.«

»Jetzt sag mir endlich mal, was du in der Organisation für eine Rolle spielst. Wenn das alles stimmt, musst du ziemlich weit oben stehen, sonst würde man dir das nicht alles erzählen. Oder verarschst du mich und erfindest hier einen Haufen Mist und verkaufst ihn mir als Gegenleistung für meinen Gefallen?«

»Kehr doch nicht wieder den Bullen vor mir raus! Begnüg dich mit dem, was du hast, und häng dich rein, wenn du die Leute überführen willst. Und wenn du mich nochmal als Lügner hinstellst, erfährst du kein Wort mehr von mir …«

»Was weißt du über den Typen, auf den der Anschlag vorgetäuscht werden soll? Wo wohnt er, in welcher Abteilung arbeitet er? Ich will mehr wissen.«

»Mehr weiß ich aber nicht. Ich kann dir höchstens noch erzählen, dass sie Leute suchen, auf die Gewerbe angemeldet werden sollen, ein Schuhgeschäft und ein Möbelgeschäft in der Gegend der Piazza Europa. Sie hören sich überall um, bei Freunden von Freunden, nach Leuten, die ohne Arbeit sind und was brauchen, um über die Runden zu kommen. Es sollen aber auch unbescholtene Bürger sein ohne Vorstrafen und möglichst mit Schulabschluss.«

»Aber irgendwann merken die doch, was dahintersteckt. Und was ist, wenn sie dann nicht mitziehen und Anzeige erstatten?«

»Ich hab noch nie erlebt, dass ein Arbeitsloser, der plötzlich ein Geschäft führen kann, alles hinschmeißt, was ihm ein ordentliches Leben garantiert. Wer hungert, kann sich kein Gewissen leisten. Die wahre Macht der Mafia ist das Geld, damit erreicht sie alles. Es bringt euch nichts, wenn ihr Mafiosi in den Knast schickt, ihnen aber ihr Geld lasst. Dann werden sie trotzdem immer stärker, denn mit ihrem Geld können sie befehlen, bestechen, Waffen und Drogen kaufen, die Angehörigen der Gefangenen unterstützen, sich die besten Anwälte leisten. Und wenn sie dann aus der Haft entlassen werden, sind sie noch mächtiger als zuvor. Und dann die Zeit. Ein Mafioso muss keine Anträge stellen, muss keine 3000 Seiten an Staatsanwälte und Richter schreiben, der zieht los und schießt, ohne Zeit zu verlieren.«

Da hatte er mehr als Recht: Wollen wir einen Telefonanschluss überwachen, müssen wir zunächst einen Haufen knallharter Indizien zusammentragen, die den Richter überzeugen, uns die Genehmigung zu erteilen. Mit anderen Worten, bevor wir in einem Mordfall richtig ermitteln können, haben die Täter bereits zehn weitere Morde verübt. Wir hinken immer hinterher.

Wer Cavallaro wirklich war, blieb mir weiter ein Rätsel. Aber um all diese Dinge zu wissen, musste er in der Hierarchie schon eine gewisse Position erreicht haben. Doch wie auch immer, jedenfalls brachte mich das, was er da sagte, richtig in Rage: Und zwar deshalb, weil es zutraf. Auf Geld gründet die Mafia ihre Macht.

Manchmal stellten wir bei Hausdurchsuchungen fest, dass die Verdächtigen in millionenschweren Villen residierten. Aber wenn wir dann die Eigentumsverhältnisse klären wollten, ärgerten wir uns regelmäßig, weil dies nicht kurzfristig – und manchmal auch gar nicht – möglich war. Die wirksamste Waffe des Staates ist eine simple Überprüfung der Einkommensteuererklärung. Wir haben es da mit Leuten zu tun, die nie gearbeitet haben. Woher stammt also das Geld, mit dem sie sich ein solch prachtvolles Anwesen leisten? Der Staat müsste den Standpunkt einnehmen: Du kannst die Herkunft dieses Kapitals nicht belegen? Gut, dann ziehe ich es eben ein. Tatsächlich vergehen aber Jahre, bis so eine Konfiszierung durch und das endgültige Urteil gesprochen ist. Und sehr, sehr häufig geschieht es, dass Gerichte beschlagnahmte Objekte an den Eigentümer, gegen den die Ermittlungen laufen, zurückerstatten oder seiner Obhut überlassen.

Es würde schon genügen, ein Gesetz zu verabschieden, das den Untersuchungsbehörden die Handhabe gibt, in einer Bank zu erscheinen und den Direktor aufzufordern: Zeigen Sie mir alle Buchungen, die folgende Person betreffen. Sicher, das wird schon gemacht, aber nur auf richterliche Anordnung. Doch wirklich effektiv können wir nur vorgehen, wenn wir schnell und überraschend handeln, wenn wir über die Datenbanken auch Einblick ins Bankkonto haben, in die Einkommen- und Umsatzsteuererklärung, um zu wissen, welche Beiträge geflossen sind. Greifen wir einen bekannten Straftäter mit einem 100 Millionen Lire teuren Auto auf und sehen, dass er arbeitslos gemeldet ist, müssten wir unverzüglich eine präventive Beschlagnahmung durchführen können, um die Herkunft dieses Eigentums zu überprüfen. Wir müssten sagen können: Du kannst dir dieses Auto nicht leisten, und deshalb ziehe ich es ein, bis du mir das Gegenteil bewiesen hast. Stattdessen vergehen Monate mit den erforderlichen Überprüfungen, Feststellungen, Nachforschungen, Anträgen und Fahrten, die Geld kosten und unsere Leute auf Trab halten.

Doch was ich Cavallaro antwortete, klang ganz anders: »Vielleicht sind wir schlecht ausgerüstet und vorbereitet, aber das geht dich einen Scheiß an. Spar dir deine Bemerkungen und erzähl weiter. Wie ist das mit dem inneren Aufbau der Banden? Was läuft da ab im Gefängnis? Wie funktioniert das, wenn Messer oder Drogen reingeschmuggelt werden?«

»Mann, bist du neugierig. Immer die Nase in anderer Leute Angelegenheiten stecken. Als Bulle kenne ich dich, als Bulle wirst du sterben. Also gut, wenn du in den Knast kommst, kannst du sagen, zu welcher Gruppe du willst, und dann stecken sie dich in diesen Flügel. Du kannst auch eine andere Zelle verlangen, wenn du dich in deiner nicht sicher fühlst. Wenn du neu bist, spricht dich garantiert jemand an und fragt dich, was passiert ist und ob deine Familie versorgt ist. Die versuchen sofort, einen anzuwerben, und kümmern sich darum, dass deine Familie Unterstützung erhält.«

»Und wie läuft das genauer? Wie gelangt so ein Auftrag nach draußen?«

»Da gibt es drei Wege: über den Anwalt, über Verwandte, die einen besuchen kommen, oder übers Handy.«

»Verdammt, sogar mit Handys. Wie kommen die denn rein?«

»Dafür sorgen die Schließer. Einige von ihnen sind so eifrig, die würden einem sogar noch den Einkauf nach Hause tragen.«

»Und wenn sich ein Häftling nicht anwerben lassen will? Was passiert mit dem?«

»Kommt drauf an. Manche lässt man in Ruhe, andere macht man zu Märtyrern, zu Sklaven, lässt sie für alle die Betten machen, kochen, spülen. Sie werden in den Arsch gefickt oder man lässt sich von ihnen vor dem Schlafengehen die Füße waschen. Ja, im Knast lebst du unter Drogenabhängigen, Perversen, Typen von überall her und von jeder Sorte, die scheißen auf jede Regel, jedes Mitleid, das sind Tiere, die zu allem fähig sind.«

»Und wie kommen die Drogen rein?«

»Normalerweise über die Anwälte oder Schließer, oder sie stecken im Arsch von Leuten, die sich absichtlich einbuchten lassen, um sie in den Knast zu bringen. Manche schlucken sie auch und kacken sie dann in der Zelle wieder aus.«

»Wie sind denn die Gruppen normalerweise organisiert?«

»Na ja, die bestehen meist aus Mitgliedern und Unterstützern. Die Mitglieder sind die eigentliche Bande, die Unterstützer stehen eher am Rand. Aber wenn Bedarf ist, wählt man unter denen einen für eine bestimmte Aufgabe aus. Die werden alle mal ausprobiert und die Besten werden schließlich aufgenommen. Dann gibt es noch die Nahestehenden, also Leute, an die man sich wendet, um bestimmte Informationen zu erhalten, und die auch bestimmte Dinge zu erledigen haben, bis sie irgendwann selbst zur Gruppe gehören. Diese Leute stellen sich zur Verfügung, und je nach dem, welche Eigenschaften gerade verlangt werden, greift man auf sie zurück. Braucht man zum Beispiel einen Strohmann für einen Betrug, nimmt man sich einen ohne

Vorstrafe, der dann meistens aber noch gefälschte Papiere bekommt. Andere setzt man als Fahrer ein, weil sie eben gut Auto fahren, wieder andere übernehmen die Anrufe bei Schutzgelderpressungen. Autos und Gewerbebetriebe werden immer auf Leute ohne Vorstrafen angemeldet. Viele besitzen auch einen gültigen Waffenschein und werden eingesetzt, um Munition zu kaufen, oder wenn Leibwächter gebraucht werden. Darunter sind auch Wachleute und Stadtpolizisten.

In der Stadt verfügen die Banden über jede Menge Häuser, Wohnungen und Garagen, wo Autos, geklaute Lastwagen oder Untergetauchte versteckt werden. Entweder gehören sie Bandenmitgliedern oder werden von Leuten gemietet, die noch nicht vorbestraft sind. Normalerweise kann niemand seine Bande verlassen, außer er wird von einer stärkeren Bande aufgenommen. Wir in der Gruppe können auch selbst Entscheidungen treffen, aber nie gegen den Willen des Anführers. Einen Raubüberfall kannst du zum Beispiel machen, ohne dass der Boss davon weiß, aber für eine Erpressung musst du ihn um Erlaubnis fragen. Die Beute wird dann aber in der Gruppe verteilt. Ein großer Anteil geht direkt an den Boss, der damit auch die Familien der Häftlinge unterstützt. Wir haben auch einen Buchhalter und einen Geschäftsführer mit einem Büro in der Nähe der Piazza Alcalà. Dieser Geschäftsführer hat gute Kontakte zu einem Anwalt, der sich um Firmenpleiten und Zwangsversteigerungen kümmert. Gegen großzügige Entlohnung berät ihn dieser Anwalt über alle Möglichkeiten, wie sich das Geld, das die Unternehmungen der Bande einbringen, waschen lässt. Bekannt ist mir auch, dass die Gruppe über zwei gepanzerte Fahrzeuge verfügen kann, die einem großen Unternehmer gehören. Wer das ist, weiß ich aber nicht. Viele Waffen und Handgranaten der Banden stammen aus Albanien und werden zusammen mit Zigaretten geschmuggelt, ein Handel, der seit mindestens 20 Jahren blüht. Wahrscheinlich interessiert dich auch unser Jargon, die verschlüsselten Sätze. Wenn einer umgelegt werden soll, sagt man ›wir müssen noch Oliven einlegen‹, oder ›morgen wird das Kind getauft‹, oder auch ›wir müssen noch die Wand einreißen‹.

»Schön und gut, aber all das, was du mir jetzt erzählt hast, hast du das selbst mitbekommen oder nur von anderen gehört?«

»Teils, teils. Manches hab ich selbst gesehen, anderes nur aufgeschnappt. So weit oben stehe ich nicht. Über vieles wissen nur die Leute Bescheid, die direkt mit Carretti zu tun haben. Ich selbst muss froh sein, dass ich überhaupt noch lebe.«

Tags drauf besprach ich mit den Kollegen Cavallaros Informationen. Es schien uns alles sehr interessant, aber wir wussten nicht recht, wo wir mit den Überprüfungen beginnen sollten. Der einzige Anknüpfungspunkt kam von Pietro: Der wusste, dass ein Kollege vom Überfallkommando Rausschmeißer in einem Lokal war. Vielleicht war das einer der gekauften Polizisten, von denen Cavallaro gesprochen hatte. Dem würden wir nachgehen.

Unterdessen setzten Alfredo und Claudia ihr Verhältnis fort. Dieses Parkhaus war zu ihrem üblichen Treffpunkt geworden, und nicht selten hielten wir uns in der Nähe auf, um aufzupassen und zu verhindern, dass sie von Cavallaro überrascht und getötet wurden. Wir brachten Alfredo hin, und ab und zu hupten wir, um sie zur Eile zu mahnen. Claudia begrüßte uns immer sehr herzlich, bedankte sich und bat tausend Mal um Verzeihung.

»Dein Mann ist wohl nicht häufig zu Hause?«

»Nein, seit er wieder draußen ist, hat er vielleicht fünfmal bei uns geschlafen. Häufig schaut er abends vorbei, betrachtet seine schlafende Tochter, streichelt ihr über die Wange, lässt mir Geld da und verschwindet wieder.«

»Passt nur auf, passt sehr gut auf, du weißt, was geschieht, wenn er euch erwischt.«

Was für eine verfahrene Situation.

Einen Monat später nahm Cavallaro wieder Kontakt zu mir auf, er müsse mit mir reden. Am gewohnten Treffpunkt.

»Willst du dir Carretti schnappen?«

Der Boss, seit einiger Zeit auf freiem Fuß, wurde wieder schwerer Straftaten beschuldigt und mit Haftbefehl gesucht. Am liebsten hätte ich Cirino mit Fragen bestürmt, um dahinterzukommen, wieso er seinen Boss verriet, wollte ihn aber nicht verärgern. Das Angebot war zu verlockend, und ich beschloss, über alles andere hinwegzusehen. Worauf es ankam, war nur, diese Gefahr für die Allgemeinheit einzubuchten.

»Endlich wird es interessant. Natürlich will ich.«

»Ich weiß nicht genau, wo er sich versteckt hält, aber mit Sicherheit hat er eine Geliebte, eine gewisse Rosa, die Frau von Santo Platania, der in der Via Milano 5 wohnt.«

Ich kannte Platania nicht, aber ob die Adresse stimmte, würde sich leicht feststellen lassen. Ich brauchte nur beim Einwohnermeldeamt nachzufragen.

Bei diesem Treffen mit Cavallaro fragte ich auch zum ersten Mal: »Sag mal, Cirino, hast du eigentlich schon mal jemanden umgelegt?«

Er blickte mich einen Moment lang schweigend an, wandte sich dann ab und schaute aufs Meer hinaus. »Damals in der Zeit unseres großen Streits, als wir beide handgreiflich geworden sind, war ich in der Bande von Giorgio Murabito, der später erschossen an der Autobahn gefunden wurde.«

»Ja, ich weiß.«

»Der hat mir einmal eine Pistole gegeben, um jemandem einen Denkzettel zu verpassen, einem Typen, der seinem Freund

Geld schuldig war. Ich sollte ihm in die Beine schießen. Vor seinem Haus lauerte ich ihm auf. Dann fuhr er vor und stieg aus dem Wagen, ich war aufgeregt und zitterte, schließlich hatte ich so etwas noch nie getan. Und als ich dann schoss, hab ich ihn nicht richtig getroffen und ihn im Bauch erwischt. Dass ich mein Ziel verfehlt hatte, hat niemand begriffen, alle dachten, ich wollte aufsteigen, ein Killer werden. Murabito gratulierte mir. ›Gut gemacht, den hätten wir früher oder später ohnehin umlegen müssen‹, meinte er. ›Trotzdem, wenn du das nächste Mal auf eigene Faust handelst und dich nicht an meine Befehle hältst, bist du selbst tot.‹ Damit war es geschehen: Ich konnte mich nicht mehr raushalten und war plötzlich ein vollwertiges Mitglied der Bande. Mit der Zeit erhielt ich immer wichtigere Aufträge. Wofür man zum Beispiel auch nur die Zuverlässigsten nimmt, ist das Sammeln von Stimmen bei den Wahlen. Murabito hat uns also den Kandidaten genannt, der gewählt werden sollte, und wir sind dann losgezogen ins Viertel und haben Druck gemacht. Als unser Boss dann umgelegt wurde, habe ich meine eigene Bande gegründet und bin dann im Knast zu Carretti übergewechselt. Später haben sich dann die Banden von Carretti und Sapienza zusammengetan. Du weißt wahrscheinlich, dass Sapienza mittlerweile die rechte Hand von Spampinato und Santonocito ist. Jetzt arbeite ich also für Sapienza.«

»Und das erzählst du mir einfach so? Dann könnten wir doch über den auch an Santonocito und Spampinato herankommen, die dicksten Fische überhaupt.«

»Von denen weiß ich gar nichts. Ich bin ja auch erst seit kurzem dabei. Die behandeln mich immer noch wie einen Anfänger, einen *Picciotto,* haben noch ein Auge auf mich, trauen mir nicht recht über den Weg. Mit Sapienza hab ich nur ein paar Mal geredet, die anderen beiden, Spampinato und Santonocito, bekomme ich doch gar nicht zu Gesicht. Ich weiß noch nicht mal, wie die aussehen. Zurzeit geht es sowieso drunter und drüber, keiner traut mehr dem anderen, es gibt immer wieder Zersplitterungen innerhalb der Organisation, die Leute wechseln von heute auf morgen die Fahne, zu viele Auseinandersetzungen, zu viele Festnahmen. Sicher weiß ich, dass man momentan besonders hinter den Angehörigen von Kronzeugen her ist, die umgebracht oder bedroht werden, um die Pentiti einzuschüchtern und zum Schweigen zu bringen. Hin und wieder kommt mir auch zu Ohren, dass sie irgendeinen Polizisten umlegen wollen, wie es in Palermo üblich ist. Gestern habe ich mitbekommen, dass ein gewisser Carmelo umgebracht werden soll, ein 17-jähriger Junge, und das nur, weil er einem Cousin von Spampinato eine Ohrfeige gegeben hat.«

»Wegen einer Ohrfeige einen Jungen umbringen? Das kann nicht dein Ernst sein.«

»O doch. Eine Ohrfeige in der Öffentlichkeit kann einen bei gewissen Leuten teuer zu stehen kommen.«

Sechs Tage später wurde tatsächlich ein Minderjähriger erschossen. Sein Name: Carmelo Funari. Was Cavallaro mir erzählte, war also sehr ernst zu nehmen.

Bei diesem Treffen erzählte mir Cavallaro noch weitere sehr interessante Dinge. »Ich habe gemerkt, dass sich die Einstellung vieler Mafiosi ändert. Die versuchen, sich rauszuhalten, ziehen sich zurück, wollen nicht im Gefängnis landen. Das sind alles Leute zwischen 40 und 50, keine Jünglinge, und mit dem Geld, das sie anderen abgenommen haben, machen sie nun ihre Läden auf, vor allem Restaurants und Bars. Mit Essen und mit Toten lassen sich gute Geschäfte machen, heißt es.«

»Wie meinst du das?«

»Wenn man nicht isst, stirbst du, und wenn man stirbt, isst du.«

»Spielen wir jetzt Rätselraten?«

»Pass auf: Um nicht hungers zu sterben, musst du essen, und deshalb sind eine Bar oder ein Restaurant ein gutes Geschäft, oder auch ein Supermarkt, eine Metzgerei, eine Bäckerei, was du willst. Aber auch wenn jemand stirbt, ist das noch ein gutes Geschäft. Weißt du, was ein Sarg kostet? Und weißt du, wie viele Menschen am Tag sterben? Also. Wenn du dort investierst, kannst du auch Geld verdienen, viel Geld. Schau dir doch nur mal an, wem die Beerdigungsinstitute so gehören, da wird dir alles klar. Und ganz zu schweigen davon, wie viele Flüchtige und welche Mengen an Rauschgift oder Waffen in Särgen transportiert werden.«

»Tatsächlich?«

»Ja, achte doch mal auf die Autos, die hinter den Leichenwagen herfahren. Da ist es leicht möglich, dass du bekannte Gesichter erkennst, von Mafiosi, die den Sarg begleiten, in dem dann aber wahrscheinlich kein Toter liegt, sondern einer, der lebt und putzmunter ist. Eine sichere Methode, heiße Ware oder Personen hin und her zu schaffen. Wer einen Leichenwagen sieht, denkt nur daran, sich schnell zu bekreuzigen oder eine Hand auf die Eier zu legen. Und welcher Polizist folgt schon einem Trauerzug, um zu kontrollieren, ob der Sarg wirklich zum Friedhof oder in irgendein Haus gebracht wird.«

Unglaublich, dachte ich. Diese Leute kennen wirklich keine Skrupel.

»Cavallaro, hilf mir, an Spampinato und Santonocito heranzukommen. Ich kann dir versichern, der Staat ist bereit, Milliarden von Lire zu zahlen, um sie hinter Schloss und Riegel zu bringen. Du kriegst deine Belohnung, bist reich und kannst ein neues Leben anfangen.«

»Du brauchst gar nicht weiterzureden … Ich hab dir schon gesagt, dass ich nichts über die beiden weiß. Außerdem bin ich zufrieden mit dem, was ich habe. Zu viel Geld macht blind, und man kann leicht viel verlieren, mehr als das Augenlicht.«

»Seltsam, ich biete dir die Gelegenheit, reich zu werden, und den Schutz des Staates an, und du spuckst darauf?«

»Was verlangst du? Soll ich zu Sapienza gehen und sagen: He, bring mich zu den beiden, ich kenn da einen Bullen, der will sie verhaften? Vielleicht hast du mich vorhin nicht richtig verstanden: Auch Sapienza hab ich schon lange nicht mehr gesehen. Der ist untergetaucht und traut niemandem. Auch wenn ich für ihn arbeite, weiß ich nicht, wo er steckt und was er so treibt. Und außerdem, wenn du es genau wissen willst, gerade der Schutz des Staates, den du mir anbietest, macht mir Angst.«

»Ach, hör doch auf. Was weißt du schon vom Staat? Auch du hast immer nur gegen seine Gesetze verstoßen. Das geht mir auf die Nerven, dieses überlegene Getue, diese Andeutungen, so als wenn alle gekauft und bestochen wären. Überleg mal, dass in diesem Staat Tag für Tag Hunderttausende anständiger Menschen gegen die organisierte Kriminalität kämpfen und nicht wissen, ob sie abends nach Hause kommen werden oder irgendwo auf der Straße liegen bleiben, umschwirrt von Fliegen, die an ihrem Blut lecken. Und zu diesen Leuten zähle ich auch. Wenn du der Sache nicht traust, dann lass es eben. Aber früher oder später wird sich jemand melden, der schlauer ist als du, und sie ans Messer liefert und steinreich damit wird.«

»Ich weiß, für einen Mann wie dich, ist es schwierig, manche Tatsachen zu akzeptieren. Ich kann dir nur sagen: Halt die Augen offen und trau niemanden. Viele Dinge verstehst du dann mit der Zeit von ganz allein.«

Cavallaros Überheblichkeit machte mich wütend, demütigte mich.

Ich wandte mich ab und ging davon.

Carretti auf der Spur

Ich begann gegen Rosa, die Frau von Santo Platania und Geliebte des Mafiabosses Carretti, zu ermitteln. Platania war vorbestraft wegen Diebstahl, Drogenhandel und Raub. Seit Jahren führte er eine Bar. Wir, das heißt Franco, Alfredo und ich, begannen mit den ersten Überprüfungen, ließen seine Telefonanschlüsse zu Hause und in der Bar, sowie sein Handy überwachen.

Nach sieben Tagen hatten wir noch keinen ab- oder eingehenden Anruf mitgehört, der uns irgendwie von Interesse erschien. Auch die Observierung hatte nichts erbracht. Während der Lagebesprechung mit dem Chef wurde aber eine Besonderheit deutlich: Wenn Platanias Frau am Handy sprach, war häufig das Gespräch plötzlich unterbrochen, so als sei das Netz weg, aber wenn die Frau dann weiterredete, hörte es sich so an, als sei sie nie unterbrochen worden. Mehrere Male wurden die Geräte überprüft, mit denen die Gespräche mitgeschnitten wurden, aber es war nichts festzustellen, alles funktionierte einwandfrei. So beschlossen wir, die Frau nun ständig zu observieren.

»Aber wenn mir in drei Tagen keine Ergebnisse vorliegen, brechen wir ab«, erklärte der Chef dazu.

Doch schon am nächsten Tag kamen hochinteressante Dinge ans Tageslicht: Die Kollegen, die die Beschattung übernommen hatten, stellten nämlich fest, dass die Frau ihr Gespräch auf einem Handy beendete, um gleich darauf mit einem von zwei weiteren Handys erneut anzurufen. Wir besorgten uns die Ge-

sprächsübersicht der letzten Person, mit der sie gesprochen hatte. Es handelte sich um eine Freundin. Diese hatte drei Anrufe
in rascher Folge erhalten, einen von dem Handy, das wir überwachten, dazu zwei weitere.

Vielleicht waren wir auf der richtigen Spur. Auch unser Chef
glaubte jetzt daran. Noch am selben Tag beantragten wir eine
Überwachung ihrer beiden anderen Handys, und dazu des Fest-
netzanschlusses ihrer Freundin. Die Mobiltelefone waren auf einen Cousin zweiten Grades angemeldet, einem Studenten ohne
Vorstrafenregister. Von einem dieser Handys rief Rosa häufig die
Nummer eines Mannes an, der 1920 geborenen war, sprach aber
mit Sicherheit nicht mit diesem selbst: Denn der war sechs Monate zuvor gestorben und hatte auch keine Verwandten, außer
einem Bruder, der nach Kanada ausgewandert war. Die Sache
wurde immer interessanter. Der Chef stellte weitere sieben Leute ab, um die Telefonüberwachung effektiv zu gestalten.

Die Gesprächsübersicht des Handys, das Rosa häufig anrief,
verzeichnete nur wenige Nummern ankommender, und überhaupt keine abgehender Gespräche. Diese wenigen aber wiesen
auf Carretti hin. Denn nur von drei Nummern wurde er angerufen: von Rosa und von zwei Gastronomiebetrieben, die Männern gehörten, die zu Carrettis Clan zu rechnen waren.

Zweimal am Tag sprach Rosa mit dem Mann, der für uns mittlerweile das Gesicht von Carretti trug. Er klagte darüber, dass sie
ihn in jüngster Zeit arg vernachlässige, und sie rechtfertigte sich
damit, dass ihr Ehemann Verdacht geschöpft habe und sie keinen Augenblick mehr aus den Augen lasse.

Für uns hieß das, wir mussten die Frau dazu bringen, diesen Unbekannten wieder aufzusuchen. Mit anderen Worten, wir
mussten dafür sorgen, dass sie ihren Ehemann loswurde.

Eine Nachfrage bei der Staatsanwaltschaft ergab, dass Platania wegen früherer Delikte noch insgesamt zwei Monate Haft

zu verbüßen hatte, doch seine Akte war noch nicht an der Reihe. Unser Chef setzte sich mit dem Staatsanwalt in Verbindung, und zwei Tage später saß Platania hinter Gittern.

Rosa war glücklich über dieses »Unglück«. Sie wusste nicht, dass andere sogar noch glücklicher darüber waren.

Am Nachmittag desselben Tages rief sie ihren Geliebten an und teilte ihm mit, sie bringe nur noch rasch die kleine Tochter zu ihrer Mutter und komme dann sofort zu ihm.

Und er: »O Geliebte meines Herzens, wenn du wüsstest, wie sehr ich mich nach dir gesehnt habe. Beeil dich und vergiss nicht, auf der Hut zu sein: Schau dich um, ob dir Hunde auf den Fersen sind.«

Hunde in Uniform natürlich.

Die Frau war listig, fuhr mal sehr langsam, dann wieder sehr schnell, eine Fahrweise, wie wir sie von gerissenen Gangstern kannten. Es war nicht leicht, an ihr dranzubleiben.

Aber auch wir waren nicht auf den Kopf gefallen. Wir wussten: lieber die Beschattung abbrechen als auffallen. Am ersten Tag verloren wir sie. Wir waren nur mit zwei Teams auf sie angesetzt, weil wir noch nicht wussten, wie misstrauisch sie war. Am nächsten Tag waren wir besser gerüstet: mit zwei Wagen und drei Motorrädern.

Rosa fuhr wie eine Verrückte. Zwei Ampeln überfuhr sie bei Rot, hielt vor einer grünen Ampel an und startete dann in einem Hupkonzert anderer Autos wieder durch, passierte eine weitere Ampel, drehte dann und kehrte wieder zur vorherigen Kreuzung zurück.

»Peppino, bleibt an ihr dran!«

»Ich kann nicht, der Lahmarsch vor mir lässt mich nicht vorbei.«

»Angelo, dann mach auf dem Motorrad weiter.«

»Okay. Achtung. Sie kommt wieder zurück.«

»Ich seh sie. Scheiße, diese Hure hält schon wieder. Passt auf, ob sie mit jemandem Kontakt aufnimmt.«

»Hier Giacomo. Sie fährt wieder los.«

Eine Motorradstreife und einer unserer Wagen überholten sie. Observierung über den Rückspiegel, alle anderen hinter ihr. Alle 200 Meter überholten wir uns gegenseitig und lösten einander auf diese Weise ab.

»Verflucht, fast hätte ich sie gerammt, sie hat plötzlich nach links rübergezogen.«

»Nach links? Wohin?«

»Via Garibaldi, reservierte Fahrspur.«

»Die zwei Motorräder sollen sie abfangen, bei dem Verkehr schaffen wir das mit dem Wagen nicht.«

»Ich bin jetzt dran, in der Via Gorizia.«

Rosa fuhr wieder einmal bei Rot durch, 200 Meter dahinter hielt sie an, ließ den Wagen stehen, rief sich ein Taxi und ließ sich zehn Minuten durch die Gegend kutschieren. Dann war sie wieder bei ihrem Auto und fuhr wieder los, zweimal gegen die Einbahnstraße und noch einmal ein Stück auf der reservierten Fahrspur für Einsatzfahrzeuge.

Wir beschlossen, es für heute aufzugeben, wir durften nicht riskieren, entdeckt zu werden. Diese ganzen Manöver zerrten an unseren Nerven, und einige Kollegen gingen davon aus, dass die Frau den Braten bereits gerochen hatte.

Zum Glück ergab die Telefonüberwachung keine Anhaltspunkte dafür. Im Gespräch gab sich Rosa ganz gelassen, hatte uns mit Sicherheit noch nicht bemerkt. Am nächsten Tag waren wir mit vier Autos, einem Taxi mit einem Kollegen als Fahrgast, vier Motorrädern und einem Transporter wieder dran. Und wieder war alles umsonst, weil die Frau so unglaublich vorsichtig agierte: Sie ließ den Wagen ohne abzuschließen stehen, verschwand durch eine breite Haustür und war drei Stunden später immer noch nicht zurück. Schließlich sahen wir sie aus einem Linienbus aussteigen und auf ihren Wagen zugehen.

»Wie zur Hölle kommt die denn in den Bus? Wo ist die raus?«

Ein Kollege in Zivil zog die Haustür auf und betrat das Gebäude, wo er augenblicklich vom Pförtner aufgehalten wurde.

»Sie wünschen?«

»Entschuldigen Sie, hat dieses Haus noch einen anderen Ausgang?«

»Sie wollen also auch abkürzen! Warum begreift denn niemand, dass dies ein privates Gebäude und kein öffentlicher Durchgang ist? Aber gut, ich will jetzt mal nicht so sein. Gehen Sie dort hinten über den Hof, das Tor ist immer offen.«

Dieses Tor öffnete sich auf eine kleine Querstraße, die dann wieder auf die Allee stieß. Angeschmiert: drei Stunden warten vor dem Haus, und die Arbeit von zwei Kollegen, die in aller Eile im Einwohnermeldeamt die Hausbewohner überprüft hatten. Alles umsonst.

Am Nachmittag erhielten wir durch einen Anruf von Rosa bei ihrer Freundin die Bestätigung, dass der Mann, mit dem sie sich traf, tatsächlich Carretti war. Die beiden Damen unterhielten sich über intime Angelegenheiten und ihre jeweiligen Liebhaber. Rosa erzählte, dass ihrer wirklich super im Bett sei und sie mächtig auf Touren bringe.

Die andere meinte dazu: »Aber wenn du ständig zu ihm rennst, steigt ihm das nur zu Kopf. Männer muss man schmoren lassen. Wenn er scharf ist auf deine Muschi, soll er sie sich bei dir holen.«

»Zurzeit muss ich sie ihm leider bringen.«

»Warum? Ist er immer noch flüchtig?«

Da wurde Rosa plötzlich ärgerlich: »Mensch, du redest wieder viel zu viel«, schimpfte sie und brach das Gespräch abrupt ab.

Unser Polizeipräsident nahm Kontakt mit dem Feuerwehr-kommando auf und bat um einen Hubschrauber, um die Observierung noch effektiver gestalten zu können. Kein außergewöhnliches Vorgehen bei brisanten Ermittlungen. Militär- oder Feuerwehrhubschrauber erregen nicht so schnell Verdacht. Doch leider war im Moment kein Hubschrauber frei, und so beschlossen wir, uns auf die sogenannte »Abschnittsbeschattung« zu verlassen. In unserem Fall sah diese vor, sich ab dem Haus ihrer Mutter an Rosa ranzuhängen und sie gleichzeitig an den drei einzigen Straßen, die sie nehmen konnte, abzupassen. Fünf Wagen, vier Motorräder, zwei private Vespas, das übliche Taxi, ein Lieferwagen und ein beschlagnahmter Ape kamen zum Einsatz.

Ab dem Haus ihrer Mutter folgten ihr die Kollegen auf den Vespas, die Motorräder und der Lieferwagen. Auch jetzt wieder die üblichen Manöver, doch schien sie weniger hektisch zu sein. Vier unserer Einsatzfahrzeuge platzierten sich längs der Strecke, die Rosa nahm, und folgten ihr dann der Reihe nach.

»Los, Jungs, heute ist unser Tag.«

Jetzt fädelte die Frau auf die Uferstraße ein, drückte ziemlich aufs Gas, zwei Autos und ein Motorrad überholten sie und hielten dann wieder, irgendwo verborgen, bei einer Tankstelle oder auf einem der Fabrikparkplätze längs des Weges.

Schließlich bog Rosa in eine Sackgasse ab, die zu einem kleinen Wohngebiet mit illegal hochgezogenen Häusern führte. Nur Franco auf einem Motorrad folgte ihr, um zu schauen, wo sie parkte.

Wie er meldete, hatte sie ihren Renault neben einigen anderen Wagen ungefähr 100 Meter vor diesen Häusern, sechs insgesamt, abgestellt. Über Funk fragten wir, wie wir weiter vorgehen sollten, und schlugen vor, noch mehr Einsatzkräfte zusammenzuziehen, die Gebäude zu umstellen und uns diesen

Verbrecher Carretti zu schnappen. Doch unser Chef beschloss, noch zu warten. Die Überprüfung sämtlicher Hausbewohner hatte nichts Handfestes ergeben. Zwar wohnten dort einige Vorbestrafte, aber niemand, der dem Carretticlan zuzurechnen gewesen wäre.

Am Nachmittag des nächsten Tages fuhr Rosa, wie erwartet, wieder zu diesen Häusern, stieg aus dem Wagen und bewegte sich auf eines der Gebäude zu. Im zweiten Stock dieses Haus erblickte man einen Mann, der sie mit einem Kopfnicken begrüßte. Der Kollege im Lieferwagen, der durch ein Fernglas die Szene beobachtete, erkannte auf Anhieb, um wen es sich handelte: Carretti.

Alle Einsatzkräfte wurden zusammengezogen, insgesamt 20 Männer, im Nu das Gebäude umstellt und die Wohnung gestürmt: Der Mann war allein und leistete keinerlei Widerstand. Brav streckte er die Arme aus, um sich die Handschellen anlegen zu lassen. Und das obwohl er eine Pistole Kaliber 38 bei sich trug, sowie eine kugelsichere Weste.

Auch Rosa landete, wegen Begünstigung, hinter Gittern. So waren sich die beiden immer noch nah, wenn auch durch dicke Mauern getrennt.

Am nächsten Tag machten die Zeitungen mit Schlagzeilen über die halbe Seite auf: »Ehemann in Haft – und sie turtelt mit dem Boss.« Was mochte der gehörnte und ausgetrickste Signor Platania dazu sagen?

»Wenn sie wieder rauskommen, wird's Tote geben«, meinte Franco.

Einstimmiger Kommentar: »Das ist ihre Sache.«

Einige Stunden später rief mich Cavallaro an. »Zufrieden?«

»Ja, klar!«

»Ich auch.«

Mit Carrettis Verhaftung hatten wir einen ordentlichen Coup

gelandet, doch wusste ich immer noch nicht, was Cavallaro eigentlich bezweckte, und das machte mich unruhig. Dennoch wäre es unklug gewesen, jetzt einen Kontakt abzubrechen, der sich als sehr hilfreich erwiesen hatte und vielleicht noch größere Erfolge bescheren konnte.

u signurinu

Von einem Informanten hatten wir erfahren, dass der flüchtige Straftäter Mario Di Costanza, wegen seines vornehmen Auftretens und seiner Leidenschaft für Markenartikel »u signurinu«, der feine Herr, genannt, ein eifriger Sammler von Ray-Ban-Sonnenbrillen und Swatch-Uhren war. So lieb und teuer waren sie ihm, dass er seine Kollektionen auch auf der Flucht immer mit sich führte. Eine wahre Obsession.

»Was ihn am meisten anzieht, sind Uhren«, erklärte der Informant. »Sie müssen nur nummeriert und in geringer Stückzahl hergestellt worden sein. Das heißt, er schlägt zu, sobald eine neue Uhr auf dem Markt ist. Wie ich gehört habe, ist er da regelmäßig schneller als alle anderen und trägt sein neuestes Stück wie eine Trophäe zur Schau.«

Franco und ich statteten zunächst dem Optiker hinter dem Polizeipräsidium einen Besuch ab. Bald wussten wir, dass Ray-Ban-Sonnenbrillen in sehr vielen, wenn nicht gar in allen Fachgeschäften angeboten wurden. Bei den Uhren sah das anders aus. Wie wir erfuhren, wurden die mit begrenzter Auflage auf den Markt gebrachten Swatch-Uhren in der ganzen Stadt nur in zwei Geschäften verkauft, die das Alleinverkaufsrecht dafür besaßen. Bei weiteren fünf Verkaufsstellen waren immerhin die anderen Swatch-Modelle zu erwerben.

Wir hatten das Terrain sondiert. Nun wussten wir, wo wir auf »u signurinu« warten konnten.

Ich rief in einem der beiden Exklusivgeschäfte an, gab mich als

Swatch-Liebhaber aus und fragte, ob es bei den limitierten Modellen etwas Neues gebe. Ja, in zwei Wochen komme eine neue Uhr auf den Markt, erklärte man mir, aber wenn ich daran interessiert sei, müsse ich rasch vorbestellen und 500 000 Lire anzahlen. Sie würden nur ganz wenige hereinbekommen und die meisten seien bereits an Sammler verkauft.

Ich fragte nach, ob man wohl auch in dem anderen Laden eine so hohe Anzahlung verlange. Ja, dieses Geschäft gehöre seinem Cousin, antwortete mir der Mann am Telefon, und er gebe für beide Läden die Bestellungen auf. Er fügte noch hinzu, der Hersteller habe für jeden lizenzierten Laden nur 15 Uhren vorgesehen, und für elf lägen bereits Bestellungen vor.

Wir besprachen die Sache mit dem Chef. Die Idee sei gut, meinte er, wir sollten es versuchen.

»Gut, Dottore. Und woher kriegen wir das Geld für die Anzahlung?«

»Weiß ich auch nicht. Unsere Kasse ist leer.«

»Und jetzt?«

»Was haltet ihr denn davon, wenn wir bei dem Ladeninhaber vorbeischauen und uns die Namen der Leute geben lassen, die so eine Uhr vorbestellt haben?«, schlug Michele plötzlich treuherzig vor.

Wir blickten ihn entgeistert an.

»Manchmal kannst du uns mit deinem Scheiß echt noch überraschen. Meinst du denn, so schlau wären wir nicht auch schon gewesen? Aber was, wenn der Uhrmacher mit »u signurinu« befreundet ist? So ein Laden zahlt garantiert Schutzgeld, und es wäre doch möglich, dass der sich mit seinen Erpressern ganz gut versteht oder vielleicht sogar nur ein Strohmann ist.«

Michele schwieg beschämt.

»Also, was machen wir? Wo kriegen wir das Geld her?«

Der Polizeipräsident verfügte über eine Kasse für solche Notfälle. Unser Chef suchte ihn auf, kam aber schon nach zehn Minuten mit hängendem Kopf wieder zurück. »Diese Kasse ist auch leer«, erklärte er.

»Aber Dottore, haben Sie ihm nicht erklärt, wer Di Costanza ist? Dass er seit sieben Jahren wegen mehrfachen Mordes gesucht wird?«

»Scheiße, es ist doch immer dasselbe. Die denken auch nur an ihre eigene Karriere – auf unsere Kosten. Ja sollen wir etwa das Geld aus der eigenen Tasche reinbuttern? Nein, Dottore, kein Geld, keine Festnahme.«

»Der Präsident meint, er lässt jedem drei Überstunden gutschreiben. Darüber würdet ihr dann das Geld bekommen.«

»Ja, klar, aber wir sollen es vorschießen. Nein, kommt nicht infrage, hier wird nichts ausgelegt. Oder aber wir machen es so: Die Überstunden werden Ende des Monats bezahlt, dann machen wir uns auch erst Ende des Monats an die Arbeit.«

Da griff der Chef ins Jackett und holte seine Brieftasche hervor.

»Aber Dottore, was machen Sie denn da? Wollen Sie das etwa vorschießen?«

»Keine Sorge, das hol ich mir zurück.«

Es war immer das Gleiche: zunächst Verärgerung, die Beharrung auf Prinzipien, und dann war man doch wieder zum persönlichen Opfer bereit, streckte Geld aus eigener Tasche vor. So sind wir Polizisten eben, obwohl ich, angesichts der Verhältnisse, auch heute noch nicht den Grund dafür weiß.

Seriös gekleidet, mit Anzug und Krawatte, und in Begleitung eines Kollegen betrat Alfredo am nächsten Tag den Juwelierladen und bestellte die Uhr vor. Selbst Uhrenfreund, wenn auch mehr an Taucheruhren interessiert, würde er, so hatten wir überlegt, am überzeugendsten auftreten können.

»Da sind Sie gerade noch rechtzeitig gekommen, ich habe nur noch zwei übrig«, erklärte der Juwelier.

»Oh, da habe ich ja wirklich Glück gehabt.«

Er verkniff sich irgendwelche Fragen, wie man sie aus reiner Neugier stellt. Auf Sizilien fragt man nichts ohne einen bestimmten Grund, der Juwelier hätte Verdacht schöpfen können.

»Lassen Sie mir eine Telefonnummer da. Dann gebe ich Ihnen Bescheid, wenn die Uhr eingetroffen ist. Üblicherweise rufen wir ein paar Tage vorher an.«

»Dann gebe ich Ihnen meine Privatnummer.«

Der Mann zog eine Schublade auf, nahm einen blauen Umschlag mit der Aufschrift »Swatch« zur Hand und steckte den Zettel mit der Vorbestellung und der Rufnummer hinein. Die 500 000 Lire kamen in die Kasse.

Im Büro besprachen wir ein weiteres, nicht leicht zu lösendes Problem. Die Uhr kostete 1 300 000 Lire, wer würde die fehlenden 800 000 beisteuern? Eine andere interessante Entdeckung war, dass der Laden keine Alarmanlage besaß, ein untrügliches Zeichen, dass der Juwelier Schutzgeld bezahlte.

Am selben Abend noch nahmen wir eine Ortsbesichtigung vor.

Der Laden verfügte über eine stählerne Hintertür. Ein auf diese Dinge spezialisierter Kollege schoss ein Foto und ließ dann einen Schlüssel anfertigen, mit dem diese Tür zu öffnen war.

Zwei Nächte später verschaffte sich Alfredo auf diese Weise Zugang zu dem Juwelierladen, holte den blauen Umschlag hervor und ging alle Vorbestellungen durch: Eine auf den Namen Di Costanza war nicht darunter.

Eine sofortige Überprüfung der Namen und Rufnummern auf den Bestellscheinen, die Alfredo aufgeschrieben hatte, ergab, dass keiner der Anschlussinhaber vorbestraft war: ein Anwalt, ein Notar, ein Beamter aus der Stadtverwaltung, ein Krankenhausarzt, ein Autohausbesitzer und so weiter – alle ohne Akten im Archiv. Anscheinend waren sie allesamt brave Bürger.

Dann machten wir uns daran, ihre Familienangehörigen durchzusieben. Auf zwei Jungen stießen wir, die wegen Drogenbesitzes vorbestraft waren, aber nicht wegen Drogenhandels, zwei Söhnchen aus gutem Haus also, die sich ab und zu selbst etwas reinzogen. Sonst nichts.

Also weiteten wir die Überprüfungen auf die Herkunftsfamilien aus: Eltern, Brüder, Schwestern, Nichten und Neffen der Personen, die die Uhren vorbestellt hatten. Doch auch zu diesen fanden sich keinerlei Akten im Archiv.

Ob wir uns getäuscht hatten? Irgendwo zwischen all diesen Namen musste doch der faule Apfel stecken. Franco hatte sich darangemacht, die Geschäftspartner der Betriebe, die von den Personen auf der Liste geführt wurden, genauer unter die Lupe zu nehmen. Auch die Gesellschaftssatzungen solle er sich ansehen, erinnerte ihn unser Inspektor, darin seien die Namen der Gründungsmitglieder verzeichnet, die vielleicht nicht mehr in den Unterlagen der Handelskammer auftauchen. Schließlich gab Franco alle gefundenen Namen in unsere Datenbank ein: Notar, Aufsichtsratsvorsitzender, Gesellschafter, Konsulenten, Verwaltungsratsmitglieder, Rechtsvertreter, Schiedsmänner, technischer Berater … Nur gegen einen einzigen war einmal Anklage erhoben worden, zehn Jahre zuvor, wegen Mitgliedschaft in einer kriminellen Vereinigung zum Zwecke des Betrugs, und dann nichts mehr. Einige andere waren wegen Kleinigkeiten belastet worden, aber Verbindungen zu bekannten Mafianamen waren nicht erkennbar.

»Dottore«, erklärte Franco an den Chef gewandt, »ich fahre nochmal bei der Stadtverwaltung vorbei und sehe mir die Familienstandsregister an. Aber wenn auch dabei nichts herauskommt, sollten wir abbrechen, sonst verzetteln wir uns zu sehr.«

Drei Stunden später kam er sichtlich gut gelaunt zurück.

»Ratet mal, auf welchen Namen ich gestoßen bin.«

»Di Costanza.«

»Ja, schon gut, schon gut, das war ja auch viel zu einfach ...«

»Komm stell dich nicht so an, erzähl lieber.«

Mit der Miene eines Mannes, der gerade von einem Sechser im Lotto erfahren hat, nahm Franco Platz und begann Papiere, Notizen und Unterlagen durchzublättern: das nicht, das hat nichts damit zu tun, das gehört hierher ...

Als er seinen Kram endlich sortiert hatte, begann er: »Nun, Tommaso Micalizzi ist Inhaber eines privaten Unternehmens, dessen Geschäftsfeld ...«

»Wen interessiert denn das Geschäftsfeld, mach's nicht so spannend ...«

»Für Micalizzis Betrieb ist als Geschäftsfeld die Kultivierung von Grünpflanzen eingetragen, und soll ich euch mal sagen, wie die Firma heißt? Euroverde.«

»Gehört die nicht Maciocco vom Santonocitoclan?«

»Gehörte. Nach dessen Verhaftung wurde sie auf Micalizzi überschrieben, der mit Sicherheit aber nur ein Strohmann ist.«

»Woher willst du das wissen?«

»Weil er seine Tochter von Salvatore Di Costanza, dem Bruder unseres Mario Di Costanza, hat taufen lassen.«

Ach was! Schulterklopfen von allen Seiten für den tüchtigen Franco, und der Chef lobte: »Erstklassige Arbeit!«

Zwei Tage später waren Micalizzis Telefonanschlüsse zu Hause und in der Firma verwanzt. Auch den Anschluss des Juweliers wollten wir überwachen, doch unser Antrag wurde nicht genehmigt.

Bald stellte sich heraus, dass die Ehefrauen von Micalizzi und Costanza sehr eng befreundet waren, eine Freundschaft, die in die gemeinsame Schulzeit zurückreichte. Ein Umstand, der mich in der Ansicht bestätigte, dass es sehr nützlich sein könnte, bei der Fahndung nach untergetauchten Mafiabossen auch alte Klassenkameraden, aus der Grundschule oder vom Gymnasium, oder auch Kommilitonen von der Uni genauer zu überprüfen. Bekannte, zu denen eine so lange Bindung besteht, hat jeder, und die können den entscheidenden Schlüssel liefern.

Es war kein spezieller Anruf, der uns alarmierte, doch registrierten wir, dass bei Micalizzi eine Reihe von Personen anrief, die im kriminellen Milieu einiges Gewicht hatten und denen gegenüber er sich mehrdeutig ausdrückte. Wir hatten mittlerweile genug Erfahrung, um schon aus dieser seltsamen Sprache zu schließen, dass er selbst zum Clan gehörte.

Drei Wochen später erhielt Alfredo zu Hause einen Anruf. Der Juwelier war dran: »Ich wollte Ihnen mitteilen, dass die vorbestellte Uhr noch diese Woche eintreffen müsste. Bis Freitag ist sie sicher da.«

Im Hause Micalizzi derselbe Anruf. Die Ehefrau nahm ab, bedankte sich, legte auf und rief sofort ihren Ehemann in der Gärtnerei an. »Schatz, der Juwelier hat wegen der Uhr angerufen.«

Und endlich: Eine Viertelstunde später wählte Micalizzi eine uns bis dahin unbekannte Nummer.

Am anderen Ende der Leitung antwortete eine Frau. Der Ton war freundschaftlich. »Sag deinem Mann, dass sein Geschenk da ist, Freitag kann ich es beim Juwelier abholen und bring es dann vorbei. Geht's ihm immer noch nicht besser?«

»Nein. Er ist furchtbar schlechter Stimmung. Ihm fällt hier die Decke auf den Kopf, und die Nieren machen ihm wirklich schwer zu schaffen.«

»Grüß ihn herzlich von mir.«

Der Telefonanschluss lautete auf den Namen Gabriella Serafini, Lehrerin am naturwissenschaftlichen Gymnasium, eine Familie mit blütenweißer Weste. Ihr Vater war Offizier bei der

Luftwaffe, die Mutter ebenfalls Lehrerin, der Bruder Ingenieur. Wie war diese Frau nur an solche Schwerverbrecher geraten?

Offiziell lebte Gabriella Serafini allein. Am Mittag des nächsten Tages hatten wir auch ihr Telefon verwanzt. Es galt herauszufinden, ob der Gesuchte bei ihr schlief oder ob sie ihn irgendwo aufsuchte.

Am nächsten Tag lief die Beschattung. Morgens um acht Uhr machte sich Gabriella auf den Weg zur Schule. Um zwölf Uhr dreißig auf einen Sprung in den Lebensmittelladen, und dann sofort nach Hause. Nichts Verdächtiges.

Um vierzehn Uhr zehn rief ihre Mutter an und kündigte für den Nachmittag ihren Besuch an.

Um fünfzehn Uhr sieben erhielt sie einen Anruf von einem Schüler.

Um fünfzehn Uhr dreißig folgte ein weiterer Anruf, von Lucia Micalizzi: »Wie geht's ihm?«

»Besser. Entschuldige, dass ich so leise spreche, aber er schläft gerade.«

»Gut, dann leg ich jetzt auf, wir sehen uns ja bald. Ich komm mit Tommaso vorbei, wenn er ihm die Uhr bringt. Dann können wir uns ja in Ruhe unterhalten. Ciao.«

Nuccio in der Zentrale, der das Gespräch mitgehört hatte, gab die Meldung sofort an uns durch: »Er ist zu Hause. Bei ihr zu Hause.«

Um siebzehn Uhr vierzig wurde eine Wohnung gestürmt und der flüchtige Mafiaboss Mario Di Costanza verhaftet, und mit ihm Gabriella, Lucia und Tommaso.

Natürlich fielen die drei aus allen Wolken. Di Costanza gesucht? Woher hätte man das denn wissen sollen?

Der Taubstumme

Der untergetauchte Mafioso hieß Santo Sortino. Ein Informant, ein kleiner Fisch, hatte Franco erzählt, wer dem Flüchtigen half, ihn über seine Familie auf dem Laufenden hielt und ihm jeden Monat eine neue saubere Unterkunft besorgte, in der er sich weiter versteckt halten konnte. Dieser Mann heiße Carmelo Scandurra.

Die üblichen Ermittlungen wurden angestellt, doch sehr zuversichtlich waren wir nicht.

Scandurra hatte keine Vorstrafen, aus seiner ganzen Familie war noch nie jemand verurteilt worden, und ein Bruder von ihm hatte sogar aushilfsweise bei den Carabinieri gearbeitet. In seiner Familie besaß auch niemand ein Handy, noch nicht einmal einen Telefonanschluss zu Hause. Und Scandurra war nicht reich, ganz im Gegenteil.

Der Mann lebte vom Verkauf von Käse und Ricotta, die er aus der Milch der wenigen Schafe, die er besaß, herstellte. Sein Haus war baufällig, direkt daneben der Stall. Eine halbstündige Observierung durch das Fernglas von einem Nachbarhaus, in dem der Onkel eines Kollegen lebte, erbrachte nichts Auffälliges. Nach Auskunft dieses Onkels war Scandurra ein Mann, der keine Scherereien machte und sehr hart arbeitete.

Franco schrieb ins Protokoll: *Die durchgeführten Ermittlungen erbrachten keine Hinweise auf Verbindungen zu kriminellen Kreisen. Im Augenblick nichts Verdächtiges.*

Der Bericht blieb noch in einem Ordner auf seinem Schreibtisch liegen. Aber wir hatten nichts in der Hand.

Zwei Monate später schaute der Kollege, dessen Onkel diese
kurze Überwachung ermöglicht hatte, bei uns vorbei und erzählte, letzten Sonntag sei er mit der Familie bei diesem Onkel
zum Mittagessen eingeladen gewesen und habe aus reiner Neugier noch einmal das Haus von Scandurra beobachtet. Wiederum
nichts Auffälliges. Nach dem Essen habe er sich zu einem Schläfchen hingelegt, doch die Fliegen hätten ihn nicht in Ruhe gelassen, und so habe er, mehr zum Zeitvertreib, wieder zum Fernglas
gegriffen und sich nochmal ein wenig umgeschaut. Beim Haus
des Schäfers, so wurde der Mann überall nur genannt, kam gerade der Sohn mit der Herde von der Weide zurück. Der Vater
ging ihm entgegen, blieb jedoch plötzlich stehen, holte ein Handy
hervor und unterhielt sich mit jemandem. Das sei ihm seltsam
vorgekommen, schloss der Kollege, wir hätten doch gesagt, auf
diesen Mann seien keinerlei Telefone angemeldet.

»Das haben sie vielleicht kürzlich erst gekauft«, gab Mauro
zu bedenken.

»Kein Ahnung. Ich wollt's euch nur gesagt haben. Seht zu, was
ihr damit anfangen könnt.«

Wir hatten Wichtigeres zu tun, als diesem Schäfer nachzulau-
fen. Dennoch beschloss Adriano, der in unserer Abteilung die
Datenbank betreute, die gesamte Familie Scandurra mit allen
Verzweigungen nochmal genauer zu durchleuchten.

Auf niemanden war ein Mobiltelefon angemeldet.

Seltsam, aber was besagte das schon? Nur Tullio war dafür,
am Ball zu bleiben. Er erinnerte uns daran, dass schon so manche aufsehenerregende Festnahme auf solch unbedeutend er-
scheinende Indizien zurückgegangen war, auf Informationen,
die wir zunächst unterschätzt, deren Bedeutung wir nicht er-
messen hatten.

Wenn ihr mich fragt, ist ein Schäfer, der auf einem Handy angerufen wird, aber gar keins angemeldet hat, durchaus verdächtig, schloss er. Aber wenn ihr anderer Meinung seid …

Am Mittwoch legten sich Marcello und Tullio dann doch wieder auf die Lauer, um den Schäfer zu beobachten. Sie waren die einzigen Junggesellen unserer Truppe, hatten sich mit Bier und Brötchen versorgt und auf eine lange Observierung, von morgens früh bis abends spät, eingerichtet. Dabei kamen ihnen die entstehenden Überstunden ganz recht, um ein wenig Geld zurückzulegen. Beide planten, im nächsten Jahr selbst zu heiraten.

Am Samstag um elf rief uns der Chef zusammen, um die Lage zu besprechen. Cosimo lag hingefläzt auf dem braunen kunstledernen Sofa im Büro des Chefs und döste. Er hatte eine einjährige Tochter, machte nachts kaum ein Auge zu und gähnte jetzt, als die Besprechung losging, lang und laut. Der Chef lachte: »Du wolltest ein Fahrrad? Dann strampel jetzt auch!«

Wir kamen zur Sache. Marcello und Tullio erzählten, dass Scandurra jeden Nachmittag zwischen sechzehn und siebzehn Uhr vor das Haus getreten sei, vielleicht 50 Meter davon entfernt, auf das Klingeln seines Handys gewartet und dann länger als 20 Minuten gesprochen habe.

Mit wem zum Teufel hatte so ein Schäfer eine halbe Stunde lang zu telefonieren? Und wem gehörte überhaupt dieses Handy?

Die Observierung wurde fortgesetzt. Scandurra funktionierte wie eine Schweizer Uhr, kurz nach sechzehn Uhr kam er heraus, setzte sich auf sein schönes Tuffsteinmäuerchen vor dem Haus und redete und redete. Und dreimal lief er, nachdem er das Mobiltelefon zugeklappt hatte, rasch zu seinem Auto und fuhr Richtung Stadt.

Der Chef der Elektronikfirma, die uns im Auftrag des Innenministeriums mit den neuesten technischen Errungenschaften versorgte, riet uns, in diesem Mäuerchen vor dem Haus des Schäfers eine Abhörwanze zu deponieren. Daran hatten wir auch schon gedacht, das Problem war nur, dass es kaum möglich schien, sie dort sicher zu verstecken. Außerdem hielten die Batterien dieser Wanzen nur 24 Stunden, und das brachte uns wenig.

Dennoch machten wir einen Versuch. Dieses Mäuerchen war zwar 25 Meter lang, doch setzte sich Scandurra immer an dieselbe Stelle, die am Nachmittag in der Sonne lag.

Wir ließen alles vorbereiten. Einige Tage später brachte man uns einen weißen Tuffstein ins Büro, dessen oberer Teil abnehmbar war. Innen fachmännisch ausgekerbt, bot er exakt Platz für eine hübsche Wanze, während ein winziges Loch dafür sorgte, dass sie Schallwellen aufnehmen und wir mithören konnten.

Mit dem Deckel drauf war dem Stein nichts anzusehen. Perfekt.

Die ersten Versuche im Büro gingen schief, die Wanze verrutschte im Stein, und alles blieb stumm. Ein Tropfen Silikon brachte Abhilfe, und eine Batterie von der Art, wie sie für Mofas benutzt wird, würde ein paar Tage Laufzeit garantieren.

Zwei Nächte später machten wir uns auf den Weg und gelangten in weitem Bogen zu Fuß hinter die Mauer. Die Hunde schlugen an, und reglos wartend standen wir da. Endlich verstummten sie.

Zwei Steine wurden aus der Mauer entfernt, die zum Glück ohne Zement, also trocken, gesetzt war, und durch unseren präparierten Stein ersetzt. Ein Loch im Boden, mit einer mitgebrachten kleinen Hacke ausgehoben – und schon war auch die Batterie verschwunden. Mit ein wenig ausgerissenem Unkraut wurde die Leitung getarnt.

Das Signal kam deutlich bei uns an, wir konnten den Wind

hören. Alle Geräusche in der Umgebung des Mäuerchens gelangten über den Sender bis zum Haus des Onkels unseres Kollegen, das jetzt zu einer Art Filiale des Polizeipräsidiums geworden war. Wir konnten zufrieden sein.

Als es am Nachmittag des nächsten Tages vier schlug, hielt sich Scandurra draußen vor seinem Haus auf und reinigte Werkzeuge. Komm, Freundchen, los, geh schon an dieses Scheiß-Handy!

Sechzehn Uhr dreißig, immer noch nichts. Das war noch nie vorgekommen.

Siebzehn Uhr fünfzehn war es, als Scandurra dann doch zu seinem Mäuerchen ging, sich darauf niederließ und zu telefonieren begann. Allerdings drei Meter von unserem Stein entfernt. Eine Stimme aus der Ferne, unverständliche Worte. Und als er das Gespräch beendet hatte, ließ er auch noch seinen Hund aus dem Zwinger, so dass wir uns noch nicht einmal zu dem Mäuerchens schleichen konnten, um unsere vom Pech verfolgte Wanze zu bergen.

Auch die Beschattung erbrachte nichts. Fünf Mal folgten wir dem Schäfer bis zur landwirtschaftlichen Genossenschaft und zweimal zu einer Käserei: Seine einzigen Begleiter blieben Käse und Ricotta. Nichts Auffälliges, nichts Interessantes, rein gar nichts.

Endlich hatte ich einmal einen Tag Urlaub, an dem ich das Kinderzimmer streichen wollte. Meine Frau machte das Frühstück, und ich begann, die Planen auszubreiten, um Boden und Einrichtung zu schützen. Im Fernsehen liefen die Nachrichten, eine Person formte mit den Händen die Worte, die die Nachrichtensprecherin verlas. Der neue Service für Gehörlose.

Drei Stunden hatte ich schon gestrichen, als mir plötzlich ein Gedanke kam. Ich legte die Farbrolle zur Seite, nahm das Telefonbuch zur Hand und begann zu suchen. Unter dem Stichwort »Gehörlose« nichts, unter dem Stichwort »Taubstumme« nichts.

Dann die Gelben Seiten, Stichwort: »Hörgeräte«. Ich wählte die erste Nummer der Liste, und eine sehr freundliche Stimme meldete sich. Ich improvisierte etwas von einem entfernten Verwandten, der taubstumm sei und gerne andere Menschen mit dem gleichen Schicksal kennenlernen möchte, und fragte, ob sie vielleicht von irgendeiner Vereinigung wisse, die sich der Probleme dieser Menschen annehme. Die junge Dame konnte mir sofort helfen und gab mir die Nummer der *Ente Nazionale Sordomuti*, des Italienischen Taubstummenverbandes.

Ich rief dort an und fragte nach dem Geschäftsführer. Am Apparat, sagte er. Polizei, eine Frage: Taubstumme können doch Lippenlesen. Wie weit geht das? Ich meine, was lässt sich alles verstehen? – Nun, das komme ganz darauf an, antwortete mir der Mann, manche verstünden mehr, andere weniger. Aber es gebe auch Spezialisten, die diese Fähigkeit perfektioniert hätten. Signor Di Blasi zähle dazu. Der übersetze wirklich alles.

Ich käme morgen bei ihm vorbei, sagte ich, dann könnten wir ausführlicher darüber reden. Der Mann war einverstanden.

Gut gelaunt nahm ich meine Frau in den Arm, die überhaupt nichts mehr verstand. Dann rief ich Franco an: Große Neuigkeiten im Fall Scandurra, ein Kracher, im Moment habe ich keine Zeit, alles Weitere morgen.

Und damit griff ich wieder zur Farbrolle.

Es war eine Art Prozession, die ich am nächsten Morgen in den Besprechungsraum führte. Alle brannten darauf zu erfahren, was sich getan hatte. Ich schaltete den Fernseher an. Wartet zwei Minuten, sagte ich, dann zeig ich's euch.

In diesen zwei Minuten bekam ich allerhand zu hören: Spinner ... Wichtigtuer ... Was spielst du dich so auf ...? Wenn das eine Verarsche ist, bezahlst du allen das Frühstück ...

Die Nachrichten begannen, die Sprecherin verlas die Meldungen, die daneben eingeblendete Frau formte mit den Händen ihre Worte nach. Das ist die Neuigkeit, sagte ich. Die Kollegen wechselten vielsagende Blicke und starrten dann mich an, als sei ich übergeschnappt.

Bei Cosimo machte es Klick: »Scheiße, ja, die Gehörlosen – Gehörlose können Lippenlesen.«

Ich erklärte ihnen, dass ich mit dem Taubstummenverband alles geklärt hatte. Um zehn Uhr seien wir verabredet.

Der Chef war begeistert. »Leute, wenn wir auf diese Weise Sortino fassen, werden sie uns ein Denkmal setzen. Dann können wir diese Methode bei allen möglichen Fällen einsetzen.«

Signor Litrico, der Geschäftsführer des Verbandes, empfing uns sehr freundlich und stellte uns in seinem Büro Signor Di Blasi vor, einen vielleicht 40-jährigen taubstummen Mann.

»Das ist der Herr, von dem ich Ihnen am Telefon erzählt habe«, erklärte Litrico.

»Sehr schön. Und Sie sind wirklich in der Lage, jedes Wort, das jemand spricht, nur an der Lippenbewegung zu erkennen?«, fragte ich ihn.

Litrico lachte, während Di Blasi etwas auf ein Blatt zu schreiben begann, das er uns dann reichte. Was darauf stand, war der exakte Wortlaut dessen, was wir, seit wir im Zimmer waren, gesprochen hatten.

Wir erklärten, für die Ermittlungen in einem bestimmten Fall müssten wir ganz genau wissen, was eine verdächtige Person am Telefon rede, und fragten Signor Di Blasi, ob er, ohne dass sein Name in irgendeiner Akte auftauche, bereit sei, mit uns zusammenzuarbeiten und sich ein paar Tage lang jeweils drei Stunden am Nachmittag Zeit nehmen könne.

Er bejahte augenblicklich, hatte also alles schon verstanden. Wir ließen uns Namen, Vornamen und seine Adresse geben.

Während Franco und ich dem Chef von unserem Treffen berichteten, erledigte Tullio die Überprüfung Di Blasis. Anders als wir vorgegeben hatten, brauchten wir dessen Personalien nicht etwa, um uns mit ihm in Verbindung zu setzen, sondern um zu kontrollieren, ob er oder seine Familie Verbindungen oder verwandtschaftliche Beziehungen zu kriminellen Kreisen hatte.

Zwei Stunden später war Tullio wieder da, er hatte alles durchstöbert, der Mann war sauber.

Zwei Tage später holten wir den taubstummen Signor Di Blasi zu Hause ab und fuhren mit ihm zu unserem Beobachtungsposten.

Durch ein auf einem Stativ befestigtes Fernrohr war unser Mann in Nahaufnahme zu erkennen.

Um sechzehn Uhr vierzig stiefelte Scandurra zu seinem gewohnten Platz auf der Mauer und begann zu telefonieren. Und schon begann auch Signor Di Blasi mit seiner Arbeit und hielt auf einem Block, den zu kaufen er uns gebeten hatte, fleißig alles fest.

Schnell schrieb er und fast ohne hinzuschauen, kontrollierte nur hin und wieder mit einem raschen Blick die Position seines Kulis auf dem Blatt und versuchte, lesbar zu bleiben und nicht die oberen Zeilen zu überschreiben.

Wir waren vier Beamte in dem Haus und staunten nicht schlecht über das, was sich da vor unseren Augen abspielte. Dies war so ein Moment, da man den Polizeiberuf mit keiner anderen Arbeit der Welt eingetauscht hätte.

Und was wir dann zu lesen bekamen, nahm uns wirklich den Atem.

»Ciao Melu, was gib's Neues? Wie geht's euch?« (Melu ist eine Kurzform von Carmelo, dem Vornamen Sortinos.)

Pause, der Gesprächspartner antwortete.

»Hat er sie dir gebracht?«

Pause.

»Ja, die waren wirklich zuckersüß. Aber wegen dem Haus, da müssen wir uns noch um ein paar Sachen kümmern. Da war was mit der Wasserleitung und ähnlicher Mist, aber das Haus ist ganz neu und die Gegend ist einsam.«

Pause.

»Wann du willst.«

Pause.

»Gut, dann lass ich dir also Zigaretten bringen, ein paar Lebensmittel und die üblichen Tabletten. Ist das alles, oder brauchst du sonst noch was?«

Pause.

»Der kann nicht kommen. Ich schick dir Giovanni, der will auch mit dir über was reden, eine verfahrene Situation, aber das erzählt er dir am besten selbst.«

Pause.

»Ja, ja, keine Sorge, das sag ich ihm heute Abend, du kannst ganz beruhigt sein, es geht vorwärts, der Anwalt kümmert sich schon darum.«

Pause.

»Ja, der Freund weiß Bescheid, alles in Ordnung, wir lösen das Problem.«

Pause.

»Gut, dann sprechen wir uns morgen wieder. Ciao.«

Das Büro war rasch informiert, und der Chef teilte drei Streifenbesatzungen für die Beschattung des Schäfers ein. Wir hatten nur einen Wagen zur Verfügung und blieben vor Ort, um den Kollegen zu melden, wenn Scandurra den Hof verließ.

Die erste Verfolgung erledigte sich schnell. Der Schäfer fuhr nur zur Bar Belvedere, einem Treffpunkt für Karten spielende Rentner und Jugendliche, die vor den Videospielen hockten, und blieb nur ein paar Minuten dort. Ein Kollege betrat ebenfalls die Bar und bestellte sich einen Espresso an der Theke, von wo aus er, wie er dann berichtete, den Schäfer im Hinterzimmer stehen sah. Der schien wohlbekannt zu sein und grüßte alle Leute.

Noch einige Tage protokollierte der taubstumme Signor Di Blasi die Telefonate. An einem Nachmittag übersetzte er uns ein besonders interessantes Gespräch, bei dem Scandurra, bevor er auflegte, zu seinem Gesprächspartner sagte: »Also, dann bleibt es dabei, ich komme dich morgen abholen, gegen zehn, dann bringe ich dir auch die Sachen mit.«

Scandurra würde um zehn den flüchtigen Mafioso aufsuchen. Aber zehn Uhr morgens oder abends?

Wir beschlossen, die Beschattung schon morgens früh zu beginnen und bis zum späten Abend laufen zu lassen. Ich fuhr nach Hause. Meine Kinder hatten mich schon zwei Tage nicht mehr gesehen, meine Frau hatte sie wach gehalten, damit sie vor dem Abendessen ein wenig mit mir spielen konnten, doch sie waren todmüde. »Ich setz mich ein wenig zu ihnen, bis sie eingeschlafen sind, dann essen wir zusammen«, versprach ich meiner Frau.

Nach einer halben Stunde spürte ich eine zarte Hand auf meinem Gesicht und hörte eine Stimme: »Das Essen ist fertig.« Meine Frau. Sie deutete ein Lachen an. »Eigentlich wolltest du nur warten, bis die Kinder schlafen«, meinte sie, »und dann schläfst du noch schneller ein als sie.«

Am nächsten Morgen teilten wir die Besatzungen für die Beschattung ein. Wir waren zu zwölft, verteilten uns wie gewohnt auf Motorrad, PKW und Taxi.

Um neun Uhr fünfzehn machte sich der Schäfer in Begleitung seines Sohnes auf den Weg. In der Stadtmitte verabschiedete sich der Junge von seinem Vater und setzte seinen Weg zu Fuß fort.

Ein Kollege heftete sich an seine Fersen und folgte ihm. Wir anderen blieben hinter dem Schäfer.

Der Mann schien nicht besonders misstrauisch zu sein. Vielleicht sah er keinen Grund dazu, weil er sich sehr sicher fühlte, vielleicht hatte er uns aber auch bemerkt und ließ sich nichts anmerken. Jede Beschattung ist mit allen möglichen Befürchtungen verbunden, die Hauptsorge ist immer, dass die Sache platzt, die Tarnung auffliegt.

Scandurra hielt in der Nähe des Marktes, kaufte frischen Fisch, grüßte hier und da Leute, fuhr wieder los. In einem Außenbezirk bog er auf eine Schotterstraße ein. Unmöglich also, die Verfolgung fortzusetzen, ohne aufzufallen. Scheiße, was jetzt?

Wir kannten die Gegend nicht gut genug, um zu wissen, ob die Straße auch von der Gegenrichtung aus befahrbar war. Wir beschlossen, Tullio aussteigen zu lassen, damit Piero die Lage erkunden konnte. Ein Mann allein in einem Wagen erregt nicht so schnell Verdacht. Wir anderen standen alle irgendwo in der Nähe, wo es sich gerade anbot, und waren über eine Frequenz verbunden, die sonst von niemandem genutzt wurde. Gabriele knabberte an seinen Fingernägeln, Tullio fletschte die Zähne wie ein Kamel, ich kurbelte das Seitenfenster hoch und runter.

Da meldete sich Pietro über Funk beim Inspektor: »Monza eins an Monza vier.«

Inspektor (Monza vier): »Ja, Monza eins?«

Piero (Monza eins): »Das betreffende Fahrzeug wurde geparkt. Die Schotterstraße ist gleich zu Ende, stößt aber auf einen anderen Feldweg, der in beide Richtungen führt. Was soll ich tun?«

Inspektor: »Kannst du von deinem Standort aus ankommende Fahrzeuge erkennen, ohne selbst bemerkt zu werden?«

Piero: »Das ist schlecht. Ich fahre lieber noch ein Stück weiter und such mir eine andere Stelle … Scheiße, da kommen sie, sie sind zu zweit im Auto, sie fahren in meine Richtung. Die Straße ist sehr schmal, hier können sie mich nicht überholen …«

Inspektor: »Achtung an alle Einsatzkräfte, vielleicht haben wir Glück, fahrt unverzüglich Richtung Monza eins. Eins an vier, kannst du ihn erkennen? Ist es Sortino?«

Piero: »Über den Rückspiegel sehe ich nicht gut, zu viel Staub über der Straße.«

Inspektor: »Vielleicht ist ja der Mann im Auto nur ein Freund oder Verwandter. Hör zu, eins, wir sind hinter dir, fahr ein biss-chen langsamer, versuch, ihn dir genauer anzusehen, und wenn er's nicht ist, blasen wir alles ab.«

Piero: »Ich kenn Sortino nur von den Fahndungsfotos. Am besten halte ich und frag sie nach dem Weg zu irgendwas.«

Inspektor: »Nein, Monza eins, geh kein Risiko ein, fahr weiter. Wir schauen, wo diese Straße hinführt und lassen sie dann von der Verkehrspolizei anhalten.«

Piero: »Nein, gib mir freie Hand. Ich stoppe sie und frag sie irgendetwas. Das ist die einzige Möglichkeit.«

Inspektor: »Gut, meinetwegen, aber unternimm nichts, wenn er's sein sollte. Geh dann wieder zum Wagen und benachrich-tige uns. Frag sie, wie du zur Genossenschaft *Agraria del sole* kommst, die muss da irgendwo liegen.«

Piero: »Okay, ich geh vom Gas, halte an …«

Auch wir, weiter hinter ihm in einer Reihe aufgefädelt, hiel-ten an. Die Anspannung war groß, wer konnte wissen, was uns jetzt erwartete. Tullio und Franco stiegen aus und suchten sich im Laufschritt, mit den Ferngläsern in der Hand, eine gute Po-sition. Knapp 400 Meter waren wir von Piero entfernt.

Piero: »Eins an vier. Er sieht etwas anders aus als auf den Fo-tos, aber er ist es.«

Inspektor: »Wunderbar, wir kommen, sobald ich dir Bescheid gebe, hältst du wieder an und stoppst sie. Wir lesen Franco und Tullio auf und sind in 30 Sekunden bei dir.«

Vier an eins: Jetzt!

Piero stieg aus und richtete die Pistole auf die beiden Männer, wir hatten sie schon umzingelt und riefen: »Polizei! Raus aus dem Wagen!«

Cosimo riss die Tür auf und zog Scandurra an den Haaren heraus. Der andere nahm die Hände in die Höhe.

Franco begrüßte ihn: »Guten Tag, Sortino.«

»Ein guter Tag für euch, nicht für mich.«

»Was willst du machen, das wird jetzt immer so sein – lebenslänglich.«

Im Wagen befanden sich Kleider, in Scandurras Tüte frischer Fisch und zwei Pistolen. »Gegen zehn bringe ich dir die Sachen vorbei«, hatte er gesagt.

Scandurras Haus und Sortinos Versteck wurden gründlich durchsucht: nichts. Das von dem Schäfer benutzte Mobiltelefon war auf einen 82-jährigen Greis angemeldet, ein Nachbar von Scandurra. Man hatte ihn zur Vertragsunterzeichnung gefahren. Der Alte selbst wusste gar nicht, was ein Handy ist und wieso man ihn zu dem Laden begleitet hatte.

Ein weiterer flüchtiger Mafiaboss gefasst. Dank der Fernsehnachrichten und eines Taubstummen. Und einen gewissen Anteil hatten wir auch daran.

Cavallaros Aufstieg

Cavallaro war wieder flüchtig, diesmal lautete der Haftbefehl auf Mitgliedschaft in einer kriminellen Vereinigung. Mittlerweile stand er ziemlich weit oben in der Mafiahierarchie. Ich hatte das kommen sehen, denn immer häufiger war sein Name auch in den Ermittlungsakten anderer Abteilungen der *Squadra Mobile,* bei denen es um schwere Kapitalverbrechen ging, aufgetaucht.

Wenn wir uns trafen, ließ er sich nichts anmerken, machte sich kleiner, als er war, und spielte mir den einfachen *Picciotto* vor, einen Befehlsempfänger, der selbst nichts zu melden hat. Ich fragte mich nach den Gründen dafür.

Zu einer unserer Verabredungen erschien er blass und nervös, wirkte wie im Fieber.

»Was ist los, bist du krank?«

»Das kann dir doch egal sein. Nein, mir geht's gut, ich wollte nur mit jemandem reden, der Lust hat zuzuhören.«

Er begann ziemlich weitschweifig, erzählte dies und das, von Geschehnissen, die in keinem direkten Zusammenhang zu stehen schienen, aber ein Schlaglicht warfen auf die Trostlosigkeit seiner Welt, die geprägt war von Verrat, Ängsten, Neid und Engstirnigkeit.

Warum erzählte er mir diese Dinge? Was machte ihn so sicher, dass ich ihn nicht irgendwann festnahm? Plötzlich brach er ab, wie um Luft zu holen und seine Gedanken zu ordnen. Er machte den Eindruck, als wolle er eine große Sache loswerden.

Als er dann fortfuhr, las ich in seinem Blick Trauer und Einsamkeit.

»Eines Tages ließ mich Tumminello, Santonocitos rechte Hand, zu sich kommen. Er stellte mir einen Mann vor, der sehr vornehm und elegant gekleidet war und ein perfektes Italienisch sprach, aber mit einem leichten, fast ausländischen Akzent. Tumminello erklärte, dass dieser Mann einen ruhigen Ort brauche, an dem er sich ein paar Tage lang ungestört aufhalten könne. Aber ich glaube, noch nicht einmal Tumminello wusste, wer dieser Mann wirklich war und wieso er untertauchen musste.

Er trug einen blauen Zweireiher und tat so von oben herab wie ein Staatsmann. Ganz ehrfürchtig redete Tumminello mit ihm. Offensichtlich war er nervös, ich erkannte ihn nicht wieder. Er, der es gewohnt war, Leute einzuschüchtern und zu bedrohen, wirkte wie ein feiger Sack, verängstigt und unterwürfig.

Mit zwei anderen Picciotti brachte ich den Mann zu einer Villa, die dem Bruder eines bekannten Arztes gehört, ein wirklich ruhiger Ort, den man der Organisation zur Verfügung gestellt hatte und wo ihn die Sicherheitskräfte niemals suchen würden.

Ich saß am Steuer, die anderen beiden fuhren in einem zweiten Wagen vor uns her. Unterwegs sprach der Mann kein Wort, er hatte zwei kleine Koffer dabei, einer lehnte an seinen Beinen, den anderen hielt er auf den Knien. Bevor wir losfuhren, hatte Tumminello Anweisung gegeben, bei einer Kontrolle sollten die beiden vor uns Polizisten auf sich aufmerksam machen und sich stoppen lassen, damit wir unauffällig verschwinden konnten. Und tatsächlich stießen wir auf eine Straßensperre, zwei Carabinieri mit einem Jeep.

Wie abgesprochen, verlangsamten die vor uns ganz plötzlich, um die Carabinieri von uns abzulenken. Und die nahmen auch sofort die Waffen hoch und gaben ihnen Zeichen, dass sie ran-

fahren sollten. Uns dahinter winkte wie gehofft einer der Carabinieri weiter durch. Die beiden Picciotti waren mit Pistolen
bewaffnet und wurden festgenommen.

Vor der Villa dieses Arztes setzte ich den Mann ab und fuhr
sofort wieder zurück. Tumminello war sauer, meinte, wir sei-
en zu dicht hintereinander gefahren, es hätte nicht viel gefehlt,
und wir wären auch gestoppt worden, und das hätte ihn den
Kopf gekostet.«

»Haben sie dich deswegen bestraft?«

Cavallaro schaute mich lächelnd an. »Ich hatte wirklich Angst,
dass sie es tun würden. Nicht lange darauf wurde ich zu einem
Essen in das Haus eingeladen, in dem sich Santonocito versteckte. Tumminello, der immer noch wütend war wegen dieser Angelegenheit, brachte mich persönlich hin. Dabei fuhr er
eine seltsame Strecke, mied alle Hauptverkehrsstraßen, kannte
einen Haufen Wege und Abkürzungen, und irgendwann wusste ich nicht mehr, wo wir waren, und hab gedacht: Jetzt legt er
mich um.

Irgendwann fragte er mich: ›Hast du eine Pistole?‹ Natürlich,
hab ich gesagt.

›Hier nimm das auch. Kannst du damit umgehen?‹ Es war
eine Handgranate.

›Wenn uns Bullen oder Carabinieri anhalten, jagst du sie damit in die Luft. Sechs Jahre war ich im Bau, dahin geh ich nicht
mehr zurück.‹ Vor der Villa befahl er mir dann, ihm die Handgranate zurückzugeben.

Uns empfing ein älterer Mann, der Tumminello sehr respektvoll begrüßte: ›Verzeiht, Exzellenz, aber Sie kennen unsere Ge-
bräuche.‹ Tumminello übergab ihm seine Waffe und befahl mir,
auch meine Pistole rauszurücken. Die Handgranate hatte er im
Auto gelassen und mich noch ermahnt, sie nicht zu erwähnen.
Der Alte tastete uns nochmal ab und ließ uns dann hinein.

Zu diesem Essen waren sieben Leute gekommen, darunter die wichtigsten Mitglieder des ganzen Clans, auch der berühmte Sapienza, der sich drei Tage vorher einen Schusswechsel mit der Finanzpolizei geliefert hatte und mit zehn Kilo Heroin abhauen konnte.

Ich hab gefressen wie ein Scheunendrescher, weil ich dachte, wenn sie mich schon erschießen, sterb ich wenigstens nicht mit leerem Bauch. Irgendwann hat dann Santonocito das Wort ergriffen, und erst da ist mir der Anlass des Treffens klargeworden. ›Cavallaro‹, begann er, ›hat sich immer ehrenhaft verhalten und sich als klug und mutig erwiesen. Diesen Abend habe ich ihm gewidmet, um allen zu verkünden, dass er ab jetzt zu denen gehört, die Befehle erteilen, dass er zur Familie gehört, natürlich im Einverständnis mit meinem Onkel Spampinato, der leider nicht kommen konnte, weil wieder zu viel Polizei unterwegs ist.‹

Santonocito legte mir eine Hand auf die Schulter, und um anzustoßen, füllte er als Zeichen des Respekts zuerst mir das Glas. Für mich war es ein unbeschreibliches Gefühl, wie neugeboren zu werden, wie im Rausch, ohne was getrunken zu haben, zuerst die Angst und dann diese Freude, das hat mich glatt umgehauen.

Während alle fröhlich auf mich tranken, blieb Tumminello ganz ernst. Er war wohl nicht sehr erfreut über meinen Karrieresprung, das konnten alle sehen, trotzdem musste er mir den Kuss geben und den neuen Rang, der mir verliehen wurde, anerkennen.«

»Dann gibst du also zu, dass du jetzt ein hohes Tier in der Mafia bist?«, fragte ich.

Cavallaro nickte, aber ohne den Stolz, den ich von ihm erwartet hätte.

»Es dauerte nicht lange, bis mich alle Picciotti des Clans als die neue rechte Hand Sapienzas betrachteten, der ohne mich keinen Schritt mehr machte. Das kam Tumminello zu Ohren,

nach dem wieder gefahndet wurde und der deshalb Schwierigkeiten hatte, seine Aufgaben im Clan zu erfüllen, und deshalb
zwangsläufig von mir ersetzt worden war. Aus diesem Grund
wollte er sich unbedingt mit mir treffen, und es kam zu einem
heftigen Streit. Daraus entstand eine Fehde innerhalb der Gruppe, und zwei Leute mussten dran glauben. Santonocito sah das
überhaupt nicht gern, Leichen locken die Polizei an, und es gibt
noch mehr Kontrollen. Deshalb bestellte er uns alle in ein Bauernhaus am Fuß des Ätnas, um die Sache zu klären. Es waren
wieder dieselben Leute versammelt wie bei dem Abendessen in
der Villa. Santonocito war mächtig angefressen: ›Wenn nochmal
etwas vorkommt, könnt ihr euch beide einen Sarg machen lassen!‹, brüllte er. Dann versuchte er, den Streit zwischen uns beiden, Tumminello und mir, zu schlichten, doch der war immer
noch wütend und wollte nichts davon wissen, und ließ sich irgendwann sogar dazu hinreißen, Santonocito zu beleidigen, indem er sagte: ›Wer die richtigen Männer aussuchen will, muss
auch Eier haben.‹

Wie ein Schuss aus einer Pistole knallte der Satz in den Raum.
Auch Tumminello erschrak, denn plötzlich war es totenstill geworden.

Santonocito schaute ihn lange an und sagte schließlich: ›Bei
mir hast du verschissen, Tumminello. Weil du ständig diese Nutten vögelst, die dann nicht das Maul halten können, wurden
eine Menge Leute festgenommen. Du bist zu einem Risiko geworden. Die Weiber sind dir zu Kopf gestiegen. Dir kann man
nicht mehr trauen.‹

Tumminello sprang auf: ›Was redest du da für einen Scheiß!
Wenn du mir nicht traust, wieso hast du mich dann letzten Monat noch diese große Sache machen lassen? Du bist vergesslich,
was dir nicht in den Kram passt, vergisst du einfach!‹

›*Du* solltest den Präsidenten begleiten, du! Stattdessen hast du

271

Cavallaro damit beauftragt. Du selbst musstest ja wieder diese Frau ficken gehen. Dadurch sind zwei Männer festgenommen worden, und wir haben uns blamiert vor denen aus Palermo, und sogar umziehen musste er nochmal, weil wir befürchten mussten, dass einer der beiden redet!‹

Damit zog Santonocito die Pistole und richtete sie auf Tumminello, während sich zwei Männer vor dem Ausgang postierten. Tumminello begriff, dass er dran glauben sollte, und versuchte noch zu fliehen. Er warf sich gegen das Fenster und schnitt sich die Hände auf. Aber da waren die anderen schon da und zogen ihn an den Haaren zurück. Er konnte sich nochmal befreien, stolperte aber über einen Stuhl und stürzte. Da lag er und begann, mit allem zu werfen, was ihm zwischen die Finger kam, und schrie dabei: ›Ihr Hunde! Ihr Hurensöhne!‹ Sie hielten ihn fest, aber er biss und trat weiter aus. Sapienza stieß ihm ein Messer ins Kreuz, und dann fesselten sie ihm Hände und Füße.

Eine Weile verging, dann plötzlich zerschnitt Santonocito diese Fesseln wieder, schaute mich an und sagte: ›Tu, was du zu tun hast und nimm dir den Rang, den du dir verdient hast!‹ Ich zögerte einen Moment und verlangte dann eine Pistole. Doch Santonocito lächelte wie ein Hyäne und meinte ganz gelassen: ›Nein, nein, mach es mit den Händen. Er soll langsam sterben, dieser Verräter.‹

Alle starrten mich an. Und so begann ich, Tumminello zu würgen, aber der wehrte sich mit aller Kraft, krümmte den Rücken und presste das Kinn auf die Brust, um keinen Platz zu lassen für meine Hände an seinem Hals. Ich merkte, dass ich nicht mit aller Kraft zudrückte, ich konnte irgendwie nicht. Ich hatte schon Leute kaltgemacht, aber immer mit der Pistole, mit den Händen, das ist Wahnsinn. Ein paar Männer packten ihn an den Haaren und zogen seinen Kopf zurück, andere umklammerten seine Knie, damit er sich nicht mehr rühren konnte. ›Drück zu,

dreh ihm die Luft ab, diesem Verräter!‹, brüllte mir Santonocito ins Ohr.

Tumminello wehrte sich kaum noch, hin und wieder bäumte
er sich zwar noch auf und versuchte, nach mir zu treten, wurde
aber immer schwächer. Er starrte mir in die Augen, und an den
Schläfen traten seine Adern dunkelblau hervor. Er weinte, weinte wie ein kleiner Junge, weinte, bis es zu Ende war.

Danach küssten mich alle Männer voller Respekt, und Santonocito befahl, die Leiche wegzuschaffen und sauberzumachen.
Als ich mich rührte, um mitzuhelfen, hielt er mich am Arm zurück und sagte: ›Du nicht. Diese Dinge sind nicht mehr deine
Aufgabe.‹ 20 Minuten später stießen wir alle zusammen an, in
diesem Raum, als wenn nichts geschehen wäre. Und Santonocito
erklärte an alle gewandt: ›Wenn ich verhaftet werde, gehorcht ihr
Sapienza, wenn der auch verhaftet wird, gehorcht ihr Cavallaro. Verstanden?‹

Seither erfahre ich Dinge, von denen ich bis dahin keine Ahnung hatte. Früher habe ich Befehle ausgeführt, heute gebe ich
sie, es ist jetzt alles anders geworden. Einerseits bin ich stolz, andererseits habe ich auch Angst, weil ich ganz genau weiß, dass
diese Leute, die heute meine Freunde sind, morgen meine Mörder sein können. Ich muss immer auf der Hut sein, meine Worte abwägen, beschwichtigen, alles genau bedenken, denn es gibt
viele in der Gruppe, die meinen Platz einnehmen wollen und
zu allem bereit sind, um mich in Schwierigkeiten zu bringen.

Außerdem haben Tumminellos Leute den Tod ihres Bosses
nicht so einfach hingenommen. Angeführt von Giacomo La
Mattina haben sie sich abgespalten und Santonocito den Krieg
erklärt. Und der hat in der ganzen Stadt seine Leute scharfge-
macht, um Tumminellos Männer aufzuspüren und sie alle umzulegen, um ein Zeichen zu setzen und allen klarzumachen:
Wer nicht gehorcht, stirbt. Innerhalb von zehn Tagen kam es

zu den achten Toten, von denen die Zeitungen voll waren. La Mattina, der auch von der Polizei gesucht wird, ist dann untergetaucht, und seine Leute haben den Schwanz eingezogen und Santonocito um Verzeihung gebeten. Aber wir haben sie trotzdem umgelegt. Auch den Bruder von La Mattina haben wir erschossen. Das mussten wir tun. Wenn man nahe Angehörige eines Bosses tötet, zeigt man damit, dass er nichts mehr zu sagen hat, dass er bereits totes Fleisch ist.«

Damit endete Cirinos Bericht. Ohne Luft zu holen, hatte er erzählt, und jetzt schnaufte er wie ein alter Mann. Wieder einmal fragte ich ihn, ob er nicht bereit wäre, sich zu stellen und als Kronzeuge auszusagen.

»Du willst mich um jeden Preis zum Verräter machen, was?«

»Ich will dir nur das Leben retten.«

Er schüttelte den Kopf: »Du hast nichts von mir verstanden.«

Er wandte sich ab und verschwand über die Mauer, die das offene Land von der Straße trennte.

Ich blieb noch auf meinem Steinblock sitzen und dachte nach.

Natürlich hätte ich Cavallaro einige Tage lang verfolgen oder sogar eine Wanze in seinem Auto verstecken können. Ich war mir ziemlich sicher, dass er wusste, wo sich Spampinato und Santonocito verborgen hielten. Ich hätte mich mit meinen Kollegen über Cavallaro austauschen können, schließlich war er zu einem wichtigen Mann der Organisation geworden, über ihn hätten wir vielleicht alle enttarnen können. Aber nichts von alldem tat ich. Wenn ich nur wüsste, warum.

VIERTER TEIL

Die *Pentiti* – Kronzeugen der Mafia

Ein Imbiss für den Kronzeugen

Zusammen mit einigen Kollegen unseres ehemaligen »Komitees« wurde ich in eine andere Abteilung der *Squadra Mobile* versetzt. Nun hatten wir uns vornehmlich um die sogenannten *Pentiti* zu kümmern, Mafia-Mitglieder also, die sich zur Zusammenarbeit mit der Justiz bereiterklärt hatten. Das waren Leute, mit denen man vorsichtig, voller Misstrauen umgehen musste, denn die meisten waren Abschaum, Männer, die ein spezielles Gesetz für sich ausnutzten, um weiter ihren kriminellen Geschäften nachgehen zu können, und nur das erzählten, was für sie von Vorteil war.

Die Arbeit mit den Pentiti öffnete mir die Augen für einen Missstand, der mir vorher nicht so bewusst war, und zwar dass sich eine Reihe von unseren Leuten auch der Kronzeugen bediente, um Karriere zu machen und in den Zeitungen aufzutauchen. Wenn man sich umhört, haben die meisten Polizisten nicht viel für diese Mafia-Kronzeugen übrig. Obwohl sich nicht abstreiten lässt, dass wir durch ihre Aussagen vieles über die organisierte Kriminalität erfahren haben, was uns sonst wohl für immer verschlossen geblieben wäre. Heute wissen wir eine ganze Menge über die Mentalität der Mafiosi, den Aufbau der Clans, ihre Strategien. Doch mit der Zeit mussten wir auch erkennen, dass in vielen Fällen Kronzeugen nicht uns bei der Verbrechensaufklärung halfen, sondern wir ihnen für ihre Ziele nützlich waren.

Das waren Leute, die auf uns geschossen und gespuckt hatten.

Und nun sollten wir vor ihnen kriechen und sie wie die Könige behandeln.

Einer der ersten Pentiti, mit dem wir es zu tun bekamen, hieß Calogero Puglia. Auch er war kein Kronzeuge aus Überzeugung, sondern weil es ihm Vorteile brachte. Sein Motiv waren die fünf Kugeln, die in seinem Körper steckten. Schon während die Ärzte in der Klinik noch dabei waren, seine Blutungen zu stillen und ihn für die Operation fertig zu machen, suchte ihn der Kollege auf, der ihn bereits mehrmals festgenommen hatte. »Hör zu, Calogero, du solltest dich mit uns zusammentun. Da draußen lassen sie dich nicht mehr zu Atem kommen und werden dich bald umlegen. Sag aus, und ab sofort übernehmen wir deinen Schutz.«

Die Augen geschlossen, röchelte der Schwerverletzte nur, aber er hatte sehr gut verstanden.

»Was ist, Puglia?«, fuhr der Kollege fort. »Bevor die Narkose wirkt, sag mir Bescheid, ob ich zwei Kollegen vor deiner Tür postieren soll oder ob wir dich deinen Kumpanen überlassen sollen?«

»Bringt meine Frau und meine Tochter in Sicherheit und auch meinen Bruder und meine Eltern. Sagt ihnen, dass ich es so will. Wenn ich überlebe, lass ich diese Bastarde büßen, dann erzähl ich euch ein paar hübsche Dinge ...«

Unser Chef setzte sich mit der Staatsanwaltschaft in Verbindung sowie mit dem *Servizio Centrale di Protezione*, der für die Umsetzung der Zeugenschutzprogramme verantwortlich ist, und unverzüglich machten sich die Beamten zu den Familienangehörigen von Calogero Puglia auf, um alles zu besprechen. Seine Frau, ihre gemeinsame Tochter, der Bruder und die Schwiegermutter wurden an einen geheimen Ort in Norditalien gebracht. Einen Monat später stieß auch Puglia selbst zu ihnen.

Seine Aussagen führten zur Festnahme von über 50 Personen, Morde wurden aufgeklärt, Raubüberfälle, Drogendelikte … Sieben Monate später, als der Prozess begann, sah ich Puglia wieder. Er wohnte im Hotel, im schönsten Zimmer, im obersten Stock mit Terrasse und Blick aufs Meer. Zwei Polizisten in Uniform wachten auf dem Flur vor seiner Tür, zwei Beamte der Kriminalpolizei im Zimmer bei ihm. Als ich an der Reihe war, hatte ich Dienst mit einem Kollegen, der Puglia ganz gut kannte und sich recht vertraulich mit ihm unterhielt.

»Weißt du noch, Puglia, wie ich dich zum ersten Mal festgenommen habe, nach dem Überfall auf das Postamt? Ich musste ordentlich aufs Gas treten wegen dir, und zweimal hätte es beinahe gerumst.«

Puglia lachte und erklärte mit stolzer Miene. »Bei mir war's ein paar Mal auch ganz knapp. Du hast mich auch nur erwischt, weil ich irgendwo gegen gekracht bin, sonst wär ich dir durch die Lappen gegangen.«

Dieser Knastbruder prahlte auch noch mit seinen Taten, und ich wandte mich an den Kollegen: »Du redest mit ihm, als sei er ein alter Kumpel von dir. Siehst du nicht, wie der sich aufspielt?«

»Das kann dir doch scheißegal sein. Sechs Stunden müssen wir hier hocken, und es macht mir Spaß, ihn ein bisschen zu verarschen.«

Ich hatte eher den Eindruck, dass Puglia meinen Kollegen verarschte.

Nach diesem Einsatz sah ich den Pentito ein paar Tage nicht mehr. Doch die Kollegen, die ihn bewachen mussten, hatten wenig Spaß mit ihm. Puglia verhielt sich arrogant und launisch, ständig drohte er: »Ich ruf den Richter an und lass euch versetzen.« Einige mussten sich sehr beherrschen, um nicht handgreiflich zu werden. Einer schaffte es nicht, packte Puglia am Kragen und knallte ihn gegen die Wand: »Du willst für meine

Versetzung sorgen? Was erlaubst du dir? Du bist Dreck, Abfall, was bildest du dir ein? Du bist überhaupt nichts, vergiss das nicht, nichts als ein Schwätzer. Wärest du ein Mann, hättest du das Maul gehalten.«

»Und wer bist du? Wie ist dein Name?«, schnaubte Puglia, »ich ruf den Richter an, dann treten sie dir in den Arsch. Und nimm endlich die Griffel weg!« Der andere Kollege ging dazwischen, die Beamten im Flur stürmten mit gezückten Waffen ins Zimmer, denn sie wussten ja nicht, was da los war. Es folgte eine Reihe von Telefonaten mit dem Chef der mobilen Kriminalpolizei, und der Kollege bat, sofort abgelöst zu werden, sonst könne er für nichts garantieren.

Das geschah, doch auch mit dem neuen Kollegen fing Puglia bald schon Streit an.

Unser Chef bat den zuständigen Richter, dem Pentito mal die Ohren langzuziehen, der komme sich zu mächtig vor. Drei Wochen später war ich wieder an der Reihe.

Puglia war ein wenig zurechtgestutzt worden, und von uns sprach kaum einer mehr mit ihm. Er verbrachte seine Zeit mit Schlafen und Lesen, telefonierte mit seiner Frau oder beobachtete durch ein Fernglas die Menschen auf der Straße.

Erfolglos setzten wir uns dafür ein, dass er aus diesem Hotel verlegt wurde. Es war wirklich ein Mordsaufwand, ihn jeden Morgen in den wie einen Bunker gesicherten Gerichtssaal zu bringen. Wir fuhren mit drei Autos, zwei normalen, einem gepanzerten, und wenn wir zuvor das Hotel-Foyer durchquerten, versuchten wir, möglichst wenig aufzufallen. Doch ein Blinder hätte gesehen, dass hier jemand eskortiert wurde, wenn auch nicht unbedingt ein Mafia-Kronzeuge von der Polizei. Doch die Leute reden gern, und auch unter den Hotelangestellten gab es nach unserer Einschätzung den ein oder anderen, der dem Mafia-Umfeld zuzurechnen war. Leute, die natürlich über

jeden Verdacht erhaben waren: in mancher Hinsicht die allerschlimmsten.

Puglia begann darunter zu leiden, dass niemand von uns mit
ihm sprach. Er war nervös, stieß ungehalten die Luft aus, warf
die Zeitung auf den Tisch. Einmal, als ich Dienst bei ihm hatte, wollte er wieder ständig hinaus auf die Terrasse, um sich mit
dem Fernglas die Zeit zu vertreiben.

»Wir haben es Ihnen erklärt. Kommen Sie nicht immer wieder damit, tagsüber ist das zu gefährlich, Sie würden auffallen,
drum herum sind überall Häuser …«

»Ach, machen Sie sich Gedanken um mein Wohlergehen?«,
fragte er spöttisch zurück.

»Mir persönlich ist Ihr Wohlergehen scheißegal. Aber wenn
die Sie umlegen wollen, könnte es auch für uns ungemütlich
werden. Und das ist mir nicht scheißegal.«

Puglia starrte mich hasserfüllt an. »Dich interessiert das nicht,
wenn sie mich umbringen?«

»Nein, absolut nicht. Und bleiben Sie bitte beim ›Sie‹.«

»Das ist nicht zum Aushalten mit euch. Da ist es ja im Knast
noch besser. Da vergeht wenigstens die Zeit. Hier kommt man
sich vor wie auf dem Friedhof.«

Wir ignorierten ihn einfach, und er litt darunter, das wussten
wir. Eines der Zimmermädchen aber hielt häufiger ein Schwätz-
chen mit ihm, und das auch, wenn sie schon mit der Arbeit fertig
war, bis sich ein Kollege irgendwann bei ihr beschwerte, dem es
auf die Nerven ging, den ganzen Mist mit anhören zu müssen,
den er ihr erzählte. Der Chef bat uns, mal nicht so zu sein, dieser Mann habe schon lange nichts mehr mit einer Frau gehabt.
Dieser Kontakt tue ihm vielleicht ganz gut, und auch für uns
könne er von Vorteil sein, denn in der Verhandlung sei Puglia
häufig zu nervös und mache es damit auch dem Richter schwer.
Wir überprüften die Frau, beschatteten sie sogar, und da sich

keine Hinweise auf Verbindungen zu kriminellen Kreisen ergaben, gelangten auch wir zur Überzeugung, dass sie sich eben ein wenig in den Mafioso verguckt hatte. Mittlerweile redeten die beiden abends stundenlang am Telefon miteinander. Selbstverständlich rief er sie an, und selbstverständlich zahlte der Staat den Anruf, das heißt, wir.

Eines Nachts gegen eins verlangte Puglia plötzlich was zu essen.

»Um diese Uhrzeit?«

»Ja, um diese Uhrzeit. Wenn ich Hunger hab, hab ich Hunger. Meinem Bauch ist egal, wie spät es ist.«

»Sie haben doch noch Obst, essen Sie das, nachts ist der Koch nicht auf.«

»Ich hab ja nicht gesagt, dass ich einen Teller Spaghetti will. Ich will einen Nachtisch. Fragt mal, was sie noch da haben.«

»Die Küche ist zu, Puglia.«

»Dann fragt den Portier, der hat bestimmt was im Kühlschrank, einen Kuchen muss man ja nicht kochen.«

Wir riefen beim Nachtportier an, und der erklärte, er könne nicht fort aus seiner Loge, außerdem wüsste er auch nicht, was er uns geben sollte.

»Das glaub ich nicht, ihr habt euch alle gegen mich verschworen.«

»Puglia, auch unsere Geduld hat Grenzen. Legen Sie sich jetzt schlafen, es ist schon spät.«

»Das ist allein meine Sache ob ich schlafe oder nicht. Das hast du mir nicht zu sagen.«

»Passen Sie auf, wie Sie mit mir reden, Puglia.«

»Wieso? Was willst du dagegen tun?«

Ich solle doch nicht darauf eingehen, meinte der Kollege, Puglia wolle mich bloß provozieren.

Doch der Pentito ließ nicht locker. »Dann ruft einen Streifenwagen, sie sollen mir ein Stück Kuchen bringen.«

»Bist du jetzt fertig?«

»Ich bin überhaupt nicht fertig. Ich will mit dem Richter sprechen.«

»Und wozu?«

»Ich mache nicht mehr mit. Ich sage gar nichts mehr.«

»Wir haben seine Nummer nicht. Außerdem ist es viel zu spät.«

»Aber ich hab die Nummer. Ich hab alle seine Nummern.«

Nicht zu fassen. Er hatte die Telefonnummer des Richters!

Puglia war mittlerweile in Rage, brüllte und bedrohte uns. Wir riefen den Chef zu Hause an, erklärten ihm die Lage und unterrichteten ihn, dass der Pentito um jeden Preis mit dem Richter sprechen wolle. »Lass das Arschloch doch anrufen. Dann lernt der Richter, wie unklug es war, so einem Mann seine Nummer zu geben.«

Puglia rief an und begann sofort zu jammern: »Ich mach nicht mehr mit, ich mach keine Aussagen mehr. Diese Polizisten behandeln mich wie Dreck. Ich verhungere hier und will ein Stück Kuchen.«

Ich sprach ebenfalls mit dem Untersuchungsrichter, der mich bat, Puglia den Gefallen zu tun. Im Hotel sei kein Kuchen aufzutreiben, erklärte ich, und ich wüsste nicht, wie ich um diese Zeit irgendwie an Kuchen kommen solle.

Dann ließ er sich wieder Puglia geben, der das Gespräch mit der Drohung »Morgen rede ich kein Wort« beendete.

Am nächsten Tag war der Teufel los. Auf dem Präsidium musste ich Rede und Antwort stehen, dann wurden Berichte geschrieben, Unterredungen mit dem Richter abgehalten, und schließlich lief alles wieder so weiter wie zuvor.

Einmal begleiteten wir, Franco, Tullio und ich, Puglia nach Trapani, wo er in einem anderen Prozess als Zeuge geladen war. Als der Richter die Sitzung auf den Nachmittag vertagte, gingen wir in ein Restaurant essen. Eine Speiskarte, bei der einem das Wasser im Munde zusammenlief, vor allem Fisch, doch die Preise waren nicht vereinbar mit den Spesen, die das Ministerium für unser Mittagessen veranschlagt hatte, also 42 000 Lire. Wir bestellten die preiswertesten Gerichte, um unter dem Limit zu bleiben: Gemüsevorspeise, *Penne all'arrabbiata, Cotoletta palermitana,* grüner Salat.

Dann war Puglia an der Reihe: Vorspeise mit Meeresfrüchten, Risotto Fischerinnenart, Seezunge … Franco bat den Kellner, uns nochmal einen Moment allein zu lassen.

»Passen Sie auf, Puglia, wir haben für Sie auch nicht mehr Geld dabei. Für 42 000 Lire können Sie sich was bestellen, genau wie wir. Alles klar? Also, suchen Sie sich schnell was anderes aus.«

»Ich kann essen, was ich will. Haben Sie das nicht gewusst?«

»Red keinen Blödsinn!«

»Das ist kein Blödsinn. Ruft im Büro an und fragt nach.«

Das tat Tullio, über das Handy. Er erklärte die Sache, und schon verzog sich sein Gesicht zu einer resignierten Miene. Dann legte er auf.

»Es ist, wie er sagt.«

Zufrieden und bester Dinge rief Puglia den Kellner zurück und bestellte sich, was wir nicht essen konnten, es sei denn, wir hätten noch aus eigener Tasche draufgelegt. Er hatte geraubt, geschossen, getötet und jetzt aß er. Besser als wir. Wir versuchten, uns nichts anmerken zu lassen, doch der Appetit war uns vergangen.

Wir sprachen die Vertreter der Polizeigewerkschaft darauf an. Die schlugen zwar Krach, aber letztlich änderte sich nichts.

Einige Tage später beschwerte sich Puglia beim Richter darüber, dass sich in der Villa, in der man seine Ehefrau untergebracht hatte, ein paar feuchte Stellen an den Schlafzimmerwänden gezeigt hätten. Erst dadurch wurde uns bekannt, dass für den Pentito allein an Mietkosten 1,5 Millionen Lire im Monat ausgegeben wurden. Ich verdiente 2 100 000 Lire und hatte eine Frau und zwei Kinder zu ernähren.

Puglia informierte seine Frau am Telefon: »Sie haben mir das Geld bewilligt. Sie schicken dir jemanden damit vorbei, du brauchst nur die Quittung zu unterschreiben, dann ist schon alles erledigt und du kannst die Sachen kaufen. Na, freust du dich?« Er redete wie ein reicher Gönner und schloss lachend: »Mach's gut, mein Schatz, und sei nicht knauserig, der Staat bezahlt ja.«

Wir waren stinksauer, aber wenn wir uns beschwerten, stießen wir auf taube Ohren. Zwar war immer mal wieder die Rede von einer Kürzung der Gelder für Kronzeugen, über ein Gesetz, das ihnen weniger Vergünstigungen gewährte. Fakt war aber, dass es diesen Leuten prächtig ging: Sie gestanden lediglich, was ihnen in den Kram passte, und brauchten nur »Ich sage gar nichts mehr« zu murmeln, und schon warfen sich ihnen alle beflissen zu Füßen.

Bei uns war das ein Dauerthema. Salpietro, der dienstälteste Inspektor unserer Abteilung, war es leid, das alles zu schlucken, und machte sich eines Tages im Beisein des Chefs Luft. »Vielleicht will man das im Ministerium anders sehen: Aber diese Typen bleiben bis zu ihrem Lebensende Verbrecher. Sie gestehen, weil es ihnen Vorteile bringt, weil sie draußen umgebracht würden oder auf Haftverschonung aus sind. Sagen Sie selbst, Dottore, wie viele Pentiti kennen Sie, die aus freien Stücken hier bei uns im Präsidium erschienen sind und erklärt haben: ›Basta, es war falsch, was ich getan habe. Ich will mich ändern und dem Staat helfen.‹«

»Keinen.«

»Das muss man sich mal vorstellen. Die lachen uns doch aus.

Erst schießen sie auf uns, dann werden sie beschützt von genau den Leuten, auf die sie geschossen haben und von denen sie verhaftet wurden, um dann anschließend wieder auf uns zu schießen. Die lassen sich ins Zeugenschutzprogramm aufnehmen und verüben weiter ihre Straftaten, Überfälle und so weiter, weil niemand auf sie aufpasst. Seit 30 Jahren bin ich bei der Polizei und habe schon vieles erlebt, aber was hier läuft, will mir nicht in den Kopf. Kann mir jemand sagen, für wen ich überhaupt arbeite? Warum ich noch tagtäglich mein Leben aufs Spiel setzen soll?«

Der Chef presste die Kieferknochen aufeinander. Doch nur für einen kurzen Moment, dann senkte er den Kopf. »Was soll ich dazu sagen, Salpietro? Ich bin genauso ratlos wie du.«

Es war ein Samstagnachmittag, als drei gut gekleidete Männer an der Rezeption von Puglias Hotel erschienen, um sich ein Zimmer zu nehmen. Einem wachsamen Kollegen kamen sie verdächtig vor, und er beschloss, sie zu kontrollieren. Alle drei waren Kalabresen, nicht vorbestraft, und gaben an, sie seien Vertreter einer Firma für Alufenster und -türen und hätten geschäftlich in der Stadt zu tun. Man brachte sie zum Präsidium, denn eine Überprüfung in der Datenbank hatte ergeben, dass sie mehrer Male in Begleitung von Mitgliedern der kalabresischen Mafia, der 'Ndrangheta angehalten worden waren.

Es stellte sich heraus, dass die drei tatsächlich für diese Firma arbeiteten. Die kalabresischen Kollegen erklärten uns, der Firmenchef sei ein grundanständiger Mann und habe die Männer wahrscheinlich anstellen müssen, um Repressalien aus dem Weg zu gehen. Auch ihnen, diesen Kollegen, kam es nicht geheuer vor, dass die drei ausgerechnet in einem Hotel absteigen wollten, in dem ein Pentito untergebracht war. Wir hatten jedoch nichts in der Hand, um sie länger festzuhalten, und mussten sie gehen lassen, folgten ihnen aber, bis sie die Autobahn erreicht hatten.

Drei Wochen später entging einer dieser drei Kalabresen nur um Haaresbreite einem Anschlag, überlebte wie durch ein Wunder und beschloss, reinen Tisch zu machen. Von den vielen Fakten, die er preisgab, jagte uns ein Geständnis einen ordentlichen Schauer über den Rücken. Die drei waren tatsächlich nach Catania gekommen, um im Auftrag einiger hiesiger Clans, denen sie noch einen Gefallen schuldig waren, die Lage zu sondieren.

Sie wollten Puglia töten und hatten geplant, sich unter dem Pentito einzuquartieren und die Zimmerdecke mit Dynamit zu präparieren. Der vereitelte Anschlag sowie eine Reihe von Drohbriefen an verschiedene Schöffen steigerten noch die Anspannung bei allen Prozessbeteiligten.

Ich war der Begleitmannschaft zugeteilt, die Puglia in den Gerichtssaal zu bringen hatte, ein Bunker im Keller der Haftanstalt, ungefähr 15 Kilometer vom Stadtzentrum entfernt. Mit Höchstgeschwindigkeit rasten wir über die für Einsatzfahrzeuge reservierte Fahrspur. Das größte Risiko war jeden Tag, jemanden totzufahren oder selbst bei einem Unfall ums Leben zu kommen.

Nach dem Bekanntwerden des versuchten Mordanschlags ging man dazu über, die Strecke zwischen Hotel und Gericht von der Verkehrspolizei täglich »säubern« zu lassen. Das heißt, die Kollegen kontrollierten die Fahrzeuge am Straßenrand, stellten fest, ob sie möglicherweise gestohlen waren, und schauten nach verdächtigen Details. Aber diese aufwendige Maßnahme konnte nur ein paar Tage lang durchgezogen werden. Wir hatten zu wenige Einsatzkräfte zur Verfügung, und es war nicht zu verantworten, den Schutz anderer Stadtgebiete ganz zu vernachlässigen.

Am meisten beunruhigten uns die beiden Überführungen, die auf unserer Strecke lagen. Wir rasten über die Schnellstraße, nie unter 220 km/h, die Mietskasernen und das unbestellte, von der Sonne versengte offene Land zu einer Seite, das Meer zur anderen, und wir dazwischen, in dieser mit heulenden Sirenen dahinschießenden Blechdose, die Pistolen in der Hand, die Augen aufgerissen, voller Angst.

Sobald wir, schon aus der Ferne, eine der Überführungen und im nächsten Umkreis einen geparkten Wagen erblickten, tauchten wir ab, duckten uns und hielten die Luft an. Fünf, vier, drei, zwei, eins, zählten wir im Geiste die Distanz, die uns vom Tod trennen mochte, der Detonation einer Bombe, der Druckwelle. Einige Sekunden lang schlossen wir die Augen, bis wir wieder durchatmen konnten: Es war überstanden, wir waren vorüber, Gott sei Dank, wir waren vorüber, und es war nichts passiert.

Endlich wurde Puglia in einem der verbunkerten Räume neben dem Verhandlungssaal einquartiert. Nun aß und schlief er dort, und war zudem etwas kleinlauter geworden. Ich freute mich, denn damit war die Gefahr für uns beträchtlich herabgesetzt.

Und der Untersuchungsrichter machte sich ein wenig Luft: »Ja, glauben Sie denn, mir ist dieser Puglia sympathisch? Nein, das ist ein arroganter Flegel, aber was sollen wir machen? Sie haben ja keine Ahnung, wie schwierig es ist, solch einen Maxiprozess durchzuziehen, einen Prozess, der den Staat mehr als drei Milliarden Lire kostet. Ich bin auch froh, wenn ich diesen Puglia nicht mehr sehen muss, aber wenn wir es tatsächlich schaffen sollten, diese Tiere hinter Gitter zu bringen, so haben wir das auch ihm zu verdanken. Deshalb behandeln wir ihn gut, denn wenn der beschließt, fortan den Mund zu halten, oder im Gerichtssaal verrückt spielt oder Mist erzählt, ist das für die Verteidiger doch ein gefundenes Fressen. Wie Blutegel saugen die sich an allem fest, was sie irgendwie ausschlachten können. Jede Lücke, jeder Irrtum, jede Ungereimtheit in Puglias Aussage kann zu einem schweren Rückschlag für den Prozess werden. Und deshalb müssen wir ihn bei Laune halten. Was meinen Sie denn, wie ich mich gefühlt habe, als er mich damals mitten in der Nacht anrief? Meiner Frau ging es schlecht, und dieser Typ wollte unbedingt Kuchen essen …«

Zwei Tage später kam der Untersuchungsrichter in einer Pause zu uns. »Ich würde gern mal mit Ihnen reden«, erklärte er, »ich muss nämlich nächste Woche nach Rom zu einer Tagung, bei der es auch um das Problem der Pentiti gehen wird. Was wäre, Ihrer Meinung nach, im Umgang mit Mafia-Kronzeugen zu verbessern?«

»Zunächst einmal müssten sie gezwungen sein, sich anständig zu benehmen, mit anderen Worten, sie müssen spuren. Und dann muss man sie knapper halten. Mit Geld können sie nicht umgehen, das sind sie nicht gewöhnt. Denken Sie daran, das sind Leute, die in Ställen aufgewachsen sind. Wäre Puglia ins Gefängnis gekommen, hätte er seinen Bossen die Zellen putzen und ihnen Teller und Füße waschen müssen. Man muss ihr Eigentum beschlagnahmen, und darf ihnen nicht mal eine Lira lassen, anders als heute, da der Staat ihnen häufig Häuser und Betriebe, die diese Typen sich mit gestohlenem und erpresstem Geld aufgebaut haben, nach der Konfiszierung zurückverkauft und dafür den Kaufpreis erstattet. Und es müsste Schluss damit sein, dass Kronzeugen sozusagen »in Raten« aussagen: Alles, was sie wissen, muss sofort auf den Tisch, andernfalls fliegen sie aus dem Zeugenschutzprogramm. Für die ist es natürlich lohnender, uns immer mal wieder ein paar Bröckchen als Geschenk hinzuwerfen, damit steigen ihre Aktien. Die haben nämlich begriffen, wenn sie sofort alles erzählen, nimmt sich der Staat, was er braucht, und lässt sie dann einfach fallen. Aber so gewinnen sie Zeit und halten die Spannung aufrecht. Sie deuten etwas Wichtiges an und beobachten, wie wir reagieren, und wenn sie dann merken, dass das Interesse groß ist, zieren sie sich plötzlich. Und schließlich, Dottore, muss unbedingt verhindert werden, dass sie sich mit anderen Kronzeugen treffen. Dann stimmen sie ihre Versionen aufeinander ab und denunzieren und ruinieren damit oft genug unschuldige Personen. Die Pentiti müssen begreifen, dass sie in unserer Hand sind. Der Staat bietet ihnen die Chance, nicht erschossen zu werden: Mehr können sie nicht verlangen. Sie müssen wissen, dass wir sie sofort hinter Gitter bringen und den Schlüssel fortschmeißen, wenn sie uns über den Tisch ziehen wollen, müssen erkennen, dass niemand unersetzlich ist, weil wir früher oder später einen anderen Pentito finden werden, der uns die gleichen Dinge erzählt. Uns interessieren ja keine persönlichen Geheimnisse. Was uns heute Puglia erzählt, können wir morgen auch von einem anderen erfahren. Wir müssen nur warten können.«

Der Richter nickte. Er schien die Sache ganz ähnlich wie wir zu sehen. Doch in seinem Blick erkannte man wenig Hoffnung, dass es ihm gelingen könnte, etwas in dieser Richtung zu verändern.

Mafiafrauen

An einem Tag ordnete der Staatsanwalt die Zwangsvorführung einer Zeugin, einer älteren Frau, an. Puglia hatte ausgesagt, dass vier der Angeklagten ihren Sohn umgebracht hätten. Zuvor war sie mehrere Male der Aufforderung, vor Gericht zu erscheinen, nicht nachgekommen, wahrscheinlich aus Angst, selbst ermordet zu werden.

Mit einigen Kollegen machte ich mich auf den Weg, um sie zu Hause abzuholen. Aber sie sträubte sich. »Ich komme nirgendwohin mit. Puglia ist ein Bastard, der hat alle verraten, auch meinen Sohn. Er hat ihn umbringen lassen, hat mir meinen Sohn genommen. Dieser Bastard erzählt doch nur, was ihm gelegen kommt, und seine Freunde hält er fein raus. Die hat er nicht festnehmen lassen. Mit denen will er nämlich, sobald er wieder frei ist, weiter rauben und töten.«

»Offenbar wissen Sie doch etwas. Warum sagen Sie uns nicht, was das für Leute sind, und rächen damit Ihren Sohn.«

»Ich bin kein Spitzel. Wenn Sie auf Zack sind, finden Sie die Mörder auch ohne mich. Ich räche meinen Sohn auf meine Weise, dazu brauche ich Sie nicht.«

»Sie wissen doch: Eine Bluttat zieht die andere nach sich.«

»Das ist mir egal, mir haben sie den einzigen Sohn ermordet. Und mein schwer kranker Mann ist dann am Kummer gestorben. Ich bin alt, ich habe nichts mehr zu verlieren. Sollen sie mich doch umbringen, damit tun sie mir nur einen Gefallen, dann hat das Leid endlich ein Ende.«

»Aber Signora, wer als Zeuge aussagt, ist doch kein Spitzel. Wir brauchen Ihre Aussage, um diese Schweine lebenslang hinter Gitter zu bringen. Wir respektieren Ihre Trauer und Ihr Alter, aber Sie müssen auch verstehen, dass wir ohne Sie dieses Haus nicht verlassen. Wir haben unsere Befehle, das müssen Sie verstehen.«

»Befehle, Befehle … Sie halten sich ja selbst nicht an Ihre Befehle. Was ist denn mit diesen Kollegen von Ihnen …? Die sind doch auch mit schuld, dass mein Sohn umgebracht wurde.«

»Was wollen Sie damit sagen? Erklären Sie das bitte genauer …«

»Ich muss Ihnen gar nichts erklären. Sie wissen selbst, dass manche Ihrer Kollegen schlimmer sind als die Mafia. Sie wissen, was das für Leute sind, aber Sie tun lieber so, als wenn alles in Ordnung wäre … Ach, was rede ich? Es hat ja doch keinen Sinn …«

»Wie Sie meinen. Jedenfalls müssen wir jetzt los. Machen Sie sich bitte fertig, wir haben schon zu viel Zeit verloren.«

»Ich rühre mich hier nicht von der Stelle, ich bin krank, ich habe Zucker und hohen Blutdruck …«

»Dann rufen wir jetzt einen Krankenwagen und lassen Sie auf einer Trage in den Gerichtssaal bringen. Kollege, ruf mal im Büro an, dass sie einen Krankenwagen vorbeischicken …«

»Nein, nein, keinen Krankenwagen … Sonst denken die Nachbarn noch, dass ich übergeschnappt bin … Also gut, ich komme mit, aber von mir erfahren Sie nichts.«

Auf dem Weg zum Gericht sprachen wir sie noch mehrmals auf ihre Bemerkung zu unseren Kollegen an, aber die Frau hüllte sich in ein hartnäckiges Schweigen. Der Staatsanwalt wurde sofort informiert, dass die Frau keine Aussage machen werde. Doch der bestand darauf, sie in den Zeugenstand zu rufen. Ihre Vernehmung sei zu wichtig.

Puglia hatte gestanden, an der Ermordung ihres Sohnes beteiligt gewesen zu sein. Wie bei seinen anderen Erklärungen hatten wir auch hier unsere Zweifel, weil bestimmte Details nicht zusammenpassten und uns die Erfahrung gelehrt hatte, dass Kronzeugen häufig die Verantwortung für Straftaten übernahmen, die sie gar nicht begangen hatten. Zum einen, um ihre Aussagen glaubwürdiger zu machen, zum anderen auch, um die Personen, die sie beschuldigten, noch stärker zu belasten.

Dieser Maxiprozess hatte sich immer mehr zu einem Alptraum für uns alle entwickelt, das Chaos war groß, die Nerven aller lagen blank. Die Verteidiger brüllten die Richter an und forderten deren Ablösung, die Angeklagten in ihren Käfigen beschimpften den Staatsanwalt und uns Polizisten: »Dieser Prozess ist eine Farce!« – »Die Polizei hat Puglia die Aussagen in den Mund gelegt«. Die Angst vor einem Anschlag war greifbar.

Wir waren besorgt, die Sache nahm keinen guten Verlauf, und dann entlud sich die Spannung eben an dem Tag, als die alte Frau in den Zeugenstand trat. Da geschah etwas, was uns den Atem stocken ließ, etwas Wahnsinniges, das uns klarmachte, dass diese Leute nicht nur keinerlei Angst vor dem Staat haben, sondern ihn im Gegenteil offen herausfordern.

Anders als gewöhnlich, waren die Angeklagten an diesem Tag massenhaft erschienen, und es herrschte Hochspannung. Die Carabinieri hatten einigen von ihnen sogar den Zugang verweigern müssen, weil die Zellen im Gerichtssaal bereits voll waren, und die schrien nun, sie wollten herein, sie hätten ein Recht, an der Verhandlung teilzunehmen und so weiter. Aufgeregtes Stimmengewirr erscholl von allen Seiten: Die Anwälte verlangten eine Erklärung vom vorsitzenden Richter, der Richter verlangte eine Erklärung vom Maggiore der Carabinieri, und der Maggiore rechtfertigte sich, er verfüge nicht über genügend Männer, um diesen Massenauftritt der Angeklagten zu überwachen.

Wir alle wussten, dass die Aussage dieser Frau von großer Bedeutung war. Aber das erklärte nicht das plötzliche Erscheinen all der angeklagten Mafiosi, die vorher noch an keinem einzigen Verhandlungstermin teilgenommen hatten. Es musste etwas dahinter stecken. Vielleicht sollte die Frau eingeschüchtert werden.

In der nächsten halben Stunde trafen weitere Carabinieri sowie andere Polizeikräfte ein, und die Verhandlung begann mit all den in den Zellen zusammengedrängten Angeklagten.

Um elf Uhr wurde die Frau in den Zeugenstand gerufen. Sie nahm Platz, sprach die Eidesformel nach, gab ihre Personalien an. Sie wirkte entschlossen. In der letzten Stunde war etwas mit ihr geschehen.

Der Staatsanwalt bat sie, dem Gericht zu erklären, wer ihr Sohn war und was ihm zugestoßen sei.

Die Frau schwieg auffallend lange, bis sie endlich begann: »Mein Sohn war ein anständiger Kerl, aber einige Leute haben seine Gutmütigkeit ausgenutzt und ihn in Dinge hineingezogen, die nicht gut für ihn waren. Und dann haben ihn diese Bastarde heimtückisch ermordet …«

Die Frau brach ab.

Alle schwiegen, in der Annahme, die Emotionen hätten sie überwältigt.

»Bitte Signora, erzählen Sie doch weiter«, forderte der Staatsanwalt sie nach einer Weile auf.

Die Frau schaute ins Publikum. Wie üblich waren viele Verwandte, Ehefrauen und Kinder der Angeklagten gekommen.

»Ist Ihnen nicht gut? Ist irgendetwas passiert?«

Die Frau blickte weiter zu den Zuschauerrängen hinauf, während sich ein allgemeines Gemurmel erhob.

»Signora, wieso schauen Sie ins Publikum?«

Ich bemerkte eine gewisse Nervosität unter den Carabinieri. Hektisch schritt der Maggiore vor den Käfigen auf und ab und sprach mit seinen Männern. Auch die Anwälte blickten jetzt ins Publikum, niemand wusste, was los war. Mit einem Carabiniere und einem weiteren Beamten eilte ich zu den Kollegen, die für die Einlasskontrollen zuständig waren.

»Eine Zeugin hat auffällig lange ins Publikum gestarrt. Habt ihre eine Liste der anwesenden Besucher?«

Einem der Kollegen war etwas aufgefallen: »Wir haben vorhin einen Mann hereingelassen, der aber nach zwei Minuten schon wieder gegangen ist.«

Wir stürzten hinaus, und der Kollege aus der Abteilung zeigte auf ihn. »Da hinten ist er.«

Wir liefen ihm nach und hielten ihn an. Auf Anhieb erkannten wir ihn. Es handelte sich um Giovanni Scardaci, einen der bekanntesten aufstrebenden Mafiabosse, trotz einer ganzen Flut von Verurteilungen dank juristischer Haarspaltereien auf freiem Fuß. Frei, stark und selbstbewusst. So frei, dass er wie zum Hohn in einem wie ein Bunker gesicherten Gerichtssaal voller Richter, Polizisten und Carabinieri erscheinen konnte, um auch dort seine Macht zu zeigen und auszuüben. Seine bloße Gegenwart hatte genügt, um die Zeugin verstummen zu lassen.

Während ihn die anderen festhielten, lief ich in den Verhandlungssaal zurück und sprach mit dem Staatsanwalt und meinem Chef. Der ließ einen Wagen kommen und Scardaci zur Vernehmung auf das Präsidium bringen. Natürlich hatten wir keine Handhabe, ihn länger festzuhalten, aber immerhin konnten wir ihn ein wenig piesacken, ihm den Tag versauen.

Die Verhandlung wurde fortgesetzt, und die Anspannung war mit Händen zu greifen. Nun war uns der Grund für das unerwartete Erscheinen aller Angeklagten in den Käfigen klar: Sie waren gekommen, um Scardaci ihren Respekt zu bekunden, einem Boss, der sich ihretwegen in den Saal bemüht hatte und sie unterstützte, indem er die alte Frau zu Tode erschreckte.

Der vorsitzende Richter ließ ins Protokoll aufnehmen, die Verhandlung sei unterbrochen worden wegen des Auftritts des bekannten Mafiabosses Scardaci, dessen bloße Gegenwart die Zeugin eingeschüchtert habe.

Diese Formulierung brachte nun die Anwälte auf, die im Chor begannen, sich ihr Honorar zu verdienen. Eine solche Behauptung stehe dem Richter nicht zu, riefen sie, ihre Mandanten hätten mit Scardaci rein gar nichts zu tun, diese Worte machten den gesamten Prozess rechtsunwirksam, der Richter sei parteiisch, eine Verurteilung der Angeklagten sei bereits beschlossene Sache, er habe die Geschworenen beeinflusst, und im gleichen Ton mehr.

Wir konnten nur staunen, wie die Anwälte sich ereiferten, um einen Mafiaboss zu verteidigen. Aber waren diese Angriffe nur Theater, um ihren Mandanten zu zeigen, dass sie ihr millionenschweres Honorar verdient hatten, oder waren sie tatsächlich daran interessiert, diese Schwerverbrecher freizubekommen?

Nach einigem Zögern hob dann die Zeugin wieder an. »Herr Vorsitzender, Sie haben mich mit Gewalt hierherbringen lassen und sind jetzt noch nicht einmal in der Lage, mich vor diesem Schwein zu schützen, das eben hier war. Aber das ist mir jetzt auch egal. Jetzt packe ich aus, aber nur, weil ich es so will, nicht weil Sie mich dazu zwingen. Ich rede, weil ich es leid bin, mich klein zu machen. Ich habe keine Angst mehr, vor nichts und niemandem.«

Sie drehte sich zu den Käfigen um und streckte ihren dünnen, zitternden Arm zu den Angeklagten aus: »Nein, ihr macht mir keine Angst mehr. Alles habt ihr mir genommen, meinen Sohn, meinen Mann, jetzt könnt ihr auch mich umbringen, das ist mir egal. Ihr tut mir damit nur einen Gefallen, denn ich bin schon wie tot. Ich bin eine Frau und fürchte euch nicht. Von wegen Ehrenmänner. Eine feige Bande seid ihr. Ihr tötet nur aus dem Hinterhalt und schießt euren Opfern in den Rücken. Echte Männer seid ihr nicht, ihr seid gar nichts. Die Zeitungen nennen euch Bosse, und das macht euch stolz, dabei seid ihr nichts, ihr seid niemand, Wichtigtuer seid ihr, Abschaum …«

Die Anwälte protestierten, die Zeugin gehe zu weit …, solche Ausdrücke …, ihre Mandanten … Der vorsitzende Richter aber schien ganz gefangen von den Worten der Frau und bat sie nur, sich im Ton zu mäßigen und auf die Fragen zu antworten.

Und sie sprach weiter, mit klarem Kopf, gnadenlos, voller Hass. Und als sie dann zu ihrem Mann befragt wurde, starrten sie alle nur noch aus großen Augen an. Ein echter Paukenschlag.

»Seit 1971 hatte mein Mann im Viertel San Crispino das Sagen. Er hat die Familien all dieser Verräter dort hinter den Gittern versorgt, und hat sie selbst wie eigene Söhne großgezogen. Auch diese Bastarde Scardaci und Puglia. Jeden Tag kreuzten sie bei ihm auf und wollten was von ihm, Arbeit, zu essen für ihre Kinder … Und mein Mann hat ihnen immer geholfen, immer. Für viele war er ein Boss, ein Mafioso, aber für die meisten war er ein Ehrenmann. Nie hat er jemanden verraten, nie einen Namen preisgegeben, selbst wenn es um einen Feind ging. Nach seinem Schlaganfall übernahm ich dann das Kommando, sieben Jahre lang …«

Gemurmel im Saal, ungläubige Gesichter.

»Signora, wollen Sie damit etwa sagen, dass Sie die Mafiabande *** geleitet haben?«

»Ja, Herr Vorsitzender, und ich bin stolz darauf. Ich habe die Befehle erteilt und war die Mutter und Ratgeberin für alle, und damit meine ich wirklich alle, vom Pfarrer bis zum Maresciallo. Alle haben sie mich anerkannt, bis dann Scardaci beschloss, eine eigene Bande zu gründen, um meinen Platz einzunehmen. Scardaci hatte meinen Sohn Orazio unter die Fittiche genommen, der ihn sehr bewunderte. Mein armer Sohn, nicht im Traum hätte er daran gedacht, dass ihn dieses Schwein einmal abknallen lassen würde. Und er war erst 17. Scardaci hat ihn getötet, um mich zu schwächen, um allen zu zeigen, dass meine Zeit vorbei ist und er das Ruder übernommen hat. Aber viele Männer haben mir die Treue gehalten, und so kam es zum Krieg und zum Blutbad in der Via Maddalena. Ja, Herr Vorsitzender, ich war es, die dieses Blutbad befahl. Ich wollte das Blut von Scardaci und seinen Leuten fließen sehen. Durch reinen Zufall sind die beiden, dieses Schwein Scardaci und sein Freund Puglia, mit heiler Haut davongekommen. Und danach haben viele meiner treuen Männer ihr Leben verloren. Zum Schluss haben mich alle verlassen. Niemand will auf der Verliererseite stehen. Alle haben sie Schiss gekriegt, diese Schlappschwänze. Ich habe nur darauf gewartet, dass ich auch umgelegt werde. Aber darauf hat Scardaci verzichtet. Ihm war es lieber, mich leiden zu sehen. Ach, sollen sie mich doch endlich umbringen. Wen stört's? Ich bin doch schon tot.«

Der Staatsanwalt erhob sich: »Herr Vorsitzender, ich beantrage die Weiterleitung der Akten zur Aussage dieser Zeugin an mein Büro, um dort eine mögliche Verantwortung derselben hinsichtlich der hier verhandelten Straftaten zu prüfen. Darüber hinaus halte ich es in Anbetracht ihres Geständnisses, einer kriminellen Vereinigung anzugehören, für unwahrscheinlich, dass sie dem Gericht Fragen zur Ermordung ihres Sohnes unparteiisch und wahrheitsgemäß beantworten wird. Das Gericht sollte auf ihre Aussage verzichten, es sei denn, sie wäre bereit, Fakten und Umstände zu nennen, die helfen, die den Angeklagten zur Last gelegten Straftaten aufzuklären.«

»Signora, haben Sie verstanden, was der Herr Staatsanwalt erklärt hat?«

»Natürlich habe ich ihn verstanden, Herr Vorsitzender, natürlich. Und liebend gerne würde ich mehr erzählen, um mir Luft zu machen. Aber ich bin keine Verräterin. Das Wort ›Pentito‹ kenne ich überhaupt nicht, genauso wenig wie mein Mann es kannte. Meine Sünden nehme ich mit ins Grab, Herr Vorsitzender. Das sind die Gesetze der Ehre, wie sie immer gegolten haben.«

Damit wandte sie sich wieder den Angeklagten in den Zellen zu und fuhr fort: »Eine Mutter wünscht sich immer, ihre Kinder glücklich und gesund zu sehen, und trauert auch, wenn die Kinder anderer Mütter sterben. Eine Frau kann den Schmerz mitempfinden, weil sie selbst Kinder ausgetragen und ihnen die eigene Seele geschenkt hat. Aber wenn man erst eure Söhne tötet, die Kinder, die eure Frauen an ihrer Brust genährt haben, werden auch solche Tiere, wie ihr es seid, diesen Schmerz kennenlernen. Und an diesem Tag werdet ihr an mich denken, und ihr werdet es bereuen, überhaupt geboren zu sein, ihr Verfluchten.«

Keine weiteren Fragen.

Sich auf ihren Stock stützend, stand die Frau auf, wankte dabei, und man sah, wie schwer es ihr fiel, auf die Beine zu kommen. Der Gerichtsschreiber trat zu ihr, um ihr zu helfen, doch mit einer unwirschen Armbewegung wies sie ihn ab. So humpelte sie davon, vorbei an den Zellen der Angeklagten, die alle aufstanden. Sogar Puglia erhob sich. So standen sie da, bis die Frau durch die Tür war.

Während der Pause sprach ich Puglia auf die Vorgänge an. Ich wollte die Mentalität dieser Leute besser verstehen. Meine Interpretation sei falsch, erklärte er mir, nicht um Scardaci ihren Respekt zu bekunden, seien all die Angeklagten bei der Verhandlung erschienen, sondern der Frau. Mit ihrer symbolischen Geste hätten sie Scardaci zu verstehen gegeben, dass sie mit dessen Entscheidung, ihren Sohn zu töten, nicht einverstanden seien, und dass sie die Frau weiter als einen Boss ansähen – und das, obwohl sie sich von ihr abgewendet und gegen sie gekämpft hatten.

Was war das für eine Welt? Wie war das zu vereinbaren, jemanden zu verraten, ihm den Sohn zu nehmen, ihn aber dennoch weiter so zu achten?

Über den Ehrenkodex dieser Mafiosi konnten wir nur den Kopf schütteln.

Derselbe Prozess, ein anderer Verhandlungstag. Und es passierte etwas, das nicht hätte passieren dürfen: Mehrmals nannte einer der Anwälte die Straße und die Stadt im Norden Italiens, wo eine Schwester Puglias wohnte, die man dort versteckt hielt, um sie vor Racheakten der Mafia zu schützen.

Puglia beschwerte sich beim vorsitzenden Richter, doch der Anwalt hörte nicht auf, nannte immer wieder diese Adresse, bis Puglia ihn anschrie: »Halt endlich die Schnauze, du Bastard!«

Der Richter ordnete an, ihn von der Sitzung auszuschließen, während sich der Staatsanwalt zornig an den Verteidiger wandte und wissen wollte, wie er um Himmels willen an diese geheime Information gekommen sei. Und auch Puglia, den man jetzt mit Gewalt aus dem Saal schleifte, rief dem Anwalt zu: »Wenn meiner Familie irgendetwas zustößt, bist du der Erste, den ich mir vornehme: Dann reiß ich dir den Kopf ab!«

»Verräter! Bastard! Lügner!«, brüllten die Angeklagten in ihren Zellen.

Ich rief sofort im Büro an und erklärte, was vorgefallen war. Puglias Schwester musste unverzüglich anderswo untergebracht werden. Mit Sicherheit hatte der Anwalt ihren Aufenthaltsort im Prozess verraten, um den Pentito einzuschüchtern und ihn von seiner Aussage abzubringen.

Das Schlimmste war aber, dass der Verteidiger diese Information nur auf einem Weg erhalten haben konnte: über das Polizeipräsidium.

Die Sprache der Bestien

1991 war das Jahr, in dem wir merkten, dass sich etwas zu verändern begann.

Immer unbefangener berichteten die Medien über Ermittlungen gegen hochrangige Politiker, und auch in den Gerichtssälen wurden nun häufiger, wenn auch noch zögerlich, prominente Namen genannt. All das musste nicht unbedingt ein Fortschritt sein. In manchen Fällen war auch klar zu erkennen, dass aufstrebende, krankhaft ehrgeizige Staatsanwälte oder Untersuchungsrichter nur darauf aus waren, Politiker aus dem gegnerischen Lager in Misskredit zu bringen.

In diesem Zusammenhang hatte uns Puglia erklärt: »Wenn ein einzelner Kronzeuge, auch wenn er ein hoher Mafioso war, in seiner Aussage einen Politiker belastet, oder ihm der Name in den Mund gelegt wurde, glaubt ihm niemand, das heißt, es passiert gar nichts. Sagen aber mehrere Pentiti dasselbe aus, machen sie die Beschuldigungen des wichtigsten Kronzeugen glaubhafter, vergrößern sein Ansehen, und was er sagt, wird für bare Münze genommen.«

Um uns die Sache klarer zu machen, erzählte uns Puglia eine Geschichte, die uns glatt die Sprache verschlug.

Vor einiger Zeit hatten zwei Untersuchungsrichter einigen Kronzeugen nahegelegt, einen Stadtrat zu belasten, der Unregelmäßigkeiten bei der Vergabe eines milliardenschweren Bauauftrags im Rahmen einer Stadtteilsanierung aufgedeckt und angezeigt hatte. Der Auftrag war an eine Firma gegangen, die auf dubiose Weise alle Konkurrenten hatte veranlassen können, ihre Angebote zurückzuziehen. Diesmal standen hinter dem siegreichen Unternehmen, anders als sonst so häufig, einmal nicht irgendwelche Mafiosi, sondern einflussreiche Leute aus dem Umkreis der Freimaurer, sowie, über eine Cousine, auch einer der beiden Untersuchungsrichter. Wie man sich denken kann, eben jener, der dann den Baustadtrat festnehmen ließ und dazu eine Möglichkeit nutzte, die ihm die Kronzeugenregelung eröffnete: Die Aussagen mehrerer Pentiti sind als Beweis zu werten, weitere Bestätigungen erübrigen sich.

Die Sache war wirklich ungeheuerlich. Dabei wussten wir Polizisten damals bereits – wenn auch nicht in welchem Ausmaß –, dass bestimmte Richter oder Staatsanwälte ihre Macht für persönliche Zwecke nutzten, um ihrer Partei zu dienen oder um hemmungslos Karriere zu machen. Wir wussten es, machten es aber nicht öffentlich und deckten so gewissermaßen diesen Skandal. Nun allerdings redeten wir über die Dinge, die wir von Puglia erfahren hatten, mit unserem Chef, der wiederum dem Polizeipräsidenten Bericht erstattete: Wir haben nie mehr etwas davon gehört. Die Schlussfolgerung fiel uns nicht schwer. Hätten wir die Sache weiterverfolgt, ohne Unterstützung und ohne unwiderlegbare Beweise, wären wir fertiggemacht worden.

Einer der letzten Kronzeugen, mit dem es unsere Abteilung zu tun bekam, war Giuseppe Catra, ein Mann, der sich, im Gegensatz zu den meisten anderen, wohlerzogen und respektvoll verhielt.

Ich habe schwere Fehler gemacht und will dafür büßen, war seine Einstellung. Ich vertraue Ihnen. Wenn alles ausgestanden ist, möchte ich weit fort von hier ein neues Leben beginnen und mich nur noch meiner Familie widmen.

Neben wertvollen Informationen zu Personen, Straftaten und Hintergründen lieferte uns Catra einen Schlüssel zum besseren Verständnis der Mentalität und des speziellen Jargons der Mafia.

»Wurde ein Mord geplant, der mit Sicherheit Aufsehen erregen würde, ließ man Männer von außerhalb kommen, während sich die Bandenmitglieder, auf die der Verdacht fallen konnte, ein Alibi für den Zeitpunkt zurechtlegten, da die Tat verübt werden sollte. Das durfte nicht zu kompliziert, musste aber effektiv sein. So gingen sie zum Beispiel zum Friseur und ließen sich die Haare schneiden, so dass dann später viele Leute bezeugen konnten, sie zum Tatzeitpunkt gesehen zu haben. Oder sie gingen zur Polizei und zeigten den Verlust irgendeines Ausweises oder den Diebstahl ihres Autos an.«

»Ist jemand flüchtig, sagt man, er ist *savvatu,* sicher aufbewahrt.«

Bei diesem Wort *savvatu* fiel mir die Telefonüberwachung der Mutter eines mit Haftbefehl gesuchten Straftäters ein. Bei mehreren Gesprächen hatten wir von der Frau folgenden Satz gehört: »Das Gold ist sicher aufbewahrt, ich habe nämlich Angst, es könnten Diebe kommen, es im Haus finden und mir stehlen.«

Catra erklärte, ja übersetzte uns diesen Satz.

Mit »Gold« sei der Sohn gemeint, denn für eine Mutter sei ihr Kind so wertvoll wie Gold. *Savvatu,* sicher aufbewahrt, bedeute »versteckt«. Die Diebe seien die Polizisten, die »kommen und es im Haus finden«, die also die Wohnung durchsuchten, »und es mir stehlen«, ihn festnehmen und abführen könnten.

Einige im Slang der Mafiosi sehr gebräuchliche Ausdrücke seien zum Beispiel:

Ein *agneddruzzu ruci,* sanftes Lamm, sei jemand, der erpresst wird und Angst hat und daher sanft wie ein Lamm geworden ist.

A signurina, ein Fräulein, bezeichne eine Person, die einen guten Eindruck zu machen verstehe, mit angenehmen Umgangsformen, elegant gekleidet, könne aber auch bedeuten, dass jemand unbescholten, also sauber sei.

Paramu a baccagghiu, lass uns mehrdeutig reden, sei eine Aufforderung, sich nur mit Andeutungen zu verständigen, damit andere nichts mitbekommen.

Si non ciafiru che manu ci mettu a scala, wenn ich mit den Händen nicht drankomme, nehme ich die Leiter. Damit wolle man sagen, dass man mit jemandem aneinandergeraten ist und es zu Handgreiflichkeiten kommen wird, die Sache aber auch auf andere Weise, nämlich mit Waffen, geregelt werden könnte.

Ci mannamu a palumbeddra, wir schicken ihm eine Taube, bedeute, dass es erforderlich ist, eine Botschaft loszuwerden; das könne eine Bombe sein oder auch bloß eine Warnung, ein Blick, ein Brief, ein Wort.

Franco erinnerte sich an das Gespräch zweier Frauen, das wir im Zuge einer Telefonüberwachung mitgehört hatten:

»Wie soll ich denn nur die Taube in den Käfig bekommen?«, hatte die Erste gesagt. »Wenn man es sieht, das arme Tier, meint man, es will reden, aber es findet keine Worte, das arme Tier.«

»Das ist doch nicht schwer«, hatte die andere Frau geantwortet, »ich rede mal mit meinem Mann darüber und schicke ihn bei dir vorbei. Der kennt sich mit diesen Dingen aus, der erklärt es dir.«

Catra erläuterte uns den tieferen Sinn dieses eigenartigen Dialogs.

»Wie soll ich denn nur die Taube in den Käfig bekommen?« – Wie schaffen wir es, jemanden ins Gefängnis einzuschleusen? »Wenn man es sieht, das arme Tier, meint man, es will reden.« – Wie es aussieht, stellt sich jemand als Opfer dar und will vielleicht ein Geständnis ablegen. »Aber es findet keine Worte.« – Er ist noch unsicher und weiß nicht, ob er reden soll (oder aber: Ihm sollten die Worte fehlen, das heißt, er muss umgelegt werden). »Das arme Tier.« – Er ist ein Verräter und hat es nicht besser verdient.

Ein Mann von Welt

Er hieß Antonio Mazzanti und war ein außergewöhnlicher Pentito. Nicht der übliche Halunke, sondern ein Mann von Welt, gut eingeführt in die maßgeblichen Zirkel von Politik und Wirtschaft. Ein idealer Zeuge, um uns über die wahre Stärke und das geheime Gesicht der Mafia aufzuklären.

Hier das Protokoll seiner Vernehmung vor dem Untersuchungsrichter.

»Seit vielen Jahren gehöre ich dem Santonocitoclan an. Als langjähriges Mitglied der ***-Partei war es meine Aufgabe, geeignete Kandidaten für Kommunal-, Landtags- und Parlamentswahlen auszusuchen. Das war mir nur möglich, weil ich in den feinen Salons der Stadt verkehrte. Ich sollte also Kontakt zu Personen mit einem bestimmten politischen und kulturellen Hintergrund aufnehmen und vorfühlen, ob sie möglicherweise bereit wären, die Interessen von Cosa Nostra zu vertreten. Eines der Hauptziele des Clans bestand darin, die vollständige Kontrolle über den Flächennutzungsplan und die Vergabe staatlicher Bauaufträge zu gewinnen.

Wie Sie wissen, sind im Flächennutzungsplan die Entwicklungsgebiete der Stadt ausgewiesen, deren Gestaltung in der Hand des Baudezernats liegt. Dieser Plan ist im Grunde nichts anderes als ein in verschiedenfarbige Raster unterteilter Stadtplan, der über die Nutzung der einzelnen Gebiete Aufschluss gibt. So ist vielleicht ein Geschäftsviertel grün eingezeichnet, ein Gewerbegebiet gelb, ein Wohngebiet braun, Parkanlagen rot und so weiter.

Der aktuelle Flächennutzungsplan ist 25 Jahre alt und soll jetzt umgeschrieben werden, weil sich die städtische Realität verändert, das heißt die Stadt sich völlig anders, als damals erwartet, entwickelt hat. Darüber hinaus ist gesetzlich vorgeschrieben, dass innerhalb dieses Jahres noch der Strukturplan vorgelegt werden muss.

Wie Sie wissen, werden die Experten, die mit der Ausarbeitung des Flächennutzungsplans befasst sind, über einen Wettbewerb ausgewählt, an dem die maßgebenden Leute der Stadtverwaltung nicht teilnehmen dürfen. Tatsächlich aber gibt es eine Reihe von Tricks, um die Vergabe zu beeinflussen. Die Modalitäten der Kontaktaufnahme und der Bestechung der beauftragten Ingenieure sind recht komplex und gehen häufig vom Sitz der Freimaurerloge in der Via *** aus, der ich selbst auch angehörte. Fest steht jedenfalls, dass es in den vergangenen 25 Jahren grundlegende Veränderungen des ursprünglichen Flächennutzungsplans gegeben hat. Durch die Modifizierungen begünstigt wurden im Einzelnen: Dottore ***, ein Freimaurer meines Ordens, sowie weitere Ordensbrüder, darunter der frühere Bürgermeister ***, Rechtsanwalt *** und der Inhaber der Transportfirma ***. Daneben weitere Personen, deren Namen ich im Moment nicht nennen will.«

»Wieso nicht?«

»Bitte bedrängen Sie mich nicht. Wir können später noch einmal darauf zurückkommen.«

»Gut, fahren Sie fort.«

»Die genannten Personen hatten bei einer Besprechung im Haus des Stadtrats *** in der Via Bologna vereinbart, im Umland der Stadt ein großes Bauvorhaben eines amerikanischen Unternehmens zu realisieren. Der frühere Bürgermeister kaufte das Gelände, das bis dahin landwirtschaftlich genutzt wurde, und bezahlte dafür 730 Millionen Lire, ein lächerlich geringer Betrag in Anbetracht der Größe der Fläche, selbst für Ackerland.

Sieben Monate später beschloss man offiziell die Nutzung des Geländes als Ferienanlage mit Golfplatz, Kino, Restaurants und allem, was dazugehört.«

»Dann reden Sie hier von der Ferienanlage ***.«

»Ganz richtig. Das Grundstück wurde dann für 63 Milliarden Lire weiterverkauft und der Gewinn unter den von mir genannten Personen aufgeteilt. Ungefähr drei Milliarden landeten so in der Kasse der Freimaurerloge.«

»Aber muss denn eine Änderung des Flächennutzungsplans nicht von einem Ausschuss beschlossen werden, dem unter anderem Vertreter aller größeren Parteien angehören?«

»Natürlich. Solche Nutzungsänderungen muss das Stadtparlament beschließen. Doch der Fraktionsvorsitzende der Oppositionspartei ***, Stadtrat ***, gehört ebenfalls unserer Loge an. So fiel es ihm nicht schwer, die anderen Stadtverordneten der Opposition für das Vorhaben zu gewinnen.«

»Dann ist also das Wort ›Opposition‹ nur Augenwischerei?«

»Ja, eine Opposition existiert nur in den Presseberichten. Man tut so, als liege man im Streit, während man sich in Wahrheit längst abgesprochen hat. Nicht bei allen Fragen, aber bei Angelegenheiten von einer gewissen Größenordnung, wo es für alle genug zu verteilen gibt ...«

»Was wäre denn gewesen, hätte der Fraktionsvorsitzende, Dottore ***, nicht von seinem Einfluss Gebrauch machen können? Hätte man dann alle Stadtverordneten einzeln bestochen?«

»Normalerweise bemüht man sich, solch ein Risiko zu vermeiden. Es kann immer jemanden geben, der nicht mitziehen will und droht, die Sache auffliegen zu lassen. Aber wie gesagt, reicht es ja schon, Leute auf der eigenen Seite zu wissen, die großen Einfluss auf eine Gruppe haben und sie zu einem gewünschten Stimmverhalten bewegen können.«

»Was können das im Einzelnen für Leute sein?«

»Alle, die irgendwie weisungsbefugt sind und Autorität besitzen, Partei- oder Fraktionsvorsitzende, Stadträte und so weiter. Und außerdem ist es wirklich nicht schwierig, ein bestimmtes Abstimmungsverhalten zu erreichen, wenn dabei eine Milliarde Lire verteilt wird. Angesichts solcher Summen werden politische Ideale, Bürgerinteressen und sogar die eigene Partei völlig bedeutungslos. Es zählt nur, stets eine ausreichende Anzahl von Ja-Stimmen hinter sich zu bekommen. Abhängig von der Frage, über die entschieden wird, sind ja unterschiedliche Hürden in der Stadtverordnetenversammlung zu nehmen.

Diesem Stadtparlament gehören bekanntlich 40 Vertreter an. Für ein öffentliches Bauvorhaben oder die Änderung des Flächennutzungsplans zur Umwandlung von Acker- in Bauland ist nur eine einfach Mehrheit notwendig, wobei mindestens 21 Mitglieder an der Abstimmung teilnehmen müssen und die Mehrheit dieser 21 Stimmen zu erreichen ist. Hier würden also zwölf Ja-Stimmen ausreichen. Haben wir zwölf Stadtverordnete auf unserer Seite, drei Enthaltungen und sechs Gegenstimmen geht der Antrag durch.

In anderen Fällen ist eine absolute Mehrheit notwendig, so bei der Verabschiedung des Haushalts oder der Veräußerung von Staatseigentum. Die beträgt 21 Stimmen.«

»Was können Sie uns noch zur Vergabe öffentlicher Aufträge erzählen?«

»Gern genutzt wird beispielsweise der Weg, Ausschreibungen dadurch zu kontrollieren, dass man von beteiligten Firmen vor der Angebotsabgabe einen Nachweis der erforderlichen Voraussetzungen verlangt. Dadurch weiß man im betreffenden Dezernat bereits im Voraus, wer sich am Wettbewerb beteiligen wird, und hat die Möglichkeit, bestimmte Firmen auszuwählen und sich mit denen in Verbindung zu setzen, um sich über das Angebot, das sie abgeben werden, abzusprechen.«

»Wie habe Sie es geschafft, dass sich die ausschreibende Behörde gerade mit Ihrer Firma einigte?«

»Indem der maßgebende Beamte bestochen wurde.«

»Und wenn der sich nicht bestechen ließ?«

»Dann wurden die Wettbewerber mit massiven Drohungen dazu genötigt, kein Angebot abzugeben, so dass wir mit einem minimalen Nachlass (0,25 Prozent, ein Prozent) die Ausschreibung gewannen. Dadurch konnten wir bequem notwendige Schmiergelder zahlen und dennoch eine ansehnliche Gewinnspanne erzielen. Diese Gewinnspanne lässt sich enorm steigern, wenn der mit der Abrechnung betraute Beamte keinen Nachweis über die Zahlung von Sozialabgaben für die Belegschaft verlangt. Wenn die Firma dann nach Beendigung der Arbeiten einen anderen Namen annimmt oder Konkurs anmeldet, kann sie sich auch noch die Zahlung der verschiedenen Steuern (Umsatzsteuer, Einkommensteuer usw.) sparen und den Betrag zum Gewinn dazuschlagen.

Ich war an der Ausschreibung zum Bau der zweiten Landebahn des Flughafens beteiligt, für den 150 Milliarden veranschlagt waren. Ein sehr verlockender Auftrag, den sich der Clan um keinen Preis entgehen lassen wollte. Als ersten Schritt nahmen wir Kontakt zum Vorsitzenden der Wettbewerbskommission auf. Mit dem Versprechen eines beträchtlichen Schmiergelds (neben versteckten Drohungen gegen ihn und seine Familie) suggerierten wir ihm den Namen des Unternehmens, das den Bauauftrag erhalten sollte, wohl wissend, dass keine anderen Angebote abgegeben würden. Die Tarnfirma, hinter der wir steckten, war die Co.Sa.I.S. Bei der Kalkulation der Lohn- und Materialkosten hatten wir zu berücksichtigen, dass hier erstklassiges Material veranschlagt werden musste, damit die Kommission, die den Fortgang der Arbeiten kontrollierte, nichts zu beanstanden hatte: Denn hätte sich eine Kommission der staatlichen Luftfahrt eingeschaltet, wäre es schwierig geworden, die Kontrolle zu behalten.

Unsere Gesamtkosten kalkulierten wir mit 100 Milliarden Lire. Auch mit dem notwendigen Nachlass auf die Ausschreibungssumme von 150 Milliarden würde unser Gewinn bei fast 50 Milliarden liegen. Wenn man dann noch die nicht bezahlten Sozialbeiträge, Umsatz- und Einkommensteuern hinzurechnete, kämen wir auf einen Reingewinn von 85 Milliarden Lire.

Ein anderes wirksames System, staatliche Aufträge an Land zu ziehen, lässt sich bei Wettbewerbsausschreibungen anwenden. In diesem Fall erhält den Zuschlag nicht notwendigerweise das Unternehmen, das mit seinem Angebot am weitesten unter der veranschlagten Auftragssumme bleibt, sondern der Kandidat, der nach Ansicht der Kommission das beste, oder vermeintliche beste Projekt für die ausgeschriebenen Arbeiten präsentiert. Hierbei ist es noch wichtiger, gute »Freunde« in der ausschreibenden Behörde zu haben, die eine ›gute Kontrolle‹ über die Vergabepraxis gewährleisten. Dieses System ist für uns noch nützlicher, weil sich auf diese Weise mehr öffentliche Aufträge sichern lassen, ohne in Verbindung mit konkurrierenden Firmen treten zu müssen.«

Mazzantis Aussagen bestätigten sich.

Wir ermittelten in verschiedene Richtungen und überwachten das Telefon des Stadtrats Miranda, dessen Bruder, ein Bauunternehmer, mit einem prominenten, wegen betrügerischen Konkurses gesuchten Industriellen unter einer Decke steckte, wie Mazzanti uns verraten hatte. Miranda war nicht nur ein Strohmann von Santonocito, sondern auch Direktors eines kleinen Lokalsenders.

Gegen elf Uhr dreißig rief Miranda Rechtsanwalt D'Aniello an.

Miranda: »Ciao, irgendwelche Neuigkeiten?«

D'Aniello: »Alles in Ordnung, wir haben den Schriftsatz zur Verteidigung fertiggestellt. Wir sind gut vorbereitet.«

Miranda: »Und was ist mit der Tatsache, dass er gesucht wird?«

D'Aniello: »Mach dir keine Gedanken, wir erklären, die Treffen gehörten zur normalen Geschäftsbeziehung freier Unternehmer mit möglichen Kunden.«

Miranda: »Obwohl er gesucht wird?«

D'Aniello: »Warum nicht? Auch einen Mafioso kannst du aus beruflichen Gründen treffen. Du musst ja nicht wissen, dass er von der Polizei gesucht wird, oder? Wenn man euch also zusammen gesehen hat, gib es ruhig zu, aber erkläre, dass keine persönlichen, sondern, wie gesagt, berufliche Gründe dahinterstanden.«

Miranda: »Dann wird er sich also auch auf diese Version festlegen?«

D'Aniello: »Natürlich, wir habe ihn schon in diesem Sinne unterrichtet. Es ist alles geklärt.«

In einem Gespräch zwischen Miranda und einem gewissen Pinuccio ging es um die Ausschreitungen anlässlich einer Demonstration. Pinuccio bat um Instruktionen, wie er den Bericht gestalten sollte.

Miranda: »Schneid die Szene raus, wo der Polizist von drei jugendlichen Demonstranten angegriffen, getreten und bespuckt wird. Es reicht, wenn man sieht, dass der Polizist, nachdem er sich frei gemacht hat, einen der drei Demonstranten verfolgt und zusammenknüppelt. Im Kommentar vergiss nicht zu erwähnen, dass der Jugendliche unbewaffnet und wehrlos war.«

Pinuccio: »Wie bitte? So ist das aber nicht gelaufen? Ich denke, es wäre richtiger …«

Miranda: »Du sollst dir gar nichts denken. Schneid einfach den Bericht, wie ich es dir gesagt habe. Stell keine Fragen und denk immer dran: Du bist noch in der Probezeit. Ja, Pinuccio, alles hat seinen Grund. Das ist unser Job. Heute ein Bericht dafür, und morgen dagegen – das liegt nicht immer in unserer Hand. Zurzeit weht der Wind in der Politik eben aus dieser Richtung. Einflussreiche Leute wünschen, dass wir uns in diesem Sinne verhalten, und da können wir uns nicht querstellen. Ein anderes Mal werden wir den Teil vielleicht senden, den du jetzt rausschneiden sollst.«

Pinuccio: »Nein, bei solchen Sauereien mach ich nicht. Und es ist mir auch egal, dass ich noch in der Probezeit bin und Sie mir vielleicht kündigen.«

Miranda: »Willst du etwa heute noch den Idealisten spielen? Unsere Gesellschaft hat sich verändert. 68 ist lange vorbei. Heute geben die Parteien und die Börse Tempo und Richtung vor. Gegen diesen Strom kannst du nicht anschwimmen.«

Pinuccio: »Ich weiß nicht, ob ich Idealist bin, jedenfalls versuche ich, ein ehrlicher Mensch zu sein. Wenn das bei Ihnen so zugeht, muss ich mir wohl einen anderen Sender suchen.«

Miranda: »Ja, glaubst du denn, bei denen sieht das anders aus? Versuch's mal beim *** oder beim ***, und dann erzähl mir, wie es war. Aber meinetwegen kannst du ruhig abhauen, und den Bericht lasse ich von jemand anderem schneiden.«

Miranda legte auf und wählte sofort eine andere Nummer, in Rom, die des ***-Ministeriums, und ließ sich mit dem Staatssekretär verbinden. Die beiden begrüßten sich herzlich, und dann erzählte Miranda, dass Pinuccio Ärger mache und nach seinen eigenen Vorstellungen arbeiten wolle, und dass er ihn nicht behalten könne, weil er ein Hohlkopf sei. Der Staatssekretär antwortete, er solle sich keine Gedanken machen, er werde mit seinem Cousin sprechen und die Sache klären lassen. Die beiden verabschiedeten sich.

Nach kaum einer halben Stunde zeigte uns ein weiterer Anruf bei Miranda, dass dieser Mann wirklich mächtig und sein Telefon, gelinde gesagt, »heiß« war. Am zweiten Überwachungstag hatten wir bereits drei Bänder voll.

Miranda: »Pronto?«

Unbekannter: »Ciao, ich bin's.«

Miranda: »Ciao, was gibt's? Wie laufen die Geschäfte?«

Unbekannter: »Schlecht ...«

Miranda: »Wieso?«

Unbekannter: »Ach, der Alte macht wieder Ärger. Jetzt besteht er darauf, eine Kommission einzusetzen, die die Auftragsvergabe überprüft. Andernfalls könnte die Straße nicht gebaut werden.«

Miranda: »Und was haben die anderen gesagt?«

Unbekannter: »Die waren auch überrascht. Es schien ja alles glatt zu laufen. Auf diesen Antrag war niemand gefasst. Wohl oder übel mussten sie dann mit diesem Arschloch stimmen, denn sonst wäre aufgeflogen, auf welcher Seite sie eigentlich stehen.«

Miranda: »Verdammter Mist. Das hat uns gerade noch gefehlt.«

Unbekannter: »Was sollen wir tun? Wenn wir auf diesen Zug nicht aufspringen, verlieren wir viele Milliarden.«

Miranda: »Ich weiß, worauf du hinaus willst. Aber das würde alles nur noch schlimmer machen. Damit würden wir nur die Aufmerksamkeit auf uns lenken. Nein, ich sprech lieber mal mit einem Freund bei der Staatsanwaltschaft. Der hat mir erzählt, sie arbeiten mit drei Pentiti, die sich einsetzen lassen. Natürlich sind die teuer.«

Unbekannter: »Okay, und wir durchleuchten mal den Alten ein wenig. Mal sehen, ob er erpressbar ist. Irgendetwas in seiner Vergangenheit wird sich schon finden und ausnutzen lassen.«

Miranda: »Auch wenn ihr was erfinden müsst … Hauptsache, wir können ein Gerücht in Umlauf setzen und ihm was anhängen. Damit gewinnen wir Zeit. Und dann lassen wir ihn von Kronzeugen belasten.«

Unbekannter: »Und wenn dein Freund dann gezwungen ist, die Ermittlungen in Gang zu bringen?«

Miranda: »Keine Sorge, bis dahin vergehen Monate. In der Zwischenzeit sichern wir uns den Auftrag. Danach sehen wir weiter.«

Unbekannter: »Gut, so machen wir's.«

Miranda: »Wenn das Ermittlungsverfahren gegen den Alten eröffnet wird, rede ich mit Fichera und sag ihm, er soll die Sache in der Presse nochmal richtig aufbauschen. Am besten kümmert er sich um die Berichterstattung, und nicht ich, man kann ja nie wissen …«

Unser Chef nahm sofort Verbindung zu einem Untersuchungsrichter auf, der das Tonband und die Protokolle sämtlicher Anrufe anforderte. Es war ein Sammelsurium wichtiger Mitteilungen, Empfehlungen, Ermahnungen, Absprachen, mit dem Ziel, milliardenschwere öffentliche Aufträge an Land zu ziehen. Nur Hinweise auf den Aufenthaltsort des flüchtigen Industriellen fehlten.

Am Tag darauf rief uns der Chef zusammen, um uns einige wichtige Neuigkeiten mitzuteilen.

Die erste: Gegen den Kollegen, der beim Verprügeln eines Demonstranten gefilmt worden war, war ein Verfahren eingeleitet worden.

Die zweite: Die Videokassette mit den Szenen der Ausschreitungen und das Tonband mit den abgehörten Gesprächen sowie die dazugehörigen Protokolle waren fort, waren spurlos aus der Staatsanwaltschaft verschwunden.

Die dritte: Nachdem innerhalb von drei Tagen rund 100 Gespräche von Mirandas Apparat geführt worden waren, meldete sich dort jetzt nur noch der Anrufbeantworter. Auch zu Hause ging der Mann nicht ans Telefon und rief niemanden an. Er wusste jetzt also, dass seine Anschlüsse überwacht wurden.

»Was ist da los, Dottore?«

»Keine Ahnung, Leute. Alle spielen auf Zeit und geben vor, nichts zu wissen, zu hören, zu verstehen. Glaubt mir, ich bin bestimmt noch enttäuschter als ihr. Ich hab auch mit unserem Präsidenten gesprochen, aber nichts zu machen. Ich hab's satt, diesmal schmeiß ich alles hin und such mir einen anderen Job. Aber erst wenn ich weiß, wo die verdammten Bänder und Protokolle abgeblieben sind, und der suspendierte Kollege rehabilitiert ist. Und diesmal mach ich's auf meine Weise. Zunächst werden wir mal der Staatsanwaltschaft eine Kopie des Abhörprotokolls zukommen lassen. Mal sehen, ob sie das auch verlieren.«

Unser Chef redete mit einigen Untersuchungsrichtern, denen er sicher vertrauen konnte. Es würde schwierig werden, den Maulwurf in der Staatsanwaltschaft aufzuspüren, weil zu viele Leute Zugang zu den Büros hatten. Sie kamen überein, den Staatsanwalt und die »verdächtigen« Untersuchungsrichter, die die Ermittlungen gegen Miranda führten, glauben zu lassen, alle 18 Beamten unserer Abteilung, mit unserem Chef an der Spitze, hätten Anzeige erstattet bei einer anderen Staatsanwaltschaft wegen des mysteriösen Verschwindens des Tonbands, der Protokolle sowie der Videokassette mit den Bildern der Ausschreitungen.

Drei Tage später fand sich das gesamte Material auf wunderbare Weise wieder. Miranda wurde von seinen Gönnern abserviert und den Wölfen zum Fraß vorgeworfen.

Die Suspendierung unseres Kollegen wurde aufgehoben, unser Chef »für höhere Aufgaben« ans Innenministerium versetzt. Bevor er abreiste, rief er uns nochmal zusammen, um sich zu verabschieden.

»Verflucht, Dottore«, begann Franco, »zu Miranda haben sie nur eine Randnotiz auf der vierten Seite gebracht. Ohne Lupe hätte ich sie gar nicht lesen können.«

»Wir haben praktisch nichts erreicht. Nur Sie haben wir verloren. Wir hätten die Finger davon lassen sollen.«

Der Chef lächelte traurig: »Na ja, wenigstens ein paar schlaflose Nächte werden wir ihnen schon bereitet haben.«

Niemand hat uns wirklich beigebracht, wie wir unseren Beruf auszuüben haben. Vieles haben wir von älteren Kollegen übernommen, anderes auf der Straße gelernt, wo wir ständig auf der Hut sein müssen, dass uns keine Kugel erwischt.

Tagtäglich setzen wir unser Leben aufs Spiel, aber wenn wir aufgeben, nimmt niemand Notiz davon. Denn immer wieder gibt es idealistische oder auch einfach nur arbeitslose junge Leute, die unseren Platz einnehmen.

Die Politiker, die uns regieren, erzählen weiterhin, dass alles in Ordnung sei. Das Bruttosozialprodukt wachse, der Bürger werde beschützt.

Wenn interessiert da schon die Klage eines Polizisten.

Ausgetrickst

Die letzten Telefonüberwachungen hatten interessante neue Erkenntnisse gebracht. Eine im Besonderen betraf den Mord an einem an Kinderlähmung erkrankten jungen Mann, der sechs Monate zurücklag und noch nicht aufgeklärt war. Das Opfer war nicht vorbestraft gewesen, von Verbindungen zur Mafia keine Spur. Es schien keine Erklärung für das Verbrechen zu geben, doch dann stellte sich heraus, dass der Mann versehentlich getötet wurde, und zwar anstelle seines Chefs, mit Namen Giovanni Buttitta. Seit der Ermordung seines Lehrjungen führte dieser nun ein sehr zurückgezogenes Leben, ging praktisch nicht mehr aus dem Haus und hatte sogar seinen Laden geschlossen, in dem der Mord geschehen war. Wir zapften sein Telefon an, und auch das seiner Mutter. Nur wenige Anrufe, doch fünfmal hörten wir Buttitta im Gespräch mit einem Mann, den er als »me frati«, mein Bruder, ansprach, sagen: »Ruf dort an.«

Wo, dort? Der Satz konnte alles Mögliche bedeuten. Vielleicht meinte er, er solle eine bestimmte Person anrufen, oder aber, er solle einen anderen Anschluss benutzen. In demselben Gebäude wohnte neben der Mutter auch die Familie von Michele Gangemi, ein unbescholtener, hochintegrer, von allen geschätzter Schreinermeister. Mit seiner Gattin, einer Hausfrau, hatte er zwei Töchter von neun und elf Jahren. Als wir bei einer Überprüfung feststellten, dass Gangemi Mieter von Buttitta war, nahmen wir uns auch seinen Anschluss vor. Was herauskam, war eine echte Überraschung: Von der Wohnung des Schreiners aus unterhielt sich Buttitta mit seinem Freud (den er Bruder nannte), rief aber nie von dort an, sondern nahm nur Gespräche entgegen.

Wie wir durch die Überwachung erfuhren, wurde die Familie Gangemi von Buttitta dermaßen unter Druck gesetzt, dass ihr Leben mittlerweile zum Alptraum geworden war. Wir hörten, wie die Frau des Schreiners mit ihrem Vater und ihrer Schwester telefonierte und, dabei verzweifelt weinend, flüsterte:

»Er hat uns in der Hand, und wir können uns noch nicht mal eine andere Wohnung suchen. Gestern Abend hat sich die Kleine am Telefon von einer Freundin die Hausaufgaben erklären lassen und musste das Gespräch mittendrin abbrechen, weil er einen dringenden Anruf erwartete. Manchmal lässt er sich nachts um eins anrufen, und wir müssen wach bleiben und warten, bis er endlich wieder geht. Die Mädchen haben Angst, und Michele meint, er hält es nicht mehr aus, und dass er jetzt die Carabinieri einschalten will.«

Der Vater riet ihr davon ab: »Das dürft ihr nicht tun. Auf keinen Fall. Vielleicht hat Buttitta auch dort Freunde.«

Buttitta seinerseits sprach meistens in Andeutungen, aber man konnte heraushören, dass er über viele Straftaten Bescheid wusste und mit Sicherheit ein Krimineller war. Vermutlich hatte er Angst, das Haus zu verlassen, vielleicht weil er einen Fehler gemacht hatte und nun fürchtete, von der Organisation dafür bestraft zu werden.

Dann erfuhren wir von einem Automechaniker, der in dem Viertel wohnte und mit einem Kollegen vom Einsatzkommando befreundet war, was er über Buttitta gehört hatte: Der Mann habe sich geweigert, bei einem Einbruch in die Bank gleich neben seinem Geschäft mitzumachen, weil er mit dem versprochenen Anteil nicht zufrieden war. Als der Bankraub dennoch stattfand – und schiefging, beschlossen die Bosse dieses Gebietes, Buttitta umzulegen, weil er sich ihnen nicht angeschlossen hatte.

Nur deswegen also musste sein Lehrjunge sterben. Da wir nun wussten, dass Buttitta tatsächlich in Todesangst lebte, beschlossen wir, ihn direkt anzusprechen und ihm eine Zusammenarbeit nahezulegen. Mit drei Leuten suchten wir ihn auf. Wir wüssten, dass man ihn umlegen wolle, kam unser Chef gleich zur Sache, aber wir wären bereit, ihn zu beschützen. Doch Buttitta unterbrach ihn sogleich und stritt vehement – in Unkenntnis, dass wir sein Telefon abhörten – jegliche Verbindung zur Mafia ab. Er sei ein unbescholtener Bürger, rief er, wir unterlägen einem Irrtum, und er gehe nur deshalb nicht aus dem Haus, weil er sehr krank gewesen sei und sich oft kaum bewegen könne, wahrscheinlich Arthritis.

Der Mann war ein geborener Schauspieler. Wenn man ihn so reden hörte und sah, wie er entrüstet gestikulierte, hätte man keinem Psychologen oder Lügendetektor Glauben geschenkt, der seine Aufrichtigkeit anzweifeln würde. Ohne das Abhören seines Telefons hätte er auch uns überzeugt, dass er ein rechtschaffener Bürger sei.

Wir beschlossen, ihn ein wenig im eigenen Saft schmoren zu lassen, gaben ihm aber die Nummer von unserem Büro. Der Mann, den er »mein Bruder« nannte, rief ihn nach wie vor an, doch Buttitta erwähnte nie, dass die Polizei Verbindung zu ihm aufgenommen hatte. Nach einer Woche beschlossen wir, zur Tat zu schreiten.

In einer Besprechung mit dem Chef legten wir unser Vorgehen fest. Die Mehrheit war dafür, Buttitta zu Tode zu erschrecken und ihn mit den eigenen Waffen, denen der Mafia, zu schlagen. Wir verfügten über ein ganzes Arsenal davon, Waffen aller Art, die beschlagnahmt worden waren und sich nun in einer

Kammer stapelten. Dort lagerten wir sie, in Erwartung, dass wir sie noch einmal brauchen konnten, für »unsaubere« Arbeit, bei der man besser keine Dienstwaffen einsetzte. Die Mafia verübt ihre Verbrechen gerne mit Jagdgewehren mit abgesägtem Lauf. Und ein solches suchten wir uns nun in der Waffenkammer für unser Vorhaben aus.

Zunächst dachten wir an eine Art Überfall, das heißt von einem Wagen mit gefälschtem Kennzeichen aus ein paar Warnschüsse auf Buttittas Haustüre abzugeben. Doch die Idee wurde verworfen, das Risiko von einer Carabinieri-Streife angehalten zu werden und zu peinlichen Erklärungen gezwungen zu sein, war zu hoch.

»Und was dann?«

Endlich der richtige Vorschlag: »Wir machen es wie die Mafiosi, wenn sie eine Warnung abgeben: Wir legen ihm einen Strauß Chrysanthemen oder irgendeinen Tierkopf vor die Tür.«

»Ach ja? Sollen wir jetzt auch noch einen Hund töten für diese Aktion?«

»Ach was! Ein Cousin von mir hat eine Metzgerei, von dem lass ich mir einen Ziegenkopf geben«, erklärte Salvuccio.

»Und wenn er wissen will, wozu du den brauchst?«

»Das mach ich schon. Was halten Sie von dem Vorschlag, Dottore?«

»Nicht schlecht. Kannst du ihn heute noch besorgen?«

»Ja, heute Nachmittag hab ich ihn zu Hause.«

»Und ich kaufe zwei Chrysanthemen«, fügte ich hinzu.

»Und ich bring die Plastiktüte mit«, meinte ein anderer, gefolgt von allgemeinem Gelächter.

»Und ich einen Sarg.«

»Scheiße, dem jagen wir so einen Schrecken ein, dass er auf der Stelle tot umfällt.«

Es war zwei Uhr nachts, und wieder saßen wir im Büro zusammen und malten uns voller Vorfreude Buttittas Gesicht aus, wenn er diese ganze Inszenierung sehen würde.

Endlich traf auch ein atemloser Salvuccio bei uns ein. »Scheiße, Dottore, diese Aktion kostet mich 50 000 Lire.«

»Warum das denn?«

»Ach, mein Cousin hat mich ganz misstrauisch angeschaut und tausend Fragen gestellt, und so hab ich mich genötigt gefühlt, ein ganzes Zicklein zu kaufen. Es sei für ein Abendessen mit den Kollegen, habe ich ihm gesagt. Den Kopf musste ich selbst abschneiden, zu Hause, bei uns in der Küche. Es war alles voller Blut, und meine Frau hätte mich fast rausgeschmissen. Ich würde nur Sauereien machen, meinte sie, und sie müsste dann wieder alles putzen.«

Wir bekamen uns vor Lachen kaum noch ein.

Um drei Uhr fünfzehn waren wir vor Ort. 100 Meter vor Buttittas Haus stieg einer der Kollegen aus und marschierte mit der Plastiktüte in der Hand auf die Tür zu. Dicht an die Hauswand gepresst, streckte er dann bloß einen Arm aus, um die Tüte zu befestigen. Ziegenkopf und Chrysanthemen hingen nun an der Klinke. Das war's schon, und alle fuhren wieder heim.

Gespannt zu erfahren, was es Neues gab, erschienen wir am folgenden Morgen alle überpünktlich im Büro.

Nichts, nicht mal ein Anruf. Vielleicht war er noch gar nicht aufgestanden.

Gegen neun Uhr rief Buttitta dann von der Wohnung der Gangemis aus den »Bruder« an, der mit verschlafener Stimme antwortete. Wir prüften sofort, auf wen die Nummer angemeldet war – eine Frau, wie sich herausstellte, während sich eine Streife für weitere Überprüfungen auf den Weg zum Einwohnermeldeamt machte. Das Gespräch ging weiter.

Bruder: »Pronto, wer ist da?«

Buttitta: »Ich bin's. Hör mal, heute Nacht haben sie mir einen Ziegenkopf und zwei Chrysanthemen in einer Plastiktüte geschickt. Meine Mutter hat die Tüte gefunden, die hat fast der Schlag getroffen.«

Bruder: »Wie denn? An der Tür?«

Buttitta: »Ja, an der Klinke.«

Bruder: »Verdammt, das ist ein schlechtes Zeichen. Ich hör mich gleich mal um. Sehr seltsam. Wieso habe ich bloß nicht mitbekommen, dass sie dir eine Warnung schicken wollen? O Gott, hoffentlich ist niemand dahintergekommen, dass wir in Kontakt stehen, dass ich dich auf dem Laufenden halte. Sonst bin ich auch erledigt.«

Buttitta: »Das befürchte ich auch.«

Bruder: »Pass auf, wir reden später nochmal. Und verlass auf keinen Fall das Haus.«

Der *Bruder* wurde als Carmelo Aiello identifiziert, ein gefährlicher, wegen verschiedener Mafiadelikte vorbestrafter Mann, der einem der aufstrebenden Clans der Stadt zugerechnet wurde.

Ungefähr eine Stunde später rief Aiello bei den Gangemis an, die Frau ging an den Apparat und gab sofort an Buttitta weiter.

Buttitta: »Pronto?«

Aiello: »Nichts, ich hab nichts rausbekommen. Keine Ahnung, was das für Leute sind. Aber es wird gemunkelt, dass sie es jetzt auch auf deine Mutter abgesehen haben ...«

Giovanni Buttitta schwieg eine Weile und sagte dann mit röchelnder Stimme: »Diese Bastarde! Was hat meine Mutter damit zu tun? Wenn die ihr auch nur ein Haar krümmen, reiß ich ihnen das Herz aus dem Leib und fress es auf. Ich ruf jetzt ›u tignusu‹ an und sag ihm, er soll eine Truppe zusammenstellen. Wir fahren hin und legen sie alle um.«

Aiello: »Nein, um Himmels willen! Du darfst niemandem

trauen, der ist auch ein Verräter, der arbeitet mit dem Onkel zusammen.«

Buttitta: »Nein, das glaube ich nicht. Was redest du da bloß?«

Aiello: »Doch das stimmt. Du darfst jetzt nicht den Kopf verlieren.«

Buttitta: Danke, Melo, danke für alles, aber ich weiß schon, was ich zu tun habe. Ciao Bruder, und pass auch auf dich auf. Lass dich nicht von hinten überraschen.«

Aiello: »Was hast du denn vor? Mach nur keinen Scheiß.«

Buttitta: »Keine Sorge, ciao.«

Und wir hörten mit und rieben uns die Hände, denn wir wussten mittlerweile, dass Buttitta in der Mafiahierarchie ziemlich weit oben stand. Zudem hatte uns Aiello mit diesem Hinweis auf die Gefährdung von Buttittas Mutter prächtig in die Karten gespielt.

Kurz danach wurde vom Anschluss in Buttittas Wohnung eine Nummer gewählt, die wir nur zu gut kannten. Es war die unseres Büros.

»Pronto, Squadra Mobile.«

Giovanni Buttitta schwieg, und wir hielten den Atem an.

»Pronto, wer ist da?«

Buttitta schwieg weiter.

»Pronto, Squadra Mobile, wer ist am Apparat?«

Endlich rang er sich dazu durch, den Mund aufzumachen, und bat, mit unserem Chef reden zu können.

Kommissar: »Signor Buttitta, was kann ich für Sie tun?«

Buttitta: »Dottore, wäre es Ihnen möglich, mich abholen zu kommen und meine Mutter an einem sicheren, passablen Ort unterzubringen?«

Kommissar: »Natürlich, ich schicke Ihnen einen Wagen vorbei. Wir sind gleich bei Ihnen.«

Buttitta: »Nein, Dottore, lieber heute Abend, so gegen neun, halb zehn, und ohne großes Aufsehen.«

Kommissar: »Warum gerade dann?«

Buttitta: »Dann fallen wir nicht auf. Dann ist kaum noch jemand auf der Straße, die Leute sitzen beim Essen oder schauen sich das Länderspiel an. Vorsicht ist oberstes Gebot. Wenn jemand dahinterkommt, was ich vorhabe, fliegt hier alles in die Luft, verstehen Sie?«

Kommissar: »Ja, natürlich verstehe ich das. Einverstanden, packen Sie ein paar Sachen ein, nur das Allernötigste, und wenn es Probleme gibt, rufen Sie mich an.«

Wir, die mitgehört hatten, brachen in Jubelstürme aus, es gab Umarmungen, Händeschütteln. Er gehörte uns. Zusammen gingen wir ins Büro runter, wo der Chef, noch ganz euphorisch, sofort den Staatsanwalt anrief, der ihn mit Komplimenten überschüttete.

Es lief alles glatt, aber ich kreuzte die Finger, bis der reuige Mafioso im Präsidium war. Er war misstrauisch, sichtlich verlegen, und wir ebenso.

»Haben Sie gegessen, Ihre Mutter und Sie?«

»Ja«, antwortete die Frau.

»Wo werden Sie sie unterbringen?«, fragte Buttitta.

»Zunächst einmal im Hotel, in einer ruhigen, netten Pension.«

Mutter und Sohn umarmten und verabschiedeten sich voneinander. Sie streichelte ihn wie einen kleinen Jungen.

»Sei unbesorgt, Mama, ruhe dich nur aus. Du bist in guten Händen.«

Gegen dreiundzwanzig Uhr dreißig, nach einem ersten Gespräch, das uns einen Eindruck davon verschaffen sollte, wieweit seine Kenntnisse reichten und wie tief er verstrickt war, begannen wir, seine Aussagen zu Protokoll zu nehmen, und machten durch bis morgens um sieben Uhr. Fünf Tage lang verhörten wir ihn. Die Überprüfungen seiner Aussagen nahmen wir vor, sobald es dunkel war, und brachten Buttitta dann mit dem Wagen zu den Orten, die er uns zeigte. Kurz darauf konnten vier Flüchtige gefasst, sieben Pistolen, zwei Maschinenpistolen sowie ein halbes Kilo Sprengstoff sichergestellt werden, alles auf dem Grundstück eines Clanmitglieds vergraben. Mit einer der Waffen war ein Mord verübt worden.

Eine ganze Reihe von Telefonanschlüssen wurde angezapft, und zwei Monate nach unserem Fang dann die große Razzia: 20 Personen wurden festgenommen, Waffen, Rauschgift, gestohlene Kraftfahrzeuge sichergestellt, drei Morde aufgeklärt, ein Clan zerschlagen, der jahrelang eine ganze Stadt terrorisiert hatte. Und die Familie des Schreiners Gangemi konnte wieder ruhig schlafen.

Ein empörender Vergleich

Alessandro war gerade aus Mailand zurückgekehrt, wohin er einen Mafia-Kronzeugen begleitet hatte, den verschiedene Staatsanwälte hatten verhören wollen. Er schien verändert, wirkte schweigsam, ja bedrückt.

Zwei Tage nach seiner Rückkehr begann er, Akten und Zeitungsartikel zu den Verhaftungen herauszusuchen, die wir im Verlaufe der letzten Jahre vorgenommen hatten.

Eifrig kniete er sich in die Arbeit, machte sich Notizen, las noch einmal die alten Berichte durch, schrieb sich alles auf, die Namen der verhafteten Personen, unsere Schichten, die Überstunden, und hin und wieder stöhnte er dabei auf.

»Alessandro, was zum Teufel machst du da eigentlich seit zwei Tagen?«, fragte ihn der Inspektor. »Bist du an was dran?«

Er hob nur kurz den Blick. »Wieso? Brauchen Sie mich?«

»Nein, ich wollte nur wissen …«

»Soll ich auf Streife raus?«

»Nein, aber …«

»Dann lasst mich alle in Frieden!«

»He, Sandro, pass auf, wie du mit dem Inspektor redest, schließlich sind wir befreundet.«

»Herr Gott, könnt ihr mich nicht endlich mal meine Arbeit machen lassen?«

Wir schütteln nur den Kopf und fragten uns, was er vorhatte. Der Chef legte uns nahe, ihn diskret zu beobachten, und den Kollegen im Archiv baten wir, uns die Namen der Personen auf

326

einen Zettel zu schreiben, zu denen sich Alessandro Akten herausgesucht hatte. Wie nicht anders zu erwarten, ging es um Straftäter verschiedener Mafiabanden, aber wir konnten nicht erkennen, in welcher Verbindung sie zueinander standen.

Die Stimmung im Büro war seltsam gereizt, und die Scherze, die die Atmosphäre auflockern sollten, wirkten gezwungen. Dass wir einen Kollegen zu überwachen hatten, gefiel niemandem von uns, und fast kam es uns so vor, als verrieten wir einen Freund. Unter dem Vorwand, eine Akte ablegen zu müssen, ging ich immer mal wieder an seinem Platz vorbei und warf einen Blick auf den Schreibtisch, an dem er schrieb. Und jedes Mal wieder schlug Alessandro dann rasch das Heft zu, wie ein Schüler, der seinen Banknachbarn nicht abschreiben lassen will.

»Was willst du denn? Warum musst du die Akte ausgerechnet hierhin legen?«

Alessandros geheimnisvolle Arbeit zog sich eine ganze Woche lang hin, in deren Verlauf er mindestens 100 Akten unter die Lupe nahm. Dann endlich rief er in der Mittagspause alle Anwesenden zusammen, insgesamt 14 Kollegen der 22 Angehörigen unserer Abteilung.

»Ausgerechnet jetzt«, stöhnte der Chef, »na dann, lass mal hören, Alessandro, was hast du uns zu sagen?«

»Ich hab beschlossen, den Dienst zu quittieren. Was ich in der letzten Woche zusammengetragen habe, bestätigt mir nochmal, dass meine Entscheidung richtig ist. Ich habe mir die Arbeit auch gemacht, damit ihr mich besser versteht.«

Alle starrten ihn ungläubig, fragend an. »Wie, du quittierst den Dienst? Das ist doch nicht dein Ernst, Alessandro.«

»Doch, ich kündige. Ich werde demnächst bei meinem Vater in seiner Installationsfirma einsteigen.«

»Was? Du hast doch immer gesagt, dass du diese Arbeit nicht ausstehen kannst.«

»Das stimmt auch. Aber hier ist es noch schlimmer.«

»Red keinen Blödsinn, Alessandro, die Polizeiarbeit war immer dein Leben, sogar deine Ehe hast du dafür aufs Spiel gesetzt.«

»Ein Irrtum der Vergangenheit, in jugendlicher Begeisterung. Heute könnte ich nicht mehr sagen, dass ich bereit bin, für diesen Staat mein Leben zu opfern. Und wenn man bei dieser Arbeit nicht mit dem ganzen Herzen dabei ist, darf man sie nicht machen. Das ist zu gefährlich, da wirst du im Handumdrehen abgeknallt. Mir reicht's jedenfalls. Hier gibt es zu vieles, was ich nicht mehr schlucken kann.«

»Aber was ist denn passiert? Was ist in dich gefahren?«

Er reichte jedem ein Blatt.

Darauf war festgehalten, was er in der letzten Woche zusammengetragen hatte.

AUFSTELLUNG A:

Dienstliche Aktivitäten des Polizeiobermeisters, Sovrintendente Alessandro Maniscalco von 1973 bis 1992 bei der mobilen Kriminalpolizei in Mailand, Neapel und Catania:

– vorgenommene Verhaftungen, allein und als Angehöriger der Abteilung, der ich zugeordnet war = 411
– beschlagnahmte Pistolen = 52
– Maschinenpistolen = 11
– Handgranaten = 7
– Rauschgift = 25 kg
– Einsätze nach Schießereien, Morden, Raubüberfällen, Einbrüchen, Diebstählen = nicht zu zählen
– Feuergefechte = 4
– Zeit mit der Familie = wenig
– Dienstjahre = 19
– Beförderungen wegen eigener Verdienste = 2

- erhaltene Gehaltsabrechnungen = 12 (die der letzten beiden Jahre ohne die wegen fehlender Mittel abgeschafften Zulagen)
- Gehalt = 2 450 000 Lire
- Versorger von = einer Ehefrau und einem Sohn (der fast ums Leben gekommen wäre, während ich nach einem flüchtigen Straftäter fahndete, dem unsere Gesetze Hafturlaub gewährt hatten)
- Miete = 650 000 Lire im Monat
- Auto = Renault 5, Gebrauchtwagen, Kaufpreis 1 500 000 Lire
- Kosten für Wasser, Strom und Gas = 530 000 Lire (in den letzten beiden Monaten)
- mit all meinen Opfern erreicht = 0

AUFSTELLUNG B:
Erfolge im Anschluss an die Geständnisse des Kronzeugen Alfio Saponaro:
- Festnahmen = 70
- beschlagnahmte Pistolen = 31
- Maschinenpistolen = 12
- Handgranaten = 19
- Rauschgift = 9 kg
- von Saponaro verübte Straftaten:
- Schusswechsel mit Sicherheitskräften = 3
- Morde = 6 (gestanden)
- Verletzte Personen bei Raubüberfällen, Anschlägen und dergleichen = zwei Kinder, ein 24-jähriger Mann (Zivilist), zwei Finanzpolizisten und zwei Carabinieri (einer behielt einen gelähmten Arm zurück)
- Zeit mit der Familie = viel
- Jahre im Spampinatoclan = 9
- vom Clan bezahltes Monatsgehalt = zwischen 3 und 6 Millionen Lire (abhängig von Bedeutung und Risiko der Aufgaben)

- Versorger von = einer Ehefrau und einem Kind
- Miete = 2 100 000 Lire, vom Staat bezahlt für eine Villa mit Swimmingpool und angrenzendem Park
- Auto = Saab + Alfa Romeo im Wert von über 100 Millionen Lire
- Sonderzulage für seine Mitarbeit = 450 Millionen Lire
- Zurzeit hält sich obige Person mit der Familie an einem bekannten Wintersportort zum Skifahren auf

Zwei Monate später statte uns Alessandro noch einmal einen Besuch ab und kam danach noch öfter vorbei und half uns mit dem einen oder anderen Tipp zu Leuten, die ihm verdächtig vorkamen. Sein neuer Beruf füllte ihn nicht aus, aber er verdiente sehr gut. Seine Frau war zum zweiten Mal schwanger, nun konnten sie sich noch ein Kind erlauben. Als er uns damals verließ, winkten wir ihm zum Abschied noch einmal vom Balkon aus zu, bevor er mit seinem Mercedes abrauschte. Wir konnten es einfach nicht fassen, dass er nicht mehr zur Gruppe gehörte. Er war für uns immer der geborene Polizist gewesen, und wir waren uns sicher, dass er sein Leben lang im Polizeidienst bleiben würde.

Ohne ihn war der Staat noch ein wenig schwächer geworden, aber niemand scherte sich darum. Niemand fragte nach, warum er gegangen war: Polizisten wurden gebraucht, aber niemand war unersetzlich. Irgendein Beamter im Ministerium hatte seine Akte nochmal hervorgeholt, einen Stempel und seine Unterschrift darunter gesetzt, und dann war die Personalakte 254661 in irgendeinem staubigen Kellerarchiv verschwunden.

Die langsamen Mühlen der Justiz

Der wachhabende Kollege am Haupteingang des Präsidiums rief im Büro an und fragte nach Lorenzo.

»Der ist draußen auf Streife«, antwortete Marcello.

»Hör mal, hier bei mir steht eine weinende Frau, die ihn unbedingt sprechen will. Mir kommt sie etwas wunderlich vor, soll ich sie wegschicken?«

»Wieso wegschicken? Wir müssen doch wissen, was sie will. Warte, ich komm runter.«

Marcello führte die Frau ins Büro und ließ ihr ein Glas Wasser bringen. Sie konnte einem wirklich leidtun, brachte kaum ein Wort heraus, schien verwirrt und verzweifelt.

»Was ist denn los?«, fragte Franco, der gerade zur Tür hereinkam. »Warum weint sie? Ist sie beraubt worden?«

Marcello schüttelte den Kopf. »Ich weiß es nicht, sie redet ja nicht, sie will nur mit Lorenzo sprechen.«

»Dann lassen wir ihn doch kommen. Vielleicht ist es wichtig!«

20 Minuten später traf Lorenzo im Büro ein.

»Ich war am anderen Ende der Stadt. Warum holt ihr mich rein? Was gibt's denn so Dringendes?«

»Die Signora hier hat nach dir gefragt. Kennst du sie?«

»Ich glaube nicht.« Er wandte sich an die Frau. »Signora, was ist denn? Warum wollen Sie mit mir sprechen?«

»Mein Sohn hat gesagt, ich soll mich an Sie wenden. Sie könnten ihm helfen.«

»Wer ist denn Ihr Sohn?«

»Salvatore Litrico, vielleicht erinnern Sie sich. Vor neun Jahren haben Sie ihn festgenommen. Sie waren sogar bei uns, als die Wohnung durchsucht wurde.«

»Ach, Litrico! Jetzt weiß ich wieder. Den hab ich damals geschnappt, als er gestohlenen Goldschmuck weiterverkaufen wollte. Aber ich verstehe nicht … Was will er denn jetzt von mir?«

»Er war damals ja fast noch ein Junge, und nach diesem Fehler hat er sich nichts mehr zuschulden kommen lassen. Zwei Monate hat er abgesessen, und als er herauskam, hat er eine gute Stellung in einer Reinigungsfirma gefunden. Später hat er geheiratet und hat jetzt eine nette Familie. Er ist ein vorbildlicher Vater und lebt nur für seinen Beruf und seine Familie. Seine Frau und die beiden Töchter bedeuten ihm alles. Nur diesen einen Fehler hat er gemacht, und dafür hat er gebüßt. Mittlerweile hatte er das alles längst vergessen.«

»Das freut mich. Aber ich verstehe immer noch nicht, was ich jetzt damit zu tun habe.«

»Heute früh um sechs standen die Carabinieri bei uns vor der Tür und wollten ihn mitnehmen, zur Verbüßung einer Reststrafe von 45 Tagen, wie sie sagten. Wegen eines Einbruchs vor neun Jahren. Stellen Sie sich doch mal vor. Neun Jahre, das ist so lange her, längst vergessen, und jetzt wollen sie ihn wieder ins Gefängnis stecken, nach dieser langen Zeit. Meine Schwiegertochter wusste nichts von der Geschichte. Sie ist völlig verzweifelt und weiß nicht, was sie jetzt tun soll. Und wir auch nicht. Die Nachbarn haben schon begonnen, Fragen zu stellen, mit Sicherheit wird Salvatore seine Stelle verlieren. Helfen Sie uns, wir sind anständige Leute, das können Sie nachprüfen.« Sie brach wieder in Tränen aus. »Was hat das mit Gerechtigkeit zu tun?«

Ein verlegenes Schweigen machte sich breit, ein Unbehagen,

das an kleinen Zeichen erkennbar war: Der eine seufzte kurz auf, ein anderer presste die Kiefer aufeinander, wickelte sich ein Haarbüschel um den Finger oder knabberte an den Fingernägeln.

Das erlebten wir nicht zum ersten Mal. Es war so eine Situation, in der man sich alles Mögliche wünscht, nur nicht, Polizist zu sein, weil man sich wie ein Peiniger vorkommt. Eine auf irgendwelchen verschlungenen Wegen im Präsidium aufgetauchte Akte entscheidet über das Schicksal eines Menschen, eine Unterschrift und ein Stempel auf einem Fetzen Papier reichen aus, um ein ganzes Leben zu ruinieren. Einen Menschen, der seinen festen Platz in der Gesellschaft gefunden hat, kann man nicht nach neun Jahren nochmal hinter Gitter bringen, mit Verbrechern der übelsten Sorte zusammenstecken, die alles daran setzen werden, ihn auf ihre Seite zu ziehen. Kommt dieser Mensch dann wieder frei, wird er alles und alle hassen.

Wie Würmer, klein wie Würmer fühlten wir uns.

»Es tut uns sehr leid, Signora, wir haben vollstes Verständnis für Ihre Lage, aber da können wir nichts machen. Versuchen Sie, so gut es geht für ihn da zu sein. Er braucht jetzt ihre Unterstützung.«

»Nein, so dürfen Sie mich nicht abfertigen. Mein Sohn möchte mit Ihnen sprechen, Signor Lorenzo. Er sagt, Sie haben ihn damals menschlich behandelt. Er vertraut ihnen.«

»Was soll ich denn tun?«

»Mit ihm reden. Reden Sie bitte mit ihm, lassen Sie uns jetzt nicht im Stich …«

»Aber so verstehen Sie doch, ich kann nichts mehr für ihn tun. Er ist doch in Haft und wird seine Strafe absitzen müssen.«

»Nein, das ist er nicht. Ich meine, er ist nicht im Gefängnis …«

»Was?«

»Ja, er hat sich versteckt, in unserem Haus auf dem Land.«

»Was heißt das, er hat sich versteckt? Die Carabinieri waren doch bei Ihnen, um ihn zu verhaften.«

»Ja, das stimmt. Aber weil er Nachtschicht hatte, haben sie ihn nicht angetroffen. Und als sie dann fort waren, haben wir ihn gleich gewarnt. Sie können sich vorstellen, wie schockiert er war. Er ist dann in dieses Haus gefahren und hat mich gebeten, Sie aufzusuchen und mit Ihnen zu reden.«

Lorenzo seufzte, das war wirklich ein furchtbarer Schlamassel. Wir schalteten unseren Chef ein und nach einigem Hin und Her auch den Direktor der Kriminalpolizei, der sich die ganze Geschichte anhörte und dann, scheinbar verärgert, den Kopf schüttelte. »Sicher, ihr habt's gut gemeint. Aber solche Unterlassungen könnt ihr euch einfach nicht erlauben. Warum habt ihr nicht sofort etwas unternommen, und warum erfahre ich alles immer als Letzter? Jetzt wisst ihr nicht mehr weiter und kommt zu mir, um mir etwas vorzujammern. Aber ich will damit nichts zu tun haben, nichts, absolut nichts. Ich kann nichts für euch tun. Das ist mein letztes Wort.«

»Ja, klar … Und es würde sicher auch nichts nützen, noch einmal bei der Staatsanwaltschaft nachzufragen …«

»An Weihnachten, verdammt nochmal!«, platzte dem Direktor da plötzlich der Kragen. »An Weihnachten schicken sie den armen Mann in den Knast! Das muss man sich mal vorstellen. An Weihnachten! Als hätte er ein Blutbad angerichtet.«

Wir begleiteten die Frau zu ihrem Sohn Salvatore, der uns mit Tränen in den Augen entgegenkam.

Lorenzo umarmte ihn: »Ciao, Salvatore.«

»Ihr wollt mich festnehmen, oder?«

»Komm, wir gehen erst mal rein, reden wir in Ruhe über die Sache.«

»Ich hab Sie in guter Erinnerung«, begann Salvatore, als wir

Platz genommen hatten. »Sie haben mich damals fair behandelt, trotz des Einbruchs, den ich verübt hatte. Ich hab Ihren Namen nie vergessen, und Ihre Ratschläge habe ich beherzigt. Seit damals habe ich mir nichts mehr zuschulden kommen lassen, nicht mal ein Knöllchen hab ich mir eingehandelt. Ich hab geheiratet und bin Vater von zwei Kindern. Bedeutet das nichts? Zählt das gar nichts für den Staat?«

»Doch, das zählt schon, Salvatore, das zählt schon. Aber wir machen die Gesetze nicht. Wir müssen tun, was das Gesetz uns aufträgt, auch wenn es uns nicht gefällt. Wenn du dich nicht stellst, bist du ab heute zur Fahndung ausgeschrieben. Wir können nicht mehr für dich tun, als dafür zu sorgen, dass du Weihnachten zu Hause mit deiner Familie feiern kannst. Wenn aber jemand dahinter kommt, dass wir dich jetzt nicht festgenommen haben, sind wir selbst dran wegen Begünstigung und werden vom Dienst suspendiert.«

»Aber von meiner Familie würde euch niemand verraten. Eher würden sie sich die Zunge abschneiden.«

»Das ist uns klar. Aber du musst dich an das halten, was wir dir sagen. Vertrau uns, wir wissen, dass es hart für dich ist, doch die Zeit geht schneller rum, als du denkst. Beiß ein wenig die Zähne zusammen und mach es nicht noch schlimmer, als es ohnehin schon ist.«

»Und wie soll ich das meinen Töchtern erklären, den Nachbarn, meinem Chef? Der schmeißt mich sicher raus, und wie soll ich eine neue Arbeit finden?«

»Die Nachbarn können dir doch egal sein. Das geht die gar nichts an. Und auch wegen der Kinder würde ich mir keine Gedanken machen. Was sollen sie schon groß fragen mit ihren drei und fünf Jahren? Deine Frau ist sicher eine brave Seele und wird ihnen erzählen, dass du verreisen musstest, geschäftlich, irgendwas wird ihr schon einfallen. Um deinen Chef kümmern wir uns. Wir suchen ihn auf und erklären ihm die ganze Sache. Außerdem sorgen wir dafür, dass dein Name nicht in der Zeitung erscheint. Und dann reden wir mit dem Anstaltsleiter, dass er dich zu den harmlosen Gefangenen steckt und dich was arbeiten lässt, womit du auch Geld verdienen kannst, um deine Familie weiter zu ernähren. Komm, das sieht doch gar nicht so dramatisch aus.«

Salvatore lehnte sich zurück und raufte sich die Haare, den Blick ins Leere gerichtet. Dann nickte er.

Auf der halbstündigen Fahrt von dem Bauernhaus zur Wohnung in der Stadt überzeugten wir ihn endgültig, sich freiwillig zu stellen. Drei Stunden warteten wir unten vor dem Haus im Wagen auf ihn, ließen ihm Zeit, um mit seiner Familie noch einmal in Ruhe zu Mittag zu essen und viele Dinge zu bereden. Zeit, die dann doch unerbittlich fortschreitet und nicht zwischen gut und schlecht zu unterscheiden vermag.

Wir verschwendeten keinen Gedanken daran, dass Salvatore vielleicht durch eine Hintertür abhauen könnte. Wer Tag für Tag draußen auf der Straße seinen Dienst tut, lernt die Menschen kennen. Am Nachmittag saß Salvatore in der Zelle. Alle sahen es so, dass er sich aus freien Stücken im Präsidium eingefunden hatte.

Wegen guter Führung wurde er eine Woche früher entlassen.

Vor dem Tor warteten seine Frau und seine Kinder, Lorenzo, ich, ein weiterer Kollege sowie sein Arbeitgeber auf ihn. »Ciao Salvatore, komm pünktlich morgen früh, wir brauchen dich«, sagte er zur Begrüßung.

Salvatore betrachtete uns schweigend. Ich deutete ein Lächeln an, auf das er schüchtern mit einem Kopfnicken reagierte. Dann trat er auf uns zu, gab jedem fest die Hand. »Danke«, sagte er nur, »danke für alles.«

FÜNFTER TEIL

Der traurige Bandit

Cavallaros Ängste

Cavallaro wollte mich sprechen, und ich kam zu unserem üblichen Treffpunkt.

Er schien verändert, mit gesenktem Kopf erwiderte er meinen Gruß.

»Du siehst schlecht aus. Geht's dir nicht gut?«, sagte ich.

Er zwinkerte und antwortete dann in seinem typischen provozierenden Ton. »Mensch, du Schnellmerker!«

»Ich lebe in der ständigen Furcht, dass die Polizei bei mir vor der Tür steht, um mich festzunehmen. Ich hab Alpträume, und die Angst, dass ein gegnerischer Clan oder die eigenen Leute mich umbringen wollen, raubt mir den Schlaf. Ja, ich lebe im Luxus, kann ihn aber nicht genießen. Auf der Straße grüßen mich alle, aber nur weil sie mich fürchten. Respekt hat niemand vor mir. Und meine Frau ist immer weniger für mich da. Sie war ja nie mit diesem Leben einverstanden, und nur wegen unserer Tochter hat sie mich nicht verlassen. Das ganze Geld ist ihr völlig gleichgültig. Wie eine Fremde, als wäre sie ein Dienstmädchen, das bei uns arbeitet, so bewegt sie sich durchs Haus. Irgendwo schön essen zu gehen mit mir, nein, so was ist mit ihr nicht mehr drin. Das lehnt sie ab, weil sie sich schämt und weil sie Angst hat. Sie fürchtet man könnte auch sie selbst und unsere Tochter töten, um mich zu treffen. Unser Geld sei schmutzig, meint sie, besudelt mit Blut und Drogen, und da würde ihr das Essen im Hals stecken bleiben. Mir ging's besser, als ich noch fliegender

Händler war und auf der Straße Obst verkauft habe und jede Lira zweimal umdrehen musste. Damals war Claudia stolz auf mich und hat mich geliebt. Jetzt will sie weg von mir und bei ihrer Mutter leben.«

»Sie hat ja Recht. Lass sie gehen, lass sie zu ihrer Mutter. Du stehst mittlerweile so hoch in der Hierarchie, dass deine Frau und deine Tochter tatsächlich gefährdet sind, wenn sie dich umlegen wollen.«

»Ja, vielleicht. Da wären sie schon sicherer.«

Ich stellte mir vor, wie Alfredo vor Freude Luftsprünge machen würde, wenn er das erfuhr.

»Ich kann nicht mehr zurück. Dass ich dich mit Informationen versorge, soll wenigstens zum Teil wiedergutmachen, was ich getan habe und weiterhin tun werde. Ich bin ein Versager, ich war weder ein guter Ehemann noch ein guter Vater, und noch nicht mal ein guter Verbrecher bin ich, denn ich bereue, welches Leid ich anderen zugefügt habe, armen Teufeln, die so sind wie ich, ungebildet und verzweifelt. Hin und wieder gehe ich in eine Kirche, um Gott um Vergebung zu bitten, aber während ich bete, denke ich schon daran, was ich noch alles zu organisieren habe. Die Erpressungen, der Drogenhandel, nicht mal vor Gott kann ich das alles vergessen.«

»Dann tu dich richtig mit uns zusammen, so kannst du doch nicht ewig weiterleben, immer auf der Flucht. Früher oder später, das weißt du genau, wird man dich umlegen oder du wirst verhaftet. Wenn dein Gewissen dich ohnehin schon so plagt, dann tue es, gibt dir jetzt einen Ruck, ich werde dir beistehen. Der Staat lässt sich die Kronzeugen was kosten, das habe ich dir ja schon häufiger gesagt. Also, liefere mir Spampinato aus, du weißt doch genau, wo er steckt.«

»Komm mir nicht wieder damit. Pentito – schon das Wort will

ich gar nicht hören. Gut, ich bin verwirrt und erschöpft, aber ein feiger Verräter bin ich nicht. Auch wenn ich in meinem Leben alles falsch gemacht habe, so hinterhältig werde ich niemals sein. Natürlich gebe ich vertrauliche Informationen an dich weiter, aber nur, damit der schlimmste Abschaum des Clans aus dem Weg geräumt wird.«

»Aber wo ist denn da der Unterschied zu einem Pentito?«

»Der Unterschied ist so groß wie diese Stadt. Die Leute, die du mit meiner Hilfe festnehmen kannst, sind die Allerschlimmsten, die haben keine Würde und keine Ehre. Die sind dabei, weil auch solche Typen in der Organisation gebraucht werden, aber ich hasse sie, weil sie die Gemeingefährlichsten sind. Die haben keine Skrupel, eine alte Frau zusammenzuschlagen und ihr die kleine Rente zu stehlen, einen Sprengsatz in einer Menschenmenge zu zünden oder jemanden umzulegen, weil er sie schief angeschaut hat. Von diesem Abschaum befreie ich mich, und dir tue ich einen Gefallen damit. So kann ich mir immerhin vormachen, ich sei etwas Besseres als sie, obwohl ich weiß, dass das nicht stimmt. Vielleicht hatten die genau so eine harte Kindheit wie ich.

Du weiß ja, wie verzweifelt mein Vater war, weil er die Familie nicht satt bekam. Wir mussten den Leuten erzählen, wir hätten Bauchweh, weil wir zu viel gegessen haben. Dabei hatten wir in Wirklichkeit Krämpfe vor Hunger. Damit die Nachbarn glaubten, wir hätten genug zu essen, mussten wir mit Zeitungspapier vollgestopfte Mülltüten raustragen, auf denen oben Kartoffelschalen lagen. Das sah dann so aus, als hätten wir alles Mögliche gegessen. Häufig ließ er meine Mutter auch reines Fett anbraten, das er sich vom Metzger geben ließ, damit man meinte, bei uns käme Fleisch auf den Tisch. Und die Fenster mussten weit offen stehen, um den Geruch rauszuziehen zu lassen. Aus Hunger hat mein Vater mit dem Klauen angefangen, und dadurch ist er zu dem geworden, was dir auch kein Geheimnis ist. Niemand wollte ihm Arbeit geben, nur die Mafia, und so kam es, dass wir endlich nicht mehr nur so tun mussten, als wenn wir satt wären, sondern richtig gegessen haben.«

Cavallaro war verwirrt. Durch die Krise, in der er offensichtlich steckte, kam auch die gute Seite, die er sich bewahrt hatte, wieder zum Vorschein. Doch letztendlich behielt immer noch diese andere Seite, die er mit den Jahren in dem kriminellen Umfeld entwickelt hatte, die Oberhand. Ich beschloss, ihn nicht allzu sehr unter Druck zu setzen, und machte nur noch einen letzten Versuch: »Ich will an Santonocito und Spampinato herankommen. Sag mal, ist es wahr, was man so hört, dass diese beiden in den feinen Kreisen verkehren und alle möglichen Leute auf allen Ebenen bestochen haben, um trotz der Haftbefehle ungestört operieren zu können?«

Er lächelte. »Macht und der Duft des Geldes, das ist es, worauf die Leute immer wieder reinfallen. So ist es überall, auch bei denen ganz oben, auch dort bist du ohne Geld ein Niemand. Wer kein Geld hat, gelangt nie an die Schalthebel der Macht. Nimm nur mal einen Politiker: Worauf ist der angewiesen, um regieren zu können? Auf Wählerstimmen. Und die besorgen wir ihm, aber dafür verlangen wir auch eine Gegenleistung. Auf diesem Wege lernen wir andere Politiker kennen und die Beamten, die in den wichtigen Abteilungen sitzen. Und mit diesen Kontakten bekommen wir Kontrolle über das Wirtschaftsleben dieser Stadt. Wir haben Einfluss auf den Flächennutzungsplan: Im Voraus zu wissen, welches Ackerland Bauland werden soll, darum geht es, und wenn einer seine Felder nicht verkaufen will, wird er mit Drohungen unter Druck gesetzt. Und wir bestimmen mit über die Vergabe öffentlicher Aufträge. Wenn wir da nicht zum Zuge kommen, weil es irgendwelche Probleme gegeben hat, versuchen wir, uns als Subunternehmer ins Spiel zu bringen. Wenn auch das nicht klappt, zwingen wir die Baufirmen, alle Materialien bei Unternehmen zu kaufen, die wir kontrollieren. Wie du siehst, kriegen wir auf die eine oder andere Weise alles in unsere Hand.«

»Macht ihr euch denn keine Gedanken, dass euch die Geschädigten anzeigen könnten?«

»Ach was, uns zeigt niemand an. Und weißt du auch, warum? Weil sich die Firmen von uns beschützt fühlen. Die wissen, dass sie auf diese Weise in Ruhe ihren Geschäften nachgehen können, ohne von anderen Banden belästigt zu werden. In jüngster Zeit sind die Submissionen stärker kontrolliert worden. Deswegen haben wir uns zum Beispiel nicht an der Ausschreibung für den Bau der dritten Fahrspur der Autobahn, für den 300 Milliarden veranschlagt sind, beteiligen können. Dafür haben wir uns schadlos gehalten, indem wir von der Firma, die den Auftrag bekommen hat, fünf Prozent der Auftragssumme als Entschädigung verlangt haben. Zwei Prozent davon gehen nochmal als Schmiergeld an die Beamten, die den Kontakt mit der ausführenden Baufirma hergestellt haben, mit den restlichen drei Prozent kaufen wir Waffen und Drogen und unterstützen die Familien der Inhaftierten.«

»Stimmt es, was man so hört, dass die Flughafenerweiterung auch über Santonocito läuft?«

»Ja, das hört man. ›Aber wo sind die Beweise?‹, würde ein guter Richter sagen«, lachte Cavallaro. »Aber gut, den Auftrag für die Baumaßnahmen am Flughafen hatte sich ja die Firma Trinacria gesichert, hinter der auch Santonocito steckt und die in ihrem Angebot 3,9 Prozent unter der Auftragssumme geblieben ist. Aber dann gab's plötzlich Probleme, weil so ein Idiot von Baureferent meint, in so kurzer Zeit seien die Arbeiten gar nicht zu schaffen. Der Auftrag wurde gestoppt und der Wettbewerb neu ausgeschrieben. Santonocito verlangte den Kopf dieses Referenten, um jeden Preis, denn durch seine Schuld war ihm ein Milliardengeschäft durch die Lappen gegangen. Vier Monate später wurde der Mann getötet, in seinem Wagen, auf der Autobahn zwischen Salerno und Reggio Calabria. Sie haben ihn einfach von der Straße gedrängt. Ein tragischer Unfall, wie es offiziell hieß.«

Ich war sprachlos. Nie hätte ich gedacht, dass der ungebildete Cavallaro über diese Dinge Bescheid wissen, und erst recht nicht, dass er so kompetent darüber reden könnte. Immer klarer wurde mir auch, dass die Sicherheitskräfte bei diesem Rennen in den Startlöchern hängen blieben. Wie sollte man auch eine Organisation ausbremsen, die von Politikern unterstützt und so vor einer Strafverfolgung geschützt wurde?

»Nenn mir mal ein paar Namen. Von Politikern, meine ich.«

»Da kannst du lange warten. Und weißt du auch, warum? Weil ich dich mag und nicht zu deiner Beerdigung kommen möchte. Bei einem Glas Sekt beschließen diese Leute so nebenbei, dass du getötet werden sollst. Genau so machen sie es, beim Essen, während sie plaudern über dies und das, befehlen sie den Tod.

Was hältst du zum Beispiel davon? In einem feinen Salon dieser Stadt saßen ein paar wichtige Leute aus Politik, Justiz und Presse zusammen, alle von derselben politischen Richtung, und beschlossen, dass es an der Zeit wäre, einen früheren Minister auseinanderzunehmen, der etwas plante, was ihre Erfolgsaussichten bei der nächsten Wahl gedämpft hätte. Doch wie sollte man solch einen einflussreichen Mann schädigen, fragten sich alle. Es war nicht leicht, nicht zuletzt, weil wenig Zeit blieb. Einig war man sich, dass man ihn irgendwie in ein schlechtes Licht rücken muss. Und schließlich verabredete man etwas, ohne dass irgendetwas direkt befohlen oder überhaupt nur Namen genannt wurden. Aber Andeutungen reichten, um von diesen Leuten mit ihrem feinen Gespür in die Tat umgesetzt zu werden. Der Richter, der bei dem Treffen anwesend war, wandte sich an einen der Pentiti, mit denen er zusammenarbeitete, und erklärte ihm, eine bestimmte politische Richtung plane, die Vergünstigungen für die Kronzeugen einzuschränken. Deshalb könne er jetzt weder für das versprochene Geld noch für seine Sicherheit garantieren. Der Pentito sprach darüber mit seiner Frau, die sich mit einer anderen Person in Verbindung setzte. Und diese Person verstand auf Anhieb. Nur wenige Tage später wurde ein bekannter Politiker erschossen. Bekanntermaßen ein Freund des früheren Ministers. Mit diesem Mord verfolgte man einen doppelten Zweck: Erstens sollten die öffentliche Meinung und das Parlament von dem Gesetz zu den Pentiti abgelenkt werden, und zweitens wollte man der Staatsanwaltschaft einen Grund für weitreichende Ermittlungen geben, auch zu dem früheren Minister, dem Freund des Ermordeten.«

»Sprichst du von dem Mord an dem Abgeordneten …«

»Hör auf, du weißt, ich nenne keine Namen. Ich wollte dir nur ein Beispiel geben. Hier siehst du mal wieder, dass es in der Politik auch ehrliche Leute gibt, die etwas verändern wollen. Aber da sind eben auch die Verräter, die mit der Mafia gemeinsame Sache machen, die zwar bei Tageslicht, in der Öffentlichkeit, den Mafioso schlechtreden, aber dann abends zu ihm unter die Decke kriechen.

Ein Beispiel für einen ehrlichen Mann ist der Baureferent Quattrocchi, der aber nach einem halben Jahr schon wieder versetzt wurde. In der Stadtverwaltung hieß es, der sei ja noch nicht mal Sizilianer. Der passe nicht hierher, und in den sechs Monaten seiner Tätigkeit habe er nichts als Schaden angerichtet. In der Tat hatte er den Ablauf der öffentlichen Ausschreibungen vollständig geändert, und alle waren sauer auf ihn, vom kleinen Gehilfen bis zu den verschiedenen Beamten, weil sie keine Schmiergelder mehr einstecken konnten. Derselbe Politiker, der ihn auf diesen Posten gesetzt hatte, schob ihn dann schnell wieder ab, und das hat ihm vielleicht sogar das Leben gerettet. Alle wussten, was da abgelaufen war, aber keiner machte den Mund auf oder rührte einen Finger für ihn. Noch nicht mal die eifrigsten Gewerkschafter unterstützten Quattrocchi, gingen ihm einfach aus dem Weg und taten so, als wenn nichts geschehen wäre. Mit der Zeit wächst dann Gras über so eine Sache. Die Zeit ist der engste Verbündete der Ungerechtigkeit, irgendwann gerät alles einmal in Vergessenheit.

Aber glaub nicht, dass es reichen würde, ein, zwei faule Äpfel auszusortieren, um den Korb zu säubern. Das ganze System ist sehr kompliziert, da kommt es nicht nur auf den einzelnen Politiker an. Wird zum Beispiel über Vergünstigungen für Häftlinge diskutiert, und es findet sich kein Politiker, der so dreist ist, ein Gesetz im Interesse der Mafia durchzuboxen, schaltet man einen einflussreichen Anwalt ein, der seinerseits wiederum mächtige Leute in Rom auf die Sache anspricht. Wenn die Regierung dann immer noch kein offenes Ohr hat, greifen wir auf unsere gefürchtetste Waffe zurück.«

»Auf Bomben.«

»Ach was, Bomben! Die Presse, das ist die wahre Macht. Mit Druck auf die Presse kann man viel mehr verändern, für viel mehr Tote sorgen. Das ist wirksamer als ein Sprengsatz. Der Druck der öffentlichen Meinung, die Angst, Wähler zu verlieren – das sind die Waffen, mit denen man Politiker wie Marionetten tanzen lassen kann.«

»Dann manipuliert ihr also die Presse, habt es in der Hand, ob eine Sache der öffentlichen Meinung zugänglich wird oder nicht …?«

»Einmal das, aber auch wenn wir in den Zeitungen schlecht wegkommen, tun sie uns damit noch einen Gefallen. Denn damit bleiben wir in aller Munde. Und das macht uns noch mächtiger: Je mehr man über die Mafia redet, desto mehr fürchten uns die Leute und umso leichter bekommen wir, was wir haben wollen. Die Macht, die ich als Mafioso besitze, habe ich mir nicht nur selbst aufgebaut, sondern auch all den Artikeln zu verdanken, die über mich und meine Gruppe in den Zeitungen standen. Jeder Bericht macht uns mächtiger. Aber das ist es nicht allein.

Begünstigt wird die Mafia auch durch die Tatsache, dass sich viele Richter untereinander bekriegen. Die verheimlichen sich Neuigkeiten und boykottieren sich gegenseitig, weil sie alle Karriere machen wollen. In einem Fall erzählte ein Pentito von einem Mord, den ein anderer Pentito begangen hatte. Daraufhin wurde er auch von der Untersuchungsbehörde vernommen, die mit dem zweiten Pentito zusammenarbeitete. Und diese Ermittler kamen zu dem Schluss, dass seine Aussage unglaubwürdig sei. Dabei stimmte sie haargenau, ich weiß es, weil ich selbst an dieser Aktion teilgenommen habe, als Fahrer. Aber hätte man ihm geglaubt, wäre ihr eigener Pentito, unglaubwürdig geworden, und viele laufende Prozesse wären geplatzt. Die ganze Arbeit wäre zum Teufel gewesen, und diese Untersuchungsrichter hätten sich unheimlich blamiert.«

»Red nicht immer um den heißen Brei herum … Ich will Namen wissen, von Politiker, Richtern, Staatsanwälten … Um meine Sicherheit musst du dir keine Gedanken machen. Ich lass meine Kollegen die notwendigen Maßnahmen ergreifen, ich selbst tauche gar nicht auf. Ich stehe in Verbindung mit einem befreundeten Carabiniere, an den ich auch den Großteil deiner Informationen weitergegeben habe …«

»Ach, Gianni, du bist schon auf Zack, aber auch zu naiv. Du

darfst niemandem trauen, wirklich niemandem, wie oft hab ich dir das schon gesagt?«

»Warum sagst du, ich soll niemandem trauen, wen meinst du damit? Sag's endlich, und hör auf, so ein Scheiß-Geheimnis daraus zu machen. Warum willst du mir die Namen nicht sagen?!«

»Weil du nichts ausrichten kannst, überhaupt nichts, du bist Staub, Luft, die zerquetschen dich wie eine Ameise. Wenn du den Helden spielen willst, endest du nur so wie dein Kollege Scala.«

»Was weißt du darüber?«

»Jetzt beweis ich dir mal, dass du rein gar nichts ausrichten kannst, du Spinner. Vor zwei Jahren wurde doch in das Privatmuseum eines Barons eingebrochen und fette Beute gemacht, Kunstschätze, Antiquitäten, Gemälde, Juwelen und so weiter. Bald gab es heftige Angriffe vonseiten der Presse gegen die Polizei, weil es ihr nicht gelang, die Täter ausfindig zu machen. Daraufhin bestellte der Staatsanwalt, der um seinen Stuhl fürchtete, alle Leiter der ermittelnden Büros zu sich und erklärte, die Wiederbeschaffung des Diebesgutes habe nun absoluten Vorrang. Vorrang vor allem andern: vor Mordfällen, Erpressungen, Raubüberfällen ... Erinnerst du dich?«

Ich erinnerte mich. Und ich erinnerte mich auch, wie es mir damals den Magen umdrehte. Die ganze Bevölkerung stillschweigend sich selbst überlassen, weil es nur noch darum ging, die Juwelen und Gemälde des Barons wiederzubeschaffen.

»Aber vielleicht weißt du nicht, wie die Sache damals wirklich ablief. Ein Journalist, der der Freimaurerloge angehörte, ging eines Tages zu einem deiner Chefs und erzählte ihm, er habe gehört, ein Boss des Spampinatoclans könne nützliche Hinweise geben, wo das Diebesgut zu finden sei. Der hohe Polizeibeamte und der Journalist suchten daraufhin diesen Boss auf, der eigentlich untergetaucht war. Der gab nun sein Ehrenwort, dass er ihnen innerhalb von ein paar Tagen alles wiederbeschaffen

347

würde, allerdings unter einer Bedingung: die Versetzung deines Kollegen Scala, der ihnen mächtig auf die Nerven ging, weil er sich so auf ihren Clan eingeschossen hatte.

Am Tag darauf meldete ein Zeitungsartikel eine Wende in den Ermittlungen zu dem Kunstraub. Und von da an gingen eine ganze Woche lang im Polizeipräsidium ständig anonyme Briefe ein, die Scala als einen korrupten Beamten hinstellten, einen Mann, der den Handel mit Prostituierten organisiert habe und dergleichen Schwachsinn mehr. Diese Briefe, die bei euch normalerweise in den Papierkorb wandern würden, waren jetzt aber ein perfekter Vorwand, um Scala zu versetzen, bevor man überhaupt prüfte, ob an den Beschuldigungen was dran war.«

Auch daran erinnerte ich mich gut, auch wenn ich damals natürlich nicht über die Hintergründe Bescheid wusste. Nach 20 Jahren ehrenhaftem Dienst im Kampf gegen das Verbrechen steckte man Scala nun, psychisch am Ende, in irgendein Polizeirevier. Es begann eine Schlacht, die mit Schriftsätzen und Urteilen ausgetragen wurde und die Scala schließlich gewann. Aber zwei Jahre vergingen darüber, und er selbst schien um zehn Jahre gealtert.

»Das sind die Fakten«, fuhr Cavallaro fort, »aber die Sache war von Anfang an geplant und gesteuert. Praktisch hatte Spampinato einige geachtete Persönlichkeiten der örtlichen Freimaurerloge gebeten, ihm ohne großes Aufsehen diesen lästigen Kollegen von dir vom Hals zu schaffen. Dieser Einbruch hat nie stattgefunden. Unter der Mitwisserschaft des Barons wurden die berühmten, sündteuren Kunstgegenstände und Juwelen in der Villa eines anderen Freimaurers versteckt. Den Rest besorgte ein ebenfalls der Loge angehöriger Journalist, der eine Woche lang gegen die Polizei hetzte, die nicht fähig sei, dieses kostbare vermeintliche Diebesgut wiederzufinden. Der Innenminister persönlich, von Lokalpolitikern seiner Partei bedrängt, von denen wiederum viele ebenfalls der Loge angehörten, nervte den Polizeipräsidenten solange, bis der sich auf dieses berüchtigte Treffen einließ und, aller Notfälle zum Trotz, der Suche nach der Beute oberste Priorität einräumte.«

Cavallaros Version passte so gut, dass ich eigentlich auch hätte alleine darauf kommen können. Der Polizeipräsident und sein Vize hatten mit Sicherheit begriffen, dass da irgendetwas nicht stimmte, wollten aber vor dem Minister glänzen und verdrängten ihr mulmiges Gefühl. Das heißt, sie schenkten den anonymen Briefen Glauben und nagelten den bedauernswerten Kollegen Scala ans Kreuz. Und siehe da, plötzlich tauchten auch die verschwundenen Juwelen wieder auf, und alle sind zufrieden und glücklich, nur Scala nicht.

»Und jetzt sag mir: Wärest du in der Lage, diese Ermittlungen wiederaufnehmen und deinen Kollegen voll und ganz zu rehabilitieren? Deinen früheren Polizeipräsidenten anzuzeigen? Den Journalisten? Die Politiker, die auch in der Sache drinhängen? Du wolltest die großen Namen, jetzt hast du sie. Und nun?«

Ich wusste nichts zu antworten. Es war grausam, was sie da mit dem Kollegen Scala angestellt hatten.

Und genauso grausam war es, dass Cavallaro Recht hatte: Ich konnte gar nichts tun, hier nicht.

»Hättest du dich auf meine Seite geschlagen, wärest du ein guter Polizist geworden.«

»Ach ja?!«, rief er und lachte eine ganze Weile.

Dann wurde er wieder ernst. »Ich will dir mal was anvertrauen, was ich dir noch nie gesagt habe. Es gab eine Zeit, als ich noch ein Junge war, da kam mir meine Zukunft wie ein Meer von Chancen vor, nicht dieser vorgezeichnete Weg, den ich dann gegangen bin. Und soll ich dir mal sagen, was ich damals gerne geworden wäre?«

»Was denn?«

»Polizist.« Und er lächelte geheimnisvoll.

Ich nahm die Äußerung als Scherz, lachte ebenfalls und verabschiedete mich dann.

Doch während ich den Wagen anließ, dachte ich einen Moment lang, dass er es vielleicht doch ernst gemeint hatte.

Was wusste ich denn schon davon, was tief im Herzen dieses traurigen Banditen vorging.

Via Trieste Nummer 15

Die Wärme macht einem in Sizilien zu jeder Tageszeit zu schaffen und vor allem im Sommer ist sie unerträglich. Aus diesem Grund aßen wir abends immer draußen auf dem Balkon. An jenem Abend hatte meine Mutter Kapaun und andere Leckereien zubereitet. Plötzlich drei Schüsse auf der Straße, und den Braten konnte ich vergessen. Wie von der Tarantel gestochen fuhr ich hoch, lehnte mich über das Geländer und blickte auf die Straße hinunter. Zwei weitere Schüsse fielen. Ich hastete zur Küche, schnappte mir meine Pistole und rief meiner aufgeschreckten Frau zu, die Notrufnummer 113 anzurufen.

Im Nu war ich unten und rannte los, im Schutz der geparkten Autos mit der Pistole in der Hand, eine Kugel im Lauf, der Hahn gespannt. Ich hörte Schreie, dann die quietschenden Reifen eines davonpreschenden Wagens, und gelangte zum Haus Nummer 15 der Via Trieste. Wie seltsam. Eben dort wollte jemand vor einiger Zeit den flüchtigen Spampinato gesehen haben (als wir dort eintrafen, war jedoch keine Spur von dem Boss zu entdecken gewesen, so dass wir den Anruf als falschen Alarm verbuchten).

Eine Frau weinte und schrie verzweifelt: »Sie haben ihn umgebracht! Sie haben ihn umgebracht!«

»Polizei«, sagte ich, und sie legte ihre Hand, die voller Blut war, auf meinen Arm und zog mich zu einem Auto und flehte mich an, ihrem Mann zu helfen. Dem Mann im Wagen hatte man durch das Auge in den Kopf geschossen, und auch sein Körper wies mehrere Einschüsse auf. Er war tot. Zu viele Leichen hatte ich gesehen, um mich zu irren. Die Frau zerrte an mir, schrie mich an, ihn ins Krankenhaus zu bringen.

»Tut mir leid, da ist nichts mehr zu machen«, sagte ich.

»Nein, nein, das kann nicht sein! Alfio! Alfio!«, schrie sie. Und dann: »Der Junge, der Junge! Wo ist er?«

»Welcher Junge?«

»Mein Sohn, mein Sohn!«

»Saß der mit Ihnen im Auto?«

»Ja. Er war ausgestiegen, um das Tor zu öffnen.«

Ich blickte mich um. Auf der Schwelle vor der Haustür lag ein Kind, wie ein Fötus zusammengerollt, mit leerem Blick, das Gesicht leichenblass. Ich zeigte darauf, und die Mutter lief hin und nahm den Jungen in den Arm. In der Ferne hörte ich schon die Sirenen.

Der Ermordete war ein bekannter Drogendealer. Wir stuften das Verbrechen als eine Abrechnung unter Gangstern ein, und das Rauschgiftdezernat übernahm die Ermittlungen.

Fünf Tage später, es war kurz vor Dienstschluss, platzte plötzlich Marcello herein: »Alle zum Chef, sofort!«

Unser Vorgesetzter war sichtlich erregt: »Passt auf, Leute, wir haben gerade eine Meldung aus dem Hohen Kommissariat für den Kampf gegen die Mafia erhalten. Offenbar speist Santonocito in diesem Moment seelenruhig im Restaurant Millefiori, ihr wisst schon, unten bei den Klippen. Der Inhaber, ein gewisser Di Mauro, taucht nicht in unserer Kartei auf.«

»Vielleicht macht er nach dem Essen noch einen kleinen Verdauungsspaziergang auf der Promenade«, meinte Rino lachend. Santonocito im Restaurant, das hörte sich ganz nach einer Ente an.

»Leute, ich weiß, ihr macht ständig Überstunden, und solche

Anrufe am Feierabend gehen uns allen auf die Eier, doch ihr seid nun mal das Einsatzkommando. Wenn es wieder falscher Alarm war, könnt ihr vom Restaurant aus gleich nach Hause fahren. Also, wer übernimmt die Sache?«

Schweigen.

Schließlich sagte Michele: »Ach, Dottore, gehen wir doch lieber nach Hause. Drei Tage hab ich schon nicht mehr mit meiner Familie gegessen.«

Der Chef nickte. »Okay, ich hab verstanden. Ich komm auch mit. Los, beeilen wir uns.«

Wir verteilten uns auf zwei Autos, mit fünf Leuten insgesamt.

Im Lokal trafen wir sechs Gäste an, dazu zwei Köche, zwei Kellner und die Inhaberin. Wir ließen uns reihum die Papiere zeigen und kontrollierten alle Räume.

Über Spampinato und Santonocito kursierten eine ganze Reihe von Geschichten. Es hieß, sie trügen Gesichtsmasken, um sich unkenntlich zu machen, doch unter den Gästen war niemand, der überhaupt in ihrem Alter gewesen wäre, und damit war die Sache für uns erledigt. Die Inhaberin schien sehr verwundert über unser Erscheinen, stellte uns einen Haufen Fragen, schien aufgeregt.

Unser Chef beruhigte sie, eine Routineüberprüfung, meinte er.

Zehn Minuten später verließen der Chef und zwei weitere Kollegen das Lokal.

Gaetano und ich blieben noch, um die Personalien der Restaurantbesitzerin fürs Protokoll aufzunehmen. Und auch einen kleinen Raum, der als Lager genutzt wurde, mussten wir uns noch anschauen.

Obwohl ich sie mehrmals bat, bei der Durchsuchung bei uns zu bleiben, entfernte sich Signora Di Mauro immer wieder in Richtung Küche und begann irgendwann, nachdem sie sich von dem Schrecken erholt hatte, zu protestieren: »Sie vertreiben uns nur die Gäste«, maulte sie.

Ich fragte sie, wo sie wohne.

»Ich habe keinen Wohnungsschlüssel«, antwortete sie. »Den hat mein Mann.«

»Ich frage Sie, wo Sie wohnen, und Sie antworten mir, dass sie keinen Schlüssel haben?«

»Ich wohne in der Via Trieste 15.«

Im meinem Kopf schrillten die Alarmglocken. Innerhalb eines Monats wollte dort jemand den Mafiaboss Spampinato gesehen haben, war dort vor der Haustür ein Mord verübt worden, und nun gab auch noch die Inhaberin des Restaurants, in dem jemand angeblich unseren Staatsfeind Nr. 2 gesichtet hatte, diese Adresse als ihren Wohnsitz an. Ich glaube nicht an Zufälle. Es gibt keine Zufälle.

Ich rief im Büro an und trug den Kollegen auf, unverzüglich den nächsten Streifenwagen der *Squadra Mobile* in die Via Trieste zu beordern. Sie sollten jeden festnehmen, der versuche, die Wohnung der Di Mauro zu betreten. Dann wandte ich mich wieder der Frau zu.

»Wo ist Ihr Mann?«

»Der muss jeden Moment kommen«, sagte sie. Doch nun begann sie zu zittern und fiel plötzlich in Ohnmacht. Wir kümmerten uns um sie, ich rief einen Krankenwagen, und als ich wieder zu ihr trat, sah ich, dass sie die Augen geöffnet hatte und dem über sie gebeugten Koch etwas zuflüsterte. Als sie merkte, dass ich sie beobachtete, schloss sie sofort wieder die Augen und spielte ihre Komödie weiter. Vor dem Krankenwagen traf der Ehemann ein. »Was ist passiert?«, fragte er aufgeregt.

Ich erklärte ihm, dass seine Frau einen Schwächeanfall erlitten hatte und fragte ihn dann nach seinem Wohnungsschlüssel.

»Den habe ich nicht.«

»Und wer hat ihn?«

»Meine Tochter.«

»Und wo ist die?«

»Woher soll ich das wissen? In der Hosentasche hab ich sie jedenfalls nicht.«

Schon hatte ich ihm eine geknallt. »Damit du lernst, mich nicht zu verarschen.«

Ich bat Gaetano, in der Handtasche der Frau nachzusehen. Da war er, der Schlüssel.

»Und was ist das?«, fragte ich, indem ich den Schlüssel vor Di Mauros Nase hin und her baumeln ließ: »Wofür ist der?«

»Ach«, tat er überrascht, »da ist auch noch ein Wohnungs-schlüssel.«

Die Frau hatte sich im Nu erholt und verzichtete auf den Krankenwagen. Unterdessen war eine weitere Streife eingetrof-fen. Wir baten die Kollegen, vor Ort zu warten, bis wir uns von der Wohnung der Di Mauros aus melden würden.

»Die beiden hier dürfen mit niemandem sprechen«, schärften wir ihnen ein, »und vor allem nicht telefonieren.«

Mittlerweile rann Di Mauro der Schweiß in Strömen übers Gesicht, und ich hatte das Gefühl, dass er nicht mehr lange durchhalten würde.

»Pass auf, vor deinem Haus sind schon zwei Streifenwagen vorgefahren. Jetzt sag schon, was los ist! Wer hat sich dort ver-steckt?«

Er senkte den Kopf. »Das wisst ihr doch längst.«

Mit ausgeschalteten Sirenen fuhren wir in der Via Trieste vor.

Im Haus Nummer 15 im ersten Stock schloss Di Mauro die Tür auf. Lautlos traten wir ein. Ich schlich durch den Flur und schaute in alle Zimmer. Da bewegte sich etwas. Auf dem Balkon war jemand und versuchte gerade, übers Geländer zu klettern.

Ich richtete die Pistole auf ihn, und der Mann verstand.

Wir ergriffen ihn und stießen ihn im Wohnzimmer in einen Sessel.

»Warum wolltest du abhauen?«

Er schwieg. Ich griff in seine Jacke und zog die Brieftasche hervor.

Da sagte er: »Schon gut, ich bin Santonocito. Glückwunsch.«

Der Ausweis bestätigte es: ›Santonocito, Francesco‹ stand da. Wir staunten nicht schlecht. Er hatte noch nicht mal gefälschte Papiere. Lange betrachtete ich ihn. Die einzigen Fotos von Santonocito und Spampinato, die der Polizei zur Verfügung standen, waren 20 Jahre alt. Aber er war es, eindeutig. Er war nur ein wenig dicker geworden und trug Bart und Brille.

Ein Kollege rief mich in den Flur, und dort fielen wir uns überglücklich in die Arme. Das ist er! Das ist er! Nicht zu fassen! Jahrelang hatten wir nach ihm gefahndet, hatten immer geglaubt, er lasse sich von einer bis zu den Zähnen bewaffneten Armee eskortieren. Mit bis zu 300 Mann hatten wir ihn aufzuspüren versucht, hatten Straßen abgesperrt und ganze Viertel abgeriegelt. Und zu fünft hatten wir ihn nun gefasst, einen Mann, der allein in einer Wohnung hockte und fast verängstigt wirkte.

Er hatte ein paar Millionen Lire dabei, war aber unbewaffnet. Nur in einem Koffer mit seinen Kleidern fand ein Kollege eine Pistole. Neben Santonocito wurde die gesamte Familie Di Mauro wegen Begünstigung festgenommen. Als wir vor dem Präsidium eintrafen, warteten die Reporter bereits auf uns, ein Mordstrubel, man verstand sein eigenes Wort nicht mehr.

Ein Untersuchungsrichter der Antimafia-Staatsanwaltschaft, *Direzione Distrettuale Antimafia* (DDA), fragte Santonocito sogleich, ob er sich als Kronzeuge zur Verfügung stelle.

Der Boss lachte. »Bringt mich lieber ins Gefängnis. Um halb sieben macht die Küche zu, danach bekomme ich da nichts mehr zu essen.«

Der Mann auf dem Foto

Der Telefonanschluss von Giuffrida, einem Mann aus Spampinatos Gefolge, wurde von uns überwacht.

Durch Giuffridas Beschattung und die in seinem Wagen versteckte Wanze hatten wir herausbekommen, dass seine Frau Concetta einen Liebhaber hatte. Die Frau war festes Mitglied der Organisation und in die Entscheidungen ihres Mannes und der anderen Bosse eingebunden. Ihr Liebhaber hieß Alfio Salemi und war die rechte Hand ihres Mannes.

Die Telefongespräche waren oft sehr lang und eintönig, so dass die Gedanken beim Abhören leicht abschweiften. Doch die Erfahrung hatte uns zweierlei gelehrt: Erstens, wenn man es am wenigstens erwartet, hört man plötzlich die interessantesten Dinge, und zweitens, Volltreffer erzielt man sehr häufig bei Gesprächen zwischen Frauen und zwischen Kindern.

Giuffridas Sohn war 16 und bereits wegen Einbruch, Raub und Erpressung vorbestraft. Jetzt am Nachmittag telefonierte er schon seit 45 Minuten mit einem Freund. Plötzlich senkte er die Stimme und flüsterte etwas. Alfredo, der mithörte, las zwar Zeitung, wurde jedoch aufmerksam. Er hatte den Satz nicht verstanden, und so ließ er, als das Gespräch beendet war, das Band noch einmal zurücklaufen. Zwischen endlosem Blabla über die Vorzüge eines Motorrades hatte der Junge in verschwörerischem Ton geflüstert: »Meine Mutter holt heute die Fotos ab.«

»Wahnsinn! Die musst du mir zeigen. Ich will unbedingt mal das Gesicht sehen«, hatte der andere geantwortet.

Alfredo informierte uns. Die einen, so wie ich, fanden nichts Besonderes an dem Satz, den anderen kamen dieses Flüstern und auch die Reaktion des Freundes verdächtig vor.

Und der Chef meinte: »Wir können doch nicht den ganzen Apparat in Bewegung setzen wegen einer Bemerkung, die wahrscheinlich gar nichts mit unserem Ermittlungsziel zu tun hat. Vielleicht haben sich die beiden über ein Mädchen unterhalten, und dieser Freund will nur mal ein Foto von ihr sehen. Das ist alles.«

Doch Bruno und Alfredo blieben bei ihrem Verdacht und redeten so lange auf uns ein, bis wir schließlich zustimmten, die Frau zu beschatten. Um sechzehn Uhr standen wir vor ihrem Haus, Bruno und ich auf meiner Vespa, Alfredo mit dem Dienstmotorrad, Franco und Tullio in einem Fiat Panda. Wir fädelten uns in den dichten Verkehr ein und fuhren ihr nach. Concetta schien nicht sehr misstrauisch zu sein, ihr Mann war ja auch nicht flüchtig, und so hatte sie eigentlich nichts zu befürchten. Zweimal hielt die Frau, um Brot und Zigaretten zu kaufen, und fuhr dann in ein anderes Viertel der Stadt. Vor einem Fotogeschäft, das wir nicht kannten, parkte sie und stieg aus. Tullio schrieb sich Name, Straße und Hausnummer auf. Gleich am nächsten Morgen würde er den Inhaber überprüfen.

Zehn Minuten später kam sie wieder aus dem Laden.

»Und was machen wir jetzt?«

»Wir klauen ihr die Handtasche«, murmelte Bruno.

Wir schauten ihn an, aber nicht übermäßig empört, denn schließlich hatten wir schon Schlimmeres angestellt. »Schön und gut«, meinte Alfredo, »aber wie ich uns kenne, ist bestimmt irgendein Kollege in Zivil in der Nähe und erwischt uns auf frischer Tat.«

»Ach was«, erwiderte Bruno, »wir machen das natürlich nicht

hier in der Stadtmitte, wir warten und suchen uns die passende Stelle.«

»In Ordnung, versuchen wir es, einen Handtaschenraub haben wir noch nicht auf dem Konto.«

Die Via Piacenza, eine Einbahnstraße, wenige Häuser und eine Ampel, war der ideale Ort. Es dämmerte schon, umso besser.

Auf der Vespa überholten wir Concettas Wagen, und Bruno schaute in den Innenraum: Die Handtasche lag auf dem Rücksitz. Wir ließen uns wieder zurückfallen, und nach 200 Metern stand eine Ampel auf Rot. Die Frau hielt. Vor ihr ein Auto, in dem nur ein Mann am Steuer saß, hinter ihr Francos Panda, und sonst niemand. Los!

Wir schlossen zu ihr auf, Bruno sprang ab und öffnete die hintere Seitentür, die Frau schrie auf, er griff sich die Tasche und schwang sich wieder auf die Vespa, alles rasend schnell. Und mit Vollgas preschten wir davon.

Erst bei Tullio zu Hause, oder genauer in seiner Garage, schauten wir in die Handtasche. Hausschlüssel, Monatsbinden, Bonbons, 12 000 Lire, Führerschein, zwei Lippenstifte. Und die Fotos. Gespannt riss Bruno die Tüte auf. Es waren Geburtstagsbilder eines kleinen Jungen. Um einen Tisch herum saßen zahlreiche Personen, darunter Giuffrida und seine Frau. Weitere Fotos waren irgendwo auf dem Land aufgenommen worden, man sah das Ehepaar Giuffrida mit einer anderen Frau, dann Giuffrida mit einem Mann.

»Nichts von Interesse. Es war eben ein Versuch.«

»Und was machen wir jetzt mit der Handtasche?«

»Die geben wir Massimo vom Bereitschaftsdienst. Der soll dafür sorgen, dass diese Hure sie zurückbekommt.«

»Und wenn er nachfragt?«

»Dann sagen wir, dass wir sie auf der Straße gefunden haben.«

»Aber wenn die Fotos fehlen, sieht das verdächtig aus.«

»Also behalten wir die Handtasche.«

»Wer sitzt heute Abend am Telefon?«

»Andrea.«

»Hören wir erst mal, ob der Diebstahl bei den Giuffridas irgendwie erwähnt wird.«

Später riefen wir Andrea in der Überwachungszentrale an und fragten, ob es Neues gebe.

»Es war nicht viel los«, antwortete er, »nur drei Gespräche. Ein Typ hat den gehörnten Giuffrida wegen des Verkaufs seines Wagens angerufen, und der schien stinksauer. Der Wagen sei ihm im Moment scheißegal, meinte er nur und hat einfach aufgelegt. Dann hat wieder mal der Freund des Jungen angerufen und gefragt, was mit den Fotos sei, und der Sohn des Hauses hat ihm geantwortet, dass er sie nicht gesehen hat, es habe da ein Problem gegeben, aber das wolle er ihm lieber persönlich erzählen. Dann haben sie sich an ihrem üblichen Treffpunkt auf der Piazza verabredet.«

»Ist Giuffrida zu Hause?«

»Nein. Vorhin hat ein Freund angerufen, dem die Ehefrau gesagt hat, dass er eilig fort musste. Die kommen mir alle irgendwie ziemlich nervös vor.«

»Scheiße, Jungs, am Ende ist an den Fotos doch irgendwas Besonderes.«

»Vielleicht sollten wir sie mal einem älteren Kollegen vorlegen«, schlug Franco vor.

»Riccardo. Der kennt sie alle, der ist seit 35 Jahren bei der Mobile.«

Es war einundzwanzig Uhr. Jeder rief zu Hause an, um Bescheid zu sagen, dass es später werden würde, und jeder bekam das übliche »Ach geh doch zum Teufel!« von seiner Ehefrau zu hören.

Riccardo bat uns sogleich hinauf, schien sich sogar zu freu-
en, uns zu sehen. Seine Wohnung war sehr schlicht eingerichtet,
aber es lag ein leckerer Duft nach Tomatensoße und gegrillten
Paprika in der Luft. Seine Frau empfing uns mit einem freund-
lichen Lachen und entschuldigte sich für die Unordnung jetzt
zur Essenszeit.

Riccardo ließ uns im Wohnzimmer Platz nehmen. »Was gibt's
denn so Dringendes?«

»Du weißt doch, dass wir Giuffridas Telefon überwachen lassen?«

»Ja, und?«

Tullio zeigte ihm die Fotos, und Riccardo schaute sie sich der
Reihe nach aufmerksam an. Plötzlich veränderte sich seine Miene. »Ich glaub's nicht!«, rief er und schaute uns wie Außerirdi-
sche an. »Wo habt ihr denn das Foto her?«

»Wieso? Wer ist denn der Mann?«

»Wer das ist? Das ist Spampinato.«

Ein Schauer durchlief mich vom Kopf bis Fuß. Ich nahm ihm
das Foto aus der Hand, um mir jenen Mann anzuschauen, den
ich mir so oft vorgestellt hatte, ohne ihn je gesehen zu haben.
Spampinato, der Boss der Bosse.

»Bist du sicher, dass das Spampinato ist?«

Statt einer Antwort hatte sich Riccardo schon eine Jacke über-
geworfen und wandte sich zur Tür, um uns zum Präsidium zu
begleiten. Unterwegs rief er den Chef der *Squadra Mobile* und
den Leiter unserer Abteilung an und befahl ihnen praktisch, unverzüglich im Büro zu erscheinen, es gebe eine Neuigkeit, die
wie eine Bombe einschlagen werde. Eigentlich durfte sich auch
ein Mann wie Riccardo einen solchen Ton nicht erlauben, doch
die Chefs hatten zu viel Respekt vor ihm, um eingeschnappt zu
sein. Sie wussten, ohne solche Polizisten hätten sie selbst niemals
Karriere machen können.

Nicht mal 20 Minuten später waren wir alle im Büro unseres Chefs versammelt.

»Also, Dottore«, begann Riccardo, »ein Informant hat den jungen Kollegen hier diese Fotos zukommen lassen, und die haben mich dann gefragt, was ich davon halte.« Der erfahrene Riccardo erwähnte nichts von einem Handtaschendiebstahl und hob sich das Sahnehäubchen bis zum Schluss auf.

Der Chef der Mobile betrachtete das Foto. »Ja, und?«

»Schauen Sie sich doch mal den Mann da neben Giuffrida an.«

»Wer soll das sein?«

Ein paar Sekunden lang schwieg Riccardo, um dann die Bombe umso effektvoller zu zünden. »Das ist Spampinato.«

Der Chef sank auf seinem Stuhl zusammen, fuhr dann hoch, und ließ sich wieder fallen.

Dabei ließ er das Foto ein paar Mal von der einen in die andere Hand gleiten, so als verbrenne er sich die Finger daran, und brachte kein Wort heraus. Erst langsam wurde ihm klar, dass er nicht träumte. Dann langes Händeschütteln und anerkennendes Schulterklopfen für uns, dem sich unserer Abteilungsleiter sofort anschloss. Der machte schon Anstalten, sogleich den Polizeipräsidenten zu informieren, legte dann aber wieder auf und sah uns an. Seine Miene war ernst geworden: »Erstmal muss ich wissen, wie das tatsächlich abgelaufen ist.«

»Wie meinen Sie das, Chef?«

»Die Geschichte von dem Informanten, der euch die Fotos gegeben hat, könnt ihr euren Frauen zu Hause erzählen. Ich brauche die Wahrheit, damit ich weiß, wie ich mich verhalten soll. Der Polizeipräsident wird natürlich wissen wollen, wie wir das geschafft haben, und dieses Ammenmärchen kann ich ihm nicht auftischen.«

»Okay, Sie haben Recht«, murmelte Bruno und begann zu erzählen. Als er fertig war, schwieg der Chef eine Weile, die kein Ende nehmen wollte. »Passt auf, Jungs«, sagte er dann, »so was kann nicht immer gut ausgehen. Der Zweck mag die Mittel heiligen, aber nur solange nichts passiert. Wenn der Schuss nach hinten losgeht, steht ihr allein im Regen. Diesmal habt ihr den richtigen Riecher gehabt und natürlich auch Schwein, doch nun müssen wir sehen, wie wir das alles hindrehen.«

Das Telefon klingelte.

»Ja ... ja ... ja ... Wo ist das passiert? Gibt es Zeugen? Die Spurensicherung? Ja klar. Nein, den Untersuchungsrichter werde ich informieren. Schicken Sie einen Mann bei mir im Büro vorbei, ich komme mit zum Tatort.«

Er legte auf. »Zwei Tote, erdrosselt, in der Nähe von Belsito. Hört zu, diese Sache mit den Fotos muss unter uns bleiben, habt ihr verstanden? Morgen setzen wir uns nochmal zusammen, wir haben noch einiges zu klären. Aber jetzt fahrt erstmal nach Hause.«

»Sollen wir nicht mitkommen?«

»Nein, nein, danke, fahrt zu euren Familien. Esst erstmal was, wir sehen uns morgen.«

Am nächsten Morgen bestellte der Chef dieselben Leute, die am Vorabend dabei waren, zu sich ins Büro.

»Welche Farbe hatte die Vespa, mit der ihr gestern unterwegs wart?«

»Weiß«, antwortete ich. »Warum?«

»Weil die Toten gestern Abend irgendwelche Handtaschendiebe auf einer weißen Vespa waren. Die Täter haben sie gefoltert und dann die Vespa angezündet.«

Wir schauten uns schweigend an. Die ersten Opfer dieser Fotos, und vielleicht nicht die letzten.

»Wir müssen uns dieses Schwein von Giuffrida schnappen. Das geht mit Sicherheit auf sein Konto.«

»Nein, so ein Risiko geht der nicht ein. Die Schmutzarbeit haben andere für ihn gemacht. Im Moment müssen wir ihn in Ruhe lassen.«

»Wir sollten wenigstens überprüfen, ob er ein Alibi hat«, warf Franco ein.

»Nein, nein«, antwortete der Chef, »davon werden die beiden jetzt auch nicht wieder lebendig, und Giuffrida müssen wir außen vor lassen, denn der soll uns ja zu Spampinato führen. Nun aber nochmal zu dem Problem von gestern Abend: Ich habe einen Brief an mich selbst, als Chef der *Squadra Mobile*, geschrieben, der übermorgen hier im Präsidium eingehen wird. Ich erzähle dann dem Polizeipräsidenten, dass sich in dem Umschlag die zwei Fotos befanden. Die habe ich Riccardo gezeigt, und der hat darauf Spampinato wiedererkannt. Das ist die offizielle Version, und an die haltet ihr euch, wenn ihr gefragt werdet. Alles klar?«

Die Beschattung Giuffridas lief auf Hochtouren weiter. Dazu gehörte auch die übliche Schmutzarbeit, also die Durchsuchung seines Hausmülls. In den Säcken fanden wir einige interessante Dinge: die Visitenkarte einer Immobilienfirma, die, wie sich herausstellte, von einem Strohmann Spampinatos betrieben wurde, ein Blatt, auf dem eine Summe, »30 Millionen Lire«, notiert war, Quittungen einer Metzgerei, die bekanntermaßen im Besitz des Clans war, die Telefonrechung der Telecom auf den Namen einer uns unbekannten Frau, zwei Kassenbons einer Bar … Das alles wurde katalogisiert und in Aktenmappen mit dem entsprechenden Datum gesammelt.

Giuffrida ging nicht mehr ans Telefon und verließ nicht mehr das Haus. Der Sohn erzählte seiner Freundin, er mache sich große Sorgen wegen seiner Eltern, denen es nicht gutgehe. Concetta traf sich weiterhin mit ihrem Liebhaber, und kümmerte sich um die Versorgung der ganzen Familie.

Währenddessen ereignete sich wieder eine entsetzliche Bluttat. Der Freund des Sohnes, der sich so für die Fotos interessiert hatte, wurde ermordet aufgefunden. Offenbar war der Clan dabei, alle zu beseitigen, die von den Fotos wissen konnten. Wer würde der Nächste sein? Vielleicht der Fotohändler?

Dieser Mann hatte keine Vorstrafen und schien nie mit der Mafia in Berührung gekommen zu sein. Wir beschlossen, auch seine Wohnung – sehr diskret – zu überwachen, und beschatteten ihn, in der Hoffnung, er werde sich vielleicht doch mit irgendeinem Verdächtigen treffen, aber auch, um ihn zu beschützen. Doch es rührte sich gar nichts.

Als der anonyme Brief mit den Fotos im Präsidium eintraf, spielte der Chef die vereinbarte Szene vor. Er ließ alle Kollegen unserer Einheit in sein Büro kommen, in dem bereits Riccardo wartete, und erzählte uns, heute sei ein Brief mit Fotos an ihn eingegangen, und Riccardo habe darauf in dem Mann, der neben Giuffrida abgebildet war, Spampinato erkannt. Zehn Polizeibeamte betrachteten ungläubig die Fotos, die fünf von ihnen bereits sehr genau kannten.

Mittlerweile hatten wir auch das Telefon von Alfio Salemi, dem Liebhaber von Concetta Giuffrida, verwanzt und beschatteten alle Familienmitglieder. Einige Tage später nahmen wir den Sohn fest, der mit einem Gleichaltrigen in einem Auto unterwegs und mit einer Pistole bewaffnet war. Es war nur ein Vorwand, um bei den Giuffridas einige Wanzen unterzubringen. Während uns die Eheleute aufs Präsidium begleiteten, um ihren Sohn zu besuchen, gelang es uns sogar, eine in ihrem Wagen zu verstecken.

Ihre Gespräche im Wohnzimmer waren kaum zu entschlüsseln. Die beiden unterhielten sich zu weit von den Minimikros entfernt, und die Hintergrundgeräusche überlagerten alles. Im Schlafzimmer hatten wir mehr Glück. »Es gibt keine andere Möglichkeit«, hörten wir einmal, »wir müssen uns beeilen«, »das hätte einfach nicht passieren dürfen.« Sie hatten Angst.

Giuffrida ging nach wie vor nicht aus dem Haus. Wer auch anrief, bekam zu hören, es gehe ihm sehr schlecht. An einem Nachmittag traf sich Giuffridas Frau mit Salemi in ihrem Wagen. Wir hörten, wie sie sich miteinander vergnügten und danach leise unterhielten. Er war nicht einverstanden mit einem Plan, worauf sie energisch antwortete: »Das ist die einzige Lösung … Es hätte schon früher geschehen müssen, jetzt ist alles noch komplizierter … Es muss einfach getan werden, basta!«

Wir waren alarmiert, mit Sicherheit ging es um eine große Sache, vielleicht um einen Mord.

In derselben Nacht machte ein Sprengsatz das Geschäft des Fotografen dem Erdboden gleich. Dabei wurde einer der Attentäter schwer verletzt, er war uns nicht bekannt und starb noch auf dem Operationstisch. Der Fotograf wurde auf das Präsidium bestellt. Er stand unter Schock, weinte, erklärte, den Toten noch nie gesehen zu haben. Wir glaubten ihm, er schien wirklich ein rechtschaffener Mann zu sein, der unter großen Opfern sein Fotogeschäft aufgebaut hatte. Vielleicht hatte man gerade deswegen ihn ausgesucht, um diese heißen Fotos entwickeln zu lassen. Dieser Anschlag war wohl das Vorhaben, das im Schlafzimmer der Giuffridas und dann im Auto besprochen worden war, und die Bestätigung dafür erhielten wir am nächsten Morgen, als sich das Liebespärchen, wiederum im Wagen, traf und fluchend den Tod des jungen Attentäters kommentierte.

»Vielleicht war die Zündschnur defekt«, sagte Alfio.

Wir hatten genug Indizien beisammen, um sie alle festnehmen zu können.

Der Untersuchungsrichter und der Chef der *Squadra Mobile* stimmten darin überein, dass es Giuffrida darum gegangen war, das Verschwinden der Fotos vor Spampinato rechtfertigen zu können. Mit Sicherheit würde er ihm jetzt erzählen wollen, dass bei der Detonation der ganze Laden, also auch die Bilder, zerstört worden war. Aber dazu musste er Kontakt mit ihm aufnehmen. Und bei diesem Rendezvous durften wir keinesfalls fehlen.

Eine Nachfrage beim Stromversorger ENEL ergab, dass solche Hochmasten, wie man sie im Hintergrund der Fotos sah, an verschiedenen Orten der Provinz Catania und im übrigen Sizilien aufgestellt worden waren. Wir fragten nach einer Karte, auf der alle Installationen eingezeichnet waren, und der ENEL-Direktor bat uns um ein paar Tage Geduld. Eigentlich kamen nicht übermäßig viele Stellen infrage. Diese Hochmasten mit den roten Kugeln darauf waren eher selten und dienten dazu, Flugzeuge vor den Hochspannungsleitungen zu warnen.

Eine Woche später machten wir uns mit der Karte in der Hand auf die Suche. Das Gelände war derart unwegsam, dass wir auf einen Hubschrauber der Feuerwehr zurückgreifen mussten. Nachdem wir ein paar Mal heruntergegangen und unverrichteter Dinge wieder aufgestiegen waren, gelangten wir in ein Gebiet, das uns bekannt vorkam. Der Gebirgszug im Hintergrund schien tatsächlich der auf dem Foto zu sein. Villalba hieß der Ort, aber das Haus konnten wir nicht ausmachen, auch weil auf dem Foto nur ein kleiner Teil davon zu sehen war. Die ganze Ortschaft bestand aus relativ ähnlich aussehenden Häusern und Gärten, und mehr konnten wir im Augenblick nicht tun. Außerdem war es ratsam, sich nicht zu lange vor Ort aufzuhalten, um keinen Verdacht zu erregen.

Am selben Tag stellte sich heraus, wie wichtig die im Hausmüll gefundenen Kassenbons waren. Sie stammten beide aus derselben Bar und trugen dasselbe Datum, aber während der eine am Morgen ausgestellt war und nur einen Cappuccino auswies, verzeichnete der zweite, Stunden später um die Mittagszeit, einen Hauptgang, Espresso, Cannoli, Pizzastücke und zwei Flaschen Wein. Die Bar gehörte zu einer Raststätte längs der Schnellstraße, die auch nach Villalba führte. Jemand schien sich dort regelmäßig zu versorgen.

Kurz darauf erhielt Giuffrida den Anruf eines gewissen Mimmo: »Wieso bist du abgetaucht? Die Freunde fragen sich schon, was da los ist.«

»Wieso? Hat Alfio euch nicht informiert? Eine Nierenkolik, ich liege seit einer Woche flach.«

»Das habe ich gehört, aber wie geht's jetzt?«

»Besser, besser, ich denke, ich kann bald wieder kommen.«

»In Ordnung«, beendete Mimmo das Gespräch, »wir warten auf dich.«

Mimmo Campano war eine der bekanntesten Figuren der Mafia und galt als ein Mann, der nicht weit unter Spampinato stand.

Als am folgenden Morgen um sieben Uhr dreißig Concetta Giuffrida das Haus verließ, hefteten sich wie immer ein paar unserer Leute an ihre Fersen. Eine Stunde später ging nach langer Zeit auch mal wieder ihr Ehemann vor die Tür. Er war mit Concetta in einer anderen Gegend der Stadt verabredet. Dort stieg er in ihren Wagen, der allerdings nicht derselbe war, mit dem sie von zu Hause fortgefahren war, während sie nun das Fahrzeug ihres Mannes übernahm. Diese Autotauscherei wies darauf hin, dass irgendetwas Wichtiges im Busch war.

Giuffrida bog auf die Schnellstraße ein. Unser Blutdruck stieg, mit Sicherheit war er unterwegs zu Spampinato. Der Chef der

Squadra Mobile schickte ein starkes Kontingent an Einsatzkräften nach Villalba los, die dort, vielleicht zehn Kilometer vom Ort entfernt Stellung bezogen und auf weitere Anweisungen warteten. Jetzt verließ Giuffrida die Schnellstraße und bog in eine abgelegene Seitenstraße ein. Es wäre nicht ratsam gewesen, ihm dort mit dem Wagen zu folgen, und so wurde wieder der Feuerwehrhubschrauber gebraucht. Wenig später hatte er den Wagen ausfindig gemacht.

In Rom drang man auf einen raschen Zugriff, doch unser Chef konnte die Verantwortlichen im Ministerium überzeugen, dass es besser wäre, noch ein paar Tage zu warten, die Operation besser vorzubereiten und weitere Informationen über den abgehörten Telefonanschluss und die versteckten Wanzen zu verwerten, um keinen Reinfall zu erleben. Die Einsatzwagen fuhren in die Stadt zurück. Wir beschlossen, noch etwas die Gegend zu erkunden und uns einen guten Beobachtungsposten zu suchen. Wir fanden einen in der Hügelkette, die man auf dem Foto sah. Von dort oben hatten wir einen guten Blick über das zur einen Seite karge, zur anderen üppig grüne Tal. Es war eine herrliche Landschaft, leider aber auch mit einer Unzahl von Schandflecken, illegal hochgezogenen Häusern nämlich, durchsetzt. Und vielleicht war darunter auch der Unterschlupf des Bösen, jenes Mannes also, der seit 15 Jahren mit brutaler Gewalt einen großen Teil Siziliens beherrschte.

Durchs Fernglas konnten wir das Auto von Giuffrida erkennen, das auf der Rückseite eines Hauses geparkt war. Fünf Minuten später sichteten ihn die Patrouillen an der Schnellstraße. Er war allein. Eine Streife von drei Leuten wurde in den Hügeln zurückgelassen, die eventuelle Bewegungen beim Haus durchgeben würden. Eine andere Streife blieb an der Schnellstraße postiert, in der Nähe des Sträßchens, das Giuffrida genommen hatte.

Am nächsten Morgen waren wir mit einem Celestron-Fernglas ausgerüstet, mit dem sich beachtliche Distanzen überbrücken lassen. Der Aufbau dauerte eine Weile, aber das Resultat war fantastisch: Plötzlich hatte man das Haus in Nahaufnahme vor sich. Gegen acht Uhr trieb ein Schäfer, der offenbar früh aufgestanden war, seine Herde auf das Haus zu. Der Mann wirkte recht alt. Eine halbe Stunde später erschien eine Frau, die sich vor dem Haus zu schaffen machte. Nach einer weiteren Stunde tauchte ein anderer Mann auf. Das Herz schlug uns bis zum Hals. Abwechselnd schauten wir durch das Fernglas, der Mann hatte uns den Rücken zugewandt und war ständig ein wenig vom Haus verborgen. Los, mach schon, dreh dich endlich um! Zeig mir dein Gesicht, verdammter Hurensohn!

»Jetzt, jetzt … Er dreht sich um. Scheiße, ich bin nicht sicher, ob er es ist. Er trägt einen Bart, ziemlich ungepflegt, und wirkt auch etwas dicker als auf dem Foto. Schaut ihr mal!«

Alle sechs schauten wir ihn uns abwechselnd an. Er sah schon anders aus als auf dem Foto …

Nach einer halben Stunde trafen Alfredo, Bruno, Riccardo und unser Abteilungsleiter ein.

Es war saukalt dort in den Bergen, aber immerhin regnete es nicht. Riccardo, der Einzige, der Spampinato genauer kannte, beobachtete lange, wie der Mann vor dem Haus hin und her spazierte.

»Das ist er nicht«, sagte er schließlich.

»Mist! Aber gut, dass wir gestern nichts unternommen haben.«

»Wer weiß, vielleicht ist er ja im Haus.«

»Hast du diesen anderen Kerl schon mal gesehen?«

»Nein, noch nie.«

Die Kontrollen beim Grundbuchamt erbrachten nichts. Diese Häuser waren alle schwarz errichtet worden und daher nicht eingetragen. Unmöglich, die Besitzer herauszufinden.

Der Leiter des auch für Villalba zuständigen Kommissariats schlug vor, einen pensionierten Hauptwachtmeister seiner Dienststelle zu kontaktieren, ein alter Hase, ähnlich wie Riccardo, der alle Gangster kannte. Der Kollege wurde angesprochen und zu uns hinausgefahren. Erst zwei Stunden später zeigte sich der Mann wieder vor dem Haus.

Der pensionierte Beamte war sich seiner Sache sehr sicher: »Das ist Sebastiano Santoro, der mit Haftbefehl gesuchte Boss dieses Ortes. Seit drei Jahren wird nach dem Bastard gefahndet. Wir dachten, er sei nach Venezuela abgehauen, und jetzt sieh mal einer an, wo der sich rumtreibt. Sechs Kilometer von seinem Wohnsitz entfernt.«

Santoro war 27 Jahre zuvor zusammen mit Spampinato wegen Eigentumsdelikten verhaftet worden. Seitdem war er offiziell, genau wie der andere, nicht mehr in Erscheinung getreten, war nicht festgenommen worden, noch nicht einmal in eine Kontrolle geraten, nichts. Wir waren auf dem richtigen Weg. Wir umarmten den alten Hauptwachtmeister, der sich noch mehr freute als wir selbst.

Drei Stunden später fuhr Giuffrida vor dem observierten Haus vor. Die beiden blieben eine Weile im Haus, dann trat Santoro heraus und verschwand über einen Pfad, der rechts des Hauses abging. Einige Minuten später kam auch Giuffrida heraus und schlug denselben Weg ein.

Die Zeit verging. Mittlerweile war es dunkel geworden, und die beiden Männer waren immer noch nicht wieder aufgetaucht. Giuffridas Wagen stand unangetastet vor dem Haus. Gegen einundzwanzig Uhr riefen die Kollegen aus dem Büro an und baten um einen Lagebericht. Wir erzählten, was sich getan hatte.

Es gebe wichtige Neuigkeiten, informierten sie uns, und wir sollten uns für einen Zugriff bereithalten.

Um drei Uhr nachts sahen wir, wie sich eine Kette von Scheinwerfern in der Ferne durch die Hügel schlängelte.

»Spinnen die denn? Die Lichter kann man doch vom Ort aus sehen.«

Ich rief den Chef über das Handy an. »Dottore, ich bin's, Gianni, die sollen die Scheinwerfer ausschalten und zu Fuß weitergehen. Von hier aus meint man, es sei schon Tag geworden. Alles klar?«

»Ja, ja«, antwortete der Chef nervös und legte auf.

Zwei Minuten später war von den Scheinwerfern nichts mehr zu sehen.

Um fünf Uhr dreißig – es dämmerte bereits – setzten wir uns in Bewegung. Wir waren insgesamt 150 Leute der *Squadra Mobile,* der Criminalpol sowie des mobilen Spezialeinsatzkommandos. Um keinen Lärm zu machen, hatten die Kollegen vier Kilometer zu Fuß zurückgelegt. Das Gebiet wurde umstellt, alle Häuser durchsucht, Santoro verhaftet. Doch von Spampinato und Giuffrida keine Spur.

Wem das Auto gehöre, fragten wir Santoro, wobei wir auf Giuffridas Wagen zeigten. Der Mann antwortete nicht. Ein Kollege aus Rom verpasste ihm zwei Ohrfeigen, und als Antwort spuckte ihm Santoro ins Gesicht. Der Chef musste eingreifen, sonst wäre der Mafioso durchgeprügelt worden.

Sicher, es war eine wichtige Verhaftung, aber dennoch waren wir enttäuscht, und eine gewaltige Spannung lag in der Luft.

»Warum so schnell?«, fragte einer. »Wir hätten ruhig noch ein paar Tage warten und neue Erkenntnisse sammeln können.«

Ich rief einen Kollegen im Büro an, und der erklärte mir, wieso der Zugriff beschlossen worden war.

Alle Vorsichtsmaßnahmen vergessend, hatte Giuffridas Frau

Salemi angerufen und sich besorgt gezeigt, weil ihr Mann so lange weggeblieben war.

»Mach dir keine Gedanken«, hatte Salemi geantwortet, »die unterhalten sich eben, und vielleicht ist er zum Abendessen geblieben.«

»Nein, du wirst sehen, er hat ihm nicht geglaubt wegen dieser Sache.«

Salemi hatte sofort das Gespräch abgebrochen. »Beruhig dich, lass niemanden rein, ich bin sofort bei dir.« Ihre Befürchtung, *er hat ihm nicht geglaubt wegen dieser Sache,* stand zweifellos im Zusammenhang mit den Fotos. Daher hatten alle angenommen, dass sich Giuffrida bei Spampinato aufhalte. Und deswegen war der sofortige Zugriff beschlossen worden.

In einem Haus, ungefähr 500 Meter von jenem entfernt, wo sich Santoro versteckt hatte, fanden wir einen Computer mit Scanner, Spielkarten, ein nicht gemachtes Bett mit einem Haufen Decken und Betttüchern, einen für zwei Personen gedeckten Tisch und einen leidlich gefüllten Kühlschrank.

Einige angesengte Zeitungsseiten, mit denen wohl Feuer gemacht werden sollte, trugen das Datum vom Vortag. Mit Sicherheit hatte sich Spampinato dort aufgehalten und sich dann in der Nacht in Giuffridas Begleitung abgesetzt.

Concetta Giuffrida und ihr Liebhaber wurden festgenommen wegen Beihilfe zum Anschlag auf den Fotoladen, wegen versuchten vielfachen Mordes sowie der Ermordung des Freundes von Giuffridas Sohn.

Es sickerte durch, der zuständige Vertreter des Innenministeriums in Rom habe unseren Polizeipräsidenten hart angegangen, weil offenbar streng geheime Informationen nach draußen gedrungen waren. Ebenso barsch wies unser Chef alle Vorwürfe zurück, legte für alle seine Männer die Hand ins Feuer und lobte ausdrücklich deren Einsatz und Opferbereitschaft, auf Kosten ihrer vernachlässigten Familien.

Dennoch war, wenn es auch niemand offen aussprach, der Verdacht eines Maulwurfs in unseren Reihen schwer zu entkräften. Schließlich hatte Spampinato in diesem Haus gelebt und war erst in dem Moment, als wir zuschlagen wollten, plötzlich ausgeflogen.

Alfredo und Claudia

Mit vor Aufregung bebender Stimme rief mich Alfredo zu Hause an. Ob wir uns treffen könnten, fragte er, er müsse mich sofort sprechen. Als ich ihm die Tür öffnete, umarmte er mich wortlos.

»Was ist passiert?«

»Claudia ist schwanger.«

»Seid ihr wahnsinnig? Cavallaro bringt euch beide um.«

»Wir ziehen weg. Ich lass mich versetzen und nehme sie mit, mit ihrer Tochter und ihrer Mutter. Danach sehen wir weiter. Den Versetzungsantrag habe ich schon gestellt.«

»Du spinnst doch. Glaubst du denn wirklich, die versetzen dich von heute auf morgen irgendwohin, wo es dir passt?«

»Ich versuche, mit einem Kollegen zu tauschen. Das geht schneller.«

»Ach was, sechs Monate dauert es immer. Du weißt, wie das mit den Versetzungen läuft. Du bist doch auch nicht erst seit gestern bei der Truppe. Jedenfalls werden Monate vergehen, und das heißt, sie muss die Schwangerschaft vor ihrem Mann irgendwie rechtfertigen. Könnte das Kind eigentlich nicht von ihm sein?«

»Bist du verrückt?«, erwiderte Alfredo sauer. »Der ist doch untergetaucht. Letzten Monat haben sie sich vielleicht zweimal eine halbe Stunde gesehen. Nein, der schert sich nicht mehr um seine Frau und seine Tochter, und außerdem würde Claudia niemals mit ihm schlafen, auch nicht unter der schlimmsten Folter.«

»Dann bringt Cirino euch alle um. Glaubst du denn, der tritt

Frau und Tochter so einfach an dich ab? Dass er seelenruhig die Hörner trägt, die du ihm aufsetzt? Zunächst einmal wird er seine Frau so lange quälen, bis sie den Namen ihres Liebhabers preisgibt. Dann tötet er sie und legt danach dich um, vor allem, wenn er dahinterkommt, dass du ein Bulle bist. Und vielleicht bin ich dann auch noch dran, weil er sich schon denkt, dass ich von allem wusste. Du bist verrückt, Alfredo ... Bisher ist es noch gutgegangen, aber sie zu schwängern ...«

Alfredo verstummte und senkte mutlos den Kopf.

»Im wievielten Monat ist sie denn?«

»Im zweiten. Aber von Abtreibung will sie nichts wissen, und ich eigentlich auch nicht.«

»Ja, was soll ich dir sagen? Mach jetzt nur keinen Blödsinn, keine Kurzschlusshandlungen. Wir besprechen uns mit den anderen, vielleicht finden wir zusammen eine Lösung.«

In jüngster Zeit hatte es in der Stadt zahlreiche Morde gegeben. Immer wieder hörte man von einem neuen Boss mit einer vielköpfigen, sehr gefährlichen Bande, der gegen die etablierten Gruppen um die Aufteilung der Stadtteile kämpfte.

Ich nahm Kontakt zu Cavallaro und bat ihn um ein Treffen noch am selben Tag, um achtzehn Uhr. Der Zeitpunkt war mit Vorbedacht gewählt. Alfredo musste Claudia zum Gynäkologen begleiten und fürchtete, dass Cavallaro misstrauisch werden könnte. Zur Sicherheit würde sie das Auto nehmen, und er ihr auf dem Moped folgen.

Ich fragte Cirino, ob er diesen neuen Boss kenne, über den jetzt alle redeten. Er bestätigte mir die Gerüchte, konnte mir aber auch nicht mehr dazu sagen, noch nicht einmal den Namen.

Er wirkte vitaler als beim letzten Mal, aber auch ironischer, spöttischer. Sein Lächeln hatte etwas Zwiespältiges, Beunruhigendes.

Vielleicht ahnte er etwas von dem Verhältnis seiner Frau.

Er sagte mir, er sei umgezogen und nicht mehr unter der Nummer zu erreichen, die er mir einige Zeit zuvor gegeben hatte. Wie ich denn Kontakt zu ihm aufnehmen könne, fragte ich ihn.

»Ich ruf dich in den nächsten Tagen mal an und geb dir eine Handynummer.«

»Wie läuft's mit deiner Frau?«, wagte ich zu fragen.

»Gut, sehr gut«, antwortete er.

Doch dabei blickte er mir so fest in die Augen, dass mir ganz unwohl wurde.

»Umso besser«, sagte ich rasch, »also dann ... du meldest dich bei mir.«

Zu Hause rief ich Alfredo an. Ich erzählte ihm, dass mir Cavallaros Gesichtsausdruck gar nicht gefallen habe, und bat ihn, sehr auf der Hut zu sein.

Die Unantastbaren

Ein Montag, acht Uhr fünfzehn, hektische Betriebsamkeit im Büro. Der Inspektor gab Anweisung, der Telecom die Abhörgenehmigung vorzulegen, bis Mittag müsse der Anschluss eines Verdächtigen unter Kontrolle stehen, der uns vielleicht zu einem mit Haftbefehl gesuchtem Straftäter ganz besonderen Kalibers würde führen können. »Das ist einer der sogenannten ›Mafiosi mit weißem Kragen‹: Ex-Assessor, Ex-Direktor der Handelskammer, Ex-Sekretär des Abgeordneten ***. Antonio Massana heißt er.«

Durch diese Abhöraktion kamen unglaubliche Verbindungen ans Tageslicht, Kontakte zwischen Mafiosi, Politikern und Mitgliedern der Freimaurerloge. Zugleich wurde mir hier wieder besonders deutlich, dass vor dem Gesetz wirklich nicht alle gleich sind. Sobald durch Festnahmen der Ruf einer bestimmten Partei Schaden zu nehmen drohte, schleppten sich die Ermittlungen nur noch dahin, und wie zielstrebig eine Untersuchung verlief, hing davon ab, welcher politischen Richtung der zuständige Richter zuzurechnen war. Manche Akten wurden zügig bearbeitet, bei anderen ließ man sich Zeit, zu viel Zeit.

Die Ermittlungsakte von Antonio Massana ging nun im Laufe eines Jahres durch die Hände von nicht weniger als sechs Untersuchungsrichtern. Wir stellten uns tausend Fragen, rätselten herum, wieso es nicht vorwärts ging. Warum zum Beispiel die angesetzten Termine mit den Richtern immer wieder unter irgendwelchen Vorwänden verschoben wurden.

»Was soll ich denn machen?«, hörten wir immer wieder von

unserem Chef. »Soll ich vielleicht zum Untersuchungsrichter gehen und zu ihm sagen: ›Ich bin der Ansicht, dass Ihre Gründe für die Terminänderungen nur vorgeschoben sind. Sie versuchen Zeit zu gewinnen, weil Politiker der Partei, der Sie selbst nahestehen, von den Ermittlungen betroffen sind. Ich vermute, dass Sie derselben Freimaurerloge wie die Verdächtigen angehören?‹ Nein, Jungs, hier bewegen wir uns auf einem Mienenfeld. Der Polizeipräsident, der mich früher in Ruhe meine Arbeit machen ließ, ruft mich heute sechsmal am Tag an, mahnt mich immer wieder, behutsam vorzugehen, keinen Übereifer zu zeigen, meine Männer zu bremsen und nichts auf eigene Faust zu unternehmen, weil wir uns damit alle die Karriere ruinieren würden. Gestern habe ich ihm geantwortet, meine Karriere sei mir egal, ich wolle nur meine Arbeit machen, ich hätte es satt, immer wieder dieselben Scheiß-Mafiosi oder irgendwelche kleinen Gauner, die sich das tägliche Brot zusammenklauen, in die Schlagzeilen zu bringen, während die wirklich großen Namen schön außen vor blieben.«

Wir warteten, bis er sich Luft gemacht hatte, dann sagte einer von uns: »Dottore, es ist aber wirklich an der Zeit, dass endlich mal die Hintermänner in der Politik beim Namen genannt werden, oder auch Untersuchungsrichter, wenn ihnen unsaubere Machenschaften nachzuweisen sind. Sie haben doch selbst gesagt, die Zeiten ändern sich. Aber wir müssen auch mit dafür sorgen, dass es zum Wandel kommt.«

»Nur die Ruhe, Jungs, nicht die Stimme erheben, hier haben auch die Wände Ohren.«

»Aber Dottore, Sie standen doch immer auf unserer Seite, was ist denn passiert?«

»Ich stehe immer noch auf eurer Seite, aber das ist eine große Sache. Wenn wir hier den Baum zu heftig schütteln, stürzt die Regierung.«

»Das kann uns doch egal sein. Dann wird eben eine neue Regierung gewählt.«

»Wir brauchen unwiderlegbare Beweise.«

»Darum bemühen wir uns ja. Aber offenbar brauchen wir hier für jeden Antrag die Genehmigung aller Stellen: Polizeipräsident, Präfekt, Richter, Staatsanwalt … Und wer weiß, wie viele Leute, die wir gar nicht kennen, sonst noch im Hintergrund werkeln und die Bremse ziehen.«

»Wir machen weiter, aber umsichtig und ohne Staub aufzuwirbeln. Wir lassen sie in dem Glauben, dass wir auf ihre Anweisungen warten und setzen unterdessen die Ermittlungen fort. Anstatt sie kontinuierlich über unsere Erkenntnisse auf dem Laufenden zu halten, knallen wir ihnen zum Schluss eine Aufstellung auf den Tisch, in der alle Fakten zusammengefasst sind. Mit anderen Worten, wir stellen sie vor vollendete Tatsachen.«

»In Ordnung, Dottore, aber es ist doch eine Schande. Eigentlich müssten wir das alles an die Presse weitergeben.«

»Das funktioniert doch nicht, Giacomino. Fast alle Parteien sind in die Sache verwickelt, welche Zeitung wäre da zu einer objektiven Darstellung bereit? Und wenn doch, wisst ihr ja, was passieren würde. Als Erstes entziehen sie uns die Ermittlungen, dann isolieren sie uns, indem sie uns in verschiedene Büros versetzen, und bei dem allerkleinsten Fehler werden wir der Reihe nach fertiggemacht.«

Glücklicherweise übernahm nun jener Richter die Untersuchung, mit dem wir damals zu Zeiten unseres »Komitees« in Kontakt getreten waren. Lo Curro hieß er. Wir freuten uns alle, denn schon die Tatsache, dass man den Fall an ihn weitergegeben hatte, ließ darauf schließen, dass man in der Staatsanwaltschaft, der *Procura,* vielleicht doch an einer wirklichen Aufklärung interessiert war. Dieser Mann nahm wirklich auf niemanden Rücksicht, und das war allgemein bekannt.

Jeden Tag brachten die Mitschnitte von Telefongesprächen neue Fakten ans Licht. Eine dieser Informationen führte zur Beschattung des engsten Mitarbeiters eines hochrangigen Politikers in Rom. Dabei kam es zu einem Zwischenfall, als die Begleitmannschaft des Sekretärs auf die Kollegen aufmerksam wurde: Der letzte Wagen der Eskorte verlangsamte, und man hielt die Überwacher an. Die Kollegen hielten den Leibwächtern ihre Marken und Ausweise unter die Nase.

»Wieso verfolgt ihr uns?«, fragte der Chef der Personenschützer.

»Wir euch verfolgen? Wie kommt ihr denn darauf? Wir haben wohl nur zufällig denselben Weg.«

Sie gaben sich damit zufrieden und fuhren weiter. Die Verfolgung endete in der Via dei Fori Imperiali. Offenbar war der Politiker mit dem Cousin eines der meistgesuchten sizilianischen Mafiosi verabredet.

Drei Tage später wurde der Mann erneut beschattet. Nur in Begleitung seines Fahrers und ohne Personenschützer fuhr er nach Ravenna, in die Via Adige 11. Dort wohnte der Pentito, der ihn geheimer Verbindungen zur Mafia beschuldigt hatte. Alles wurde gefilmt und fotografiert, Material, von dem man nie wieder etwas hörte.

Im Zuge der Telefonüberwachung kamen weitere Verbindungen zwischen Mafiamitgliedern und Politikern in Rom ans Tageslicht, Verbindungen von Mafiosi mit Vertretern von Landesregierungen, mit mittelständischen Unternehmern, bekannten Industriellen, Abteilungsleitern in Stadtverwaltungen und Präfekturen, aber auch kleineren Beamten, die aber Schlüsselpositionen innehatten und vielleicht in der Lage waren, die Weitergabe einer Akte zu verschleppen. Untereinander kannten sich diese Leute häufig nicht. Es waren Freunde von Freunden von Freunden ...

Ein Sammelsurium von Leuten an den richtigen Stellen, ohne Verbindungen untereinander, aber alle im Dienst einer gemeinsamen Sache. Ein Freund bittet einen anderen Freund um einen Gefallen, zugunsten eines dritten, der seinerseits wiederum einem vierten etwas schuldig ist, und immer so weiter bis zu der Person, um die es eigentlich bei der Vergünstigung geht. Ein Kettenbrief von Empfehlungen und Gefallen, und jedes Glied verspricht sich etwas davon.

Der Richter jubelte. »Endlich rücken wir ihnen auf den Pelz!«

Wir Ermittler hatten das Gefühl, dass die neue Mafia für uns jetzt langsam ein Gesicht bekam, jene Mafia, die niemand hatte wahrnehmen, geschweige denn bekämpfen wollen.

Es war zu schön, um wahr zu sein. Und in der Tat war es auch nicht wahr. Nach nicht einmal drei Wochen kam es zu den ersten Konflikten zwischen Lo Curro und seinen Kollegen sowie dem Oberstaatsanwalt. Sie verweigerten die Genehmigung, die Telefonanschlüsse gewisser höchst einflussreicher Leute zu überwachen. Die Kollegen des Untersuchungsrichters warfen ihm Geltungsdrang vor, und der Oberstaatsanwalt beschloss, ihm einen weiteren Staatsanwalt an die Seite zu stellen, der natürlich die Aufgabe hatte, seinen Chef auf dem Laufenden zu halten. Der ließ uns gewähren, wollte aber über jedes Detail informiert sein und las jede Zeile.

Die Ermittlungen liefen weiter. Es gelang uns, hochbrisante Bilder zu schießen – Politiker und Mafiosi im trauten Gespräch – und eigenartige Verflechtungen zwischen Ministern verschiedener Parteien aufzudecken, die die Aufteilung der Hilfsgelder für den italienischen Süden verabredeten. Eine endlose Kette von Versammlungen, Ermittlungsstrategien, tagelangen Beschattungen. Häufig mussten wir ans eigene Portemonnaie gehen, weil keine Zeit mehr war, sich im Büro den Spesenvorschuss auszahlen zu lassen. Tag um Tag fort von zu Hause:

Mailand, Neapel, Catania, Rom ..., unterwegs ein Sandwich, wenn es sich gerade mal ergab.

Und als es gerade richtig lief, zog wieder mal jemand die Handbremse, und diesmal noch fester als zuvor. Der Untersuchungsapparat geriet ins Stocken und blieb stehen. Tonnen von beschriebenem Papier, Hunderte von Telefonmitschnitten, Unsummen, die für Wanzen, Abhöraktionen, Reisen der Ermittler ausgegeben wurden – alles umsonst.

Lo Curro wechselte endgültig in die Abteilung für Zivilprozesse und beantragte anschließend seine Versetzung wegen »Störungen im Arbeitsklima«. Und wir fühlten uns orientierungslos und im Stich gelassen. Eigenartigerweise erhielten jetzt einige von uns, nach jahrelangem Warten, einen positiven Bescheid auf ihren Versetzungsantrag. Unser Chef wurde sogar befördert: zum stellvertretenden Polizeipräsidenten in einer Stadt Mittelitaliens. Wollten die uns verarschen? Glaubten die wirklich, wir seien so dumm, dass wir nicht merkten, was da gespielt wurde?

Trotz aller Enttäuschungen verrichteten wir diszipliniert weiter unsere alltägliche Arbeit, jene Aufgaben, über die in den Zeitungen berichtet wird, so dass sich die Leute sagen können: Der Staat hat sich nicht zurückgezogen, der Staat ist immer wachsam. Doch die Einzigen, die wirklich wachsam sind, sind wir, die normalen Polizisten, die anderen die Möglichkeit geben, sich mit unserer Arbeit zu brüsten, während wir selbst tagtäglich den Kopf riskieren, wir, die wir bei jedem Wetter, ob's stürmt oder regnet, draußen auf der Straße sind, keinen Hunger und keinen Durst kennen und es versäumen, unsere Kinder aufwachsen zu sehen. Wir sind die, die niemand kennt und deren Arbeit alle Mächtigen schätzen, aber nur, wenn wir ihnen damit nicht zu nahekommen.

Drei Monate später teilte man uns mit, aus den Aussagen eines Pentito gehe hervor, dass ein Anschlag auf unsere Abteilung geplant sei. Wir machten uns nicht zu viele Gedanken darüber.

»Wenn es passiert, passiert's eben«, sagte einer, »dann hat es das Schicksal so gewollt.«

Seltsame Leute, diese Polizisten.

Aufgrund dieses angeblich drohenden Anschlags wurde unsere Abteilung fast vollkommen aufgelöst. Eine Reihe von Beamten landete bei der Criminalpol und in anderen Abteilungen der *Squadra Mobile*. Von unseren 18 Männern blieben letztendlich nur sieben übrig. Und die Reihen wurden mit neuen Leuten aufgefüllt.

Uns blieb nur die Frage: Gibt es diesen Pentito wirklich? Wenn ja, wer ist er? Vor welchem Untersuchungsrichter hat er diese Aussage gemacht? Lag tatsächlich ein Attentat in der Luft oder war das nur ein Vorwand, um unsere Gruppe zu zerschlagen?

Man erzählte sich, wir hätten zu sehr auf eigene Faust gehandelt, hätten uns nicht an die Anweisungen gehalten, die von allen Ebenen an uns ergingen. In Wahrheit war es wohl so, dass wir für irgendjemanden oder einen bestimmten Personenkreis zu gefährlich geworden waren. Wir wussten zu viel Belastendes über sehr einflussreiche Leute.

Es war immer dieselbe Leier. Wollte man eine Ermittlung richtig durchziehen, betraute man damit eine wirklich kompetente Abteilung. Wollte man nur den Anschein von Aktivität erwecken, ohne der Sache wirklich auf den Grund zu gehen, ließ man leicht zähmbare Abteilungen ermitteln, die nicht zu viele Fragen stellten und am Ende das Pferd dort aufzäumten, wo es dem Herrn recht war.

Die Anschläge

An dem Nachmittag, als Giovanni Falcone getötet wurde, war ich völlig ahnungslos in der Stadt unterwegs. Bis ich endlich auf dem Nachhauseweg eine Bäckerei betrat.

»Guten Abend, Signor Palagonia.«

»Guten Abend, ein großes Brot zu einem Kilo bitte.«

»Sofort. Schrecklich, was da passiert ist, nicht?«

»Wieso? Was ist denn passiert?«

Das Radio hatte gemeldet, dass Falcone Opfer eines Anschlags geworden war. Er sei wohl verletzt worden, aber Genaueres wisse man noch nicht. Ich raste nach Hause, und schon im Flur rief mir meine Frau aus dem Wohnzimmer entgegen. »Komm, komm, sieh dir an, was die in Palermo gemacht haben!«

Fassungslos, wie erstarrt stand ich vor dem Fernseher. Auch meine Frau konnte sich nicht von diesen grauenhaften Bildern lösen. Sie bekreuzigte sich und drückte sich an mich. Der Reporter berichtete von dem Sprengstoffanschlag, erzählte, dass alle tot seien, Giovanni Falcone, seine Frau und auch alle drei Leibwächter.

Genau wie ich riefen auch die Kollegen, die von dem Anschlag hörten, im Sekretariat der Mobile an.

»Alle ins Büro«, befahl der Inspektor.

Im Präsidium herrschte eine gespenstische Atmosphäre, wir saßen zusammengedrängt im Büro des Chefs, in das wir eigentlich gar nicht alle hineinpassten, der Fernseher lief, alle schwiegen und starrten auf den Bildschirm.

Es wurden drei Gruppen eingeteilt, um die unter Polizeiaufsicht stehenden Mafiosi zu überprüfen. Vielleicht ließ sich ja auf diese Weise irgendetwas Verdächtiges herausfinden. Ich fuhr zu Rosario Albiti, einem der ganz Großen der Cataneser Mafia, ein Cousin des so lange schon flüchtigen Superbosses Spampinato. Er bewohnte ein schönes Haus, stilvoll eingerichtet, und gab sich, wie alle Bosse ab einer gewissen Stufe, höflich und gastfreundlich. Wie nach Drehbuch ließ er durch nichts erkennen, dass er sich durch unser Auftauchen gestört fühlte. Es war, als sei überhaupt nichts vorgefallen.

Dann erwischte es Paolo Borsellino.

Diese Blutbäder hatten die allgemeine Anspannung ins Unermessliche gesteigert. Im Präsidium, bei allen Kollegen zu Hause, bei den Streifen auf Patrouille, überall herrschte eine von Entsetzen geprägte, unwirklich Atmosphäre. Ich nahm Verbindung zu Cavallaro auf, wollte wissen, ob die großen Bosse bei uns in Catania mit diesen Massakern zu tun hatten.

»Ja, treffen wir uns doch gleich«, sagte er, »ich muss auch mit dir reden. Um zwölf, am gewohnten Ort.«

Pünktlich trafen wir bei der Kirche ein. Cavallaros Miene hätte düsterer nicht sein können.

»Ciao, Cirino. Was gibt's Neues?«

»Es ist etwas im Busch. Bei allen Banden herrscht Aufregung, eine Versammlung jagt die andere. Im Gefängnis wurden die Attentate ausgiebig gefeiert, und auch Spampinato hat auf den Tod der Richter und Bullen angestoßen.«

»Woher weißt du das? Hast du ihn gesehen?«

»Fang nicht wieder mit deinen Fragen an und lass mich lieber erzählen. Die fühlen sich jetzt alle sehr stark, weil sie merken, dass der Staat in die Defensive gedrängt ist. Und das will man ausnutzen, um auch in unserer Provinz für noch größere

Unsicherheit zu sorgen, indem man Polizisten und Richter aufs Korn nimmt. Da bahnt sich was an, ein Freund hat mir gesagt, dass es bald eine Überraschung geben wird. Sie wollen jemanden aus dem Weg räumen, pass nur auf.«

»Was zum Teufel soll das heißen? Wollen sie einen Polizisten umlegen?«

»Oder einen Richter.«

»O nein, verflucht, diesmal hältst du mich nicht hin. Du weißt mehr. Hör endlich auf, mich an der Nase herumzuführen. Namen, ich will die Namen wissen.«

»Die kenn ich nicht. Versteh doch! Die kenn ich nicht. Ich weiß nur, dass es eine Versammlung der Bosse gab und eine große Sache beschlossen wurde.«

»Richter oder Polizisten sind in dieser Stadt nie umgelegt worden.«

»Die Dinge ändern sich. Eine solche Situation, wie sie jetzt entstanden ist, wird die Mafia immer ausnutzen. Das ist Teil ihrer Strategie. Den Feind bekämpft man, wenn er schwach ist, nicht wenn er stark ist.«

»Wenn du was Neues hörst, ruf mich zu Hause an, jederzeit.«

Während ich ins Büro zurückfuhr, hörte ich, wie die Einsatzzentrale einige Streifenwagen in die Via Sassari beorderte, wo es einen Schusswechsel gegeben hatte. Ich war zu weit entfernt und beschloss, meinen Weg fortzusetzen. Im Präsidium wandte ich mich sogleich an den Chef und erzählte ihm, was mir mein Informant mitgeteilt hatte. Er war ebenso skeptisch wie ich. In diesem Moment klingelte das Telefon. Der Chef nahm ab und wurde blass.

»Scheiße«, sagte er. »Jetzt herrscht Krieg. Das ist die nächste Stufe. Schaltet euch in die Ermittlungen ein, ich ruf den Richter an.«

»Was ist denn geschehen?«

»Sapienza ist umgelegt worden, mit dreien seiner Leute. Gegen zwölf, vor dem Laden seines Schwagers.«

Das war eine Neuigkeit, die Cavallaro sehr beunruhigen würde. Wird ein Boss dieses Kalibers getötet, ist klar, dass ein Bandenkrieg ausgebrochen ist. Und damit war auch er in großer Gefahr. Vielleicht wäre er bereits unter den Opfern gewesen, wenn er sich zu diesem Zeitpunkt nicht mit mir getroffen hätte.

Am nächsten Morgen rief uns der Chef alle im Tagungsraum zusammen und forderte uns auf, unsere Informanten aufzuscheuchen, um die Vermutung eines bevorstehenden Attentats auf die Sicherheitskräfte bestätigen zu lassen. Auch das Ministerium wurde in Kenntnis gesetzt.

Und es bestätigte sich: Es lag etwas in der Luft. In den folgenden Tagen gingen bei der Staatsanwaltschaft und im Polizeipräsidium anonyme Anrufe ein, in denen Anschläge angedroht wurden. Viele Kollegen erhielten stumme Anrufe zu Hause sowie auch explizite Drohungen, darunter Tullio, Cosimo, Alfredo und Franco. Wir waren in großer Sorge, ich mehr noch als die anderen, gerade aufgrund der Tatsache, dass ich selbst keine Drohungen oder Warnungen erhalten hatte. Dennoch verrichteten wir wie gewohnt unsere tägliche Arbeit. Was hätten wir auch tun sollen? Wir wussten sehr genau, diese Gangster legen einen um, wenn es ihnen passt. Aus dem Hinterhalt. Die greifen einen nur von hinten an.

Kurz darauf wurde ein gewisser Mario Saluzzo, ein Kollege aus Rom, zu uns in die Abteilung versetzt.

Wir stellten ihm die üblichen Fragen, wie viele Jahre er im Dienst war, wo er gearbeitet hatte, in welchen Einheiten. Mario erzählte uns, dass er bei Borsellinos Bestattung gewesen war.

»Ich gehörte zur Eskorte von Minister ***. Bei der Trauerfeier herrschte ein unglaubliches Chaos. Viele Kollegen von der Mobile waren als Verstärkung abkommandiert worden, um die Kollegen im Präsidium zu kontrollieren, die ziemlich durch den Wind waren. Der Minister hing die ganze Zeit am Telefon und besprach sich mit anderen Regierungsmitgliedern. Man befürchtete, es könnte wieder zu einem Tumult wie bei Falcones Beerdigung kommen. Der Gipfel war ja, dass wir Polizisten unsere Kollegen überwachen sollten, und das bei der Beerdigung von anderen Kollegen. Der Minister, zu dessen Schutz ich eingesetzt war, schien wirklich betroffen. Ich kenne ihn seit Jahren und kann es beurteilen: Der hat echte Tränen geweint, anders als viele andere in der Kirche. Unser Flieger war mit Verspätung gelandet, und als wir zur Kathedrale gelangten, drängte sich dort bereits eine unübersehbare Menschenmenge. Wir bekamen Anweisung, den Minister durch einen Hintereingang in die Kirche zu schleusen. Von dort hätte er zu seinem Platz in der ersten Reihe gelangen können, doch er lehnte ab. Er wollte hinten bleiben, anonym, inmitten der ganz normalen Trauergäste.

Nach der Messe strömten alle hinaus, nur unser Minister blieb, und als sich die Kirche geleert hatte, kniete er nieder und begann zu beten. Wir beteten ebenfalls für die getöteten Kollegen, aber im Stehen, hielten jeden Moment Augen und Ohren offen.

Während wir das Ave Maria sprachen, schweiften unsere Blicke umher, wir beobachteten die Arbeiter, die die roten Teppiche wieder einrollten, die Blumen und Mikrofone einsammelten und die Kirche für die Hochzeit am Nachmittag neu schmückten. Der Minister wollte nicht mit der Regierungsmaschine zurückfliegen, sondern einen Linienflug nehmen. Während wir vom römischen Flughafen Fiumicino in den Palazzo Chigi zurückfuhren, erhielt er einen Anruf. Er wurde stinksauer, schrie seinen Gesprächspartner an, er solle sich zum Teufel scheren, so hatte ich ihn noch nie erlebt. ›Wir weinen noch um die Toten‹, brüllte er, ›ganze Familien sind zerstört, und du erzählst mir, dass es in der Kirche furchtbar heiß war und die Polizisten übertrieben hätten. Und wen willst du versetzen lassen? Wie kannst du in einem solchen Moment an so etwas überhaupt nur denken? Mit Fußtritten hätten euch die Polizisten empfangen sollen, dich und die anderen, die so verlogen sind wie du. Mit Fußtritten!‹ Und damit legte er auf. Ich habe nie erfahren, mit wem er da gesprochen hat. Wir alle hätten ihn gerne danach gefragt, aber keiner hat sich getraut. Nie vergessen werde ich von dieser Beerdigung auch, dass manche Autofahrer sich so furchtbar aufgeregt haben, weil sie vor der Kathedrale mit dem Wagen nicht mehr durchkamen. ›Was ist denn da wieder los?‹, fragte einer. Man sah den Typen an, dass es Gesindel war, dass sie so taten, als wüssten sie nicht, was die ganze Welt wusste. Einige Kollegen haben mir erzählt, dass auch viele in der Stadt demonstrativ die allgemeine Trauer boykottierten, dass sie die Rollgitter ihrer Geschäfte nicht runterlassen wollten, noch nicht mal für eine Stunde. ›Was haben wir mit diesen Toten zu schaffen?‹, sagten sie. ›Wenn wir schließen, verdienen wir ja nichts.‹«

Scheibenschießen

»Was sind das für Sirenen draußen?«

»Ein großer Einsatz. Es ist ein Schusswechsel gemeldet worden. Mehr weiß ich auch nicht.«

Der Flur der *Squadra Mobile* war lang, ich begrüßte die Kollegen, die mir entgegenkamen. Beim Morddezernat schaute ich in ein Zimmer hinein.

»Ciao Gregorio, haben sie wieder jemanden umgelegt?«

»Sieht so aus. Aber wir wissen noch nicht, wer das Opfer ist. Kaum haben wir mit den Ermittlungen in einem Mordfall begonnen, da bringen sie schon den Nächsten um.«

»Was ist das für ein Krach?«, fragte Cosimo und steckte den Kopf aus der Tür. Vor dem Zimmer des Chefs stand eine Traube von Kollegen.

Alessio löste sich aus der Gruppe und trat auf uns zu. Er weinte.

»O Gott, was ist denn los?«

»Sie haben Tullio erschossen.«

Wir stürzten in den Flur. Franco kam mir entgegen, wir umarmten uns schweigend.

Der Chef versuchte, uns zu beruhigen. Wir dürften jetzt nicht den Kopf verlieren, rief er mit lauter Stimme, und uns nicht vom Zorn überwältigen lassen. Und er gab Anweisung, uns zu organisieren und zunächst mal dem üblichen Gesindel auf den Zahn zu fühlen.

»Das sollen jetzt mal andere erledigen. Ich will Tullio sehen … Ich muss mir ein Bild machen …«, antwortete ich.

Der Chef wusste, wie nahe uns Tullio stand und ließ uns alle gehen. Aber wahrscheinlich hätte er uns ohnehin nicht aufhalten können.

Durch die Menge der Schaulustigen sah ich Tullios Motorrad am Boden liegen. Jeden Morgen putzte er es, hütete es wie eine Reliquie. Neben dem Motorrad ein weißes Leintuch, Ströme von Blut. Mit Franco und Cosimo trat ich näher.

Die Kollegen vom Morddezernat kamen uns entgegen.

»Lasst es, schaut ihn euch nicht an, behaltet ihn so in Erinnerung, wie ihr ihn kanntet.«

»Nein, wir müssen ihn sehen, wir wollen uns von ihm verabschieden.«

Behutsam, voller Respekt, hob Cosimo das Tuch an.

Tullio war nach vorne gefallen, zwei Schüsse in den Rücken, einen in den Kopf. Ein Teil der Schädeldecke fehlte, die blutgetränkten Haare hingen ihm ins Gesicht, das nicht wiederzuerkennen war. Wie ein Kind heulend traf auch Alfredo ein.

»Diese Schweine haben ihn hinterrücks abgeknallt.«

Tullio hatte sich einen Tag Urlaub genommen, war auf dem Weg zu Martina, seiner Verlobten.

Wir stellten die ganze Stadt auf den Kopf, das Präsidium quoll über von Kriminellen, Vorbestraften … Von allen verlangten wir ein Alibi, und es setzte Schläge: »Mach's Maul auf, Bastard! Wer war das?«

Immer wieder diese eine Frage, an über 200 Personen gerichtet. Ohne Erfolg. Drei dieser Personen mussten, übel zugerichtet, mit dem Krankenwagen weggebracht werden, und der Chef der *Squadra Mobile* fing sich einen Rüffel vom Polizeipräsidenten ein. »Halten Sie ihre Männer zurück!«, sagte er zu ihm. »Wenn mir im Präsidium jemand stirbt, ist der Teufel los.«

Im Büro standen wir alle unter Hochspannung, niemand wollte zur Vernunft kommen, und unsere eigenen Vorgesetzten hatten Angst vor uns, denn sie wussten nicht, wie sie uns in den Griff kriegen sollten. Schließlich konnte sich der Chef durchsetzen und schaffte es, die Gemüter aller, auch von uns »Komitee-Mitgliedern«, ein wenig abzukühlen.

Es war zwei Uhr nachts, als ich nach Hause fuhr. Von der Straße aus sah ich Licht im Wohnzimmer. Ohne es mir bewusst zu machen, ging ich am Fahrstuhl vorbei und zu Fuß die fünf Stockwerke zu unserer Wohnung hinauf. Fünf Stockwerke, voller Gedanken und Ängste. Langsam, wie ein alter Mann, nahm ich die Stufen.

Blass im Gesicht, stand meine Frau vor der Wohnungstür.

Sie umarmte mich: »Lass uns von hier wegziehen, bitte! Lass uns abhauen, solange noch Zeit ist. Hier gibt es keine Zukunft für uns und die Geschöpfe, die wir in die Welt gesetzt haben.« Sie streichelte mir über das Haar, flüsterte mir ins Ohr: »Es ist vorbei. Jetzt wird nichts mehr so wie früher sein. Bitte, lass uns ein neues Leben beginnen. Ich hab Angst, bring mich fort, lass uns ganz neu anfangen.«

Zwei Tage später, Tullios Beerdigung. In der Kirche eine wütende friedlose Stille.

Noch heute sehe ich seine verzweifelt weinenden Eltern vor mir. Seine Freundin war erst 25 Jahre alt. Sie hatten schon das Restaurant für ihre Hochzeit gebucht, eine Küche und ein Schlafzimmer gekauft, wollten Kinder.

Wir waren zutiefst erschüttert.

Wir konnten nicht fassen, dass es wirklich einen von uns getroffen hatte, einen vom »Komitee«. Cosimo, Alfredo, Franco und ich setzten uns zusammen und versuchten herauszufinden, was Tullio besonders gefährdete, warum es gerade ihn erwischt hatte.

Es gab nichts Auffälliges. Auch wir anderen hatten jede Menge Festnahmen zu verzeichnen. Warum also gerade er?

Wir mussten der Sache auf den Grunde gehen, musste diesen Mord genau analysieren. Dann erst konnten wir ihn rächen. Vielleicht gab es da etwas, das uns alle vom »Komitee« betraf.

»Schnappen wir uns doch einen der Bosse und foltern ihn, bis er ausspuckt, wer Tullio umgebracht hat und wieso«, schlug Franco vor.

»Nein, wir entführen Spampinatos Sohn und schaffen ihn ins Haus meiner Großmutter, am Fuß des Ätnas«, meinte Cosimo.

»Das bringt uns keinen Schritt weiter, lasst uns lieber vernünftig überlegen und Ruhe bewahren.«

»Quatsch, Ruhe bewahren. Wenn euch der Mut fehlt und ihr nicht mitmachen wollte, mach ich es eben alleine, verstanden?«

»Jetzt sei mal leiser, Cosimo, im Nebenzimmer ist meine Frau. Du machst überhaupt nichts, bis wir wissen, ob sie es auf uns vom ›Komitee‹ abgesehen haben.«

»Und dazu sollen wir wohl warten, bis sie den Nächsten von uns umlegen?«

»Passt auf, ich rede mit Cavallaro«, schaltete ich mich ein, »dann entscheiden wir, wie wir vorgehen.«

»Egal, was rauskommt, ich muss jemandem den Hals umdrehen«, knurrte Cosimo noch einmal, bevor wir auseinandergingen.

Wir machten uns Sorgen, weil wir wussten, was für ein Dickschädel Cosimo war, und Tullios Ermordung hatte ihn schwer mitgenommen. Er war nicht mehr ganz klar im Kopf.

Cavallaro war unauffindbar. Unter der Nummer, die er mir gegeben hatte, ging niemand ran. Zwei, drei Tage später rief er mich selbst an. »Ich muss dich sehen, sofort.«

Wir trafen uns abends in meiner Garage.

»Wo hast du denn gesteckt? Warum gehst du nicht ans Telefon?«

»Das hab ich weggeworfen. Ich ruf nur noch von Telefonzellen aus an. Weißt du denn nicht, was passiert ist?«

»Natürlich weiß ich das. Sapienza ist umgelegt worden. Immerhin ein Schwein weniger. Aber ich will wissen, was mit meinem Kollegen ist. Tullio. Wer war das?«

»Keine Ahnung, ich versteh überhaupt nicht mehr, was da läuft. Ich verstecke mich jetzt auf dem Land. Vier weitere Leute vom Clan sind verschwunden, wie vom Erdboden verschluckt.«

»Unmöglich, dass einer von deinem Rang nichts über den Mord an meinem Kollegen weiß, wenigstens ein Gerücht, eine Bemerkung, einen Verdacht ...«

»Was denn für ein Rang? Ich hab überhaupt keinen Rang, das kannst du dir endlich mal aus dem Kopf schlagen.«

»So eine große Sache läuft doch nicht ohne die Zustimmung Spampinatos und der anderen Bosse, oder?«

»Das weiß doch jedes Kind.«

»Wer hat also geschossen? Sag mir wenigstens, wer die Tat ausgeführt hat.«

»Die sind schon tot, die kannst du vergessen.«

»Woher willst du das wissen?«

»Das kann ich mir denken ... Ich weiß doch, wie bestimmte Dinge geregelt werden.«

»Wie kann ich dich erreichen?«

»Ich melde mich bei dir.«

In den nächsten Tagen erhielt Franco zu Hause eine Reihe bedrohlicher Anrufe, zunächst nur ein Atmen im Hintergrund und dann: »Bastard, du bist auch bald reif.«

Der Chef wollte kein Risiko eingehen. Franco wurde nach Mailand versetzt, und wir begannen mit der üblichen Prozedur: Durchsuchungen, Arrestzellen, Drohungen, Prügel …

Doch danach war alles wieder wie zuvor. »In dem Moment, wenn man sie einsteckt, tun Schläge weh«, sagte uns einer, den wir in die Mangel nahmen, offen ins Gesicht. »Aber der Schmerz vergeht. Man muss einfach die Zähne zusammenbeißen.« Am zornigsten machte uns, dass man zehn, zwanzig, hundert dieser Gauner einsperrte und schon wusste, dass sich draußen auf der Straße nichts ändern würde. Andere rückten sofort nach, und in den Banden funktionierte alles wie zuvor.

Uns blieb nichts als der schwache Trost, dass wenigstens diese Verbrecher inhaftiert waren und für eine Weile niemandem etwas antun konnten.

Um ihnen noch ärger zuzusetzen, bot es sich an, sie bewusst in den Sommermonaten in Haft zu nehmen oder vor wichtigen Feiertagen wie Weihnachten, am allerbesten aber vor bedeutenden Familienfesten. Wir sammelten Informationen, um sie am Vorabend der Hochzeit ihrer Kinder aus der Familie zu reißen, kurz vor Taufen, Geburtstagen, Beerdigungen.

Es war mittlerweile ein brutaler Krieg, der mit allen zur Verfügung stehenden Waffen geführt wurde. Wir taten alles dafür, dass es ihnen in Haft richtig dreckig ging, dass ihnen die Angst einen Tumor bescherte, der Schreck einen Herzinfarkt. Nachts standen wir vor den Häusern der gnadenlosesten Mafiosi, auch wenn wir sie gar nicht festzunehmen hatten, und hämmerten gegen die Tür, um sie aus dem Schlaf zu reißen. Ein befreundeter Arzt hatte uns versichert, auf diese Weise könne man dafür sorgen, dass jemand herzkrank werde. Die günstigste Zeit dafür sei zwischen drei und fünf Uhr morgens, wenn die Immunabwehr geschwächt sei.

Zwei Wochen nach Tullios Ermordung erlebten wir einen weiteren Anschlag. Diesmal war ein Kollege vom Überfallkommando die Zielscheibe. Auf dem Weg zur Arbeit hatte man eine MP-Garbe auf seinen Wagen abgegeben, und es war reines Glück, dass ihn keine Kugel getroffen hatte.

Cosimo hatte Urlaub genommen, ging nicht ans Telefon, mit Sicherheit heckte er irgendetwas aus. Wir läuteten bei ihm, keine Antwort.

Die Nachbarn hatten ihn regelmäßig kommen und gehen sehen.

»Ich sag's euch, der lässt sich zu irgendeinem Schwachsinn hinreißen«, meinte Alessio.

Ich selbst hatte meine Gewohnheiten erheblich verändert. Häufig nahm ich eine andere Strecke ins Präsidium, zog mich anders an, verließ zu verschiedenen Zeiten das Haus und kam mal früher, mal später zurück. Auch meine Frau und meine Kinder nötigte ich, ihren Tagesablauf zu ändern, Spaziergänge waren gestrichen, und wenn möglich, blieben sie zu Hause. Doch wir wussten, dass all diese Vorsichtsmaßnahmen im Grunde wenig brachten. Jeder, der einem begegnete, konnte dein Mörder sein.

Ich hatte ständig einen Kloß im Hals, ein Gefühl der Beklemmung, der Machtlosigkeit. Zu Hause stand ich andauernd hinter den heruntergelassenen Rollläden, meine Frau war mindestens so besorgt wie ich, wenn nicht noch mehr. In unserer Wohnung kamen wir uns vor wie im Schützengraben.

An einem Abend, so gegen einundzwanzig Uhr, gingen plötzlich alle Lichter aus.

Instinktiv schaute ich hinaus, auf die gegenüberliegenden Wohnhäuser: Dort waren alle Fenster erhellt. Ich ging auf den Balkon und lehnte mich über die Brüstung, um zu sehen, ob die Nachbarn Strom hatten. Auch deren Lampen brannten. Ich eilte ins Treppenhaus – auch hier war Licht.

Immer erregter, rannte ich zurück und holte meine Pistole. Als Erstes kümmerten wir uns um die Kinder, die schon in ihrem Zimmer schliefen, und trugen sie ins Schlafzimmer. Dann stellte ich mich vor die Wohnungstür und lauschte, hochkonzentriert, bereit, beim kleinsten verdächtigen Geräusch zu reagieren.

Ich atmete schwer, und kalter Schweiß stand mir auf der Stirn. Meine Frau trat zu mir. »Was ist denn los?«, murmelte sie.

»Keine Ahnung, nur in unserer Wohnung ist der Strom ausgefallen. Vielleicht warten sie, dass ich in den Keller gehe, um die Sicherung einzuschalten.«

»Ruf die Polizei an! Worauf wartest du denn noch?«

Drei Einsatzwagen sowie eine Streife der *Squadra Mobile* fuhren vor. Als ich die Bremsgeräusche hörte, atmete ich erleichtert auf. Sie kamen hoch. Ein paar Männer kontrollierten den Balkon, ich stieg mit einigen anderen in den Keller hinab. Wir durchsuchten jeden Winkel, konnten aber nichts Verdächtiges entdecken. Besonders sorgfältig prüfte ich den Stromzähler und den Sicherungskasten: keinerlei Spuren von irgendwelchen Manipulationen. Ich drückte die Sicherung hinein, und der Zähler lief ganz normal an.

Nun trafen auch Franco und Alfredo ein.

»Du bist ja bleich wie ein Leintuch, Gianni.«

»Ich hatte wirklich Angst, um meine Frau und meine Kinder.«

Cinzia erinnerte sich schließlich, dass Backofen und Waschmaschine gleichzeitig in Betrieb waren. Vielleicht eine Überlastung des Stromnetzes. Ich umarmte sie. Aber so kann man nicht leben.

Wegen persönlicher Angelegenheiten hatte ich im Personalbüro zu tun. Der dort tätige Kollege redete über die Ereignisse in der Stadt, die Beamten, die Ziel eines Anschlags geworden waren.

»Hier kann man es kaum noch aushalten. Aber manchmal hat

so ein Unglück ja auch sein Gutes. Nimm nur den Kollegen vom Überfallkommando, der den Anschlag überlebt hat. Der ist nach Turin versetzt worden. Im Norden lebt es sich besser.«

»Warum erzählst du mir, wohin sie den Kollegen geschickt haben? Das ist doch geheim.«

»Ach was, ›geheim‹. Hier erfährt doch jeder, was er wissen will. Aber nicht von mir.«

»Was willst du damit sagen?«

»Dass wir den Feind im Haus haben. Die haben doch diesen Kollegen zu uns versetzt, der vor zwei Jahren als Rausschmeißer in dem Lokal gearbeitet hat, das zwei bekannten Mafiosi gehört, zwei Cousins, wie heißen die nochmal …?«

»Ja, ich weiß schon. Und der sitzt jetzt hier bei euch in der Personalabteilung? Das heißt, er hat Einsicht in die Akten aller Kollegen, weiß, von unseren Privatangelegenheiten?«

»Ja, Wahnsinn, oder? Der hat uns doch alle in der Hand. Deswegen gab's auch schon einen Haufen Beschwerden. Ich glaub aber, der Abteilungsleiter und auch der Polizeipräsident haben mittlerweile begriffen, was sie sich da für einen Vogel ins Nest gesetzt haben. Zum Fuhrpark hätten sie den stecken müssen, aber doch nicht hierher zu uns! Hat denn niemand daran gedacht, mit was für Leuten der zu tun hat?«

Dazu fiel mit ein Gespräch mit Cavallaro ein. Wir hatten über Polizeibeamte geredet, die sich an die Mafia verkauft haben, und dabei erwähnte er jemanden, der als Rausschmeißer in einem Lokal gearbeitet hatte. Ja, mehr noch, in diesem Zusammenhang hatte er auch von einem vorgetäuschten Mordanschlag und einer taktischen Versetzung erzählt: *Auf einen Kollegen vor dir wird ein Anschlag verübt, der nur vorgetäuscht ist. Danach wird er seine Versetzung nach Turin beantragen.*

Am nächsten Tag informierte ich meinen Chef über diese Angelegenheit, und gemeinsam suchten wir anschließend den

399

Leiter der *Squadra Mobile* auf. In unserem Beisein telefonierte der mit dem Vorgesetzten des verdächtigen Polizisten und erkundigte sich, ob dieser selbst seine Versetzung nach Turin beantragt habe oder ob es sich um eine Entscheidung des Ministeriums handele. Er erhielt die Antwort, die wir befürchtet hatten.

»Vom warmen Sizilien ins ungemütlich kalte Piemont, eine mutige Entscheidung«, bemerkte der Chef zähneknirschend. Ein Satz, in dem alle seine Zweifel steckten.

Der Mann wurde gründlich durchleuchtet. Er war zwar ein Typ, der viel Geld ausgab, aber ohne über die Stränge zu schlagen: Mittelklassewagen, hin und wieder ein Urlaub im Ausland, goldene Rolex, ein kleines Segelboot. Mit seinem Beamtengehalt und ohne Familie konnte er sich diese Dinge leisten. Nur ein einziges Mal in seinen 16 Dienstjahren hatte er sich einen Eintrag in die Personalakte eingehandelt. Der Grund: Umgang mit »Personen von fragwürdiger Moral«. Eine Verkehrskontrolle der Carabinieri hatte seinen Wagen angehalten, in dem neben ihm eine Prostituierte sowie zwei wegen Diebstahls vorbestrafte Männer saßen. Zu seiner Rechtfertigung führte der Polizist an, er habe diese Personen erst am selben Abend kennengelernt und nicht gewusst, dass es sich um Vorbestrafte handelte. Diese beiden Gangster waren mit den Jahren in der Mafiahierarchie weit aufgestiegen und hatten mal mit diesem, mal mit jenem Clan zusammengearbeitet.

Unser Chef zögerte, überlegte hin und her, ob er einen Bericht schreiben sollte. Wäre die Angelegenheit erst einmal unter den Kollegen bekannt gewesen, hätten sie den Mann sofort an den Pranger gestellt.

Was, wenn er gar nichts damit zu tun hatte? Wenn Cavallaro mir völligen Blödsinn erzählt hatte und dieser Mann aus irgendwelchen persönlichen Gründen nach Turin hatte ziehen wollen?

Der Chef beschloss, es wie die Mafia zu machen, die im Zweifelsfall den vermutlichen Verräter aus dem Weg räumt. Er schrieb keinen Bericht, setzte sich aber telefonisch mit dem Chef der *Squadra Mobile* in Turin in Verbindung, der den Kollegen aus Sicherheitsgründen ins Betrugsdezernat versetzte, weit entfernt von heißen Ermittlungen und Akten.

Die Schlinge zieht sich zu

Als ich eines Morgens zu meinem Wagen kam, um zur Arbeit zu fahren, erlebte ich eine unschöne Überraschung. Alle vier Reifen war zerstochen. Ich hielt mich zurück und verzichtete darauf, sofort die Kollegen zu benachrichtigen. In unserer angespannten Situation hätte meinem Vorgesetzten dieses Vorkommnis als Warnung ausgereicht, um mich sofort zu versetzen.

Zehn Tage später begannen die stummen Anrufe zu Hause.

Wieder verging eine Woche, dann wurde der Wagen meines Vaters aus der Werkstatt, wo er zur Reparatur war, gestohlen. Sündteure Autos wären in diesem Autohaus auch zu haben gewesen, doch die Diebe hatten sich mit dem alten und praktisch unverkäuflichen Kleinwagen meines Vaters begnügt.

Beim Aufbrechen des Rollgitters hatten die Einbrecher einen Schaden in Höhe von einer Million Lire angerichtet. Der Inhaber des Autohauses, nicht auf den Kopf gefallen, begriff sofort die Lage und bat meinen Vater, nie mehr einen Wagen zu ihm zu bringen. »Tut mir leid, Signor Palagonia, aber ich muss auch sehen, wo ich bleibe.«

Später zu Hause fragte mich mein Vater besorgt, ob der Vorfall vielleicht mit meiner Arbeit in Verbindung stehen könnte.

»Das nehme ich an«, antwortete ich.

»Pass nur gut auf, deinetwegen und für uns alle.«

Am nächsten Tag rief mich mein Vater im Büro an. Er war sehr aufgewühlt, auch wenn er sich bemühte, dies zu verbergen. Ich raste nach Hause, wo er schon auf dem Balkon stand.

»Was ist denn los? Ist dir nicht gut? Ist irgendwas mit Mama?«

»Nein, nein, uns geht's gut.«

»Was denn sonst?«

»Ich war heute auf unserem Grundstück, um ein wenig zu gie-
ßen, da tauchten plötzlich zwei Männer auf, so um die dreißig,
und riefen nach mir. Als ich zu ihnen trat, sah ich, dass einer der
beiden eine Pistole trug, gut sichtbar am Hosengürtel festge-
steckt. Einen Augenblick lang dachte ich, es seien vielleicht Kollegen von dir, aber als der eine dann den Mund aufmachte, wusste ich sofort Bescheid. ›Sag diesem Scheißbullen von deinem
Sohn, dass er zu viel rumschnüffelt. Der soll lieber mal halblang
machen und sich um sein Haus und seine Kinder kümmern.
Sonst kann's passieren, dass wir ihm die Rübe wegblasen.‹ Und
dann schlug er mir zweimal mit der flachen Hand ins Gesicht.«

Meinem Vater standen Tränen in den Augen. Ich umarmte
ihn fest.

»Tut mir leid, Vater, das ist alles meine Schuld, dieser verdammte Beruf ...«

»Ich dachte, sie bringen mich um.«

»Nein, Vater, du musst keine Angst haben. Das ist ein feiges
Pack, zu mehr fehlt denen der Mut. Die versuchen nur, die Leute einzuschüchtern, das ist alles Aufschneiderei.«

Mein Vater war 68. In diesem Alter erträgt man es nicht mehr,
so gedemütigt zu werden.

Eilig fuhr ich zurück ins Büro. Mein direkter Vorgesetzter war
noch nicht da, und so wandte ich mich gleich an den Chef der
Squadra Mobile und erzählte ihm alles.

»Diese Bastarde«, fluchte er, »wie weit soll das noch gehen?
Geh mit deinem Vater mal die Fahndungsfotos durch. Ohne
Protokoll, wir müssen nur wissen, wer die Männer waren. Und
schreib mir einen Bericht.«

»Das mach ich später. Ich brauche vorher etwas Zeit. Wenn

das ans Innenministerium geht, riskiere ich, dass ich versetzt werde. Und ich denk überhaupt nicht daran, jetzt hier abzuhauen.«

»Was hast du denn vor?«

»Ich weiß es nicht genau. Lassen Sie mich erst einmal ermitteln.«

»Gut, aber wenn du in ein paar Tagen nichts herausgefunden hast, schreib ich den Bericht an deiner Stelle.«

»Warum setzen Sie mich so unter Druck, Dottore?«

»Weil ich dich mag, Palagonia. Ich will nicht, das dir was zustößt.«

Mehr als 500 Fahndungsfotos legten wir meinem Vater vor, von Killern, Räubern, Erpressern, Dealern, Taschendieben. Er erkannte niemanden wieder.

Vergebens bemühte ich mich, Kontakt zu Cavallaro aufzunehmen. Auch Claudia, die ich anrief, hatte ihn länger als einen Monat nicht mehr gesehen und konnte mir nicht weiterhelfen.

Drei Tage später beschloss ich, den Bericht zu schreiben. Meine ganze Familie drängte mich dazu: »Besser, du bist weit fort, aber in Sicherheit, als dass dir hier etwas zustößt«, sagten sie. »Die haben dich im Visier, du weißt, wie gefährlich diese Banditen sind, du darfst nicht warten, bis sie sich an unserer Familie vergreifen.«

Im Ministerium beschloss man sofort, mich aus der Schusslinie zu nehmen und zu versetzen. Mir ging das alles zu schnell. Wieder wandte ich mich an den Leiter der *Squadra Mobile*.

»Dottore, was soll ich machen? Die im Ministerium setzen mich unter Druck und verlangen eine Antwort von mir, so von jetzt auf gleich. Ich brauche aber Zeit. Ich will herausfinden, was dahintersteckt, was sich vielleicht noch machen lässt ...«

»Dann nimm dir doch erstmal ein paar Tage Urlaub. Aber pass

gut auf dich auf. Ich rede unterdessen mal mit einem Freund im Ministerium.«

Zwei Tage später schaute er bei mir zu Hause vorbei, um noch mal alles zu besprechen.

»Vielleicht war es ein Fehler, zu Protokoll zu geben, was meinem Vater zugestoßen ist«, sagte ich.

»Das war absolut kein Fehler. Es ist schon richtig, wie die Dinge jetzt laufen. Und nun hör mir mal gut zu: Denk jetzt einfach nur an deine Familie. Du hast so ein Glück mit ihr, die musst du beschützen. Zieht weg von hier. Du hast schwer genug gearbeitet in all den Jahren und viel zu oft deinen Kopf hingehalten.«

Er blickte mir fest in die Augen. »Oder willst du den Heldentod sterben?«

»Ich gehe nirgendwo hin«, antwortete ich, »ich brauche Zeit. Sollen die im Ministerium doch machen, was sie wollen, aber von hier kriegt mich keiner fort.«

»Sei nicht so halsstarrig. Stell dir doch nur vor, einem aus deiner Familie würde etwas zustoßen. Das würdest du dir dein ganzes Leben lang nicht verzeihen.« Und an meine Frau gewandt, fuhr er fort: »Signora, Ihr Mann hat zu viel Wut im Bauch, um noch klar einschätzen zu können, welcher Gefahr er sich aussetzt. Helfen Sie ihm, einen klaren Kopf zu bekommen, erinnern Sie ihn an seine Verantwortung, vor allem seinen Kindern gegenüber.«

Zwei Tage darauf rief mich Cavallaro zu Hause an.

»Treffen wir uns heute Abend, um sieben, am gewohnten Ort.«

Kaum sah ich ihn, lief ich ihm entgegen: »Wo hast du denn gesteckt, verflucht nochmal? Ich suche dich seit Tagen.«

»Ja warum denn? Bist du so besorgt um mich?«

Cavallaro atmete schwer und hustete immer wieder.

»Hör auf, Cirino, ich hab jetzt keinen Sinn für deine Witze. Ich steck tief im Schlamassel und bin ziemlich nervös.«

»Da bist du nicht der Einzige. Nervös bin ich auch. Ich bin krank und muss ständig irgendwo anders unterkriechen, überall lauern Verräter, und ich weiß nicht mehr, wem ich noch trauen kann. Jeder Augenblick kann mein letzter sein, und diese Angst frisst mich auf. Reicht das? Also, warum hast du mich sprechen wollen, was ist passiert?«

»Was passiert ist? Ich kriege stumme Anrufe zu Hause, meinem Vater haben sie das Auto geklaut, und zwei bewaffnete Männer sind bei ihm gewesen, haben ihn geschlagen und uns ganz offen bedroht.«

Cirino kratzte sich am Kopf. »Das ist sehr ernst«, sagte er, »ich meine, dass sie sich so offen zeigen und keine Angst haben, erkannt zu werden. Schon seltsam.«

»Was ist? Kannst du dich mal umhören? Wie groß ist die Gefahr für mich? Wenn sie mich umlegen wollten, hätten sie mich nicht warnen müssen. Was wollen die erreichen?«

»Gut, ich werde mich mal umhören, aber ich muss selbst vorsichtig sein. Ich kann dir nicht versprechen, dass ich mehr herausbekomme. Manche Fragen darf man einfach nicht stellen. Man kann nur die Ohren offenhalten und versuchen, etwas aufzuschnappen. Sei auf alle Fälle sehr wachsam. Es ist noch etwas anderes im Busch, eine große Sache, geh nicht aus dem Haus, wenn du nicht unbedingt musst.«

»Was meinst du damit? Und was soll das heißen, ich soll nicht aus dem Haus gehen? Heißt das, sie wollen noch weitere Polizisten kaltmachen?«

»Es ist alles möglich. Geh einfach nicht aus dem Haus.«

»Du bist gut. Wie soll ich das machen? Ich kann doch nicht den ganzen Tag zu Hause rumsitzen?«

»Tu, was du für richtig hältst. Ich kann dir nur sagen: Es ist alles anders geworden. Seit den Massakern ist auch bei uns vieles aus dem Gleichgewicht geraten. Manche sind richtig übergeschnappt, fühlen sich jetzt unangreifbar, weil sie spüren, dass der Staat ins Schlingern geraten ist. Die Mafia wartet auf solche Zeiten. Sie schlägt zu, wenn die Verhältnisse günstig sind, wenn sie alles erreichen kann, so wie jetzt eben. Egal, was sie heute anpackt, es gelingt ihr.«

Ich rief auf der Stelle den Chef der *Squadra Mobile* an, der mir einen Haufen Fragen stellte, von denen ich keine einzige beantworten konnte.

Einige Tage später wurde in einem vor einer Carabinieri-Wache abgestellten Auto ein Sprengsatz mit 50 Kilo TNT gefunden. Die Bombe war absichtlich nicht scharf gemacht.

Die Botschaft der Mafiosi war nur allzu deutlich. Erstens: Wir legen euch um, wann und wie wir wollen. Und zweitens: Wenn wir 50 Kilo TNT vergeuden, haben wir mehr als genug von dem Zeug.

Die letzte Hoffnung

Während ich noch so hin und her überlegte, erreichte mich eine Meldung, die mich wirklich schockierte. Gegen Cavallaro war ein zweiter Haftbefehl ausgestellt worden, diesmal wegen Zugehörigkeit zu einer kriminellen Vereinigung mit Mafia-Hintergrund. In einem Bericht der Carabinieri wurde er als neue rechte Hand von Spampinato bezeichnet.

Ich war fassungslos. Zwar war mir lange schon klar, dass Cavallaro bei unseren Unterhaltungen seine Rolle in der Mafia herunterspielte, aber niemals hätte ich es für möglich gehalten, mich der Nummer zwei der Cataneser Mafia gegenüberzusehen. Cavallaro selbst nahm einige Tage später Kontakt zu mir auf. Er müsse mich sprechen.

Er trug eine Wollmütze und einen Schal um den Hals und hustete in einem fort.

»Bist du krank?«

»Es geht schon, eine verschleppte Bronchitis.«

»Hat dein Anwalt dir von dem Haftbefehl erzählt?«

»Natürlich. Jetzt wollen mir die Carabinieri auch noch Mafiazugehörigkeit anhängen.«

Und er hustete wieder und bekam kaum noch Luft.

»›Anhängen‹ ist gut. Mit der Mafia hast du ja nichts am Hut, eh? Verflucht, du bist mittlerweile Spampinatos rechte Hand, und mir hast du immer den Laufburschen vorgespielt.«

»Du musst auf der Hut sein«, begann er und hustete wieder, dass es ihm fast den Brustkorb zerriss. »Hau mal eine Weile ab, lass die Arbeit liegen, lass dich in ein Büro versetzen, wo du Akten stempeln kannst, mach, was du willst, aber lass die Finger von bestimmten Ermittlungen. Es gibt Leute, die dir an den Kragen wollen.«

Mir gefror das Blut in den Adern. »Ist meine Familie in Gefahr?«

»Nein, aber du.«

Er hustete wieder. Das Sprechen schien ihm wehzutun, doch ich musste mehr wissen, und das sofort. »Warum gerade ich?«

»Dein Problem ist, dass du kein normaler Polizist bist, sondern ein Bulle. Damit hast du dir einen Haufen Feinde gemacht. Du wolltest es immer besonders gut machen, hast nie den Kopf gesenkt, hast nie den Blick abgewendet. Du hast nie begriffen, dass man manchmal eben wegschauen muss. Das wäre ein Zeichen von Reife. Aber die fehlt dir. Glaubst du wirklich, so kannst du die Welt verbessern?«

»Ich habe immer nur meine Arbeit getan.«

»Das stimmt nicht!«, brauste er plötzlich auf. »Dass du noch lebst, und einige Kollegen von dir auch, hast du nur der Tatsache zu verdanken, dass ein paar Leute die Wogen zu glätten versuchen, weil sie nicht wollen, dass die Stadt in einen Belagerungszustand gerät. Nur das ist der Grund! Ich weiß nicht, wie lange diese Waffenruhe noch anhält, andere Leute haben nämlich Geschmack daran gefunden, Polizisten umzulegen. Die Typen, die deinen Vater bedroht haben, wissen alles über dich. Wo du wohnst, wann du aus dem Haus gehst, wann du zurückkommst, deine Arbeitszeiten, was bei euch auf den Tisch kommt. Die wissen sogar, wann du scheißen gehst, verstehst du? Und das Gleiche wissen sie auch von vielen deiner Kollegen. Aber auf dich haben sie es besonders abgesehen, weil du ein Bulle bist.«

»Da bin ich bestimmt nicht der einzige.«

»Aber du bist noch verrückter als die anderen. Du machst jeden Fall zu deiner persönlichen Angelegenheit. Du verbeißt dich, du verrennst dich, so was fällt auf, und manche Leute merken es sich. Selbst manchen deiner eigenen Kollegen gehst du auf den Sack, weil du kontrollierst, mit wem sie befreundet sind. Die schwärzen dich in Mafiakreisen an, und daran bist du selbst schuld.«

Ich schaute ihn schweigend an.

»Das verstehst du wohl nicht, was?«, fuhr er fort. Er hustete wieder, spuckte, war schweißgebadet.

»Vor drei Monaten hast du mit deinem Sohn einen Spaziergang gemacht, rein zufällig in der Umgebung von Monterosso!«

»Ja und? Was ist dabei?«

»Wenn du mich verarschen willst, können wir es auch bleibenlassen, und ich fahre wieder.«

»Wieso soll ich dich verarschen?«

»Dann erklär mir mal, warum du bei den Tausenden von Spazierwegen auf dieser Scheiß-Insel ausgerechnet dort herumlatschen musstest?«

»Erklär du es mir?«

»Ich will's mit deinen Worten hören.«

»Wenn du es doch ohnehin schon weißt, was soll ich dann noch zugeben.«

»Zugeben musst du, dass du ein gottverdammter Idiot bist. Dass ihr an diesem Tag nicht verschwunden seid, du und dein Sohn, war wirklich reiner Zufall, denn als sie eintrafen, um dich umzulegen, warst du gerade wieder fort.«

»Hätten sie auch meinem Sohn etwas angetan?«

»Was glaubst du? Ob sie einen Menschen mehr oder weniger kaltmachen, das ist denen doch egal. Du bist ein Idiot. Du hältst dich für so schlau und merkst noch nicht mal, dass du verfolgt wirst. Wenn es dich interessiert, die Waffen, die du gesucht hast, waren tatsächlich da. Alle. Die Bazookas, die Handgranaten und die MPs. Deinetwegen mussten sie in ein anderes Versteck gebracht werden, und jetzt haben die Carabinieri sie entdeckt und alle beschlagnahmt und dabei sechs Leute festgenommen.«

»Ach ja? Die Waffen, die vor zwei Tagen gefunden wurden, das waren also die, nach denen ich gesucht habe?«

»Ganz genau.«

»Was soll ich tun?«

»Hau ab, aber schnell. Sorg dafür, dass man dich vergisst. Verschwinde für eine Weile.«

Cavallaro hustete wieder, krampfartig, und die Anfälle dauerten immer länger. Ich hatte das Gefühl, er würde gleich ersticken.

»Hast du Asthma?«

»Nein, nur diese verschleppte Bronchitis.«

»Nimmst du kein Medikament?«

»Das ist alle. Ich bräuchte ein Rezept, aber ich darf mich nicht überall blicken lassen. Ich werde gesucht. Hast du das vergessen?«

»Komm mit, ich mach dir das Tor auf, dann kannst du im Hof parken. Wie heißt dieses Medikament?«

Cavallaro nannte mir den Namen. Ich rief meinen Arzt an und erzählte ihm, ein Freund von mir könne seinen Arzt nicht erreichen und brauche dringend dieses Medikament. Das Rezept wurde ausgestellt, ich holte es ab und ging dann damit in die Apotheke. Unterwegs hielt ich noch bei einem Schnellimbiss, und eine halbe Stunde später war ich schon zurück. Cirino wartete in seinem Wagen auf mich, verzweifelt hustend und nach Luft ringend.

»Hier ist die Arznei, und das ist fürs Abendessen.«

Er schaute mir fest in die Augen. »Das hab ich gar nicht verdient. Du bist ein echter Freund.«

Als er gegessen hatte, fuhr er wieder.

Ich ging hinauf in die Wohnung. Aus der Küche zogen leckere Düfte in den Flur, die Kinder liefen mir entgegen, auch meine Frau trat aus der Tür, lächelte. »Kannst du bleiben, oder musst du gleich wieder fort?«

»Nein, ich bleibe, ich bleibe.«

»Was ist los? Du siehst bedrückt aus.«

»Ich bin nur ein wenig müde.«

Ich schaute mich um, auf all das, was mich hier umgab. Dies alles zurücklassen und irgendwo anders hinziehen? Nein, das konnte ich mir unmöglich vorstellen.

»Gianni, rede mit mir! Sag, was los ist! Friss nicht alles in dich hinein!«

Ich erzählte ihr, was ich von Cirino gehört hatte.

Sie nahm die Hände vors Gesicht und begann, verzweifelt zu weinen.

»O Gott, o Gott. Was machen wir denn jetzt?«

»Ich muss eine Zeit lang fort.«

»Wohin?«

»Ich weiß es nicht, ich muss mich umhören. Du bleibst mit den Kindern hier, wir warten, bis sich die Wogen geglättet haben, und dann sehen wir weiter.«

Die Kollegen vom »Komitee« ließen alles stehen und liegen, als ich sie anrief. Kaum hatte ich die Kinder zu Bett gebracht, waren sie schon bei mir. Lange diskutierten wir hin und her.

Nur Franco hatte keine Zweifel: »Zieht nach Norditalien, da ist das Leben leichter. Deine Kinder werden dort mit Sicherheit später mal Arbeit finden. Da können sie dich am Arsch lecken, die Verbrecher, die Mafia …«

Am nächsten Morgen hatte ich eine Unterredung mit meinem Chef, der sich der Meinung meines Freundes anschloss. »Deine Kinder werden sich freuen, mal auf einer saftig grünen Wiese spielen zu können. So was haben sie hier noch nie gesehen.«

»Aber alle leben hier, mein Vater, meine Mutter, meine Schwie-
gereltern, meine Geschwister. Wie soll das gehen ohne sie? Wenn
ich sie nicht mehr um mich habe?«

»Aber wenn sie dich töten, ist es noch schlimmer. Dann siehst
du sie überhaupt nicht mehr.«

»Glauben Sie im Ernst, dass ich umgebracht werden soll?«

»Ich weiß es nicht. Aber willst du es wirklich darauf ankommen lassen?«

Auf nach Norden

Ich stand unter Druck. Cinzia war niedergeschlagen und verängstigt. Sie wollte gar nicht mehr vor die Tür gehen, war wie besessen von der Furcht, dass uns etwas zustoßen könnte. Sie drängte mich, Catania zu verlassen. Auch meine Eltern und die Kollegen rieten mir dazu.

Schließlich gab ich nach und erklärte mich einverstanden, für einige Monate in eine Stadt in Norditalien zu ziehen. Auch einige andere Polizeibeamte, die massiven Drohungen ausgesetzt waren, machten sich mit mir auf den Weg.

Die Kollegen und die Verwandtschaft kamen zu uns nach Hause, um mich zu verabschieden, 25 Leute insgesamt, ein kleines Fest, aber in Feierlaune waren nur die Kinder, die munter herumsprangen.

»Papa, bringst du mir was mit, wenn du wiederkommst? Ich will eine Eisenbahn.«

»Au ja, und ich eine Puppe.«

Im strömenden Regen war ich einen ganzen Tag lang auf der Autobahn unterwegs und erreichte gegen Abend das kleine Präsidium einer mir völlig unbekannten Stadt.

Auf den Rat Antonios hin, mit dem ich in Rom Streife gefahren war, hatte ich mich für diesen Ort entschieden.

»Dort würde ich hinziehen«, hatte er gesagt, »Verwandte von mir leben da und fühlen sich sehr, sehr wohl.«

Im Präsidium herrschte eine unwirkliche Stille.

Ich stellte mich beim Wachposten vor: »Wo sind denn die ganzen Leute?«

»Was denn für Leute?«

»Die Beamten aus den Abteilungen, Kollegen, der ein oder andere Festgenommene, der normale Betrieb in einem Präsidium eben.«

Die Wache schaute mich an, als wenn ich nicht ganz dicht wäre.

Und in diesem Augenblick spürte ich, dass ich nicht nur in eine andere Stadt gekommen war, sondern auf einen anderen Planeten.

Ich stellte mich beim Personalchef vor. Der schüttelte mir die Hand, zeigte mir die Büros, rief den Leiter meiner Abteilung an und teilte ihm mein Eintreffen mit. Alles ganz in Ruhe, in Stille.

Sofort spürte ich, dass hier die Anspannung fehlte, das Sirenengeheul, Schreibmaschinengeklapper, quietschende Reifen, Türen, die zugeschlagen wurden von Kollegen, die irgendeinen Festgenommen hereinführten.

Der Chef riet mir, etwas essen zu gehen, die Kantine mache gleich zu. Nur wenige Leute saßen dort. Sie beobachteten mich, wahrscheinlich wussten sie, wer ich war, und kannten den Grund meiner Versetzung. Um zwanzig Uhr gingen sie nach Hause. Das heißt, sie gingen tatsächlich, wie Angestellte in einer Firma. Keine Entschuldigungen, kein Gestammel am Telefon – ein dringender Einsatz, sei bitte nicht bös. Kein bedrückendes Schweigen am anderen Ende der Leitung. Unglaublich.

Ich brachte meinen Koffer in den Schlafsaal. Es war Ewigkeiten her, dass ich zum letzten Mal einen solchen Raum betreten hatte. Er sah praktisch noch genauso aus wie zu der Zeit, als ich in den Polizeidienst getreten war.

Draußen war ein leichter Nebel aufgezogen, es war kalt.

Ich machte mein Bett, schnupperte ein wenig an meinen Betttüchern, den Duft von zu Hause, meiner eigenen Sachen.

Cinzia anrufen, ihre Stimme hören, wieder zu mir kommen. Wir unterhielten uns lange, die Kinder schliefen.

Eine grüne Wiese gab es tatsächlich. Ich hatte sie direkt vor Augen. Den Kindern hätte es Spaß gemacht, dort herumzutollen.

Meine Frau fragte mich, ob ich gegessen hätte, ob es mir gutgehe, und ich bejahte und fühlte mich schuldig.

Lange lag ich bei gelöschtem Licht noch wach auf der Pritsche und fand keine Ruhe. Wie ein Besessener, so überlegte ich, hatte ich mich immer in die Polizeiarbeit gestürzt und für diesen Beruf alles andere geopfert. Und hier ließen viele Kollegen, bevor sie nach Hause gingen, die Pistolen in den Schubladen. Bei uns wäre es für einen Polizisten undenkbar gewesen, unbewaffnet unterwegs zu sein.

Aber vielleicht hatten sie auch Recht. Wir hatten uns zu Sklaven gemacht, zu Sklaven unserer Dienstwaffe sowie der Pflicht, Menschen zu beschützen, die aber gar nichts von uns wissen wollten. Eine böse Ahnung von vergeudeter Lebenszeit stieg in mir auf.

Nach einem Monat im Exil kehrte ich für ein paar Tage nach Hause zurück.

Die Kinder schienen gewachsen zu sein.

Die ganze Familie kam zusammen. Alle wollten wissen, wie es mir ergangen war, vor allem aber, was wir nun planten.

Ich erzählte von dem ganz anderen Leben dort oben im Norden Italiens, dass man dort auf der Straße herumlaufen konnte, ohne die Befürchtung, bestohlen zu werden, sein Auto parken konnte, mit dem Radio gut sichtbar neben dem Armaturenbrett. Ungläubig hörten sie mir zu.

Mit meiner Frau besprach ich all die unzähligen Varianten der beiden gegensätzlichen Alternativen, zwischen denen wir schwankten. Dabei war nur eins sicher. Unser Leben stand auf dem Spiel.

Ich legte Tullio Blumen aufs Grab. Erst zwei Monate waren seit seiner Ermordung vergangen, aber alles hatte sich verändert, für jeden von uns. Allein dieses Foto auf dem Grabstein hätte eigentlich ausreichen müssen, um mich zur Flucht aus dieser Gegend zu bewegen. Ich hatte keine andere Wahl, aber ich wollte eine haben.

Beim Ministerium beantragte ich einen Aufschub. Noch wollte ich nicht endgültig umziehen, hoffte immer noch, dass sich mit der Zeit etwas ändern würde.

Ich versuchte auch, Kontakt zu Cavallaro aufzunehmen. Aber er rührte sich nicht.

Als ich Alfredo traf, hörte ich, dass es zwischen Cirino und Claudia einen furchtbaren Streit gegeben hatte. Sie hatte die Scheidung verlangt und ihm gedroht, er werde seine Tochter, die ihn mittlerweile auch kaum noch kannte, nicht mehr sehen. Cavallaro war handgreiflich geworden.

Ich fragte Alfredo nach Claudias Schwangerschaft.

»Im Moment ist noch kaum was zu sehen, aber nicht mehr lange, und es wird problematisch.«

Er erklärte mir, er habe beschlossen, so lange die Versetzung auf sich warten lasse, im norditalienischen Pavia eine Wohnung zu mieten und Claudia mit der Tochter und ihrer Mutter dort unterzubringen.

Fünf Tage hatte ich Urlaub. Auf der Rückfahrt nutzte ich die Gelegenheit, Corrado, der 200 Kilometer weiter nördlich wohnte, einen Besuch abzustatten. Er freute sich riesig. Ab und zu hatten wir miteinander telefoniert, uns aber nie mehr von Angesicht zu Angesicht gegenübergestanden. Er schien jünger geworden, bewohnte ein schönes Haus, hatte ein Geschäft eröffnet, und es ging ihm prächtig. Er und seine Frau redeten auf mich ein, doch ebenfalls in ihre Stadt zu ziehen, dort lasse es sich wirklich leben, und wir könnten uns häufig sehen. Ein paar Mal kam das Gespräch auch auf die Vergangenheit, und die Erinnerungen stimmten uns traurig. Ja, wir lebten in der Verbannung, nicht anders als so mancher Mafiaboss.

Ein etwas anderer Mafioso

Ein paar Tage nach meiner Rückkehr rief mich der Chef zu sich ins Büro. In meiner Heimatstadt Catania habe es eine aufsehenerregende Verhaftung gegeben.

»Ein gewisser Spampinato«, erzählte er weiter. »Wie ich höre, soll es sich um einen der großen Bosse handeln. Kennst du ihn?«

Ob ich ihn kannte? Viele von uns waren von diesem Namen regelrecht besessen gewesen. Spampinato hatte unser Leben bestimmt. Und hier im Norden schien man noch nicht mal von ihm gehört zu haben. Kaum wieder draußen, rannte ich zum Fernseher. Vor meinem alten Präsidium sah ich ein heilloses Durcheinander, erkannte Kollegen wieder, mit denen ich bis vor kurzem noch zusammengearbeitet hatte. In diesem Augenblick hätte ich bei ihnen sein müssen. Stattdessen hockte ich hier in dieser fremden Stadt, Tausende Kilometer entfernt.

Ich rief Franco an, um mir alles erzählen zu lassen.

»Das war nicht unsere Abteilung«, erklärte er, »keiner von der Squadra Mobile. Die aus Rom haben ihn geschnappt.«

»Ja, wieso? Ich habe euch doch alle in den Nachrichten gesehen.«

»Ach, im Grunde sind wir den Kollegen, die ihn gefasst haben, nur entgegengefahren. Tatsache ist nämlich, dass wir erst gerufen wurden, als schon alles erledigt war. Es sind die Leute, mit denen wir auch damals in Villalba zusammengearbeitet haben. Offenbar hat sich Santoro als Kronzeuge zur Verfügung gestellt, und mit seinen Informationen ist der Coup dann gelungen.«

»Wie ist denn die Stimmung? Freut ihr euch nicht?«

»Schon, aber es ist auch ärgerlich. Die Kollegen haben uns nicht getraut. Deswegen wurden wir nicht hinzugezogen. Denk dir bloß, die sind seit Tagen in der Stadt, und niemand weiß davon, noch nicht mal der Chef. Kannst du dir das vorstellen? Nein, das ist kein schönes Gefühl, nach all den Opfern, die wir in den letzten Jahren gebracht haben.«

Ich ließ mir noch die anderen Kollegen geben. Alle waren enttäuscht, aber alle dachten wohl auch insgeheim, dass die aus Rom Recht haben mochten. Wenn denen innerhalb von zwei Monaten das gelungen war, woran wir in fünfjähriger Arbeit gescheitert waren, mussten wir entweder unfähig sein, oder die Fangarme der Mafia erstrecken sich bis ins Präsidium.

Weitere sechs Wochen waren vergangen, ich hatte meinen ganzen Urlaub aufgebraucht und musste mir nun alle möglichen Schliche einfallen lassen, um freie Tage zu sammeln und nach Hause fahren zu können.

Kaum zwei Stunden war ich wieder in Catania, als meinem Vater erneut der Wagen gestohlen wurde. Die Botschaft war klar und eindeutig.

Eigentlich konnte von meiner Rückkehr niemand wissen. Noch nicht einmal meiner Frau hatte ich Bescheid gesagt, um sie zu überraschen.

Vom Esszimmer aus blickte ich auf die Straße. Der Gemüsehändler, der Pförtner, der Bäcker, der Inhaber der Autowerkstatt gegenüber – die hatten mich alle ankommen sehen. Ich hatte sie gegrüßt, als ich das Auto abstellte. Einer von denen musste der Spitzel sein.

Ich rief Alfredo an, fragte, ob er etwas von Cavallaro gehört habe.

»Wenn du ihn siehst, sag mir Bescheid, damit ich ihn verhaften kann«, antwortete er. »Dann bin ich ihn endlich los, diesen Bastard.«

»Ist nochmal was passiert?«

»Stell dir vor, wenn es stimmt, was einige Pentiti sagen, hat der Spampinatos Stelle eingenommen. Und es wurden wieder neue Haftbefehle gegen ihn ausgestellt, wegen Mord, Erpressung, Drogenhandel ...«

Es war, als steckten wir in einem Sog, der uns immer weiter nach unten zog. Innerhalb kurzer Zeit waren wahnsinnige Dinge geschehen. Die Blutbäder von Palermo, Tullios Tod, die Drohungen gegen mich und andere Kollegen, Spampinatos Verhaftung, und dann dieser unglaubliche Aufstieg von Cavallaro.

So als habe er meine Gedanken erraten, rief mich drei Tage später Cirino an, um sich mit mir in einem kleinen Haus auf dem Land zu verabreden. Ich umging die Wachen, die zum Schutz vor meiner Haustür postiert waren, fuhr einige Male kreuz und quer, hielt häufiger an, um Autos hinter mir überholen zu lassen, und schaut mir genau an, wer darinsaß.

Das Haus lag ziemlich abgelegen. Wie mit Cavallaro verabredet, hupte ich zweimal. Niemand zeigte sich.

Das Tor war nur angelehnt.

Ich nahm die Pistole zur Hand und rief laut zweimal. Keine Antwort. Ein Hinterhalt, schoss es mir durch den Kopf: Cirino liefert mich der Mafia aus. Ich komme nicht mehr nach Hause zurück.

Obwohl kein Feind zu sehen war, hatte ich das Gefühl, in eine Falle gegangen zu sein.

Plötzlich hörte ich ein Motorengeräusch, ein Auto kam näher. Ich presste mich mit dem Rücken gegen die Gartenmauer. Der Wagen fuhr vorüber.

Es blieb alles still, und so gelangte ich allmählich zu der Überzeugung, dass dort niemand lauerte, der es auf mich abgesehen hatte. Wenn mich jemand erschießen wollte, hätte er es schon längst tun können.

Ich trat zur Tür und läutete. Nichts. Nach einer Weile drehte ich eine Runde um das Haus und fand ein offenes Fenster mit einem nicht ganz heruntergelassenen Rollladen davor. Ich fackelte nicht lange, stemmte den Rollladen hoch, bis ich hindurchpasste, schwang mich über das Fensterbrett und stand in der Küche. Irgendwo lief ein Fernsehapparat. Im Wohnzimmer war niemand.

Mit gezogener Waffe trat ich in den Flur, von dem drei Türen abgingen.

Zum Bad, zu einem leeren, karg eingerichteten Wohnraum und zu einem Schlafzimmer.

Dort lag Cavallaro, auf dem Bett, bleich wie ein Leintuch.

Ich berührte ihn, seine Stirn war noch warm, und Schleim war ihm aus dem Mund gelaufen.

Er konnte noch nicht lange tot sein.

Auf dem Nachttischchen lag seine Pistole. In der Schublade fand ich einige Fotos, ein paar Hochzeitsbilder, eines von ihm hinter der Theke in der Bar von Signora Vitale, dann Claudia und ihre Tochter. Und schließlich ein Foto von Claudia und Alfredo, die aus einer Tiefgarage kommen und sich verstohlen an den Händen halten. Auch Laborbefunde, Ergebnisse von Blutuntersuchungen, Röntgenaufnahmen und verschiedene Packungen mit Arzneimitteln fand ich.

Später fiel es mir nicht schwer, auch mit Hilfe der wenigen Dinge, die er zurückgelassen hatte, zu rekonstruieren, was mit Cavallaro los gewesen war.

Cirino hatte Krebs, was er schon längere Zeit wusste. Das hatte ihn jedoch nicht daran gehindert, seinen Aufstieg in der Mafia fortzusetzen, einen Aufstieg, den er vielleicht sogar förderte, indem er unbequeme Rivalen an einen ihm wohlbekannten Polizisten verriet.

Gewiss hatte er mich benutzt, so wie ich ihn selbstverständlich auch, aber zwischen uns war mehr gewesen als dieser Handel. Er wusste von Alfredo und Claudia und hätte die beiden umbringen können, vor allem aber mich, über den sich die beiden kennengelernt hatten: Doch er hatte es nicht getan. Wahrscheinlich, weil er in mir einen Freund sah, und heute denke ich, dass er, trotz allem, dasselbe für mich war. Ich glaube, dass sie ihn einerseits begeisterte, diese glänzende Karriere als Verbrecher, die ihm all das eintrug, was er sich als Kind schon immer erträumt hatte, vor allem Respekt und Wohlstand, dass er aber dieses Leben andererseits auch hasste.

Hätte man ihn in Ruhe gelassen, wäre er wohl gerne der Mann hinter der Theke in der Bar Signora Vitales geblieben, von der er ein Foto aufgehoben hatte.

Ein Pentito war er nicht. Allein schon dieses Wort brachte ihn in Rage.

Er war ein trauriger Bandit.

Ich nahm die Fotos und die Pistole an mich, durchsuchte seine Brieftasche, fand aber keine Zettel mir irgendwelchen Hinweisen, mit Namen oder Nummern. Nur seinen Führerschein und ein wenig Geld. Rasch schaute ich auch in den Schränken und den Taschen der wenigen Kleider nach, die darin hingen. Nichts. Doch auf dem Tisch im Wohnzimmer lagen Bücher und Hefte. Es waren Schulbücher, aus der Mittelschule: Sprachkunde, Literatur, Geschichte.

Vorne auf den Heften stand »Marco Pala«, ein Name, der mir völlig unbekannt war. Und in einem steckte ein Dokument mit dem Briefkopf und dem Stempel einer Schule, des *Istituto Vittorio Colonna.*

Cavallaro wurde neben seinem Bruder Maurizio beigesetzt, so wie er es sich immer gewünscht hatte.

Zwei Tage nach der Beerdigung suchte ich diese Schule auf, stellte mich der Direktorin vor und fragte, ob ein Schüler namens Marco Pala bei ihnen angemeldet sei. Ja, der besuche die Abendkurse, antwortete mir die Frau, er sei einer der erwachsenen berufstätigen Schüler.

»Könnten Sie ihn mir beschreiben?«

Sie könne sich nicht die Gesichter aller Schüler merken, antwortete sie, machte mich aber mit einem von Palas Lehrern bekannt. Dieser beschrieb mir den Abendschüler als einen zurückhaltenden, höflichen Mann, der mit guten Leistungen die Abendkurse absolviere, wenn auch leider mit zu vielen Fehlzeiten. Sein Ziel sei es wohl, den Mittelschulabschluss nachzumachen, um einmal einen Obst- und Gemüsehandel zu eröffnen.

Ich fragte ihn, ob er vielleicht ein Foto von diesem Schüler habe.

»Ja, die Fotokopie des Passfotos aus seinem Personalausweis. Den brauchten wir für die Aufnahme«, antwortete der Lehrer.

Im Sekretariat holte man aus einem Schrank eine Akte hervor und gestattete mir, sie durchzusehen. Der Personalausweis war auf Marco Pala ausgestellt, doch das Passfoto zeigte Cavallaro, unverkennbar für mich, trotz des falschen Bartes. Wie ein braver Schüler sah er aus.

Eine schwierige Entscheidung

Wie ein Damoklesschwert, bedrohlich, doch unvermeidlich, hing der Entschluss zum endgültigen Umzug über mir. Alle Menschen, die mir nahestanden, und alle Kollegen drängten mich in diese Richtung, doch wiederum brach ich allein nach Norditalien auf, mit dem Gedanken an eine baldige Rückkehr und dem Auto voller Orangen und Zitronen, um meinen neuen Kollegen etwas von den Düften meiner Heimat mitzubringen.

Bei meiner Ankunft erfuhr ich, dass eine große Dienstwohnung für mich frei sei. Stundenlang erzählte ich meiner Frau am Telefon, wie sie geschnitten und was an Renovierungsarbeiten hineinzustecken war. Sie war neugierig und voller Hoffnung, es sei eine Gelegenheit für uns, sagte sie und beschwor mich, sie mir nicht entgehen zu lassen. Doch ich zauderte.

Wieder einmal war es die Mafia, die für mich die Entscheidung übernahm. Verschiedene Pentiti berichteten über eine ganze Reihe von Maulwürfen im Präsidium, Verräter, die nicht nur Informationen über laufende Ermittlungen nach außen trugen, sondern auch in Dienstwagen Drogen und Waffen transportierten und Auskünfte über unbequeme Kollegen weitergaben. Sie waren sogar so weit gegangen, Mordaufträge für Spampinato zu erledigen. Unter den Verhafteten war auch dieser nach Turin versetzte Beamte, der immer wieder für Gesprächsstoff gesorgt hatte. Als ich das nächste Mal nach Catania zurückkehrte, war meine Abteilung nicht mehr wiederzuerkennen. In der *Squadra Mobile* herrschte eine giftige Atmosphäre. Gegenseitige Verdächtigungen, Unruhe. Viele zogen die Konsequenzen und wollten fort, andere wurden versetzt. Nichts mehr würde so wie früher sein.

Da fiel für mich die Entscheidung. Wir würden für immer fortziehen.

Cinzia weinte vor Freude und Erleichterung.

Eine Woche später fuhr ich wieder hinauf nach Norden. Der Polizeipräsident war sehr freundlich, half mir alle Anträge auf den Weg zu bringen, um finanzielle Unterstützung für die arg renovierungsbedürftige Wohnung zu erhalten. Wir kontaktierten die Handwerksbetriebe, bemühten uns, frühe Termine zu bekommen. Als alles bereit schien, kam der Schlag: Die Gelder waren nicht bewilligt worden.

Der Polizeipräsident rief alle möglichen Stellen an, doch es gab bürokratische Hürden, Wartezeiten, chronische Ebbe in der Kasse.

Ich suchte den Chef der Baufirma auf, erklärte ihm die Gründe für meinen Umzug, meine finanzielle Lage. Der Mann zeigte Verständnis und sagte zu, dennoch mit den Arbeiten zu beginnen.

Fünf Monate sollte der Umbau dauern. Für die Übergangszeit fand ich eine andere kleine Wohnung, die der Vermieter mit dem Notwendigsten einzurichten versprach, und plante bereits wieder, nach Sizilien zu fahren, um Frau und Kinder zu holen. Doch einen Tag vor meiner Abreise rief mich der Vermieter an und erklärte, er habe sich nicht um eine Einrichtung kümmern können. Die Kollegen halfen aus, brachten vier Pritschen mit Matratzen, sowie eine Gasflasche und einen kleinen Kocher mit zwei Flammen vorbei.

Den Wagen mit Tellern, Gläsern, Besteck, Federbetten, Betttüchern, Tischtüchern, Fernseher, Spielsachen und anderem Hausrat überladen, aus dem nur noch unsere Köpfe hervorschauten, trafen wir in der neuen Heimat ein.

Meiner Frau gefiel es auf Anhieb. Sogar das von Grün gesäumte Gewerbegebiet sah noch adrett aus, ganz anders als wir es von zu Hause kannten.

Aber die Übergangswohnung war leer und dreckig, die Wände kahl. Es gab keine Waschmaschine, jetzt wurde wieder mit der Hand gewaschen, so wie in alten Zeiten.

»Kommt, Kinder, packt mit an, dass wir uns die Wohnung ein bisschen schöner machen.«

Am Tag darauf zeigte ich meiner Frau unser eigentliches neues Zuhause. Sie war sehr angetan, glücklich. Den Kindern kam der nahe Park wie ein Traum vor. Sie trauten ihren Augen nicht und rannten und tollten vergnügt auf dem Rasen herum. Ich fühlte mich frei, frei, weil ich nicht ständig auf der Hut sein musste, frei zu lachen, zu spielen, wie ich es seit Jahren nicht mehr getan hatte.

Im Büro versuchte ich, so viele Überstunden wie möglich zu machen, aber dennoch mussten wir häufig zum Einkaufen das Kleingeld zusammenkratzen. Unsere Eltern wollten wir nicht um Geld bitten, obwohl unser Konto ständig überzogen war. So beschloss ich nun, die vom Ministerium für Notfälle bereitgestellte Unterstützung zu beantragen. Dazu hatte ich meine prekäre finanzielle Situation peinlich genau offenzulegen. Nach einigen Monaten erhielt ich 800 000 Lire. Beantragt hatte ich drei Millionen.

Das war wieder so eine Situation, wo ich mir vom Staat im Stich gelassen vorkam.

Ich sage ja nicht, dass wir Polizeibeamten in Saus und Braus leben sollten, aber es kann einen in meiner Lage schon in Rage bringen, wenn man sieht, dass zur gleichen Zeit einem echten oder vermeintlichen Mafia-Kronzeugen ein Fingerschnalzen genügt, um wieder einen neuen Scheck für dies oder jenes in die Hand gedrückt zu bekommen.

Vier Monate später kehrten wir für den endgültigen Umzug nach Sizilien zurück.

Unsere neue Wohnung war noch nicht vollständig renoviert, doch der Handwerksmeister versprach, alles zu tun, um sie bei unserer Rückkehr fertig zu haben.

Es war schon ein trauriger Moment, als wir am Tag des Umzugs mit ansahen, wie unsere Möbel aus unserem Zuhause in Catania getragen wurden. Nie mehr würden wir dorthin zurückkehren.

Bis zur Autobahnauffahrt folgten wir noch dem Möbelwagen, in dem unser ganzes Leben verstaut war.

Auf der Fahrt nach Norden schwor ich meiner Frau, dass ich nie mehr bei der Kriminalpolizei arbeiten würde.

Dabei wusste ich, dass ich log, und überlegte bereits, wie ich ihr bald die bittere Pille würde schmackhaft machen können. ›Hier im Norden geht es viel friedlicher zu, auf offener Straße passiert hier praktisch nie etwas. Ich kann jeden Tag zum Mittagessen heimkommen, habe einen geregelten Dienst …‹

Was eigentlich gar nicht stimmt. So friedlich ist es hier in Norditalien auch wieder nicht.

Die Kriminalität ist nur weniger dreist, weniger grell, eher subtil.

Aber das ist eine andere Geschichte.

Glossar

113: Notrufnummer der Staatspolizei

Ape: (dt. *Biene*) dreirädriger Kleintransporter des italienischen Herstellers Piaggio

Appuntato: Gefreiter, ehemaliger Dienstgrad in der Staatspolizei, heute *Assistente*

Assistente: Hauptwachtmeister in der Staatspolizei, ehemals *Appuntato*

Brigate Rosse (BR): (dt. *Rote Brigaden*) linksextreme Terrorvereinigung, die 1970 gegründet wurde

Camorra: neapolitanische Mafia

Caponata: süditalienisches Gemüsegericht mit Auberginen, Paprika, Tomaten, Zwiebeln, Sellerie usw.

Carabinieri: Militärpolizei, die eine eigenständige Teilstreitkraft in der italienischen Armee bildet. Sie ist dem Verteidigungsministerium unterstellt

Cosa Nostra: sizilianische Mafia

Cravattari: umgangssprachlicher Ausdruck für Wucherer

Crespelle di Riso: süße, frittierte Reiskroketten, typisch für Sizilien

Criminalpol: Kriminal-Abteilung der Staatspolizei

D.I.G.O.S. (Divisione investigazioni generali e operazioni speciali): Geheimdienst der Staatspolizei

Direzione Distrettuale Antimafia (DDA): eine spezielle, lokal arbeitende Antimafia-Staatsanwaltschaft

ENEL (Ente Nazionale per l'Energia eLettrica): italienischer Stromversorger

Ente Nazionale Sordomuti: Italienischer Verband der Taubstummen

Giovanni Falcone: Richter und »Mafia-Jäger«, wurde am 23. Mai 1992 zusammen mit seiner Frau und drei Leibwächtern in Capaci bei Palermo durch einen ferngezündeten Sprengsatz getötet

Lire: die italienische Lira war bis Ende 2001 Zahlungsmittel in Italien, knapp 2000 Lire entsprachen einem Euro

Maggiore: (dt. Major) Dienstgrad der Stabsoffiziere bei den Carabinieri

'Ndrangheta: kalabresischen Mafia

Nuclei Armati Rivoluzionari (NAR): (dt. *bewaffnete revolutionäre Zellen*) neofaschistische Terrorgruppe, die von 1977 bis 1981 in Italien agierte

Nucleo Centrale di Protezione: Abteilung, die für die Umsetzung der Zeugenschutzprogramme verantwortlich ist, untersteht dem Innenministerium

Onorevole: Parlamentsabgeordneter

Palazzo Chigi: Amtssitz des italienischen Ministerpräsidenten in Rom

Paolo Borsellino: Anti-Mafia-Richter, wurde am 19. Juli 1992 durch eine Autobombe in Palermo zusammen mit fünf seiner Leibwächter getötet

Parmigiana: sizilianischer Auberginenauflauf

Pentito, pl. *Pentiti:* (dt. *der Reuige*), Mafia-Kronzeuge, der bereit ist, mit der Polizei zusammenzuarbeiten

Picciotto: der Lehrling, der Anfänger in einer Mafiabande

Pizzo: Schutzgeld, das von der Mafia erpresst wird

Polizia di Stato: Staatspolizei, ist dem Innenministerium unterstellt und für die öffentliche Ordnung und Sicherheit zuständig

Procura (della Repubblica): Staatsanwaltschaft

Pronto: (am Telefon) Hallo!

Questura: Polizeipräsidium der Staatspolizei

Scassapagghiari: Trittbrettfahrer, täuschen vor, zu einer Mafia-bande zu gehören, schüchtern so Ladeninhaber ein und bewe-gen sie zu Schutzgeldzahlungen

Scuola allievi guardie di P.S.: Schule der Staatspolizei (*Polizia di Stato*)

Sovrintendente: Polizeiobermeister der Staatspolizei

Squadra Mobile: mobiles Einsatzkommando der Staatspolizei, im jeweiligen Polizeipräsidium untergebracht

Vigili Urbani: alte Bezeichnung der *Polizia Municipale*, der Kom-munalpolizei, die direkt den Gemeinden unterstellt ist und u.a. für Hygienevorschriften in Lebensmittelgeschäften und Ver-kehrsregelung zuständig ist